KB155346

예기천견록 1

권근의 『예기』 풀이
예기천견록禮記淺見錄 1

초판 1쇄 인쇄 2021년 12월 25일
초판 1쇄 발행 2021년 12월 30일

지은이 권근
옮긴이 장동우
펴낸이 이요성
펴낸곳 청계출판사
출판등록| 1999년 4월 1일 제1-19호
주 소| 경기도 파주시 교하읍 문발리 560번지 301-501
전 화| 031-922-5880   팩 스| 031-922-5881
이메일| sophicus@empal.com

ⓒ 2021, 장동우

ISBN 978-89-6127-084-7 94150
ISBN 978-89-6127-083-0 (세트)

권근의 《예기》 풀이

예기
천견록

禮記淺見錄

권근權近
지음

장동우
역주

1

청명국역총서 3

청계

　『예기천견록』의 역주는 2001년에 시작되었다. 청명문화재단의 후한 지원을 받아 김용천, 이봉규, 이원택, 장동우 박사 등 네 연구자가 공동 강독을 함께해 나가면서 처음에는 3년 계획으로 진행하였다. 『예기천견록』은 진호陳澔의 『예기집설禮記集說』을 저본으로 일부 항목의 배치를 재조정하고 주석을 부가한 체제이다. 따라서 『예기천견록』을 역주하기 위해서는 먼저 『예기집설』의 완역이 필요하였다. 역주팀에서는 먼저 『예기집설』 49편을 역주하면서, 한 편을 마칠 때마다 『예기천견록』의 해당 편을 역주하는 형태로 진행하였다. 중간에 박례경 박사가 공동연구원으로 역주에 합류하였다. 여러 사정이 있었지만, 역주 책임자였던 필자의 운영 미숙과 역량 부족으로 역주의 과정이 계속 더뎌졌다. 역주의 초고는 2008년에 가서야 겨우 완성되었다. 그리고 다시 교정과 보충, 교열 작업을 장동우 박사와 필자가 맡아서 진행하였다. 시간을 내지 못하다가 2012년 가을부터 2013년 봄까지 연구년 기간을 이용하여 교정과 교열 작업에 집중하였지만, 완결하지 못하고 이후 더디게 진행되다가 이제 와서 완료하였다. 역주 내용 가운데 보완해야 할 점이 아직 많지만, 재단과 상의하여 일단 출판하기로 하였다. 크고 작은 여러 오류들은 이후 계속해서 보완해나가겠다.

　『예기천견록』의 역주와 관련하여 청명문화재단에서는 역주자들의 의견을 매번 아무 조건 없이 들어주면서, 격려만 계속해주었다. 역주팀에서는 한편으로 고마웠지만, 한편으로 내내 마음이 무거웠다. 청명문화재단에서는 초고가 완성된 뒤에도 기초 교정비와 출판시 전문 교정과 편집비까지 지원해주었다. 융성한 지원에 감사드리면서, 너무 오랜 기간 지체시킨 것에 대하여 재단과 학계에 깊이 사과드린다. 이는 오로지 역주 책임자의 미숙한 역량으로 인해 일어난 일이다. 다만 재단에서 오래 참아주신 덕에 필자를 비롯하여 역주에 참여하였던 연구자들은 예학에 조금 더 전문적인 안목을 갖춘 연구자로 성장할 수 있었고, 우리 역주팀을 바탕으로 학계에 예학을 연구하는 연구자들이 협력하면서 관련 분야의 학문적 역량을 축적해갈 수 있었다. 이 모두 청명문화재단이 우리 역주자뿐 아니라 학계에 기여한 숨은 큰 공로로 후일 기억되리라 생각한다.

『예기천견록』과 『예기집설』을 역주하는 동안, 많은 선후배 동료 학자로부터 도움을 받았다. 김유철 교수와 함께 이십오사의 『예악지』를 연구하고 정리, 역주하였던 김선민, 문정희, 방향숙, 최진묵, 홍승현 박사 등 여러 선생님들로부터 배운 바가 많았다. 또한 복식과 관련하여 최연우 교수의 설명은 「심의深衣」의 역주 과정뿐 아니라 기타 복식과 관련해서 큰 도움이 되었다. 아울러 예학 연구에 줄곧 동행해온 한재훈, 전성건, 김윤정, 정현정, 박윤미, 차서연 박사와 남경한 동학 등 『가례대전』 연구팀에게도 항상 힘이 되어준 것에 감사드린다. 전 권을 시종 치밀하게 교정해주신 송경아 선생에게 깊이 감사드리고, 또한 어려운 여건 속에서도 선뜻 출간을 맡아준 이요성 청계출판사 사장님께 진심으로 감사드린다. 이 외에도 많은 분들의 도움이 있었지만 일일이 기억하지 못하여 다 적지 못한다. 이분들에게도 부끄럽지만 또한 감사드린다.

2021년 봄 역자를 대표해서 이봉규 삼가 적는다.

❧ 차례 ❧

예기천견록 1

감사의 글 ▪ 5
『예기천견록禮記淺見錄』 해제 ▪ 9
일러두기 ▪ 28
『예기집설禮記集說』의 「서序」 ▪ 30
『예기천견록禮記淺見錄』의 「서序」 ▪ 34
『예기천견록禮記淺見錄』 「목록目錄」 ▪ 39

곡례상曲禮上 ▪ 41___곡례하曲禮下 ▪ 165___단궁상檀弓上 ▪ 235___단궁
하檀弓下 ▪ 387

색인 ▪ 527

예기천견록 2

왕제王制___월령月令___증자문曾子問___문왕세자文王世子___예운禮運

예기천견록 3

예기禮器___교특생郊特牲___내칙內則___옥조玉藻___명당위明堂位___상
복소기喪服小記___대전大傳___소의少儀___학기學記

예기천견록 4

악기상樂記上___악기하樂記下___잡기상雜記上___잡기하雜記下___상대기喪大記___제법祭法___제의祭義___제통祭統___경해經解___애공문哀公問___중니연거仲尼燕居___공자한거孔子閒居

예기천견록 5

방기坊記___중용中庸___표기表記___치의緇衣___분상奔喪___문상問喪___복문服問___간전間傳___삼년문三年問___심의深衣___투호投壺___유행儒行___대학大學___관의冠義___혼의昏義___향음주의鄕飮酒義___사의射義___연의燕義___빙의聘義___상복사제喪服四制

『예기천견록禮記淺見錄』 해제

* 장동우

Ⅰ. 권근과 『예기천견록』

권근權近(1352~1409)은 이색李穡(1328~1396)의 수제자로서 이색의 학통을 이어 조선 성리학의 방향을 틀 지운 기초자라고 할 수 있다. 정도전鄭道傳(1342~1398)이 혁명파로서 새로운 체제 건설을 주도하는 동안 권근은 이색과 정몽주鄭夢周(1337~1392)의 후예로서 혁명에 가담하지 않았으며, 그 때문에 혁명이 진행되는 동안 곤경에 처하기도 한다. 권근의 주요한 사상적 작업이 진행되는 것은 1390년(39세)에서 1392년(41세)에 집중되어 있다.

1390년 권근은 이성계李成桂(1335~1408) 일파를 제거하려는 음모에 가담하였다는 죄로 이색, 이숭인李崇仁(1347~1392) 등과 함께 청주淸州의 옥에 구금되었다가 홍수로 사면된다. 다시 익주益州(현 익산군 금마면)에 유배되었다가 풀려나 충주忠州 양촌에 우거하는데, 이때 『입학도설入學圖說』을 저술한다. 1391년(40세) 서울에 가서 사은하고 충주 양촌으로 돌아온 뒤 예경禮經의 절차를 고정하고 또 『주역천견록周易淺見錄』, 『시천견록詩淺見錄』, 『서천견록書淺見錄』, 『춘추천견록春秋淺見錄』 등을 저술한다. 이후 정도전과 연합하여 새로운 국가체제를 기획하고 안정시키는 정치적 활동에 참여하며, 1405년(54세) 『효행록孝行錄』에 주를 달고 필생의 숙원이었던 『예기천견록』을 완성한다.

『주역천견록』, 『시천견록』, 『서천견록』, 『춘추천견록』은 1433년까지도 간행되지 않았음을 확인할 수 있을 뿐 그 이후에도 간행과 관련된 어떠한 기록도 남아 있는 것이 없다. 『주역천견록』은 목판본(3권 3책)과 필사본이 전하고, 『서천견록』(25장)과 『시천견록』(12장) 그리고 『춘추천견록』(2장)은 합본된 상태로 목판본과 필사본이 현전한다.

『예기천견록』은 1406년 선사繕寫되어 왕에게 진상되고 다음 해인 1407 년 계미자癸未字로 인쇄되어 경연에서 강론된다. 당시 간행된 책은 몇 질에 지나지 않아 학자들이 보고 싶어도 구하지 못하는 형편이었다. 1417년 제주 목 판관으로 임명된 하담河澹이 대궐에 나아가 사은하고 부임하는 도중 사 예司藝로 재직하고 있던 권도權蹈가 선친인 권근이 손수 교정한 판본을 얻어 가지고 와서 간행하기를 요청하자, 1418년 정월 보름에 판각을 시작하여 3월 그믐에 완료하여 간행하였다.

그 후 300년이 지난 1705년 제주판관 송정규宋廷奎가 향교에 보존되어 있던 1418년 간본을 복각하면서 제2권 마지막 장의 주註에 빠진 문장을 그 대로 둔 채 간행하였다가, 다음 해인 1706년 해당 부분을 구해 보충하고 후지後識의 뒤에 보각기補刻記를 붙여 간행한다. 계미자본을 제외한 제주본 은 모두 현전한다.

그밖에도 『고사촬요故事撮要』(1585년간본)에는 전라도 장흥長興에서 간행 된 사실이, 그리고 『제도책판록諸道册板錄』(1750년경 작성)에는 경상감영慶尙監 營에 책판이 소장되어 있었다는 사실이 기록되어 있지만, 장흥본과 경상감 영본은 현재 확인되지 않고 있다.

현전하는 최근본인 제주본(1706년)을 기준으로 하면, 『예기천견록』은 26 권 11책으로 구성되어 있다.[1]

1책: 예기집설서禮記集說序(陳澔, 1322년), 예기천견록서禮記淺見錄序(河崙, 1407 년), 예기천견록목록禮記淺見錄目錄, 제1권: 곡례상曲禮上, 제2권: 곡례하曲禮下

2책: 제3권: 단궁상檀弓上, 제4권: 단궁하檀弓下

3책: 제5권: 왕제王制, 제6권: 월령月令

4책: 제7권: 증자문曾子問, 제8권: 예운禮運

5책: 제9권: 예기禮器, 제10권: 교특생郊特牲, 제11권: 내칙內則

6책: 제12권: 옥조玉藻·명당위明堂位, 제13권: 상복소기喪服小記·대전大傳

7책: 제14권: 소의少儀·학기學記, 제15권: 악기상樂記上, 제16권: 악기하樂記下

8책: 제17권: 잡기상雜記上, 제18권: 잡기하雜記下, 제19권: 상대기喪大記

9책: 제20권: 제법祭法·제의祭義, 제21권: 제통祭統·경해經解·애공문哀公問

10책: 제22권: 중니연거仲尼燕居·공자한거孔子閒居·방기坊記·중용中庸, 제23권: 표기表記·치의緇衣

11책: 제24권: 분상奔喪·문상問喪·복문服問2)·간전間傳3)·삼년문三年問·심의深衣, 제25권: 투호投壺·유행儒行·대학大學·관의冠義·혼의昏義·향음주의鄕飮酒義, 제26권: 사의射義·연의燕義·빙의聘義·상복사제喪服四制, 발跋(河澹, 1418년), 후지後識(宋廷奎, 1705), 보각기補刻記(宋廷奎, 1706)

권근은 『예기천견록』을 통해 진호陳澔의 『예기집설禮記集說』에 대하여 부분적으로 보완하면서 한편으로 『예기』 각 편들에 대하여 경經과 전傳으로 나누거나, 또는 독자적으로 분절分節하여 내용을 정리하는 등 기존 주석방식이 아닌 자신의 관점에서 『예기』의 내용을 독해하는 관점을 보여준다. 권근은 『예기』 경문에 대한 훈고적 연구보다 대체로 성리학 입장에서 『예기』의 내용을 재해석하는 것에 주력한다. 이것은 성리학을 새로운 세계관으로 수용한 뒤, 『예기』의 내용을 성리학의 기본 정신에 따라 재해석하고, 그럼으로써 『가례家禮』를 현실에 실천할 때 그 이론적 기반을 마련하려는 조선 초기 유학자의 사상적 노력을 보여준다(이봉규, 2009).

『예기천견록』에 대한 기존의 연구는 경과 전의 체제로 재구성된 편을 중심으로 『예기천견록』의 기획의도가 '정주程朱의 이념을 계승'(권정안, 1981)하려는 것에 있음을 해명하는 것에서 시작하여 '주자학적 경학'(이봉규, 2007)으로, 다시 주자학의 '체용론적 구조를 일관되게 적용'(강문식 2008)하려는 것으로 그 성격을 미세 분석하는 방향으로 진전되어왔다. 그 사이 「곡례」와 「악기」의 편차에 대한 실증적인 분석을 토대로 권근의 예학사상을 불변성과 가변성, 수기와 치인의 측면에서 해명하고자 한 연구(김석제 1999)가 제출되었다.

II. 『예기천견록』의 체제 재구성 양상

『예기천견록』은 체제 관련 명시적 언급이 있는 편과 없는 편으로 크게 나눌 수 있다. 전자는 다시 ① 주희朱熹의 『대학장구大學章句』, 『중용장구中庸章句』와 동일하게 편 전체를 경經과 전傳으로 나누고 이를 다시 내용에 따라 장章 또는 절節을 나누어 경문을 재배치한 편(「곡례상」, 「곡례하」, 「예운」, 「악기상」, 「악기하」 5편)과, ② 분장分章 또는 분절分節 사항만을 명시적으로 언급하고 관련 경문을 유형화하여 재배치한 편(「왕제」, 「증자문」, 「문왕세자」, 「교특생」, 「잡기상」, 「제의」, 「제통」, 「방기」 8편)이 있다. 후자의 경우는 ③ 경과 전 또는 분장·분절에 대한 언급 없이 유형화를 위해 경문을 재배치한 편(「단궁상」, 「단궁하」 등 12편)과 ④ 체제 또는 경문의 재배치 없이 근안近按만을 부기한 편(「명당위」, 「대전」 등 15편)으로 구분된다. 네 가지 유형 어디에도 속하지 않는 10편 가운데 『대학장구』와 『중용장구』로 대체하도록 한 「대학」과 「중용」을 제외한 ⑤ 8편(「문상」, 「복문」, 「간전」, 「심의」, 「혼의」, 「향음주의」, 「사의」, 「빙의」)의 경우는 진호의 『예기집설』을 어떠한 가공도 없이 그대로 수록하고 있다.

본 해제에서는 기존 연구에서 중점적으로 다루어진 '① 유형'은 제외하고 개략적인 소개에 그치고 있는 편들 가운데, 분장 또는 분절 관련 사항을 명시적으로 언급한 뒤 경문을 유형화하여 재배치한 '② 유형'에 초점을 맞추어 『예기천견록』의 체제 재구성에 보이는 양상과 특색을 소개하기로 한다.

「왕제」에 대해 정현鄭玄은 "「왕제」라고 제목을 붙인 것은 이 편이 선왕의 반작班爵, 수록授祿, 제사祭祀, 양노養老의 법도를 기록하였기 때문이다. 이 편은 유향劉向의 『별록別祿』에서는 「제도制度」에 속해 있다"(『예기주소禮記注疏』 「원목原目」)라고 설명한다. 국가 층위에서 관련 예제들을 정리한 편이라는 것이다. 「왕제」의 성립 시기에 관해 공영달孔穎達은 진한지제秦漢之際에 지어진 것으로, 노식盧植은 보다 구체적으로 한나라 문제文帝가 박사와 제생諸生에게 명하여 짓게 한 것으로 고증한다. 이는 「왕제」가 선진시대 이전 국가 전례에 관한 순정한 기록이 아니라 한대 이후 후유後儒들의 가공을 거친 작품으로서 신뢰할 수 없는 기록임을 의미하는 것이다. 이 같은 인식은 『예기집설』에 수록된 정자程子와 주자朱子의 언급에서도 예외 없이 확인된다.

권근은 「왕제」는 진나라 이전에 지어졌다가 분서갱유 이후 얻게 된 것이고 저작 시기를 확정할 수는 없지만 동일한 시기의 작자들에 의해 저술된 것으로 간주한다. 이는 경문의 구성이라는 형식적 측면에서는 문제가 있을 수 있지만 그 내용에 있어서만은 선진시대의 순정한 작품으로서 신뢰할 수 있음을 천명한 것이다. 이에 따라 권근은 경문을 대폭 재배치하고 진호의 『예기집설』에 수록된 부정적인 언급[4] 또는 부정확한 설들을 삭제하는 작업을 통해 「왕제」를 정제하는 작업을 진행한다.

권근은 「왕제」를 모두 6장으로 재구성하는데, 제1장만은 다시 5개의 절로 세분한다. '봉록과 작위를 제정할 때의 등급에 대한 총괄 규정'인 제1절[5], '봉록의 제정에 관한 세부 규정'인 제2절[6], '작위 제정에 관한 세부 규정'인 제3절[7], '봉록과 작위 제정의 원칙을 총결하여 설명'한 제4절[8], '경대부 이하 사에 이르는 봉록과 작위에 대해 규정'인 제5절[9]이 그것이다. 이에 따르면 제1장은 관료제의 핵심인 작위와 봉록에 대한 총괄 또는 세부 규정을 명시한 부분이 된다.

　　제2장 이하는 분장 또는 분절에 대한 언급 없이 '천자와 제후의 조빙朝聘과 순수巡狩, 제사, 정벌, 사냥의 예에 대한 규정'[10], '제례와 상례에 대한 규정'[11], '총재家宰와 사공司工, 사도司徒, 사마司馬, 사구司寇의 직무 규정'[12], '양노와 고아 및 독거노인들을 구휼하고 부족한 이들을 살펴주는 정책에 대한 규정'[13]과 마지막 부분에는 「왕제144」에서 「왕제164」까지를 『예기집설』 그대로 수록한 부분으로 나누고 있다. 제6장을 제외한 나머지 장에서는 관련 내용을 유형화하여 재배치하는 작업을 진행한다.

　　「왕제」의 경우 특징적인 것은 『예기집설』의 주석에 해당하는 부분을 전부 또는 대폭 삭제하거나 일부를 삭제하여 수록하는 '편집'을 하고 있다는 사실이다. 이러한 편집은 「곡례상」, 「곡례하」, 「단궁상」, 「단궁하」, 「내칙」, 「옥조」 등 일곱 개 편에서만 제한적으로 발견된다.

　　「문왕세자」에 대해 정현과 유향은 왕조례王朝禮, 그 중에서도 세자 교육과 관련된 내용을 수록한 편으로 분류한다(『예기주소』 「원목原目」). 국가 층위의 예제에 관한 기록이라는 점에서 「왕제」와 성격을 같이한다.

　　권근은 「문왕세자」 한 편의 대의는 모두 세자의 교육이지만 보다 세분하여 이해할 것을 제안한다. 그는 '문왕과 무왕의 효'를 기술한 제1절[14], 주공이 성왕을 교육시킨 과정을 기술한 제2절[15], 세자와 군주의 친족을 교육시키는 일을 기술한 제3절[16], 세자 이하가 국학에 입학하여 공부하는 과정과 천자가 국학을 시찰하는 예를 규정한 제4절[17], 고대에 세자를 가르칠 때 사용했던 교재인 「세자지기世子之記」를 인용하여 경문에 기술된 내용의 근거를 제시한 제5절[18]로 구분하고 경문을 대폭 재배치하여 분절의 적절성을 뒷받침한다. 『예기집설』에 대한 편집이 「문왕세자23」과 「문왕세자16」 두 부분에 그친 것은 「문왕세자」에 대한 평가가 『예기집설』과 다르지 않음을 보여주는 것이다.

「증자문」과 「잡기상」에 대해 정현과 유향은 흉례인 상례에 관한 내용을 기록한 것이라고 본다.(『예기주소』 「원목原目」) 권근의 작업은 이를 보다 세분하여 유형화하는 데 집중되어 있다. 권근은 「증자문」을 군주의 상례를 기록한 제1절[19], 사가私家의 상례를 기록한 제2절[20], 길례吉禮인 조회와 제사를 기록한 제3절[21], 가례嘉禮인 관례와 혼례를 기록한 제4절[22], 국외에서 일과 군사에 관련된 예를 기록한 제5절[23]로 구분하고 관련 경문을 대폭 재배치하지만 『예기집설』에 대한 편집은 단 2회에 그치고 있다.

권근은 「잡기상」을 모두 4절로 구분한다. 군주와 대부의 상례의 절차를 기록한 제1절[24], 제후와 대부의 상례를 기록한 제2절[25], 사자를 전송하는 예를 기록한 제3절[26], 상복의 무겁고 가벼운 차이를 규정한 제4절[27]이 그것이다. 경문의 재배치가 대폭 진행됨에도 불구하고 『예기집설』에 대한 편집은 일체 진행하지 않는다.

「교특생」, 「제의」, 「제통」에 대해 정현과 유향은 제사에 관련된 내용을 기록한 것으로 분류한다.(『예기주소』 「원목原目」) 권근은 「제의」와 「제통」에 대해서는 이에 동의하지만 「교특생」의 경우는 편의 대지大旨가 전편인 「예기禮器」와 유사한 것으로 해석한다. 「예기」에 대해 권근은 "예의 쓰임새는 사람이 그릇을 사용하는 것과 같아 하루라도 없어서는 안 된다. 그러므로 앞 편에서 '예의 원리와 원칙「禮義」을 그릇으로 삼는다'고 하였다"고 기록하고 있다. 이는「교특생」을 제사의 세부적인 내용에 대한 기록이라기보다는 예의 제정 원리와 원칙 그리고 예의 세부적인 사항에 대해 언급한 총론적인 성격의 편으로 이해하였음을 의미하는 것이다.

권근은「교특생」을 '예는 문식을 많이 함을 존귀하게 여기지 않고 간소하고 질박하게 함을 존귀하게 여긴다'는 원리와 원칙을 기록한 제1장28), 종묘의 제사에서 빈객이 취해야 하는 예를 기록한 제2장29), 예의 득실을 사례에 따라 설명한 제3장30), 제사의 원리와 원칙을 논한 제4장31), 관례와 혼례의 원리와 원칙을 논한 제5장으로 구분한다. 경문의 재배치는 제4장에서만 소폭 이루어지고『예기집설』에 대한 편집 또한 전혀 찾아볼 수 없다.「제의」와「제통」의 경우 두 편 모두 경문의 재배치와『예기집설』에 대한 편집 없이 각각 5절과 4절로 구분하고 근안을 통해 그 의미를 명료화하고 있다.

「방기」의 경우 기존 연구에서는 분장 또는 분절에 대한 언급이 없는 것으로 분류하지만 근안의 내용을 분석하면 전체를 네 부분으로 나누고 있음을 확인할 수 있다. 권근은「방기1」인 "공자가 말하였다. '군자의 도는 비유하자면 제방과 같아, 백성들이 부족한 부분을 방지한다. 크게 제방을 쌓아도 백성들은 오히려 그것을 넘어선다. 그러므로 군자는 예로써 덕을 지키고(①) 형벌로써 음란함을 방지하며(②) 명命으로 욕망을 막는다(③)'"는 부분을 전 편의 대지大旨로 규정하고, 나머지「방기2」이하「방기32」까지를 첫 장의 ①을 해석한 부분32), 첫 장의 ②를 해석한 부분33), 첫 장의 ③을 해석한 부분34)으로 나누기 때문이다.

「방기」는『예기천견록』의 분장 또는 분절이 궁극적으로는 경과 전의 체제로 재구성하기 위한 기초 작업의 일환이었음을 보여주는 의미 있는 사례로 판단된다. 경과 전이라는 명시적 언급만 없을 뿐 실제로는 경과 전의 체제로 「방기」를 분석하고 있기 때문이다.

Ⅲ. 『예기천견록』의 체제 재구성에 나타난 특징과 함의

『예기천견록』 전체를 대상으로 근안에 개진된 권근의 제안에 따라 체제 관련 내용과 경문의 재배치 현황 등을 정리한 결과는 다음의 〈표 1〉과 같다.

권	편명	체제	재배치	집설 편집	근안
제1권	곡례상曲禮上	경 1장, 전 1장~7장	대폭	124	41
제2권	곡례하曲禮下	전 8장~10장	대폭	91	12
제3권	단궁상檀弓上	관련 언급 없음	소폭	55	20
제4권	단궁하檀弓下	관련 언급 없음	소폭	21	15
제5권	왕제王制	6장	대폭	42	26
제6권	월령月令	관련 언급 없음	3	2	8
제7권	증자문曾子問	5절	대폭	2	23
	문왕세자文王世子	5절	대폭	2	14
제8권	예운禮運	경(1장), 전(5장)	소폭	2	36
제9권	예기禮器	관련 언급 없음	3	없음	29
제10권	교특생(교특생)	5장	소폭	3	31
제11권	내칙內則	관련 언급 없음	소폭	10	20
제12권	옥조玉藻	관련 언급 없음	소폭	11	41
	명당위明堂位	관련 언급 없음	없음	1	5
제13권	상복소기喪服小記	관련 언급 없음	대폭	1	45
	대전大傳	관련 언급 없음	없음	없음	4
제14권	소의少儀	관련 언급 없음	대폭	1	30
	학기學記	관련 언급 없음	없음	없음	7

제15권	악기상樂記上	경 3절	없음	없음	22
제16권	악기하樂記下	전 11절	소폭	없음	35
제17권	잡기상雜記上	4절	대폭	없음	45
제18권	잡기하雜記下	관련 언급 없음	대폭	2	52
제19권	상대기喪大記	관련 언급 없음	없음	없음	2
제20권	제법祭法	관련 언급 없음	소폭	없음	13
	제의祭義	5절	없음	없음	30
제21권	제통祭統	4절	없음	없음	23
	경해經解	관련 언급 없음	없음	없음	7
	애공문哀公問	관련 언급 없음	없음	없음	1
제22권	중니연거仲尼燕居	관련 언급 없음	없음	없음	1
	공자한거孔子閒居	관련 언급 없음	없음	없음	1
	방기坊記	(경) 1장, (전) 2장	대폭	없음	16
	중용中庸	(『중용장구』대체)			
제23권	표기表記	관련 언급 없음	소폭	없음	29
	치의緇衣	관련 언급 없음	없음	없음	2
제24권	분상奔喪	관련 언급 없음	없음	없음	1
	문상問喪	관련 언급 없음	없음	없음	없음
	복문服問	관련 언급 없음	없음	없음	없음
	간전間傳	관련 언급 없음	없음	없음	없음
	삼년문三年問	관련 언급 없음	없음	없음	3
	심의深衣	관련 언급 없음	없음	없음	없음
제25권	투호投壺	관련 언급 없음	없음	없음	2
	유행儒行	관련 언급 없음	없음	없음	2
	대학大學	(『대학장구』대체)			
	관의冠義	관련 언급 없음	없음	없음	1
	혼의昏義	관련 언급 없음	없음	없음	없음
	향음주의鄕飮酒義	관련 언급 없음	없음	없음	없음

제26권	사의射義	관련 언급 없음	없음	없음	없음
	연의燕義	관련 언급 없음	1	없음	1
	빙의聘義	관련 언급 없음	없음	없음	없음
	상복사제喪服四制	관련 언급 없음	없음	없음	1

〈표 1〉을 통해 다음과 같은 사실을 확인할 수 있다. 체제 재구성의 측면에서, 『예기천견록』은 체제 관련 명시적 언급이 있는 편과 없는 편으로 크게 나눌 수 있다. 전자는 다시 ① 주희의 「대학장구」, 「중용장구」과 동일하게 편 전체를 경과 전으로 나누고 이를 다시 내용에 따라 분절 또는 분장하여 경문을 재배치한 편(「곡례상」, 「곡례하」, 「예운」, 「악기상」, 「악기하」 총 5편)과, ② 분장 또는 분절 관련 사항만을 명시적으로 언급하고 관련 경문을 유형화하여 재배치한 편(「왕제」, 「증자문」, 「문왕세자」, 「교특생」, 「잡기상」, 「제의」, 「제통」, 「방기」 총 8편)으로 구분된다.

①과 ②에 속하는 편들의 경우 특징적인 것은 근안의 빈도가 다른 편에 비해 월등하게 높다는 사실이다. 경문의 재배치는 각 편의 신뢰성이라는 경학적 사실에 의존하는 것이므로 편마다 차이가 생기는 것은 권근의 기획의도와는 상관없는 일이다. 『예기집설』의 편집은 권근의 기획의도와 연관이 되는 것으로 추정되지만 제1권에서 제5권에 집중되어 나타날 뿐 이후 대부분의 편에서는 나타나지 않는다는 점에서 『예기천견록』을 관통하는 문제의식의 표출로 해석할 수 없다. 그 점에서 근안의 빈도수는 권근의 기획의도를 가늠하는 분명한 지표가 된다.

후자의 경우는 ③ 경과 전 또는 분장·분절에 대한 언급 없이 유형화를 위해 경문을 재배치한 편(「단궁상」, 「단궁하」, 「월령」, 「예기」, 「내칙」, 「옥조」, 「상복소기」, 「소의」, 「잡기하」, 「제법」, 「표기」, 「연의」 총 12편)과 ④ 체제 또는 경문의 재배치 없이 근안만을 부기한 편(「명당위」, 「대전」, 「학기」, 「상대기」, 「경해」, 「애공문」, 「중니연거」, 「공자한거」, 「치의」, 「분상」, 「삼년문」, 「투호」, 「유행」, 「관의」, 「상복사제」 총 15편)으로 구분된다. ③의 경우 「연의」를 제외한 나머지 11편에 부가된 근안의 빈도수는 ①, ②의 경우와 크게 차이가 없을 뿐 아니라 제14권 이전인 전반부에 속하는 편들이다. 반면 ④의 경우는 「명당위」, 「학기」, 「경해」를 제외하면 근안이 3개 미만일 뿐 아니라 후반부인 제15권 이하에 속하는 편들이라는 특징을 보인다.

네 가지 유형 어디에도 속하지 않는 10편 가운데 『대학장구』와 『중용장구』로 대체하도록 한 「대학」과 「중용」을 제외한 ⑤ 8편(「문상」, 「복문」, 「간전」, 「심의」, 「혼의」, 「향음주의」, 「사의」, 「빙의」)의 경우는 진호의 『예기집설』을 어떠한 가공도 없이 그대로 수록하고 있다. ⑤와 관련하여 기존 연구에서는 '전통적으로 편차에 착오가 없다고 생각한 부분에 대해서는 다시 수정의 필요성이 없다고 본 것'(김석제, 1999)으로 해석하지만, 경문의 배치에 문제가 없다고 판단되어 재배치 작업을 수행하지 않은 경우 예외 없이 근안을 통해 그와 관련된 내용을 기술하고 있는 다른 편들과 비교하면 이 같은 해석은 근거가 없는 것이다. 이 편들이 『예기천견록』의 마지막 부분인 제24권 이하에 집중되어 있고, 제24권 이하에 속하는 편 가운데 근안이 있는 경우에도 3개 이하에 그치고 있음을 함께 고려하면 8편은 『예기천견록』이 미완본임을 보여주는 증거로 읽는 것이 오히려 합리적이다. 『예기천견록』은 원래 권근이 계획했던 체제를 다 갖추지 못한 미완본이라는 평가가 있기 때문이다.(권정안, 1981)

『예기천견록』이 미완본임을 주장하는 근거는 『예기집설』의 상당 부분이 빠져 있다는 것이고 이러한 주장의 문헌적 근거는 『세종실록』에 기록된 권근의 제자이면서 『예기천견록』을 정서正書하여 간행할 때 참여한 김반金

洋의 언급이다. 김반은 태종 5년(1405) 『예기천견록』을 정서하는 과정에서 당시 권근의 병이 위독하여 진씨 『집설』의 수만여언을 다 쓴 뒤에 『천견록』을 쓰려고 한다면, 책을 미처 완성하지 못하고 세상을 하직할까 염려하여 『진씨집설』은 간략하게 기록하고 다음에 『천견록』을 써서 올렸는데 곧바로 주자소에서 간행하였다는 사실을 지적하고, 그 뒤 권근의 아들인 권도權蹈가 아버지의 뜻을 이어 『진씨집설』 전체를 수록한 수정본을 마련하였으니 이를 간행해 줄 것을 요청하고 있기 때문이다[35].

권근은 충주 양촌으로 돌아온 뒤인 1391년 봄부터 1392년 가을까지 『예기천견록』의 초고를 작성한다. 초고의 경우, 경문經文은 해당 구절의 중간 부분은 생략한 채 처음과 끝 구절만을 기록하고, 경문의 순서를 조정하여 재배치한 경우에는 '아무 구절로부터 아무 구절까지가 구본舊本에는 아무 구절 아래 있지만, 금본今本에는 아무 데에 있어야 한다'는 주석을 붙였으며, 진호의 『예기집설』을 간략하게 기록한 뒤 자신의 견해를 해당 구절의 끝에 부기한 형태였던 듯하다[36]. 이러한 초고를 대상으로 경문 전체와 진호의 『집설』을 기록하고 권근의 해석인 근안近按을 덧붙이는 형태로 보완하고 정서하는 일은 1405년 8월 4일에 시작되어 3개월 정도가 지난 10월 17에 완료되었다. 1406년 선사본을 진상하고 1년 뒤인 1407년 주자소鑄字所에서 간행된 『예기천견록』을 태종에게 올리고 그로부터 3년 뒤에 1409년 권근이 사망한다.

이후 『예기천견록』은 1418년 제주판관 하담河澹이 권근의 수교본을 구해 목판으로 간행하였고 다시 1705년(숙종 31) 제주목사 송정규宋廷奎가 향교에 보존되어 있던 간행본을 반각하여 간행한 기록이 남아 있지만, 권도가 마련한 수정본이 간행되었다는 기록은 찾을 수 없다. 진호의 『예기집설』을 편집하여 수록한 「곡례상」, 「곡례하」, 「단궁상」, 「단궁하」, 「내칙」, 「옥조」

등 7편은 초간본 그대로이다. 본고에서 참조한 것 또한 1706년 본이다. 그 점에서 권도의 수정본은 이 7편을 대상으로 편집되기 이전의 형태로『예기집설』부분을 복원하려 한 것임을 알 수 있다. 이처럼『예기집설』을 편집하여 수록한 7편에는 죽음을 앞둔 권근이『예기천견록』의 완성을 위해 급하게 서두른 이외의 어떠한 다른 의도도 없었던 것으로 보인다.

『예기천견록』은 미완본이다. 그 근거는 두 가지이다. 첫째 형식의 측면에서 제24권 이하 경문의 재배치,『예기집설』의 편집 그리고 근안조차 부가하지 않는 편들과 제1권에서 제5권에 집중적으로 보이는『예기집설』을 대폭 편집한 편들이 가공되지 않은 상태로 실려 있기 때문이다. 둘째 내용의 측면에서「방기」의 경우에서 확인할 수 있듯『예기천견록』의 각 편은 궁극적으로는 경과 전의 체제로 재구성하는 것을 목표한 것으로 보이기 때문이다.

이색은 특별히 예학에 대한 연구에 힘을 기울이는데, 그의 노력은 자신의 제자 권근에『예기천견록』으로 결실을 맺는다. 이색은 한대漢代에 편집된 예서禮書에 기술 내용이 혼잡되어 있기 때문에 주제별로 새롭게 정리해야 한다는 문제의식을 제기하고, 권근에게『예기』에 대한 연구를 특별히 당부하였던 것으로 보인다.(『예기천견록』「서序」) 이처럼 예학에 대하여 강조하는 이유를 한 연구자는 "정주학이 새로운 사회이념으로서 영향력을 확산시키고 있던 당시의 시대적 환경 속에서, 유교이념의 사회적 실현을 위해 명분론의 확립과 함께 의례와 제도의 측면에 대한 정비가 시급한 과제로 요청되고 있었던 상황과 연관되는 것이라 할 수가 있다"(금장태, 1997)고 해석한다. 즉 유학의 이념을 생활양식으로서 정착시키려는 문제의식이 백이정으로부터 권근에게 이르기까지 지속적으로 계승되어 현실화되는 것이라고 할수 있다.

이색 단계에서 적극적으로 추진된 예에 대한 사상적 탐구는 권근에게 이르러 『예기천견록』이라는 구체적 성과로 성숙되었고, 권근의 예학은 그의 제자 허조許稠에게 계승되어 조선조 국가의례의 제도적 정착을 이루는데 실질적 공헌을 하고 있다. 즉 허조가 각종의 국가의례를 제도적으로 정착시키는데 결정적 공헌을 할 수 있었던 것은 백이정→이제현→이색→ 권근으로 이어지는 예학에 대한 선구적 연구의 축적이 있었기 때문이며, 그 가운데 백이정으로부터 이색에 이르는 학문적 계통은 충청지역이라는 지역적 공통기반을 매개로 하여 학문적 계승관계를 보이고 있다고 할 수 있다.[37]

예학사의 측면에서 보면, 『예기』에 대한 권근의 성리학적 재해석은 조선시대 경학 연구의 한 토대가 된다. 『예기』에 대한 조선시대의 연구는 진호의 『예기집설』에 집중해 있다. 그 이유는 『예기』에 대하여 주희에 이르기까지 송대 성리학자들의 성리학적 주석이 제시되지 않았고, 진호의 『예기집설』이 성리학적 재해석의 대표적 성과였기 때문이다. 그러나 진호의 해석에는 한당시대 『예기』에 대한 이해와 성리학의 입장이 혼합되어 불분명한 점들이 많았다. 권근은 그러한 점들에 대하여 성리학의 이념에 맞추어 예의 의미를 보다 명확히 드러내는 것에 주력하고 있다. 권근의 입장은 조선시대 유학자들의 『예기』 연구에 계승되었는데, 그 대표적 사례는 김재로金在魯 1682~~1759의 『예기보주禮記補註』이다. 이 저서는 조선시대 전체를 통틀어서 『예기』에 대한 가장 방대한 주석서인데, 김재로는 주석 가운데, 예를 성리학의 입장에서 이해하는 대목과 관련하여 상당 부분 권근의 설을 인용하여 논거로 삼고 있다. 특히 「악기樂記」에 대한 해석에서는 권근의 설에 주로 의존하고 있다.(이봉규, 2007) 요컨대 『예기천견록』을 비롯한 오경五經에 대한 권근의 경학적 탐구는 조선시대 유학자들이 고대 유가경전을 성리학의 이념에 입각하여 재해석하려는 사상운동의 출발점이 되고 있다.

■ 참고문헌

『禮記注疏』, 四庫全書本.

陳澔, 『禮記集說』, 四庫全書本.

權近, 『禮記淺見錄』(규장각소장본 영인본), 서울: 경문사.

강문식(2008), 『權近의 經學思想 研究』, 서울: 일지사.

권정안(1981), "權陽村의 『禮記淺見錄』 研究", 『동양철학연구』, 2: 35~51.

금장태(1997), "목은牧隱 이색李穡의 유학사상儒學思想", 『牧隱 李穡의 生涯와 思想』, 서울: 일조각.

김석제(1999), "權近 『禮記淺見錄』 研究: 禮學思想을 중심으로", 성균관대학교동양철학과 박사학위논문.

이봉규(2007), "權近의 경전 이해와 후대의 반향", 『韓國實學研究』 13: 267~301.

이봉규(2009), "조선시대 『禮記』 연구의 한 특색: 朱子學的 經學", 『韓國文化』 47: 49~68.

1 1418년본은 국립중앙도서관(한貴古朝06-13), 고려대도서관(대학원 貴 4-11), 일본내각
문고(8296)에 소장되어 있는 것이 확인된다. 국중본은 제1책의 일부인 61張뿐이고 고
대본은 26권 11책이며 내각본은 26권 10책이다. 10책본의 구성은 다음과 같다.
1책: 禮記淺見錄序(河崙, 1407년), 禮記淺見錄目錄, 제1권: 曲禮上, 제2권: 曲禮下, 제3
권: 檀弓上
2책: 제4권: 檀弓下, 제5권: 王制
3책: 제6권: 月令, 제7권: 曾子問
4책: 제8권: 禮運, 제9권: 禮器, 제10권: 郊特牲
5책: 제11권: 內則, 제12권: 玉藻·明堂位, 제13권: 喪服小記·大傳
6책: 제14권: 少儀·學記, 제15권: 樂記上, 제16권: 樂記下
7책: 제17권: 雜記上, 제18권: 雜記下, 제19권: 喪大記
8책: 제20권: 祭法·祭義, 제21권: 祭統·經解·哀公問
9책: 제22권: 仲尼燕居·孔子閒居·坊記·中庸, 제23권: 表記·緇衣, 제24권: 奔喪·聞
喪·服問·間傳·三年問·深衣
10책: 제25권: 投壺·儒行·大學·冠義·昏義·鄕飮酒義, 제26권: 射義·燕義·聘義·
喪服四制, 跋(河濬, 1418년)

2 1418년, 1705년본의 「예기천견록목록」에는 '間服'으로 되어 있으나 1706년 본에는 '服
問'으로 교정되어 있다. 본문에는 세 본 모두 '복문'으로 되어 있다.

3 1418년, 1705년본의 「예기천견록목록」에는 '問傳'으로 되어 있으나, 1706년 본에는 '間
傳'으로 교정되어 있다. 본문에는 세 본 모두 '간전'으로 되어 있다.

4 예컨대 『예기집설』에 실려 있던 정자와 주자의 주장을 모두 삭제한 것이 그것이다.

5 「왕제1」「왕제2」(숫자는 『예기집설』에서 진호의 주가 달려 있는 곳에서 절을 나누어
표시한 것이다. '「왕제1」'은 첫 번째 진호주가 달려있는 구절을 의미한다.)

6 「왕제3」~「왕제7」

7 「왕제16」·「왕제17」·「왕제20」·「왕제21」·「왕제8」·「왕제9」

8 「왕제10」~「왕제15」·「왕제18」·「왕제19」

9 「왕제22」·「왕제23」

10 「왕제24」~「왕제45」

11 「왕제55」~「왕제65」·「왕제51」~「왕제54」·「왕제47」~「왕제49」

12 「왕제46」·「왕제50」·「왕제73」·「왕제71」·「왕제74」·「왕제66」~「왕제70」·「왕제
72」·「왕제75」~「왕제81」·「왕제82」·「왕제86」~「왕제89」·「왕제91」·「왕제90」·
「왕제83」~「왕제85」·「왕제93」·「왕제92」·「왕제94」~「왕제114」

13 「왕제115」~「왕제119」・「왕제128」~「왕제132」・「왕제120」・「왕제122」・「왕제124」~「왕제127」・「왕제121」・「왕제123」・「왕제137」~「왕제143」

14 「문왕세자1」~「문왕세자4」

15 「문왕세자23」・「문왕세자5」・「문왕세자20」~「문왕세자22」

16 「문왕세자16」~「문왕세자19」・「문왕세자24」~「문왕세자28」・「문왕세자30」・「문왕세자31」・「문왕세자29」・「문왕세자32」~「문왕세자40」

17 「문왕세자6」~「문왕세자16」・「문왕세자41」~「문왕세자47」

18 「문왕세자48」~「문왕세자50」

19 「증자문1」~「증자문4」・「증자문47」・「증자문43」~「증자문45」・「증자문48」・「증자문49」・「증자문41」・「증자문42」

20 「증자문7」・「증자문40」・「증자문23」~「증자문25」・「증자문57」・「증자문63」・「증자문64」・「증자문31」・「증자문32」・「증자문12」~「증자문15」

21 「증자문33」~「증자문39」・「증자문36」・「증자문11」・「증자문61」・「증자문62」・「증자문50」~「증자문53」・「증자문8」・「증자문54」~「증자문56」・「증자문59」・「증자문60」

22 「증자문9」・「증자문10」・「증자문16」~「증자문19」・「증자문22」・「증자문21」・「증자문20」

23 「증자문26」~「증자문30」・「증자문5」・「증자문6」・「증자문58」・「증자문46」

24 「잡기상1」~「잡기상5」・「잡기상61」・「잡기상6」~「잡기상8」・「잡기상67」・「잡기상73」

25 「잡기상26」・「잡기상75」・「잡기상9」・「잡기상74」・「잡기상32」・「잡기상33」・「잡기상17」・「잡기상14」~「잡기상16」・「잡기상21」・「잡기상10」~「잡기상13」・「잡기상39」・「잡기상38」・「잡기상43」

26 「잡기상18」~「잡기상20」・「잡기상62」~「잡기상64」・「잡기상53」・「잡기상60」・「잡기상57」・「잡기상58」・「잡기상65」・「잡기상59・」・「잡기상48」・「잡기상54」・「잡기상66」・「잡기상76」・「잡기상55」・「잡기상56」・「잡기상25」・「잡기상22」~「잡기상24」・「잡기상28」

27 「잡기상27」・「잡기상44」~「잡기상46」・「잡기상50」・「잡기상40」~「잡기상42」・「잡기상36」・「잡기상31」・「잡기상37」・「잡기상29」・「잡기상30」・「잡기상34」・「잡기상35」・「잡기상49」・「잡기상51」・「잡기상52」

28 「교특생1」~「교특생4」

29 「교특생5」~「교특생8」

30 「교특생9」~「교특생26」

31 「교특생27」~「교특생51」・「교특생56」・「교특생52」~「교특생61」・「교특생69」・「교특생75」~「교특생88」

32 「방기」2」·「방기」3」·「방기」4」·「방기」6」·「방기」5」·「방기」10」~「방기」15」·「방기」25」·「방기」26」·「방기」28」·「방기」18」·「방기」16」·「방기」27」·「방기」19」·「방기」17」~「방기」18」·「방기」20」·「방기」23」·「방기」24」·「방기」22」

33 「방기」31」·「방기」37」·「방기」32」·「방기」34」~「방기」36」·「방기」33」

34 「방기」29」·「방기」9」·「방기」8」·「방기」21」·「방기」30」

35 『세종실록』59권, 세종 15(1433)년 2월 9일 계사 4번째 기사.

36 『태종실록』8권, 태종 4(1404)년 11월 28일 병인 2번째 기사.

37 이점 때문에 조선시대 肅宗代와 景宗代에 白頤正과 李齊賢의 고향인 藍浦에 이 둘을 위시하여 宋時烈, 權尙夏, 韓元震 등 기호학파의 주요 인물들을 享祀하는 新安祠를 창건하는 일이 추진되어 성사된다.

○ 번역 대본은 규장각소장본(奎5128-v.1-11)의 영인본(경문사, 1982) 『예기천견록禮記淺見錄』(상·하 2책)이다. 규장각본은 1706년 제주판관 송정규宋廷奎가 향교에 보존되어 있던 1418년 간본을 복각한 것이다.

○ 『예기집설禮記集說』에 대하여 1390년 무렵 김자수金子粹(1350~1405)와 민안인閔安仁(1343~1398)의 건의에 따라 상주목사尙州牧使인 이복시李復始가 중간重刊하였다는 기록이 있지만 전하지 않는다. 『사서오경대전四書五經大全』이 영락永樂 13년(1415)에 간행되고 세종 1년(1419) 조선에 수입되어 간행되면서 『예기집설대전』이 조선에서 『예기집설』의 주요 판본이 되었다. 본 번역에서 교감과 조목 구분의 저본으로 삼은 것은 『예기집설대전』 영인본(보경문화사, 1984)이다.

○ 『예기집설대전』은 본문 절節 아래 진호의 집설을 단행으로 기록하고, 집설 아래 쌍행으로 세주를 부가하였다. 『예기천견록』은 진호의 『예기집설』에서 49편의 체제는 유지하면서 각 편 내에서 조목을 주제별로 재배치하였다. 『예기천견록』 체제를 시각적으로 보여주기 위하여 본 번역에서는 다음과 같은 원칙에 따라 장과 절을 구분하였다.

　첫째, 분장分章에 관한 권근의 언급이 있거나(①) 안설按說을 통해 확인할 수 있는 경우(②), 장의 첫머리에 '1', '2', '3' 등의 숫자를 붙이고 ①과 ②를 구분하는 주석을 달았다. 특히 권근이 본문을 경문經文과 전문傳文으로 나눈 곡례, 예운, 악기 등편의 경우 '경經 1', '전傳 2'라고 표시하였다.

둘째, 『예기집설대전』의 분절分節 방식에 따라 『예기집설』의 주석이 있거나 권근의 안설인 '근안近按'이 기록된 곳에서 절節을 나누고 장章을 단위로 일련번호를 '1-1', '1-2' 등으로 표시하였다.

셋째, 『예기집설대전』의 편차編次에 따라 일련번호를 붙이고 이를 번역문의 위쪽에 기록하였다.

사례 1) '전1-1[곡례상 2]'는 『예기천견록』 「곡례상」편 전傳 1장章의 첫 번째 절이자, 『예기집설대전』 「곡례상」의 두 번째 절을 뜻한다.

사례 2) '1-역[단궁상 3]'은 『예기천견록』 「단궁상」편 1장의 두 번째 절이자, 『예기집설대전』의 세 번째 절을 뜻한다.

○ 번역에서 경전이나 제자서 등을 인용한 경우에는 인용문을 번역하고 괄호 안에 원문을 수록하였다.

○ 각주에 수록된 도상 자료는 송宋 섭숭의聶崇義의 『삼례도三禮圖』, 청淸 『흠정의례의소欽定儀禮義疏』 「예기도禮器圖」, 청淸 황이주黃以周의 『예서통고禮書通考』, 전현錢玄의 『삼례사전三禮辭典』(江蘇古籍, 1998)에서 해당 도상을 찾아 수록하였다.

○ 용어의 번역은 가독성을 높이기 위해 가능한 우리말로 번역하고 괄호 안에 원문 용어를 병기하는 것을 원칙으로 하였다.

『예기집설禮記集說』의 「서序」

앞서서 나온 성인이 하늘을 계승하여 표준을 세운 원칙에서 예보다 더 중시한 것이 없었고, 뒤에 나온 성인이 세상에 전하고 가르침을 세운 글에서도 또한 예보다 우선시한 것이 없었다. 삼백 가지 예의禮儀(예제의 근간)와 삼천 가지 위의威儀(예제의 세세한 절목) 가운데 어느 것인들 정신精神과 심술心術이 깃든 것이 아니겠는가? 그러므로 천지와 절도節度를 같이 할 수 있었던 것이다. 사대四代에 걸쳐 이루어졌던 보완작업은 시대가 오래되고 경전이 온전히 전해지지 않아 그 자세한 내용을 알 수 없게 되었다. 『의례儀禮』가 17편이고 대성戴聖이 기록한 『예기禮記』가 49편인데, 선대의 유학자들이 「중용中庸」과 「대학大學」을 드러내고 알려 마침내 영원히 도학의 근원이 되었다. 『예기』 49편 글 중에는 순수한 것과 잡박한 것의 차이가 있지만, 그것들의 내용상 깊이나 차이에 대하여 말하기는 정말 쉽지 않다. 정현鄭玄은 참위설을 이어받았는데, 공영달孔穎達은 그저 정현의 설만을 따라서, 다른 설이 있어도 수록하지 않았으니, 진실로 애석한 부분이다. 그렇지만 개중에 명확하여 근거로 삼을 만하는 것들은 뒤바꿀 수 없다. 근래에 나온 응씨應氏의 『집해集解』[1]는 「잡기雜記」, 「상대기喪大記」, 「상복소기喪服小記」 등편에 대하여 생략하고 설명하지 않았다. 아, 상례를 신중히 처리하고 조상을 추모하는 것이 인간의 윤리와 세상의 도리에 관련해서 작은 일이 아니거늘 생략해서 되겠는가? 선친은 쌍봉雙峰 요饒선생을 14년 동안 스승으로 모셨고,[2] 이 『예기』로서 향서鄉書에 세 번이나 합격하여, 개경開慶[3] 무렵에 이름난 진사가 되었다. 선친께서는 스승의 문하에서 강론한 것으로부터 얻은 것이 매우 많았는데, 중간에 화재를 당해 한 글자도 전해지지 못하였다. 홀로 된 불초한 내가 외람되게 자신의 능력을 헤아리지 않고 글을 모아 연역하고 내 생각을 부가하여 '예기집설禮記集說'이라고 이름을 붙였다. 이 책은 대개 평이하고 분명한 설을 가지고 초학자들이 읽으면 곧장 그 의미를 알 수 있게 하려고 한 것이다. 아마 장구章句에 통할 정도가 되면 깊은 뜻이야 저절로 드러날 것이니, 고상하게 이론적 논의를 하면서 훈고訓詁의 말을 비하할 필요가 진정 없다. 책이 완성되자, 도리를 알고 있는 사방의 선비들에게 나아가 질정하고 싶었지만, 노쇠한데다가 병이 많아 돌아다니기가 너무 어려웠다. 그래서 우선 책 상자 속에 넣어두고 뒤에 오는 명철한 학자를 기다린다. 정치와 교화가 흥성하게 될 때, 예를 아는 학자가 어쩌다 이 책에서 취하는 것이 있다면, 그것은 또한 우둔한 사람이 천 번 생각해서 한 번 들어맞은 부분일 뿐이다. 前聖繼天立極之道, 莫大於禮, 後聖垂世立敎之書, 亦莫先於禮. 禮儀三百・威儀三千, 孰非精神心術之所寓? 故能與天地同其節. 四代損益, 世遠經殘, 其詳不可得聞矣. 『儀禮』十七篇, 『戴記』四十九篇, 先儒表章庸學, 遂爲千萬世道學之淵源. 其四十九篇之文, 雖純駁不同, 然義之淺深同異, 誠未易言也. 鄭氏祖讖緯, 孔疏惟鄭之從, 雖有他說, 不復收載, 固爲可恨. 然其灼然可據者, 不可易也. 近世應氏『集解』, 於「雜記」・「大・小記」等篇, 皆闕而不釋. 噫, 愼終追遠, 其關於人倫世道, 非細故, 而可略哉? 先君子師事雙峰饒先生十有四年, 以是經三領鄕書, 爲開慶名進士. 所得於師『講論甚多, 中罹燬燼, 隻字不遺. 不肖孤僭不自量, 會萃衍繹, 而附以臆見之言, 名曰『禮記集說』. 蓋欲以坦明之說, 使初學讀之, 卽了其義. 庶幾章句通, 則緼奧自見, 正不必高爲議論, 而卑視訓詁之辭也. 書成, 甚欲就正于四方有道之士, 而晩[4]年多疾, 遊歷良艱. 姑藏巾笥, 以俟來哲. 治敎方興, 知禮者或有取焉, 亦愚者千慮之一爾.

지치至治 임술년1322 10월 16일, 후학 동회택東匯澤 진호陳澔[5]가 글머리에 쓰다. 至治壬戌良月旣望,[6] 後學東匯澤陳澔序.

1 응씨의 『집해』: 應氏는 應鏞을 가리킨다. 衛湜의 『예기집설』「凡例」에는 金華 출신으로 字가 子和이고 『纂義』 20권을 지었다고 소개되어 있다. 『集解』는 『纂義』와 같은 저술로 생각되며, 원 제목은 『禮記纂義』 또는 『禮記集解』였을 것으로 추정된다.

2 선친은 ~ 모셨고 : 선친은 陳澔의 아버지 陳大猷를 가리킨다. 진대유의 자는 文獻, 호는 東齋이며 都昌 현재 江西 지역에 속함 출신이다. 1259년 진사가 되었고, 從政郎, 黃州軍 判官 등을 역임하였다. 저서에 『尙書集傳或問』, 『尙書集傳會通』 등이 있다. 쌍봉 요선생 은 饒魯를 가리킨다. 요노의 자는 伯興 또는 仲元이며, 호는 雙峰이다. 남송 饒州 餘干 현재 江西 餘干 서북쪽 출신이다. 黃榦, 李燔 등에게서 배웠고, 과거에 실패한 뒤 학문에 만 전념하였으며, 여러 번 추천을 받았지만 조정에 나아가지 않았다. 石洞서원을 세워 제자들을 가르쳤고, 그가 죽자 제자들이 사적으로 文元이라는 시호를 붙였다. 저서로 『五經講義』, 『語孟紀聞』, 『春秋節傳』, 『學庸纂述』, 『太極三圖』, 『學庸十二圖』, 『西銘圖』, 『近思錄註』 등이 있다. 진대유, 진호, 요노 등에 대한 기록은 『宋元學案』 83권, 「雙峰學案」 에 정리되어 있다.

3 개경 : 南宋 憲宗 1259년의 연호이다.

4 晩 : 『예기집설대전』에는 '裏' 자로 되어 있다.

5 진호 : 자는 可大, 호는 雲莊, 또는 北山이다. 陳大猷의 아들이다. 經師선생, 雲莊선생 등으로 불렸으며, 저서로 『예기집설대전』이 전한다. 『宋元學案』 83권, 「雙峰學案」에 관 련 기록이 보인다.

6 至治壬戌良月旣望 : 『예기집설대전』에는 8글자가 없다.

『예기천견록禮記淺見錄』의 「서序」

　　예경禮經은 성인이 가르침을 세우는 중대한 경전이며 인류의 일상적 실천에 절실한 것이다. 불행하게도 진秦나라 때 불타버린 뒤, 한漢나라 유학자들이 수집하는 데 힘을 기울였지만, 편차가 순서를 갖추지 못하고 문맥도 서로 이어지지 못하며, 군데군데 전기傳記를 두서없이 인용하여, 성현의 말씀과 어울리지 않는 것이 많았다. 송宋나라에 이르러 하남河南의 두 정程씨1)가 「대학大學」과 「중용中庸」 두 편을 널리 알렸지만, 나머지 편들에 대해서는 미처 다루지 못하였다. 고정考亭 주朱선생2)이 산정刪定 작업에 뜻을 두었지만, 역시 작업할 겨를이 없었다. 동회택東匯澤 진陳씨3)의 『예기집설禮記集說』이 나오자, 공부하는 사람들이 모범으로 삼을 바를 갖게 되었다. 그러나 그 편차가 예전 그대로여서 공부하는 사람들은 만족스럽지 못하다는 탄식을 한다. 그 근원을 추구하고, 변석하여 그 올바름을 얻는 것은 중국의 학자도 오히려 어려워하는데, 더구나 바다 멀리 한구석에 사는 학자들에게는 어떠하겠는가? 禮經聖人立敎之大典, 而切於人倫日用者也. 不幸火于秦, 漢儒勤於掇拾, 然簡編不得其次, 文理不相接, 間有雜引傳記, 不類於聖賢之言者多矣. 至宋, 河南兩程氏表章「大學」·「中庸」二篇, 餘未及焉. 考亭朱先生有志刪定, 亦未暇焉. 及東匯澤陳氏之『集說』出, 學者有所矜式. 然其編次仍舊, 學者有未滿之歎. 夫遡而求其源, 辨而得其正, 中國之學者猶難之, 況海外之一方乎?

　　한산韓山 이李선생4)이 중국에 들어가 공부하여 고명하고 정대한 견해를 갖게 되었는데, 귀국하자 우리나라의 스승으로 역할을 하였다. 그는 이 경經

에 대하여 저서를 쓰고자 하였지만, 만년에 병이 많아 결국 실행하지 못하고 문인인 양촌陽村 권權씨에게 부탁하였다. 양촌은 명민하고 근면하여 읽지 않은 책이 없을 정도였으며, 더욱이 성리학에 조예가 깊었다. 명나라 태조 고황제 시절에 명나라 서울에 들어가 조회에 참여하였는데, 이 때 천자가 그를 직접 만나보고 그가 학식이 있음을 알게 되자 제목을 주고 시를 쓰게 하였으며, 문연각에서 머물며 왕명을 받들게 하였다. 명조의 큰 유학자인 유삼오劉三吾, 동董공 등과 서로 접하여 교류할 수 있었고5) 견해가 더욱 바르게 되었으며 조예가 더욱 깊어졌다. 은혜를 받아 환국한 뒤 올바른 말로 기피를 당해 수년 동안 한가히 거처하였다. 이에 『예기』를 전념하여 연구하면서, 다시 편차를 나누어 경과 전을 만들고 의심스러운 문맥에 대하여 모두 분석하여 논하였다. 그리고 제목을 '예기천견록禮記淺見錄'이라고 붙였다.

我韓山李先生入學中國, 有高明正大之見, 及東還, 師範一方. 欲於是經有所論著, 晚年多疾, 竟未能就, 以囑門人陽村權氏. 陽村明敏勤儉, 讀書無不究, 尤精於性理之學. 嘗在太祖高皇帝時, 入朝京師, 帝賜對, 知其有學識, 命題賦詩, 使待詔文淵閣. 得與朝之大儒劉公董公輩日相接, 聞見益正, 所造益深矣. 及蒙恩還國, 讒言見忌, 居閑數年. 乃於是經專意參究, 更次簡編分爲經傳, 文義之可疑者, 皆盡辨論, 題其目曰『禮記淺見錄』.

우리 전하께서 왕위에 올라 재상으로 기용하고 그의 직무에 성균관 교육을 겸하게 하자 학자들이 더욱 정진하고 강론을 게을리하지 않게 되었다. 이에 이전의 기록을 가지고 첨삭을 가하면서 오랫동안 축적해놓으니 책을 이루기에 충분하였다. 승정원지신사 황희가 그 사실을 진달하자 전하께서 봉서국에 종이와 붓을 지급하여 그의 문인인 김반 등에게 필사하여 올리도록 명령하고, 경연에서 강의하도록 허락하였다. 그리고 교서관에 명령하여 활자를 사용하여 책으로 만들고 경연의 강의에 대비하게 하는 한편 전국에 널리 유포시키도록 하였다. 이어서 신 하륜에게 책의 머리에 서문을 쓰도록 명령하였다. 及我國王殿下踐祚, 起爲相, 職任兼成均, 學者益進, 講論不小懈. 乃將前錄, 更加筆削, 積以歲月, 乃克成篇. 承政院知申事黃喜具以聞. 殿下命給奉書局紙筆, 令其門人金泮等繕寫以進, 許於經筵進講. 乃命校書館用鑄字印成, 以備經筵講讀, 以廣境內流行. 仍命臣崇序其卷端.

신이 삼가 명령을 받고 물러나와 다시 전편을 읽어보니, 글이 전아하고 내용이 정미하여 전대의 현인들이 미처 밝히지 못한 것을 밝혀놓은 것이 많아, 성문聖門에 공로가 적지 않음을 알 수 있었다. 내가 생각건대, 송宋나라 때 용도각龍圖閣 학사學士를 지낸 송宋공6)이 『당서唐書』를 지으면서, 장보고張保皐가 의義를 실천한 일에 대하여 칭송하는 글을 썼는데, 곽분양郭汾陽과 나란히 칭찬하기에 이르니, 그 논의가 공정하여 오랑캐와 중국 사이에 차이를 두지 않았다.7) 후일 용도각 학사 송공과 같은 중국의 훌륭한 유학자가 이 책을 보게 된다면, 이 책은 마땅히 진씨의 『예기집설』과 나란히 중국에 유포되고 후세에 전해질 것이다. 어찌 우리 동방의 학자들에게만 좋은 일이겠는가? 臣謹受命, 退而讀再遍, 文辭典雅, 議論精微, 前賢所未發者, 多所發明, 可見其有功於聖門爲不淺矣. 竊謂末朝龍圖學士宋公撰『唐書』, 贊羅人張保皐之行義, 至與郭汾陽並稱之, 其論公不以夷夏而有異. 他日, 中國之大儒, 有如宋龍圖者見此錄, 則此錄當與陳氏之『集說』並行於中國, 而傳及於後世矣. 豈有我東方學者之所幸哉?

우리 전하께서는 명철하고 뛰어난 자질에다 학문이 덕으로 감화시키는 경지에 도달하셨다. 또한 날마다 경연을 열어 도의를 논하고 훌륭한 정치를 이끌어내는 근본을 바로 세우고, 시행하는 모든 것을 예禮에 합당하도록 힘을 기울이셨다. 전하께서 이 책을 한번 보시자 칭찬하시고, 담당관에게 널리 전하게 명령하셨다. 유학자를 존중하고 도의를 중시하는 마음, 남과 함께 선을 행하려는 뜻이, 아, 성대하도다! 신이 지극히 경사스럽고 기쁜 마음을 감당하지 못하면서, 삼가 이상과 같이 서문을 쓴다. 恭惟殿下稟資明睿, 學

就緝熙. 日開經筵, 講論道義, 以正出治之本, 凡所施爲, 務合乎禮. 一覽此錄, 便加歎賞, 爰命攸司, 以廣其傳. 崇儒重道之心 · 與人爲善之意, 嗚呼, 盛哉! 臣不勝慶幸之至, 謹頓首拜手爲之序云.

영락永樂 5년 3월 모일, 분충장의동덕정사좌명공신 · 대광보국숭록대부 · 의정부좌정승 · 판이조사 · 수문전 · 대제학 · 감춘추관사 · 영경연서운관사 · 세자부 · 진산부원군 신 하륜이 삼가 서문을 쓰다. 永樂五年三月日, 奮忠仗義同德定社佐命功臣 · 大匡輔國崇祿大夫 · 議政府左政丞 · 判吏曹事 · 修文殿 · 大提學 · 監春秋館事 · 領經筵書雲觀事 · 世子傅 · 晉山府院君臣河崙謹序.

1 두 정씨 : 程顥와 程頤 형제를 가리킨다.

2 고정 주선생 : 朱熹를 가리킨다. 주희는 1192년 建陽의 考亭에 집을 짓고 거주하면서, 考亭을 자신의 별호로 사용하였다. 주희는 만년에 예학 탐구에 힘을 기울여, 『예기』의 각 편을 『의례』의 관련되는 부분에 부속시켜 하나로 통합한 『儀禮經傳通解』를 1196년에 초고를 완성하였는데, 喪禮와 祭禮 부분은 다루지 못하고, 제자 黃榦에게 완성해줄 것을 부탁하였다. 이후 황간과 楊復 등에 의해 『儀禮經傳通解續』으로 이어졌다.

3 동회택 진씨 : 陳澔를 가리킨다.

4 한산 이선생 : 李穡을 가리킨다.

5 명조의 ~ 있었고 : 권근은 북경에서 만난 文淵閣 翰林學士로 劉三吾, 許觀, 張信, 戴德彝 등을 들고 있다. 董公은 누구를 지칭하는지 불분명하다. 『陽村集』 권1, 8~9쪽, 「應製詩・鶴鳴再坐聞環佩而珊珊」 참조.

6 송공 : 宋祁(998~1061)를 가리킨다. 宋 仁宗 때의 명신으로 歐陽脩와 함께 『唐書』를 편찬하였다. 문집으로 『宋景文集』이 있다. 『宋史』 卷284 참조.

7 장보고가 ~ 않았다 : 『新唐書』 권220, 「列傳・東夷」에 관련 내용이 보인다.

『예기천견록禮記淺見錄』「목록目錄」

1권 「곡례상曲禮上」

2권 「곡례하曲禮下」

3권 「단궁상檀弓上」

4권 「단궁하檀弓下」

5권 「왕제王制」

6권 「월령月令」

7권 「증자문曾子問」, 「문왕세자文王世子」

8권 「예운禮運」

9권 「예기禮器」

10권 「교특생郊特牲」

11권 「내칙內則」

12권 「옥조玉藻」, 「명당위明堂位」

13권 「상복소기喪服小記」, 「대전大傳」

14권 「소의少儀」, 「학기學記」

15권 「악기상樂記上」

16권 「악기하樂記下」

17권 「잡기상雜記上」

18권 「잡기하雜記下」

19권 「상대기喪大記」

20권 「제법祭法」, 「제의祭義」

21권 「제통祭統」, 「경해經解」, 「애공문哀公問」

22권 「중니연거仲尼燕居」, 「공자한거孔子閒居」, 「방기坊記」, 「중용中庸」

23권 「표기表記」, 「치의緇衣」

24권 「분상奔喪」, 「문상問喪」, 「복문服問」, 「간전間傳」, 「삼년문三年問」, 「심의深衣」

25권 「투호投壺」, 「유행儒行」, 「대학大學」, 「관의冠義」, 「혼의昏義」, 「향음주의鄕飮酒義」

26권 「사의射義」, 「연의燕義」, 「빙의聘義」, 「상복사제喪服四制」

곡례상
曲禮上

양촌에 사는 후학 권근 지음

내가 일찍이 목은牧隱의 문하에서 예禮를 배웠는데, 선생께서 말씀하시기를, "예경이 진나라 때 분서焚書로 없어지고, 한나라 때 유학자들이 타고 남은 나머지를 주워 모아 수집한 순서에 따라 기록하였다. 따라서 그 글에 순서가 잘못된 것이 많아 완전하지 못하다. 이정과 주자가 『중용』과 『대학』을 널리 알리고 또 두 편의 잘못된 편제를 바로잡았지만, 다른 편까지 미치지 못하였다. 내가 일찍이 존비尊卑의 차이, 길흉吉凶의 구분, 그리고 일반적으로 통용하는 말의 사례 등을 토대로 유형별로 나누어 모아 내가 공부하는 데 편하게 하고 싶었지만 아직 진행하지 못하였다. 네가 힘을 기울여야 하겠다"라고 하셨다. 내가 말씀을 들었을 때는 관직에 재직하고 있어서 겨를이 없었다. 유배를 계기로 양촌陽村에 한적하게 거처하면서 이 경전을 구해 가지고 같고 다름을 연구하면서 글의 내용을 유형별로 편차를 만들어 선생의 하명을 받들고자 하였다. 그러나 이 경의 글은 편마다 유형이 달라 「곡례曲禮」와 「단궁檀弓」이 다르고, 「단궁」과 「월령月令」이 서로 다르다. 비록 높고 낮은 예禮나 길하고 흉한 예禮의 사례가 유형별로 구분될 수 있다고 해도, 그 글이 서로 유사하지 않아 섞어놓을 수 없었고, 게다가 나의 부족한 식견으로는 진실로 구분해놓기가 쉽지 않은 점들이 있다. 그 때문에 임시로 본래의 편에 들어가 그 글의 뜻을 파악하면서 유형별로 서로 연결시키자, 옛

경전의 편 제목들도 구비하고 각 편의 문체를 잃지 않으면서도 선생의 뜻에도 또한 가까이 부응할 수 있었다. 보는 사람이 그 참람됨을 용서하고 바로잡아주기 바란다.

愚嘗學禮於牧隱之門, 先生命之曰, "禮經亡於秦火, 漢儒掇拾煨燼之餘, 隨其所得先後而錄之. 故其文多失次而不全. 程朱表章『庸』‧『學』, 又整頓其錯亂之簡, 而他未之及. 予嘗欲以尊卑之等‧吉凶之辨與夫通言之例, 分門類取, 以便私觀, 而未就, 爾宜勉之." 愚旣聞命時, 方仕宦, 不暇於此. 嘗因擯棄閑居于村, 求得是經, 參究同異, 將類次其文意, 以承先生之命. 而此經之文篇各不類. 「曲禮」與「檀弓」而殊, 「檀弓」與「月令」而異. 雖其上下吉凶之例, 或有可以類分者, 而文不相似, 不可雜置, 亦以謏聞淺見, 誠有所未易區分者矣. 故姑卽本篇, 而求其文意, 以類相從, 則古經之篇目具在, 每篇之文體不失, 而先生之志, 亦庶幾焉. 觀者幸恕其僭, 而加正是焉.

경經.[1]

경-1[곡례상 1]

「곡례」[2]에서 말하였다. "공경하지 않음이 없도록 하고, 몸가짐을 생각에 잠긴 듯이 정중하게 하고, 살펴서 차분히 말한다면, 백성들을 편안하게 할 것이다!"

「曲禮」曰: "毋不敬, 儼若思, 安定辭, 安民哉!"

集說 '무毋'는 금지사이다. ○ 주자는 말한다. "첫 장은 군자의 수신에서 요체가 이 세 가지에 있지만 그 효과는 백성들을 안정시킬 수 있어, 곧 예의 근본이 됨을 말하고 있다. 그래서 이 편의 처음에 두었다."[3] ○ 유씨劉氏[4]는 말한다. "세 가지는 수신의 요체요, 정치의 근본이다. 이것이 군자가

자신을 경敬으로 수양하여, 그 효과가 남을 편안하게 하고 백성을 편안하게 하는 데 이르는 것이다." '毋', 禁止辭. ○ 朱子曰: "此[5]言君子脩身, 其要在此三者, 而其效足以安民, 乃禮之本. 故以冠篇." ○ 劉氏[6]曰: "三者, 脩身之要, 爲政之本. 此君子脩己以敬, 而其效至於安人安百姓也."

權近 살피건대, '공경하지 않음이 없도록 한다'는 것은 예의 전체에 대하여 통괄적으로 말하는 것이다. '몸가짐을 생각에 잠긴 듯이 정중하게 한다'는 것은 공경함이 밖으로 드러나는 것은 내면에 근본을 두고 있기 때문이다. '살펴서 차분히 말한다'는 것은 내면에 간직한 공경함을 밖으로 드러내는 것이다. 공경함을 위주로 하는 군자의 공부가 말과 용모에 이와 같이 드러난다. 내면과 외면을 함께 수양하면서 약간의 거만함도 없기 때문에 그 효과가 백성을 안정시키는 데 이른다. 이것은 자신을 수양하여 남을 다스리는 도리며 학문의 시작과 끝을 이루는 것이다. 이 장은 곧 옛 예경의 말인데, 인용하여 편의 처음에 두었다. 그리고 그 아래에 여러 책에서 정밀하고 요체가 되는 말을 순서 없이 가져와 편을 구성해서 이 첫 장의 의미를 해석하였다. 近按, '毋不敬'者, 統言禮之全體也. '儼若思', 敬之見於外者, 本乎中也. '安定辭', 敬之存於中者, 發乎外也. 君子主敬之功, 見乎言貌如此. 內外交養, 而無有一毫之慢, 故其效至於安民. 此修己治人之道, 學之成始成終者也. 此章乃古禮經之言, 引之以冠篇首. 其下雜引諸書精要之語, 集以成篇, 以釋此章之義.

權近 이상은 경經 1장이다. 右經一章

전傳 1.

^{전-1-1}[곡례상 2]

오만을 키워서는 안 되고, 욕망을 멋대로 추구해서도 안 된다. 뜻을 끝까지 충족시켜서는 안 되고, 즐거움을 끝까지 추구해서도 안 된다. 敖不可長, 欲不可從. 志不可滿, 樂不可極.

集說 응씨應氏(응용應鏞)[7]는 말한다. "공경함의 반대가 오만이다. 정情의 움직임이 욕망(欲)이다. 뜻은 끝까지 충족되면 넘친다. 즐거움은 극에 이르면 반대로 흐른다." 應氏曰: "敬之反爲敖. 情之動爲欲. 志滿則溢. 樂極則反."

權近 살피건대, 여기 이하는 '공경하지 않음이 없도록 한다'는 구절의 의미를 서술하였다. 오만하면 공경함이 밖으로 드러난 것과 상반되고, 욕구를 가지면 내면의 공경함을 잃는다. 뜻과 즐거움은 모두 마음의 활동으로, 집중하고 동요됨이 없는 공경함에 지장을 준다. 그러므로 모두 금지하고 경계한 것이다. 이것은 배우는 자가 경을 중심으로 힘을 쓰는 일의 출발점이 된다. 따라서 전傳의 첫 장章으로 삼았다. 近按, 此下叙毋不敬之意. 敖則反其敬之著於外, 欲則失其敬之存於中. 志與樂皆心之動, 而害於主一無適之敬者也. 故皆禁戒之. 此學者主敬用功之始事也. 故以爲傳之首章焉.

^{전-1-2}[곡례상 4]

재물을 보고 구차하게 얻으려 하지 말아야 하고, 어려움을 만나서

구차하게 벗어나려 하지 말아야 한다. 싸움에서 이기려 하지 말아
야 하고, 재화를 나눌 때 더 많이 차지하려 하지 말아야 한다.
臨財毋苟得, 臨難毋苟免. 狠8)毋求勝, 分毋求多.

[곡례상 5]
의심스러운 사안에 대해서는 단정하지 말고, 자신의 견해를 가감
없이 말하고 고집하지 말라.【구본에는 '安安而能遷' 아래 배치되어 있다】
疑事, 毋質, 直而勿有.【舊在 '安安而能遷之下'】

集
說 '구차하게 얻으려 하지 말아야 한다'(毋苟得)는 것은 이익이 되는 것
을 보았을 때 정당한지를 먼저 생각하는 것이요,9) '구차하게 벗어나려 하
지 말아야 한다'(毋苟免)는 것은 목숨을 다해 선의 길을 지키는 것이요,10)
'싸움에서 이기려 하지 말아야 한다'(狠毋求勝)는 것은 화가 나는 일이 있을
때 (화를 참지 않음으로써) 더욱 곤란한 결과를 초래할 수 있음을 생각하
는 것이요,11) '재화를 나눌 때 많이 차지하려 하지 말아야 한다'(分毋求多)는
것은 자신이 적은 것을 걱정하지 않고 고르지 못한 것을 걱정하는 것이
다.12) 더군다나 주자朱子는 말한다. "'의심스러운 사안은 단정 짓지 말라'
(疑事毋質)는 것은 '말할 때 자신의 입장에서 단정하지 말아야 한다'는 것이
요, '자신의 견해를 가감 없이 말하고 고집하지 말라'(直而勿有)는 것은 자신
의 소견을 말하되 상대가 판단하도록 두고, 내 소견에 근거해서 고집하고
억지로 변론하는 데 힘을 기울여서는 안 됨을 의미한다."13) '毋苟得', '見利思
義也. '毋苟免', '守死善道'也. '狠毋求勝', '忿思難'也. '分毋求多', '不患寡而患不均'也.
況14)朱子曰: "疑事毋質', '毋身質言語'15)也. '直而勿有', 謂陳我所見, 聽彼自16)擇, 不
可據而有之, 專務强辨也."

살펴건대, 위의 절(1-1)은 마음에서 생겨나는 것에 대하여 경계하고, 이 절(1-2)은 일로 나타난 것에 대하여 경계하였다. 모두 '공경하지 않음이 없도록 한다'는 것 가운데 주요한 절목이다. 近按, 上節就其發於心者戒之, 此節就其見於事者戒之, 皆'毋不敬'之中, 節目之大者也.

전-1-3[곡례상 3]

현인은 상대를 허물없이 대하면서도 공경하고, 어려워하면서도 좋아한다. 좋아하면서도 상대의 나쁜 점을 알며, 미워하더라도 상대의 좋은 점을 알아준다. 저축하면서도 나눌 줄 알고, 편안함을 편안히 여기다가도 (의義에 따라) 바꿀 줄 안다.【구본에는 '樂不可極'의 아래 배치되어 있다】

賢者狎而敬之, 畏而愛之. 愛而知其惡, 憎而知其善. 積而能散, 安安而能遷.【舊在'樂不可極'之下】

[곡례상 7]

예는 상황의 합당함을 따라서 하며, 사신으로 가서는 그 나라의 풍속을 따른다.【구본에는 '立如齊'의 아래 배치되어 있다】

禮從宜, 使從俗.【舊在'立如齊'之下】

集説 주자朱子는 말한다. "이것은 현자가 허물없이 대하는 상대에 대해서도 공경할 줄 알고, 경외하는 상대에 대해서도 친애할 줄 알고, 소중히 여기는 상대에 대해서도 그의 잘못을 잘 알아보고, 미워하는 상대에 대해서도 그의 장점을 잘 알아보고, 재화를 저축하더라도 나누고 베풀 줄 알고,

편안함을 편하게 여기다가도 의를 실천할 줄 알아 모범이 될 수 있음을 말한다." ○ 응씨應氏는 말한다. "'편안함을 편안히 여긴다'(安安)는 것은 편안한 바에 따라 편안히 하는 것이다. '편안히 여긴다'(安)는 것은 어진 사람의 순응하는 모습이요, '바꾼다'(遷)는 것은 의로운 사람의 결단하는 모습이다." ○ 정씨鄭氏(鄭玄)는 말한다. "'예는 상황의 합당함을 따라서 하며, 사신으로 가서는 그 나라의 풍속을 따른다'고 한 말은 일을 항상 똑같이 할 수 없다는 것이다." ○ 여씨呂氏는 말한다. "공경하는 것은 예의 변함없는 도리다. 예는 때가 중요하다. 때는 예가 변하는 대목이다. 변하지 않는 도리(常)를 체득하고 변하는 것(變)을 다 대응하면, 천하 어디를 가도 두루 행하고 막힘이 없을 것이다." 朱子曰: "此言賢者於其所狎能敬之, 於其所畏能愛之, 於其所愛能知其惡, 於其所憎能知其善, 雖積財而能散施, 雖安安而能徙義, 可以爲法.17)" ○ 應氏曰: "安安者, 隨其所安而安也. '安'者仁之順, '遷'者義之決." ○ 鄭氏曰: "禮從宜使從俗'18), 事不可常也." ○ 呂氏曰: "敬者, 禮之常. 禮, 時爲大. 時者, 禮之變. 體常盡變, 則達之天下, 周旋無窮."

權近 살피건대, 이 부분은 위 문장의 금지하고 경계하는 말을 이어서 현자의 일을 말하여 더욱 노력하게 한 것이다. 현자는 다른 사람을 대할 때, 비록 허물없이 대하는 사이라도 반드시 공경하니, 그가 공경하지 않는 적이 없다는 것을 알 수 있다. '나눌 수 있다'는 것은 곧 인仁을 실행하는 것이요, '옮길 수 있다'는 것은 곧 의義에 따라 결단하는 것이다. '의宜를 따르기도 하고' '풍속을 따르기도 한다'는 것은 또한 편안함을 편안히 여기다가도 의에 따라 바꿀 줄 아는 것이요, 상황에 따라 처신하는 것의 적절한 도리에 통달한 것이다. 近按, 此因上文禁戒之辭, 而言賢者之事以勉之也. 賢者於人, 雖押必敬, 則其無所不敬者, 可知矣. '能散', 仁之施, '能遷', 義之決, '從宜'・'從俗', 亦是能安安而能遷, 達時措之宜者也.

앉아 있을 때는 시P처럼 하고, 서 있을 때는 재계하듯 한다.【구본에
는 '直而勿有'의 아래 배치되어 있다】

若夫坐如尸, 立如齊.【舊在'直而勿有'之下】

[곡례상 44]

(자식 된 사람은) 소리 없는 데서 듣고, 형체 없는 데서 본다.【구본
에는 '祭祀不爲尸'의 아래 배치되어 있다】

聽於無聲, 視於無形.【舊在'祭祀不爲尸'之下】

集說 소疏에서 말한다. "시尸는 귀신의 자리에 위치하는데, 앉을 때는 반
드시 정중해야 한다. 앉은 자세의 법도는 반드시 시尸의 앉은 자세처럼 해야
한다. 사람들이 기대어 서는 자세에는 거만하고 불손한 경우가 많다. 실제
로 재계를 하는 것이 아니라도 제사 전에 재계할 때처럼 해야 한다." 疏曰:
"尸居神位, 坐必矜莊, 坐法必當如尸之坐, 人之倚立多慢不恭, 雖不齊, 亦當如祭前之齊."

權近 살피건대, 이 절 이하에서는 '몸가짐을 생각에 잠긴 듯이 정중하게
한다'는 것의 뜻을 설명하였다. '약부若夫'는 말을 시작하는 어사語辭이다.
'앉아 있을 때는 시尸처럼 하고, 서 있을 때는 재계하듯 한다'는 것은 밖으
로 드러나는 정중함이다. '소리 없는 데서 듣고, 형체 없는 데서 봄'은 내면
에 견지하는 생각이다. 구설舊說(陳澔의 설)에서는 '소리 없는 데서 듣고, 형
체 없는 데서 본다'는 것을 자식이 부모를 섬길 때 먼저 부모의 뜻을 미리
알아 받드는 것이라고 해석하였다. 그러나 이 구절은 곧 『중용』(1-2)의 '보
이지 않는 데에서 경계하고 삼가며, 들리지 않는 데에서 두려워한다'는 의
미로, 고요히 있을 때의 공경함이며, 생각에 잠긴 듯이 정중함을 말한다.

近按, 此下釋'儼若思'之意. '若夫', 發語辭. '坐如尸, 立如齊', 見乎外之儼也. '聽無聲,
視無形', 存於中之思也. 舊說以聽於無聲, 視於無形, 爲子事父母, 先意承志之事. 然此
卽『中庸』'戒愼不睹, 恐懼不聞'之意, 靜時之敬, 儼若思者也.

전-1-5[곡례상 86]

옆으로 기울여서 듣지 말고, 급하게 대답하지 말고, 흘겨보지 말며,
태만하지 말아야 한다.

毋側聽, 毋噭應, 毋淫視, 毋怠荒.

[곡례상 87]

다닐 때 거만하게 걷지 말고, 서 있을 때 삐딱하게 서지 말고, 앉아
있을 때 양다리를 뻗지 말고, 잠잘 때 엎드려서 자지 말아야 한다.

遊毋倨, 立毋跛, 坐毋箕, 寢毋伏.

[곡례상 88]

머리를 정돈할 때 아래로 늘어뜨려지지 않게 한다.

斂髮毋髢.

[곡례상 89]

관冠은 때가 아니면 벗지 말고, 힘든 일에도 어깨를 드러내지 말며,
더위에도 하의를 걷지 말아야 한다.【구본에는 '左右屛而待'의 아래 배치되
어 있다】

冠毋免, 勞毋袒, 暑毋褰裳.【舊在'左右屛而待'之下】

權近 살피건대, 위에서는 고요할 때 하는 존양存養의 일을 가지고 말하였

다. 이로써 정중한 마음이 내면에서 확고해진다. 여기에서는 활동할 때 하는 성찰省察의 일을 가지고 말하였다. 이로써 정중한 용모가 밖으로 나타난다. 고요하여 들을 수 있는 아무 소리도 없는 때에 경계하고 두려워하는 마음을 항상 듣고 있는 것처럼 한다. 활동하여 말할 수 있고 들을 수 있는 때에 마음을 집중하여 살펴서 듣고 용모를 반드시 곧은 자세로 견지하여 함부로 기울어짐이 없도록 한다. '급하게 대답하지 않는다'는 것은 기세를 누그러뜨리고 소리를 낮추는 것을 말한다. '시尸처럼 하고, 재계하듯 한다'는 것은 고요할 때 앉아 있거나 서 있는 자세이다. 그러므로 먼저 앉아 있는 자세를 말한 다음 서 있는 자세를 말하였다. '삐딱하게 서지 말고, 양다리를 뻗은 채 앉아 있지 않는다'는 것은 활동할 때 앉아 있거나 서 있는 자세다. 그러므로 먼저 서 있는 자세를 말한 다음 앉아 있는 자세를 말하였다. 近按, 上言靜時存養之事, 儼若之意嚴於中. 此言動時省察之事, 儼若之容著於外. 夫靜而無聲可聽之時, 戒懼之心常若有聽. 動而有言可聞之時, 專心審聽, 頭容必直, 而毋敢傾側也. '毋噭應', 下氣低聲之謂也. '如尸如齊', 靜時之坐立. 故先言坐而後言立. '毋跛毋箕', 動時之坐立. 故先言立而後言坐也.

전-1-6[**곡례상 10**]

예는 절도를 넘어서지 않고, 침해하거나 업신여기지 않으며, 지나치게 허물없이 대하지 않는다.【구본에는 '不辭費'의 아래 배치되어 있다】

禮不踰節, 不侵侮, 不好狎.【舊在'不辭費'下】

集說 절도를 넘어서면 치욕을 초래한다. 남을 침해하고 업신여기면 사양하는 것을 잊어버린다. 지나치게 허물없이 대하면 공경하는 것을 잊어버린

다. 세 가지는 모두 예와 상반되는 일이다. 그렇게만 하지 않는다면, 정중하고 공경하며 순수하고 착실한 성실함을 견지할 수 있고, 치욕을 멀리할 수 있다. 蹴節則招辱. 侵侮則忘讓. 好狎則忘敬. 三者皆叛禮之事. 不如是則有以知[19] 其莊敬純實之誠, 而遠[20]恥辱矣.

權近 살피건대, 여기에서는 군자가 예를 실행할 때 안으로 공경함에 주력하여 정중하기 때문에 밖으로 드러나는 것에 절도를 넘어서고 남을 침해하거나 업신여기며 허물없이 대하기를 좋아하는 등의 행태가 자연히 없음을 말하였다. 배움의 첫 단계가 이루어지고 예의 근본이 세워진다. 近按, 此言君子之行禮, 內主乎敬而儼若, 故見於外者, 自無蹴節・侵侮・好押之事矣. 學之初成, 而禮之本立矣.

전-1-7 [곡례상 9]

예는 아첨해서 상대를 기쁘게 하지 않으며, 언사를 낭비하지 않는다.【구본에는 '明是非也'의 아래 배치되어 있다】

禮不妄說人, 不辭費.【舊在'明是非也'之下】

集說 남을 기쁘게 하려고 하는 것 자체가 이미 마음의 처신에서 바름을 잃은 것인데, 더구나 아첨해서 한다면 어떻겠는가? 조급한 사람은 말이 많지만, 군자는 말을 함에 뜻이 전달되면 거기에서 멈춘다. 말하는 사람이 번거롭게 말하면 듣는 사람은 영락없이 염증을 낸다. 求以悅人, 已失處心之正, 況妄乎? 躁人之辭多, 君子之辭達意則止. 言者煩, 聽者必厭.

전-1-8**[곡례상 11]**

몸을 닦고 말을 실천하는 것을 훌륭한 행실이라고 한다. 행실이
수련되고 말이 도리에 맞는 것이 예의 바탕이다.【구본에는 '不好押' 아
래 배치되어 있다】

脩身踐言, 謂之善行. 行脩言道, 禮之質也.【舊在'不好押'之下】

權近   살펴건대, 여기서는 '살펴서 차분히 말한다'는 것의 의미를 설명하
였다. '아첨하지도 않고 말을 낭비하지도 않는다'는 것은 살펴서 차분히 말
하는 것을 가리킨다. 행동이 닦이고 말이 도리에 합당하면, 그 말하는 것이
자연히 차분해진다. 近按, 此釋'安定辭'之意. '不妄不費', 安定之謂也. 行修言合道,
則其言自安定矣.

전-1-9**[곡례상 21]**

앵무새는 말을 할 수 있지만 새에서 벗어나지 못하고, 성성이는 말
을 할 수 있지만 금수에서 벗어나지 못한다. 이제 사람으로서 예가
없다면, 비록 말을 할 수 있다고 해도 또한 짐승의 마음이 아니겠
는가? 대체로 짐승은 예가 없기 때문에, 애비와 새끼가 함께 한 암
컷과 교미한다.

鸚鵡能言, 不離飛鳥, 猩猩能言, 不離禽獸. 今人而無禮, 雖能言,
不亦禽獸之心乎? 夫惟禽獸無禮, 故父子聚麀.

[곡례상 22]

이 때문에 성인이 나와서 예를 제정하여 그것으로 사람들을 교육시켜 사람들이 예를 행하는 것으로 자신을 금수와 구별할 줄 알게 하였다.【구본에는 '退讓以明禮'의 아래 배치되어 있다】

是故聖人作, 爲禮以敎人, 使人以有禮, 知自別於禽獸.【舊在退讓以明禮之下】

集說 '금禽'은 조류와 들짐승을 모두 포함한 명칭이다. 조류는 '짐승'(獸)이라고 말할 수 있지만, 짐승은 또한 '금禽'이라고 말할 수 있다. 그러므로 앵무새를 수獸라고 말하지 않았지만, 성성이는 통용해서 '금禽'이라고 말한 것이다. '취聚'는 함께한다는 뜻과 같다. 짐승의 암컷을 '우麀'라고 한다. '禽'者, 鳥獸之總名. 鳥不可曰'獸', 獸亦可曰'禽'. 故鸚鵡不曰'獸', 而猩猩則通曰'禽'也. '聚', 猶共也. 獸之牝者曰'麀'.

權近 살피건대, 이 부분은 '살펴서 차분하게 말한다'는 뜻을 이어서 거듭 경계한 것이다. 近按, 此因"安定辭"之意, 而申戒之.

전-1-10【곡례상 8】

예는 친소親疏[21]를 정하고, 혐의嫌疑[22]를 해결하고, 동이同異[23]를 구분하고, 시비是非[24]를 밝히는 것이다.【구본에는 '使從俗'의 아래 배치되어 있다】

夫禮者, 所以定親疏, 決嫌疑, 別同異, 明是非也.【舊在'使從俗'之下】

集說 소疏에서 말한다. "오복五服 가운데, 대공大功 이상의 상복을 거친 베로 한 것은 사이가 가깝기 때문이다. 소공小功 이하의 복을 고운 베로 하는 것은 사이가 멀기 때문이다. 만일 첩妾이 여군女君(정처)을 위해서 기년복을 하는 경우, 여군이 첩을 위해 기년복을 하게 되면 너무 과중한 것이 되고, 복을 낮춘다면 시부모가 며느리에 대하여 복을 한다는 오해를 받게 된다. 따라서 아예 복을 하지 않는다. 이것이 혐嫌(오해를 살 수 있는 상황)을 해결하는 경우에 해당한다. 공자의 상에 문인들이 어떤 복을 할까 의문을 가졌을 때, 자공이 아버지 상과 같게 하는데 상복만 입지 말자고 제의하였다.25) 이것이 의疑(의심스러운 상황)를 해결하는 경우이다. 본래는 같았는데 현재 와서 달라진 경우는 고모와 자매가 거기에 해당한다. 본래는 달랐는데 이제 와서 같아진 경우는 세모世母(큰 어머니), 숙모叔母(작은 어머니) 그리고 며느리가 여기에 해당한다. 예에 합당하면 옳고 예에 어긋나면 그르다. 주인이 아직 소렴小斂을 마치지 않은 상황에서, 자유가 외투를 벗어 석의를 드러내고 조문한 것은 예에 합당한 것으로 옳지만, 증자가 (석의 위에) 외투를 덧입고 조문한 것은 예에 어긋난 것으로 그르다.26)" 疏曰: "五服之內, 大功以上服麤者爲親. 小功以下服精者爲疏. 若妾爲女君期, 女君爲妾, 若服之則太重, 降之則有舅姑爲婦之嫌. 故全不服. 是決嫌也. 孔子之喪, 門人疑所服, 子貢請若喪父而無服. 是決疑也. 本同今異, 姑姊妹是也. 本異今同, 世母・叔母及子婦是也. 得禮爲是, 失禮爲非. 若主人未小斂, 子游裼裘而弔, 得禮是也, 曾子襲裘而弔, 失禮非也.

權近 살피건대, 이 아래에서는 예의 큰 절목을 미루어 말하고 백성을 안정시킬 수 있는 것이 된다는 의미를 밝혔다. 近按, 此下推言禮之大節, 而明其所以能安民之意也.

[곡례상 13]

도道와 덕德, 인仁과 의義는 예가 아니면 이루어지지 않는다.

道·德·仁·義, 非禮不成.

[곡례상 14]

교육과 훈도로 풍속을 바로잡는 것은 예가 아니면 갖추어지지 않는다.

教訓正俗, 非禮不備.

[곡례상 15]

다툼과 송사를 가리는 것은 예가 아니면 해결하지 못한다.

分爭辨訟, 非禮不決.

[곡례상 16]

군주와 신하, 위와 아래, 부모와 자식, 형과 아우의 인륜은 예가 아니면 정립되지 않는다.

君臣·上下·父子·兄弟, 非禮不定.

[곡례상 17]

벼슬살이27)와 공부에서 스승을 섬길 때, 예가 아니면 친애하지 못한다.

宦·學事師, 非禮不親.

[곡례상 18]

조정에서의 지위를 서열 짓고, 군대를 통솔하며, 직무를 수행하고, 법을 집행하는 것은 예가 아니면 위엄이 갖추어지지 않는다.

班朝·治軍·涖官·行法, 非禮威嚴不行.

[곡례상 19]

도禱와 사祠, 제祭와 사祀[28] 등의 제사를 지낼 때, 귀신에게 바치는 제물이 예禮에 맞지 않으면 정성스럽지 못하고 장엄하지 않게 된다.

禱·祠·祭·祀, 供給鬼神, 非禮不誠不莊.

[곡례상 20]

따라서 군자는 공경恭敬하고, 억제하여 절도에 맞추고(撙節), 물러나며 양보하는 것(退讓)으로서[29] 예를 밝힌다.【구본에는 '不聞往敎' 아래 배치되어 있다】

是以君子恭敬·撙節·退讓以明禮.【舊在'不聞往敎'之下】

集說 '준撙'은 잘라내고 억제하는 것이다. 예는 줄이는 것을 위주로 한다. '撙', 裁抑也. 禮主其減.

權近 살피건대, 이 부분은 백성을 편안히 하는 뜻을 미루어 확대하였다. '도와 덕, 인과 의'는 백성을 편안히 하는 근본이다. '교육과 훈도로 풍속을 바로잡는 것' 이하는 모두 백성을 편안하게 하는 일이다. '귀신에게 바친다'는 말은 먼저 사람의 일을 밝히고 그 뒤에 귀신에게 미치는 것이다. 앞에서 '성인이 예를 제정하여 사람들을 가르쳤다'고 하였으니, 예는 성인에게서 나오는 것이다. 여기서는 '군자가 물러나며 양보함으로써 예를 밝힌다'고 하였으니 예는 군자를 통해서 실행되는 것이다. 近按, 此推廣安民之意. '道德·仁義', 安民之本也. '敎訓正俗'以下, 皆是安民之事也. '供給鬼神', 先明人事, 而後及於神也. 前言'聖人爲禮以敎人', 禮自聖人出也. 此言'君子退讓以明禮', 禮由君子而行也.

예란 자신을 낮추고 상대를 높이는 것이다. 비록 등짐을 지거나
물건을 파는 사람(負販)30)도 반드시 남을 존중해주는 바가 있는데,
더군다나 부귀한 이들은 어떠해야 하겠는가?【구본에는 '不可不學也' 아
래 배치되어 있다】

夫禮者, 自卑而尊人. 雖負販者, 必有尊也, 而況富貴乎?【舊在不
可不學也'之下】

集說 등짐을 진 자는 힘을 쓰는 것에 종사하고, 물건을 파는 사람은 이익
에 종사한다. 비록 비천하지만 예를 갖추지 않아서는 안 된다. 負者事於力,
販者事於利. 雖卑賤, 不可以無禮也.

부귀하면서 예를 좋아할 줄 알면 교만하거나 넘치지 않고, 빈천하
면서도 예를 좋아할 줄 알면 마음이 동요하지 않는다.

富貴而知好禮, 則不驕不淫, 貧賤而知好禮, 則志不懾.

集說 마씨馬氏(마희맹馬晞孟)는 말한다. "부유하고 신분이 귀한 사람이 교만
하고 넘치는 것과 가난하고 신분이 천한 사람이 동요하고 두려워하는 것은
내면에 평소 정해진 명분이 없어 외물에 따라 쉽게 동요하기 때문이다. 예
를 좋아하면 내면에 얻는 바가 있고 외부의 어떤 것도 빼앗을 수 없다."

馬氏曰: "富貴之所以驕淫, 貧賤之所以懾怯, 以內無素定之分, 而與物爲輕重也. 好禮則

有得於內, 而在外者莫能奪矣."

權近 살피건대, 이 경문은 귀한 신분에서 천한 신분에 이르기까지 예를 좋아하는 것의 효과를 말한 것이다. 近按, 此言自貴及賤, 好禮之效.

전-1-14**[곡례상 23]**

삼황오제의 시대에는 덕을 귀하게 여겼고, 그 다음 삼왕의 시대에는 베풀고 보답하는 것에 힘썼다. 예는 가고 오는 것을 숭상한다. 가기만 하고 오지 않는 것도 예가 아니요, 오기만 하고 가지 않는 것도 또한 예가 아니다.【구본에는 '自別於禽獸' 아래 배치되어 있다】 太上貴德, 其次務施報. 禮尙往來. 往而不來, 非禮也, 來而不往, 亦非禮也.【舊在'自別於禽獸'之下】

集說 '태상太上'은 삼황오제의 시대이다. '그 다음'(其次)은 삼왕의 시대이다. '太上', 三皇五帝之時31), '其次', 三王之世.

전-1-15**[곡례상 12]**

예禮에, 다른 사람에게 (내가 법도로) 취해지는 것은 들었지만, 다른 사람을 (교육대상으로) 취한다는 것은 듣지 못하였다. 예에, 와서 배우는 것은 들었지만, 가서 가르치는 것은 듣지 못하였다.【구본에는 '禮之質也' 아래 배치되어 있다】

禮聞取於人, 不聞取人. 禮聞來學, 不聞往教.【舊在‘禮之質也’之下】

集說 주자朱子는 말한다. "이것은 『맹자』의 '다른 사람을 다스리는 것과 다스림을 받는 것, 다른 사람을 양육하는 것과 다른 사람으로부터 양육을 받는 것'의 경우와 문맥이 서로 같은 종류이다. '다른 사람에게 취해진다' (取於人)는 것은 다른 사람이 취하여 모범으로 삼는 대상이 되는 것이요, '다른 사람을 취한다'(取人)는 것은 다른 사람이 오지 않는데 내가 끌어와서 (교육할 대상으로) 취하는 것32)이다. '와서 배운다'는 것과 '가서 가르친 다'는 것은 곧 그 일에 해당한다." 朱子曰: "此與『孟子』'治人治於人‧食人食於人', 語意相類. '取於人'者, 爲人所取法也, '取人'者, 人不來而我引取之也. '來學'‧'往敎', 卽 其事也."

權近 살피건대, 이 경문은 시대에 따라 융성하고 쇠퇴하는 차이가 있어 성인이 시대적 조건에 따라 예를 제정하였음을 말한다. '태상의 시대에 덕을 귀하게 여겼다'고 한 것은 곧 크게 위대한 덕으로 독실하고 공경하자 천하가 안정되었다는 것이다. '베풀고 보답하는 것에 힘썼다'고 한 것은 조회하고 빙문하고 왕래하는 예를 제정하여 윗사람과 아랫사람이 예로써 서로 대하여 서로 편안하였다는 것이다. '취한다'는 것은 베푸는 것의 반대이다. 내가 먼저 베풀어 다른 사람이 그것을 취하게 되는 것은 좋지만, 베풀지도 않고 먼저 남으로부터 취하는 것은 옳지 않다. 그러나 베풀 때에도 먼저 해야 할 것이 있고 먼저 해서는 안 될 것이 있다. 예로써 베푸는 것은 먼저 해도 되지만, 예로써 남을 가르치는 것은 상대가 배우러 오기를 기다려서 해야지 상대에게 가서 가르쳐서는 안 된다. 近按, 此言世有昇降, 而聖人 因時以制禮也. '太上貴德', 卽不顯之德篤恭而天下平者也. '務施報'者, 制爲朝聘往來之 禮, 上下相接以禮而相安也. '取'者, 施之反. 我先施而爲人所取可也, 不可不施而先取之

於人也. 然有施而當先者, 亦有待而不可先者. 以禮施人, 先之可也, 以禮敎人, 當待而不可往也.

사람이 예를 갖추면 편안하고, 예가 없으면 위태롭다. 그러므로 "예란 배우지 않을 수 없다"고 한다.【구본에는 '亦非禮也' 아래 배치되어 있다】
人有禮則安, 無禮則危. 故曰: "禮者不可不學也."【舊在'亦非禮也' 之下】

集說 예는 편안함과 위태로움이 달려 있는 바이다. 천자로부터 서인에 이르기까지 예를 갖추지 않고 편안하였던 경우는 이제까지 없었다. 禮者安危之所係. 自天子至於庶人, 未有無禮而安者也.

權近 살피건대, 예를 갖추면 위와 아래의 분수가 정해져 서로 편안하다. 예가 없으면 옳고 그름에 대한 주장이 서로 다투고 어지러워 반드시 위태롭다. 예가 사람에게 중요한 것이 이와 같다. 따라서 배우지 않을 수 없다. 이 구절은 "백성을 편안하게 한다"[33]는 뜻을 따라서 유추해 말하고 그럼으로써 위 경문의 취지를 전체적으로 결론지었다. 近按, 有禮則上下分定而相安. 無禮則是非爭亂而必危. 禮之於人, 其重如此. 故不可以不學也. 此因"安民"之義而推言之, 以總結上文之意也.

權近 이상은 경經 1장이다. 右經一章

이 장은 경經 1장의 뜻을 풀이한 것으로, 문장은 네 절로 구분하고 각 절은 모두 공부와 효과를 가지고 순서를 삼아야 한다. 1절의 '오만을 키워서는 안 되고'(敖不可長)부터 '자신의 견해를 가감 없이 말하고 고집하지 말라'(直而勿有)까지는 '경敬으로 내면을 바르게 하는'(敬以直內) 공부이다. '현인은 상대를 허물없이 대하면서도 공경하고'(賢者狎而敬之)부터 '사신으로 가서는 그 나라의 풍속을 따른다'(使從俗)까지는 '의義로 행동을 바르게 한다'(義以方外)는 것의 효과를 말한 것이다. 이후의 구절도 모두 이런 방식을 따라서 말한 것이다.

此釋經一章之意, 其文當分爲四節, 每節皆以工夫功效爲次第. 一節自'敖不可長', 至'直而勿有', '敬以直內'之功也. 自'賢者狎而敬之', 至'使從俗', '義以方外'之效也. 後節皆倣此云.

전-2[곡례상 27]

사람이 태어나서 열 살이 되면 유幼(아동)라 하니 공부를 시작한다. 스무 살이 되면 약弱(신체가 아직 강건하지 못함)이라 하니 관례冠禮를 치른다. 서른 살이 되면 장壯(장성함)이라 하니 가정을 이룬다. 마흔 살이 되면 강强(지력과 체력이 강함)[34]이라 하니 벼슬에 나간다. 쉰 살이 되면 애艾(쑥색처럼 머리가 희끗희끗해짐)라 하니 한 부서의 정사를 통솔하는 일에 복무한다. 예순 살이 되면 기耆(노년에 이름)라 하니 지시하고 사람을 부리기만 한다. 일흔 살이 되면 노老(노인)라 하니 가사를 자손에게 전한다. 여든 살 내지 아흔 살이 되면 모耄(어두워지고 잊어버림)라 하고, 일곱 살을 도悼(가련함)라 한다. 도悼와 모耄는 죄를 지어도 형벌을 가하지 않는다. 백 살이 되면 기期(수명의 기한)라 하니 매사에 시중을 받는다.【구본에는 '志不慴' 아래 배치되어 있다】

人生十年曰幼, 學. 二十曰弱, 冠. 三十曰壯, 有室. 四十曰强, 而仕. 五十曰艾, 服官政. 六十曰耆, 指使. 七十曰老, 而傳. 八十九十曰耄, 七年曰悼, 悼與耄, 雖有罪, 不加刑焉. 百年曰期, 頤.【舊在志不慴之下】

集說 주자朱子는 말한다. "'열 살이 되면 유幼라고 한다'(十年曰幼)가 한 어구가 되어 끊어진다. '학學'(배운다)이 그 자체로 한 구절이 된다. 아래 '백 살이 되면 기期라고 한다'(百年曰期)는 부분에 이르기까지 모두 그러하다."

○ 여씨呂氏(여대림呂大臨)는 말한다. "'쉰 살이 되면 애艾라고 부른다'(五十曰艾)는 것은 머리가 검고 흰 것이 마치 쑥색과 같음을 말한다. 옛날에 '사십이 되면 비로소 벼슬에 나아가도록 명하고, 오십이 되면 비로소 정사에 종사하도록 명한다'고 하였는데, '벼슬에 나아간다'(仕)는 것은 사士가 되어 남을 섬기고 관부의 작은 일을 담당하는 것이다. '정사에 종사한다'(服官政)는 것은 대부大夫가 되어 남의 우두머리가 되고 국가의 주요한 일에 참여하는 것이다. 재주가 임용할 만하면 벼슬에 나아가게 하고, 덕德이 이루어지면 곧 대부가 되게 한다. '기耆'는 오래됨에 이르는 것을 말한다. 자신의 힘을 사용하지 않고 오직 생각을 지시하고 남을 시키기 때문에 '지시하고 부린다'(指使)고 한 것이다. '전한다'(傳)는 것은 가사를 자식에게 전하는 것을 가리킨다. '모耄'는 어두워지고 잊어버리는 것이다. '도悼'는 가련히 여기는 것이다. 어두워지고 잊어버린다는 것은 늙어서 지식이 쇠퇴한 것이요, 가련히 여긴다는 것은 어린아이가 되어 지식이 미치지 못하는 것이다. 비록 죄를 지어도 실상 고의에서 나온 것이 아니므로 형벌을 주어서는 안 된다. 사람의 수명은 백 살을 기한으로 삼는다. 그러므로 '기期'라고 한 것이다. 음식과 거처 그리고 동작이 모두 봉양에 의지하지 않음이 없다. 그러므로 '이頤'라고 한 것이다." 朱子曰: "'十年曰幼'爲句絶, '學'字自爲一句. 下至'百年曰期, 皆然.'" ○ 呂氏曰: "'五十曰艾', 髮之蒼白者如艾之色也. 古者, 四十始命之仕, 五十始命之服官政, '仕'者, 爲士以事人, 治官府之小事也. '服官政'者, 爲大夫以長人, 與聞邦國之大事者也. 才可用則使之仕, 德成乃令爲大夫也. '耆'者, 稽久之稱. 不自用力, 惟以指意使令人, 故曰: '指使.' '傳', 謂傳家事於子也. '耄', 惛忘也. '悼', 憐愛也. 耄者老而知已衰, 悼者幼而知未及. 雖或有罪, 情不出於故, 故不加刑. 人壽以百年爲期. 故曰'期', 飮食居處動作無不待於養. 故曰'頤.'"

權近 살피건대, 이 부분 아래에서는 오륜五倫을 가지고 예禮를 밝히려는

것인데, 먼저 유년으로부터 노년에 이르는 순서에서 그 명칭이 다르고 하는 일도 다름을 거론하였다. 10년마다 한 분기가 되니, 이것은 인도人道의 큰 절목이다. 뒤에 일반적으로 '유幼'를 말하고 '관冠'을 말한 것이 매우 많다. 따라서 먼저 여기에서 전체의 순서를 제시하여, 살펴 알 수 있도록 한 것이다. 위아래 경문과 서로 이어지지 않으니 자체를 하나의 장으로 나누어야 한다. 近按, 此下將就五倫以明禮, 首擧自幼至老之序, 名義不同, 事業亦異. 每十年而一度, 此人道之大節也. 後凡言'幼'言'冠'之類甚多. 故先總序於此, 使有所考而知. 與上下文不相屬, 當自別爲一章.

權近 이상은 전傳 제2장이다. 右傳之第二章.

사람의 노년과 유년에서 지칭하는 용어가 다름을 말하였다. 言人之老幼名義之不同.

전傳 3.

^{전-3-1}[곡례상 34]

무릇 자식의 예는 겨울은 따뜻하게 여름은 시원하게 해드리고, 저
녁에 자리를 깔아드리고 아침에 문안을 드리며, 동년배들 사이에
다투지 않는다.【구본에는 '不辭讓而對非禮也' 아래 배치되어 있다】

凡爲人子之禮, 冬溫而夏淸, 昏定而晨省, 在醜夷不爭.【舊在'不辭
讓而對非禮也'之下】

集說 '추醜는 같은 부류를 뜻한다. '이夷'는 지위가 같음을 뜻한다. '醜', 同
類也. '夷', 平等也.

權近 살피건대, 이 이하는 자식이 부모를 섬기는 도리를 말한 것이다. 먼
저 자식의 예禮를 들어서 단서를 제시하였다. 효孝의 큰 절목을 넓게 말하
였다. 近按, 此下言子事父母之道. 首擧凡爲人子之禮以發端. 汎言孝之大節.

^{전-3-2}[곡례상 41]

자식 된 사람은 방에 있을 때 아랫목을 차지하지 않고, 자리에 앉
을 때 자리 한복판에 앉지 않고, 길을 갈 때 가운데로 가지 않고,
서 있을 때 문 중앙에 서지 않는다.

爲人子者, 居不主奧, 坐不中席, 行不中道, 立不中門.

[곡례상 42]

(자식 된 사람은) 음식을 차려 대접할 때 미리 한정하지 않는다.[35]

食饗不爲槪.

[곡례상 43]

(자식 된 사람은 부모가) 제사를 지낼 때 시尸가 되지 않는다.

祭祀不爲尸.

集說 '미리 한정하지 않는다'(不爲槪)는 것은 부모의 생각에 따르고 감히 자기 마음대로 정하지 않는다는 뜻이다. '시가 되지 않는다'는 것은 아버지가 북쪽을 향해 (시尸가 된) 아들에게 배례를 하면 자식으로서 편안하지 못하기 때문에 아들은 시尸가 되지 않는 것인 듯하다. '不爲槪[36], 順親之心而不敢自爲限節也. '不爲尸', 恐父北面而事之, 人子所不安, 故不爲也.[37]

전-3-3**[곡례상 44]**

(자식 된 사람은) 소리 없는 데서 듣고, 형체 없는 데서 본다.[두 구절은 중복해서 나온다[38]]

聽於無聲, 視於無形.【兩句重出】

集說 소疏에서 말한다. "비록 부모의 말씀을 직접 듣지 않고, 부모의 모습을 직접 보지 않더라도, 항상 마음속으로 모습을 보고 말씀을 듣는 것처럼 생각하여, 부모가 자신에게 그렇게 하도록 가르칠 것이라고 여기는 것이다." 疏曰: "雖聽而不聞父母之聲, 雖視而不見父母之形, 然常於心想像似見形聞聲, 謂父母將有教使己然."

權近 　살피건대, 이 두 구절과 연관해서 앞에서는 배우는 사람이 고요하게 있을 때 지니는 경敬을 가지고 말하였는데 그것은 본체를 온전히 하는 것(全體)이다. 여기서는 자식된 사람이 부모의 생각을 미리 파악하여 그 뜻을 받드는 것으로 말하였는데, 이것은 본체를 온전히 하는 것의 한 가지 단서가 된다. 그러나 홀로 있을 때를 삼가고 염려하는 진실함은 어디를 가도 그렇지 않음이 없는 법이다. 近按, 此兩句, 前以學者靜時之敬而言, 是其全體也. 此專以人子先意承志而言, 是其一端也. 然其戒愼恐懼之誠, 無所往而不然也.

전-3-4[곡례상 45]

(자식 된 사람은) 높은 곳에 올라가지 않고, 깊은 물에 다가가지 않고, 구차하게 헐뜯지 않고, 구차하게 웃지 않는다. 효자는 어두운 곳에서 일하지 않고, 위험한 곳에 오르지 않는데, 부모를 욕되게 할까 염려스럽기 때문이다.【구본에는 '長者必異席' 아래 배치되어 있다】 不登高, 不臨深. 不苟訾, 不苟笑. 孝子不服闇, 不登危, 懼辱親也.【舊在'長者必異席'之下】

集說 　소疏에서 말한다. "어두운 곳에서 일을 하지 않는다'(不服闇)는 것은 어두운 속에서 일을 벌이지 않는 것으로, 첫째는 뜻하지 않은 상황을 만나게 되기 때문이고, 둘째는 다른 사람들의 의심을 야기하기 때문이다. 그러므로 효자가 경계하는 것이다." ○ 여씨呂氏(여대림呂大臨)는 말한다. "구차하게 헐뜯는 것은 참소하는 것에 가깝고, 구차하게 웃는 것은 아첨하는 것에 가깝다." 疏曰: "不服闇者, 不行事於暗中, 一則爲卒有非常, 二則主物嫌. 故孝子戒之." ○ 呂氏曰: "苟訾近於讒, 苟笑近於諂."

^{전-3-5}[곡례상 99]

아버지와 자식은 자리를 같이하지 않는다.【구본에는 '不與同器而食' 아래
배치되어 있다】

父子不同席.【舊在'不與同器而食'之下】

[곡례상 37]

자식 된 사람은 외출할 때 반드시 말씀드리고, 돌아와서도 반드시
얼굴을 뵌다. 다니는 곳은 반드시 일정함이 있고, 하는 것도 반드
시 일정한 일이 있다.

夫爲人子者, 出必告, 反必面. 所遊必有常, 所習必有業.

[곡례상 38]

평상시 말할 때 자신을 노老(노인)라고 칭하지 않는다.【구본에는 '孝子
之行也' 아래 배치되어 있다】

恒言不稱老.【舊在'孝子之行也'之下】

集說 '항언恒言'은 평상시 말할 때를 뜻한다. 자신을 노인이라고 칭하면,
높은 것이 부모와 같아지고 부모는 노인을 지나서 그 이상(너무 늙은 사람)이
되게 된다. '恒言', 平常言語之間也. 自以老稱, 則尊同於父母, 而父母爲過於老矣.

^{전-3-6}[곡례상 133]

부모가 병을 앓고 있으면, 관을 쓰는 이는 머리를 빗지 않고, 다닐
때 팔을 벌리고 다니지 않고, 말할 때 관계없는 일까지 언급하지

않고, 금슬琴瑟을 연주하지 않고, 고기를 먹어도 입맛이 변할 정도로 먹지 않고, 술을 마셔도 취해서 안색이 변할 정도로 마시지 않고, 웃어도 잇몸이 드러날 정도로 웃지 않고, 성내도 심한 말로 질책하는 정도로 하지 않는다. 부모가 병이 나으면, 예전대로 돌아간다.【구본에는 '庶人齗之' 아래 배치되어 있다】

父母有疾, 冠者不櫛, 行不翔, 言不惰, 琴瑟不御, 食肉不至變味, 飮酒不至變貌, 笑不至矧, 怒不至詈. 疾止, 復故.【舊在'庶人齗之'之下】

集說 소에서 "타惰는 그릇되고 옳지 않은 말이다"라고 하였다. 잇몸을 '신矧'이라고 한다. 웃을 때 잇몸을 드러내는 것은 크게 웃는 것이다. 疏曰39)"'惰', 訛不正之言." 齒本曰'矧'. 笑而見矧, 是大笑也.

전-3-7[곡례상 35]

자식 된 사람은 삼명三命으로 임명되어도 수레와 말은 받지 않는다.40) 그러므로 주州·려閭·향鄕·당黨에서는 효성스러움을 칭찬하고, 형제와 친척 사이에서는 자애로움을 칭찬하고, 료우僚友 사이에서는 우애 있음을 칭찬하고, 집우執友 사이에서는 어진 것을 칭찬하고, 교유交遊하는 사이에서는 신의를 칭찬한다.【구본에는 '醜夷不爭' 아래 배치되어 있다】

夫爲人子者, 三賜不及車馬. 故州閭鄕黨稱其孝也, 兄弟親戚稱

其慈也, 僚友稱其弟也, 執友稱其仁也, 交遊稱其信也.【舊在'醜夷
不爭'之下】

集說 '자식 된 사람'(爲人子)이라고 한 것은 아버지가 생존해 있음을 뜻한
다. 옛날에 벼슬하는 자는 일명一命은 직책을 부여받고, 이명二命은 의복을
하사받고, 삼명三命은 수레와 말을 하사받는다.[41] 수레와 말을 소유하면
존귀함의 체모가 갖추어진다. 이제 삼명에 임명되어도 수레와 말을 함께
받지 않기 때문에 '수레와 말은 받지 않는다'(不及車馬)고 한 것이다. 군주가
하사를 하는 것은 신하를 예우하는 방법이고, 자식이 받지 않는 것은 감히
아버지와 대등하지 못하는 것이다. '료우僚友'는 벼슬을 같이하는 동료를,
'집우執友'는 뜻을 같이하는 동료를 가리키는데, 스승이 같은 친구는 뜻을
지키는 것이 같기 때문에 '집우'라고 한다. '교유交遊'는 사방의 왕래하는 사
이에 있는 사람들을 폭넓게 지칭하는 말이다. 言'爲人子'謂父在時也. 古之仕者,
一命而受爵, 再命而受衣服, 三命而受車馬. 有車馬, 則尊貴之體貌備矣. 今但受三賜之
命, 而不與車馬同受, 故言'不及車馬'也. 君之有賜, 所以禮其臣, 子之不受, 不敢並於親
也. '僚友', 官同者, '執友', 志同者, 同師之友其執志同, 故曰'執友'. '交遊'則泛言遠近之
往來者.

權近 살피건대, 앞의 몇 절은 집안에서 효를 실천하는 것으로 말하였고,
이 절은 효를 성실히 실천하는 것을 다하여 칭찬이 밖으로 드러나서 들리
는 것으로 말하였다. 近按, 前數節皆以孝之行於家者言之也, 此節則以其誠孝之極名
譽著聞於外者言之也.

아버지의 집우執友를 만났을 때, 나오라고 하지 않으면 나아가지 않고, 물러가라고 하지 않으면 물러나지 않으며, 묻지 않으면 대답하지 않는다. 이것이 효자의 행동이다.【구본에는 위 문장과 연결되어 있다】

見父之執, 不謂之進, 不敢進, 不謂之退, 不敢退, 不問, 不敢對. 此孝子之行也.【舊聯上文】

權近 살피건대, 아버지의 집우執友에게 공경하기를 아버지에게 하는 것과 똑같이 함은 진실로 효가 지극한 것이다. 여기에서 효자의 행동을 말한 것은 위 문장을 전체적으로 결론지은 것이다. 近按, 敬父之執, 同於敬父, 誠孝之至也. 此言孝子之行者, 總結上文也.

자식은 부모가 생존해 계시면, 친구에게 죽음으로 맹세하지 않고, 사적인 재산을 소유하지 않는다.

父母存, 不許友以死, 不有私財.

[곡례상 47]

자식 된 사람은 부모가 생존해 있으면 관冠과 옷에 누이지 않은 흰색(素)42)으로 준純(옷깃과 가선)을 하지 않는다.

爲人子者, 父母存, 冠·衣不純素.

[곡례상 48]

고자孤子(어려서 부모를 잃은 자식)로서 가정을 이루어 대를 이으면, 관冠과 옷에 색깔 있는 화려한 것으로 준純을 하지 않는다.【구본에는 '懼辱親也' 아래 배치되어 있다】

孤子當室, 冠·衣不純采.【舊在'懼辱親也'之下】

集說　소疏에서 말한다. "관의 준純은 관의 장식이다. 옷의 준純43)은 심의深衣의 옷깃 가선이다." ○ 여씨呂氏(여대림呂大臨)는 말한다. "'가정을 이루어 대를 잇는다'(當室)는 것은 부모의 후사가 되는 것을 말한다. 이른바 '가선을 색깔 있는 화려한 것으로 하지 않는다'(不純采)는 것은 비록 상喪을 마친 뒤에도 계속 누이지 않은 흰색으로 가선을 두르는 것이다." 疏曰: "冠純, 冠飾也. 衣純, 深衣領緣也." ○ 呂氏曰: "'當室', 謂爲父後者. 所謂'不純采'者, 雖除喪, 猶純素也."

權近　살피건대, 앞의 절들은 모두 부모가 생존해 계실 때 섬기는 예를 말한 것이고, 이 한 절은 살아 계실 때와 돌아가셨을 때를 함께 포함해서 말한 것이다. 近按, 前節皆言生事之禮, 此一節兼存沒而言之也.

전-3-10[곡례상 134]

근심이 있는 사람은 단독으로 자리를 깔고 앉는다. 상喪 중에 있는 사람은 자리를 홑겹으로 깔고 앉는다.【구본에는 '疾止復故' 아래 배치되어 있다】

有憂者側席而坐. 有喪者專席而坐. 【舊在'疾止復故'之下】

集說 '근심이 있다'(有憂)는 것은 부모가 아픈 것이다. '측석側席'은 한쪽으로 치우치게 자리를 깔아서 정식의 바른 자리와 다르게 변화를 주는 것을 말한다. '전석專席'은 다른 사람과 함께 앉지 않는 것이다. '有憂', 謂親疾. '側席', 謂偏設之, 變於正席也. '專席', 謂44)不與人共坐也.

전-3-11[곡례상 164]

상喪 중에 거처하는 예禮는 수척함이 뼈가 드러날 정도가 되지 않고, 시력과 청력이 약화되지 않을 정도여야 한다. 오르고 내려올 때는 동쪽 계단을 이용하지 않고, 문을 들어가고 나올 때도 문의 가운데 통로(門隧)를 이용하지 않는다.

居喪之禮, 毀瘠不形, 視聽不衰, 升降不由阼階, 出入不當門隧.

集說 '문수門隧'는 문의 가운데 통로이다. '門隧', 門之中道也.

전-3-12[곡례상 165]

상喪 중에 거처하는 예禮는 머리에 부스럼이 나면 머리를 감고, 몸에 종기가 있으면 목욕을 하고, 질병이 있으면 술을 마시고 고기를 먹는다. 질병이 나으면 처음에 거처하던 방식으로 되돌아간다. 상

喪을 감내하지 못하는 것은 곧 아비 노릇을 못하고 불효하는 것에 비견된다.

居喪之禮, 頭有創則沐, 身有瘍則浴, 有疾則飮酒食肉. 疾止復初. 不勝喪, 乃比於不慈不孝.

[곡례상 166]

상주의 나이가 오십이면 몸을 수척하게 하기를 극진히 하지 않고, 육십이면 몸을 수척하게 하지 않는다. 칠십이면 몸에 상복만 걸치고, 술을 마시고 고기를 먹으며 내실에서 거처한다.【구본에는 '不樂不弔' 아래 배치되어 있다】

五十不致毁, 六十不毁. 七十唯衰麻在身, 飮酒食肉, 處於內.【舊在'不樂不弔'之下】

集說　주씨朱氏(주자朱子)는 말한다. "아래로 전할 수 없기 때문에 아비 노릇을 못하는 것에 비견되고, 위로 조상을 받들지 못하기 때문에 불효에 비견된다." 朱氏[45]曰: "下不足以傳後, 故比於不慈, 上不足以奉先, 故比於不孝."

전-3-13 **[곡례하 14]**

상중에 아직 장례를 치르지 않았을 때에는 상례[46]에 관한 책을 읽는다. 장례를 치르고 나서는 제례[47]에 관한 책을 읽는다. 상복을 벗고 일상으로 돌아오면 악장樂章을 읽는다. 상중에는 음악을 말하지 않고, 제사를 지낼 때 흉한 일을 말하지 않는다.【구본에는 「곡례하

居喪未葬, 讀喪禮. 旣葬, 讀祭禮. 喪復常, 讀樂章. 居喪不言樂,
祭事不言凶.【舊在下篇'作諡'之下】

[곡례상 194]

상사喪事에 참석해서는 나태한 태도를 지니지 않는다. 제사에 입는
옷이 낡아지면 태운다. 제사에 사용한 그릇이 낡아지면 땅에 묻는
다. 점치는 거북과 점대가 낡아지면 땅에 묻는다. 희생이 죽으면
땅에 묻는다.【구본에는 '士之辱也' 아래 배치되어 있다】

臨喪不惰. 祭服敝則焚之. 祭器敝則埋之. 龜筴敝則埋之. 牲死則
埋之.【舊在'士之辱也'之下】

集說　여씨呂氏(여대림呂大臨)는 말한다. "사람이 사용한 것은 태우는데, 태
움은 양陽에 속한다. 귀신이 사용한 것은 땅에 묻는데, 묻음은 음陰에 속
한다." 呂氏曰: "人所用則焚之, 焚之, 陽也. 鬼神所用則埋之, 埋之, 陰也."

전-3-14[곡례하 85]

지자支子는 제사지내지 못한다. 제사지낼 때에는 반드시 종자宗子
에게 고한다.【구본에는 '士以羊家' 아래 배치되어 있다】

支子不祭. 祭必告于宗子.【舊在'士以羊家'之下】

[곡례하 20]

군자가 집을 지을 때는 종묘宗廟(사당)를 먼저 짓고 마구간과 창고

를 그 다음에 짓고 거처하는 방(居室)을 마지막에 짓는다.

君子將營宮室, 宗廟爲先, 廐庫爲次, 居室爲後.

[곡례하 21]

무릇 대부가 가사家事를 마련할 때는 제기祭器를 먼저 마련하고, 다음으로 세를 부과하여 희생犧牲을 마련하고, 음식 그릇을 가장 뒤에 마련한다.【구본에는 '公私不私議' 아래 배치되어 있다】

凡家造, 祭器爲先, 犧賦爲次, 養器爲後.【舊在'公私不私議'之下】

集說 소疏에서 말한다. "'가조家造'는 대부가 처음 가사家事를 마련하는 것을 말한다. 천자의 대부가 제사지낼 때는 읍민에게 조세를 부과하여 희생물을 내게 한다. 그러므로 '희부犧賦'라고 한 것이다." 疏曰: "'家造', 謂大夫始造家事也. 天子之大夫祭祀, 賦斂邑民, 供出牲牢. 故曰'犧賦'."

전-3-15**[곡례하 22]**

전록田祿(관원이 되어 받는 봉록)48)이 없는 자는 제기祭器를 갖추어 두지 않는다. 전록이 있는 자는 먼저 제복祭服을 마련한다. 군자는 아무리 가난해도 제기를 팔지 않고, 아무리 추워도 제복을 입지 않는다. 집을 지을 때는 묘墓에 자라는 나무를 베지 않는다.【구본에는 위 구절과 함께 「곡례하曲禮下」에 배치되어 있다】

無田祿者, 不設祭器. 有田祿者, 先爲祭服. 君子雖貧, 不粥祭器, 雖寒, 不衣祭服. 爲宮室, 不斬於丘木.【舊聯上節在下篇之中】

集說 여씨呂氏(여대림呂大臨)는 말한다. "제기는 빌릴 수 있지만 제복은 빌릴 수 없다. '구목丘木'은 무덤을 보호하기 위한 것이다. 집을 지을 때 그것을 베어 사용하면 그 선조를 소홀히 하고 자기의 사사로움을 이루는 것이다." 呂氏曰: "祭器可假, 服不可假也. '丘木', 所以庇宅兆. 爲宮室而斬之, 是慢其先而濟吾私也."

전-3-16[곡례하 12]

군자는 고아가 되었어도 이름을 바꾸지 않는다.

君子已孤, 不更名.

[곡례하 13]

고아가 된 후 갑자기 존귀해졌다고 해도 아버지를 위해서 시호를 짓지 않는다.【구본에는 「곡례하曲禮下」의 '從新國之法' 아래 배치되어 있다】

已孤暴貴, 不爲父作謚.【舊在下篇'從新國之法'之下】

集說 '이름'은 아버지가 지어준 것이다. 아버지가 돌아가셨다고 고치는 것은 효자가 차마 하지 못하는 바이다. 문왕은 비록 서백西伯이 되었지만 고공古公과 공계公季를 위해서 시호를 짓지 않았다. 주공은 문왕과 무왕의 덕업德業을 완성시켰지만, 또한 감히 태왕大王과 왕계王季의 칭호를 시호로 더하지 않았다.49) '名'者, 父所命也50). 父沒而改之, 孝子所不忍也. 文王雖爲西伯, 不爲古公·公季作謚. 周公成文武之德, 亦不敢加大王·王季以謚也.

權近 살피건대, 고아가 된 뒤 존귀해지면 아버지에게 시호를 부여하지 않는다는 것은 주공周公이 제정한 왕으로 추존하는 예禮51)와 맞지 않는다. 아마도 이것은 하夏와 은殷 시대의 고례古禮일 것이다. 아니면, 아버지가

사士이고 자식이 천자와 제후가 되었을 때, 제사는 천자와 제후의 예로 지내고 그 시尸에게는 사士의 복장을 입힌다는 설을 가지고 견강부회한 것이다. 어떤 이는 "갑자기 존귀해졌다는 것은 정상이 아닌 방식으로 존귀해진 것이다. 가령 방계의 지자가 대종에 들어가 종통을 계승하면 자신을 낳아준 친부를 사당에 모시고 제왕으로 추존하고 시호를 부여하는 일을 감히 하지 못한다"고 하였는데, 이 해석도 의미에 통한다. 나의 견해는 이렇다. 아버지가 사士이고 자식이 천자일 경우도 한漢나라 고조高祖처럼 필부의 신분에서 일어나 제왕의 업적을 이룬 경우는 제왕의 지위를 물려받은 바가 없기 때문에 종묘를 세우고 선조를 제사할 수 있다. 그러나 시尸에게 사士의 복장을 입히는 것은 왕으로 추존하는 예법이 있기 이전 시대의 일일 뿐이다. 주周나라 때부터 이미 왕으로 추존하는 예법이 존재한 이상 제왕의 존호를 추존하는 데 어떻게 사士의 복장을 시에게 입히는 예법을 쓰겠는가? 방계의 지자로 종통을 계승한 경우, 가령 한漢나라 선제宣帝나 송末나라 영종英宗 같은 경우는 제위를 물려받은 곳이 있고 그의 후사가 된 사람은 그의 아들이 되는 것이기 때문에 친아버지를 네禰(선친)로 삼아 종묘에 모셔 제사하지 못한다. 그러나 시尸가 제왕의 복장을 할 수 없다고 해도 그 지위와 호칭이 없을 수 없다. 응당 구별되는 존호를 부여하여 여러 서손들과 차별을 두고 따로 사당을 세워 제사를 드려야 한다. 선대 유현儒賢이 복의濮議에 대하여 논한 것이 자세하다.[52] 이 경우 또한 시호를 부여하는 일이 없다고 말해서는 안 된다. 부에 있어서 천하를 차지하면 그 부의 전수가 자식에게 돌아가고, 자식이 천자가 되면 존귀함이 아버지에게 돌아가는 것은 올바른 이치다. 자식이 부모를 현창하려는 마음은 부모의 생존 여부로 인해 달라지지 않는데, 작위와 시호를 추존하여 높이는 것이 안 된다는 말인가? 그러므로 이 절의 뜻은 의심스러운 부분으로 남겨두어야 하고 정론으로 삼아서는 안 된다. 近按, 已孤而貴, 不作父諡, 與周公追王之禮不合.

恐是夏殷古禮. 抑或因父爲士, 子爲天子諸侯, 祭以天子諸侯, 其尸服以士服之說而附會之也. 或曰, "暴貴, 非常之貴. 如以旁支入繼大統, 則不敢禰其所生之父, 以追諡爲帝王", 亦通. 愚謂, 父爲士, 子爲天子, 如漢高祖, 起自匹夫, 而成帝業, 無所承受, 故得以立廟而祭其先. 然尸以士服者, 是在未有追王之禮之前之事爾. 自周已有追王之法, 則當加帝號, 寧用士服乎? 以旁支繼大統, 如漢宣帝·宋英宗, 有所丞受, 爲之後者爲之子, 故不得禰其父, 而祀於太廟. 然雖不可尸爲帝王, 亦不可無其位號. 當加殊稱而別諸庶, 別立廟而祀之. 先儒於漢義, 論之詳矣. 是亦不可謂無諡也. 富有天下, 傳歸於子, 子有天下, 尊歸於父, 理之正也. 人子顯親之心, 不以存沒而有異, 其不可追加爵諡以尊之乎? 故此節之旨, 當存疑而不可爲定論也.

전-3-17[곡례상 192]

아버지의 원수는 하늘 아래 같이 살지 않는다. 형제의 원수에 대해서는 (길에서 만났을 때) 집에 가서 싸울 무기를 가져오지 않는다. (항상 싸울 태세를 견지하고 있어 즉각 복수해야 한다.) 친구의 원수에 대해서는 같은 나라에서 벼슬하지 않는다.【구본에는 '各司其局' 아래 배치되어 있다】

父之讎, 弗與共戴天. 兄弟之讎, 弗反兵. 交遊之讎, 不同國.【舊在 '各司其局'之下】

集說 '집에 가서 싸울 무기를 가져오지 않는다'(不反兵)는 것은 항상 죽일 수 있는 병기를 가지고 다닌다는 뜻이다. '弗反兵', 謂常以殺之之兵器自隨也.

權近 살펴건대, 이 부분은 아버지의 원수에 대하여 복수하는 것을 이어서 형제와 친구의 원수에 대하여 복수하는 것까지 함께 언급한 것이다. 아

버지의 원수에 대하여 함께 살지 않겠다고 맹세하는 것은 옳다. 친구의 원수에 대하여 그와 같은 나라에 살지 않는 것은 너무 무거운 듯하다. 아마 전국戰國 시대 교활한 술사의 풍속인 듯하다. 그러나 위에서 '부모가 살아 계시면 친구에게 죽음으로 맹세하지 않는다'고 말하였으니, 이것 또한 부모가 돌아가신 뒤의 일이다. 앞에서는 모두 부모를 섬기는 여러 일들의 상례常禮에 대하여 말하였고, 이 이하에서는 그 일들 가운데 변례變禮를 말하였다. 近按, 此因復父讎, 而幷及兄弟交遊之讎. 父讎誓不俱生, 信矣. 交遊之讎而不同國, 似是太重. 恐是戰國傾危之習. 然上言'父母存, 不許友以死', 是亦父母旣沒之後事也. 前皆以事親始終之常禮言之, 此以下以其事之變者言也.

전-3-18[곡례하 23]

대부와 사는 고국을 떠나더라도 제기는 국경을 넘어 가져가지 않는다. 대부는 다른 대부에게 제기를 맡기고, 사는 다른 사에게 제기를 맡긴다.【구본에는 '不斬於丘木' 아래 배치되어 있다】

大夫·士去國, 祭器不踰竟. 大夫寓祭器於大夫, 士寓祭器於士.【舊在'不斬於丘木之下】

여씨呂氏는 말한다. "신하가 종묘와 제기를 가지고 선조를 섬길 수 있는 것은 군주의 봉록 덕분이다. 이제 지위를 떠나면서 제기를 들고 가면, 이는 군주의 봉록을 훔쳐서 그 선조를 욕되게 하는 것이다. 이것이 제기를 가지고 국경을 넘을 수 없는 까닭이다. 작위가 동등한 동료에게 맡겨서 그가 사용할 수 있게 하는 것이다." 呂氏曰: "臣之所以有宗廟·祭器以事其先者, 君之祿也. 今去位矣, 乃挈器以行, 是竊君之祿, 以辱其先. 此祭器所以不踰竟也. 寓寄於爵

等之同者, 使之可用也."

 살피건대, 부모의 나라는 선영先塋이 있는 곳이다. 비록 부득이한 상황으로 나라를 떠나더라도 영원히 끊는 도리는 없다. '국경을 넘어 제기 祭器를 가져가지 않는다'는 것은 장차 돌아올 것임을 보이는 것이다. 이 편에서 대부와 사가 고국을 떠나는 것을 말한 것이 두 구절인데, 한 구절은 부모를 위하는 것에 주안점을 두어 말하였고, 또 한 구절은 군주를 사랑하는 것에 주안점을 두고 말하였다. 충신과 효자가 불행하게도 변란을 당하여 나라를 떠날 때에도 군주와 부모를 잊지 못하고 그리워하는 뜻을 볼 수 있다. 이 구절과 아래 문장은 모두 부모를 위하여 말한 것이므로 여기에 배치하였다. 近按, 父母之邦, 墳墓所在, 雖不得已而去, 無終絶之理. '祭器不踰竟', 示將還也. 此篇言大夫士去國者二節, 一主爲親而言, 一主愛君而言. 忠臣孝子不幸遭變而去國之際, 不忘君親而拳拳眷戀之意可見矣. 此及下文皆爲親而言者也, 故屬于此.

전-3-19 [곡례하 10]

군자가 예를 행할 때는 풍속을 변화시키려고 하지 않는다. 제사지낼 때의 예, 거상하는 상복, 곡읍할 때의 자리는 모두 자기 나라의 이전 풍습대로 하여 삼가 그 법을 닦고 살펴서 행한다.【구본에는 「곡례하曲禮下」 '非禮也' 아래 배치되어 있다】

君子行禮, 不求變俗. 祭祀之禮, 居喪之服, 哭泣之位, 皆如其國之故, 謹修其法而審行之.【舊在下篇'非禮也'之下】

 살피건대, 군자가 비록 타국으로 옮겨 살아도 옛 나라의 풍속을 바꾸지 않는 것은 돈후함이 지극한 것이다. 더구나 옛 나라의 예법은 내 부모가 평소 행하던 바이고 새로운 나라의 예법은 내 부모가 평소 알지 못하였던 것이다. 내 부모에게 제사드리는데 부모가 평소 알지 못하였던 예법으로 한다면 부모의 마음이 편하겠는가? 그러므로 옛 풍속을 바꾸지 않고 살펴서 행하는 것이다. 近按, 君子雖已徙居他國, 而不變故國之俗, 厚之至也. 況故國之禮, 吾親平日之所嘗行, 新國之法, 吾親平日之所未知也. 祭吾親而以其平日所未知之法, 於心安乎? 故不變舊俗而審行之也.

權近 이상은 전傳의 제3장이다. 右傳之第三章.

부모와 자식 사이의 예를 말한 것으로 살아 계실 때 섬기는 것, 장례와 제사 등 부모를 섬기는 도리의 전체가 갖추어져 있다. 言父子之禮. 生事葬祭, 事親之始終具矣.

[곡례하 69]

신하가 된 사람의 예禮는 드러내놓고 간쟁하지 않는다. 세 번 간쟁
을 해서 듣지 않으면 떠난다.

爲人臣之禮, 不顯諫. 三諫而不聽, 則逃之.

[곡례하 70]

자식이 부모를 섬길 때, 세 번 간쟁하여 듣지 않으면 울부짖으면서
따른다.

子之事親也, 三諫而不聽, 則號泣而隨之.

[곡례하 71]

군주가 병이 들어 약을 먹을 때에는 신하가 먼저 맛을 본다. 부모
가 병이 들어 약을 먹을 때에는 자식이 먼저 맛을 본다. 삼대를
이어서 진료하는 의원이 아니면 그가 조제한 약을 복용하지 않는
다.【구본에는 「곡례하曲禮下」 '滅同姓' 아래 배치되어 있다】

君有疾飮藥, 臣先嘗之. 親有疾飮藥, 子先嘗之. 醫不三世, 不服
其藥.【舊在下篇'滅同姓'之下】

集
說　여씨呂氏(여대림呂大臨)[53]는 말한다. "군주와 신하는 의리義理로 합한
관계이고, 부모와 자식은 천은天恩으로 합한 관계이다. 군주와 신하의 경우
부합할 때는 부모와 자식 사이와 마찬가지지만, 부합하지 않을 때는 떠나
서 부모와 자식 사이의 관계와 다르다. 의원이 삼대를 이어서 하였으면 사
람을 치료한 것이 많고 약물을 쓰는 데 익숙하다. 효과가 이미 시험되어

의심이 없는 뒤에 복용하는 것이니, 또한 질병을 신중히 대처하는 도리다."

呂氏曰: "君臣義合也, 父子天合也. 君臣其合也, 與父子同, 其不合也去之, 與父子異也. 醫三世, 治人多, 用物熟矣. 功已試而無疑, 然後服之, 亦謹疾之道也."

權近 　살펴건대, 이 부분은 신하의 예禮를 들어서 논의를 열고 아울러 부모를 섬기는 도리를 말한 것이다. 위 문장과 내용이 서로 이어진다. 近按, 此擧爲人臣之禮以發端, 又幷言事親之道. 與上文文義相承.

전-4-2[곡례상 217]

군주가 명령하여 부르면, 비록 사자가 천한 신분의 사람이라도 대부大夫와 사士는 반드시 직접 그를 맞이한다.【구본에는 '入里必式' 아래 배치되어 있다】

君命召, 雖賤人, 大夫士必自御之.【舊在'入里必式'之下】

集說 　'어御'는 '아迓'로 읽어야 하며, 맞이한다는 뜻이다. '자신이 직접 맞이한다'(自迎之)는 것은 군주의 명령을 공경하는 것이다. '御', 讀爲'迓', 迎也. '自迎之', 所以敬君命.

전-4-3[곡례상 58]

대부大夫와 사士가 군주의 문을 출입할 때 문 말뚝(闃)54)의 오른쪽을 통해서 출입하고, 문지방(閾)55)을 밟지 않는다.56)【구본에는 '必愼

唯諾' 아래 배치되어 있다】

大夫·士出入君門, 由闑右, 不踐閾.【舊在'必愼唯諾'之下】

【權近】 살피건대, 구설舊說57)에서는 "얼闑(문말뚝)은 문의 중앙에 있어 동쪽을 오른쪽으로 삼는다. 주인은 문으로 들어갈 때 오른쪽으로 나아가고 손님은 문으로 들어갈 때 왼쪽으로 나아가는데, 대부와 사가 오른쪽을 따르는 것은 신하로서 군주를 따르는 것이며 감히 손님으로 주인과 맞서지 못하기 때문이다"라고 하였다. 내 생각에 이 설은 이 경문에서 연유한 것이다. 구본에서는 아래로 주인과 손님이 문을 들어가는 부분과 연계시켰는데 잘못이다. '주인이 문으로 들어가는데 오른쪽으로 나아간다'는 것은 들어갈 때 북쪽을 향하는 것을 따라서 말한 것이다. 그러므로 동쪽을 오른쪽으로 삼은 것이다. 대부와 사가 군주의 문을 들어가고 나올 때, 반드시 모두 군주를 따르는 것은 아니다. 게다가 또한 (들어간다고만 말하지 않고) 들어가고 나온다(出入)고 말하였으니 들어갈 때는 동쪽이 오른쪽으로 되지만, 나올 때는 동쪽이 오른쪽이 되지 않는다. 그 경우는 군주의 문이 남쪽을 향한 것으로 말하기 때문에 서쪽이 오른쪽이 된다. 군주가 얼의 동쪽으로 출입하기 때문에 신하는 그것을 피하여 얼의 서쪽으로 출입하는 것이다.

近按, 舊說謂: "闑當門中, 以東爲右. 主人入門而右, 客入門而左, 大夫士由右, 以臣從君, 不敢以賓敵主也." 愚謂, 此說蓋緣此節. 舊本下聯主客入門而誤也. '主人入門而右'者, 由入之時北面而言. 故以東爲右也. 大夫士出入君門, 非必皆從君也. 且又兼言出入, 則入之時, 東爲右, 而出之時, 東非右也. 此以君門向南而言, 以西爲右也. 君出入由闑之東, 故臣避之而由其西也.

전-4-4[곡례상 128]

군주의 식사를 시중들 때, 군주가 남은 음식을 하사하면, 그 남은 음식을 담은 그릇이 세척할 수 있는 것(漑)이면 다른 그릇에 쏟지 않고 그대로 먹고, 그 이외(세척하지 않는 그릇의 경우)에는 모두 다른 그릇에 쏟아서 먹는다.

御食於君, 君賜餘, 器之漑者不寫, 其餘皆寫.

[곡례상 127]

군주의 앞에서 과일을 하사받아 먹을 경우, 씨가 있으면 그 씨를 버리지 않고 가지고 있는다. 【구본에는 '在賤者不敢辭' 아래 배치되어 있고, 아래 구절이 '御食' 앞에 배치되어 있다. 여기서는 경중의 순서로 배치의 선후를 삼았다】

賜果於君前, 其有核者懷其核.【舊在賤者不敢辭之下, 而下節在御食之前. 今以輕重之次而爲先後也】

[곡례하 3]

무릇 군주의 기물을 잡을 때에는 가벼운 것을 잡더라도 마치 감당하지 못하듯이 잡는다. 군주의 기물을 잡는 것에서 폐幣나 규벽圭璧을 잡을 때는 왼손을 위쪽으로 하고, 걸을 때는 다리를 들지 않고 수레바퀴가 땅에서 떨어지지 않고 굴러가듯이 발뒤꿈치를 끈다.

凡執主器, 執輕如不克. 執主器, 操幣·圭璧, 則尙左手, 行不擧足, 車輪曳踵.

[곡례하 4]

서 있을 때는 경쇠의 등처럼 구부려 패옥(佩)58)을 아래로 늘어뜨린다. 군주의 패옥이 몸에 붙어 있으면 신하의 패옥은 아래로 늘어뜨린다. 군주의 패옥이 아래로 늘어뜨려져 있으면, 신하의 패옥은 땅에 닿게 늘어뜨린다.

立則磬折垂佩. 主佩倚則臣佩垂. 主佩垂則臣佩委.

[곡례하 5]

옥을 잡을 때, 옥받침이 있는 것은 석裼을 하고, 옥받침이 없는 것은 습襲을 한다.【구본에는 '士則提之' 아래 배치되어 있다】

執玉, 其有藉者則裼, 無藉者則襲.【舊在'士則提之'之下】

集說 '여불극如不克'은 마치 이겨낼 수 없는 듯이 한다는 뜻이다. '상좌수尙左手'는 왼손을 위쪽에 올려놓는 것을 말한다. '좌左'는 양陽이 되며 존귀함을 뜻한다. '종踵'은 발뒤꿈치다. 그릇을 잡고 걸을 때는 단지 발꿈치 앞쪽을 일으키고 발뒤꿈치를 끌어당겨 마치 수레바퀴가 땅에서 떨어지지 않고 굴러가는 것처럼 한다. 그러므로 '수레바퀴가 땅에서 떨어지지 않고 굴러가듯이 발뒤꿈치를 끈다'(車輪曳踵)라고 한 것이다. 구부리기를 경쇠의 등처럼 하면, 옥패는 몸 양쪽으로부터 매달려 늘어뜨려진다. 이는 서 있을 때 모습의 일반적인 형태이다. 그러나 신하는 군주와 비교할 때 존귀함과 비천함에 차등이 있다. 따라서 그 고하의 절도에 준해서 그 공경의 모습을 배로 하는 것이 옳다. 살짝 구부리면 몸에 붙어 있고, 조금 구부리면 아래로 늘어지고, 아주 구부리면 땅에 닿으니, 모두 패옥佩玉을 통해서 그 절도를 분간한다. '받침이 없다'(無藉)는 것은 규圭와 장璋은 그것만 가지고 바치고 속백束帛59)으로 싸지 않음을 말하는데, 규와 장을 잡을 때 그 사람은 습을 한다. '받침이 있다'(有藉)는 것은 속백 위에다 벽璧과 종琮을 올려놓음을 말하는데, 벽과 종을 잡을 때 그 사람은 석을 한다. '如不克', 似不能勝也.

'尙左手', 謂左手在上. '左', 陽, 尊也. '踵', 脚後也. 執器而行, 但起其前而曳引其踵, 如
車輪之運於地. 故曰: '車輪曳踵.' 磬[60]折如磬之背, 而玉佩從兩邊懸垂. 此立容之常. 然
臣之於君, 尊卑殊等. 則當視其高下之節, 而倍致其恭敬之容, 可也. 微俛則倚於身, 小俛
則垂, 大俛則委於地, 皆於佩, 見其節. '無藉'[61], 謂圭·璋特達, 不加束帛, 當執圭·璋
之時, 其人則襲也. '有藉'者, 謂璧·琮加於束帛之上, 當執璧·琮時, 其人則裼也.

전-4-5[곡례하 15]

임금 앞에서 문서의 먼지를 털거나 문서를 정돈하면 처벌을 받는
다. 임금 앞에서 점대를 쓰러뜨리거나 귀갑龜甲(거북껍데기)을 뒤집
거나 하면 처벌을 받는다.

振書·端書於君前有誅. 倒筴側龜於君前有誅.

[곡례하 16]

귀협龜筴, 궤장几杖, 석개席蓋를 들고 있거나, 중소重素와 홑겹의 갈
포옷(袗絺綌)을 입고 있으면, 대궐 문에 들어가지 못한다.【구본에는
'公庭不言婦女' 아래 배치되어 있다】

龜筴, 几杖, 席蓋, 重素, 袗絺綌, 不入公門.【舊在'公庭不言婦女'
之下】

集說 　신하는 직분에 따른 일을 가지고 군주를 섬기는데, 매사를 마땅히
평소에 삼가 준비해야 한다. 문서와 장부가 이미 군주 앞에 이르렀는데 그
때서야 비로소 먼지를 털면서 정돈을 한다던가, 점을 치는 관리는 귀갑龜甲
과 점대를 받들어 일을 하는 자인데 군주 앞에서 넘어뜨리고 뒤집는 모습
을 보인다면, 이들은 모두 자기 직무를 공경히 행하지 않고 윗사람을 무시

하는 것이다. 그러므로 모두 처벌을 받는다. '귀협龜筴'(귀갑과 점대)은 길흉을 묻는 도구이기 때문에 미리 일을 모의한다는 혐의가 있다. '궤장几杖'(안석과 지팡이)은 나이 많은 연장자를 우대하는 도구이기 때문에 자신을 높이는 혐의가 있다. '석席'(자리)은 앉거나 눕기 위한 도구이며, '개蓋'(덮개)는 해와 비를 가리는 도구이다. '치격絺綌'(고운 갈포 옷과 거친 갈포 옷)은 몸을 시원하게 해주는 것이다. '진袗'은 홑겹으로 된 옷이다. 홑옷은 몸을 드러내어 외설스럽게 만든다. 이 세 가지는 편안하기 위한 도구이다. '중소重素'는 웃옷과 치마가 모두 누이지 않은 흰색인 것이다. 길복吉服이 아니기 때문에 또한 공문公門에 들어갈 수 없다. 人臣以職分內事事君, 每事當謹之於素. 文書簿領, 已至君前, 乃始振拂其塵埃, 而端整之, 卜筮之官, 龜筴乃[62]所奉以周旋者, 於君前而[63]顚倒反側之狀, 此皆不敬其職業, 而慢上者, 故皆有罰. '龜筴', 所以問吉凶, 嫌豫謀也. 几杖, 所以優高年, 嫌自尊也. 席, 所以坐臥, 蓋, 所以蔽日與雨. 絺綌, 所以涼體. 袗, 單也, 單則見體而褻. 此三者, 宴安之具也. 重素, 衣裳皆素也, 以非吉服, 故亦不可以入公門.

전-4-6 **[곡례하 17]**

자최상齊衰喪의 짚신을 신거나(苞屨), 심의深衣의 옷자락을 허리띠에 꽂거나(扱衽) 엽관厭冠을 쓰고 있으면 대궐 문에 들어가지 못한다. 苞屨·扱衽·厭冠, 不入公門.

[곡례하 18]

죽은 이를 보내는 이름이나 물건을 기록한 판(書方)이나 상복(衰), 명기(凶器) 등은 먼저 보고하지 않으면 대궐 문에 들어가지 못한다.【구

書方·衰·凶器, 不以告, 不入公門.【舊聯上文】

集說 '포苞'는 표괴麃(풀의 일종)로 읽는다. 표괴麃蒯의 풀로 자최상의 짚신을 만드는 것이다. '흡임扱衽'은 심의深衣의 앞 옷깃을 띠에다 꽂는 것이다. 대체로 부모가 처음 돌아가셨을 때 상주가 울부짖고 뛰는데 밟혀서 방해가 되므로 띠에 꽂는 것이다. '엽관厭冠'은 상관喪冠이다. 길관吉冠에는 머리싸개(纚)64)가 있고 양梁65)이 있는데, 상관에는 그것이 없다. 그러므로 납작하게 붙인 모양이다.(厭帖然) '방方'은 판板이다. '서방書方'은 죽은 이를 전별하는 물건을 방판方板 위에다 조목조목 기록하는 것이다.66) '최衰'는 오복五服67)의 상복이다. '흉기凶器'는 관곽棺椁, 장삽牆翣,68) 명기明器 따위 같은 것이다. '보고하지 않으면 대궐 문에 들어가지 못한다'(不以告, 不入公門)는 것은 보고하면 들어갈 수 있다는 뜻이다. 신하와 첩이 궁중 안에서 죽은 경우가 있는데, 군주는 또한 빈궁을 차려서 상례를 이루는 것을 허락한다. 그러나 반드시 먼저 보고해야 들어갈 수 있다. '苞讀爲麃. 以麃蒯之草爲齊衰喪屨也. '扱衽', 以深衣前衽, 扱之於帶也. 蓋親初死時, 孝子以號踊, 履踐爲妨, 故扱之也. '厭冠', 喪冠也. 吉冠有纚有梁, 喪冠無之, 故厭帖然也. '方', 板也. '書方'者, 條錄送死物件於方板之上也. '衰', 五服之衰也. '凶器', 若棺椁·牆翣·明器之屬. '不以告, 不入公門', 謂告則可入者. 蓋臣妾有死於宮中者, 君亦許其殯而成喪. 然必先告, 乃得將入也.

權近 살피건대, 이 부분 이상은 모두 대궐 문 안의 일을 가지고 말한 것이고, 이 이하는 대궐 문 밖의 일을 가지고 말한 것이다. 近按, 此以上, 皆以公門之內之事而言也, 此以下, 則以公門之外之事而言之也.

[곡례상 207]

임금의 수레에 멍에를 메려고 하면, 마부는 채찍을 잡고 말 앞에
선다.

君車將駕, 則僕執策立於馬前.

[곡례상 208]

멍에가 다 메지면, 마부는 비녀장(軐)⁶⁹⁾을 살피고 멍에가 메졌음을
보고한다.

已駕, 僕展軐, 效駕.

[곡례상 209]

옷으로 먼지를 털어내고, 오른쪽으로 수레에 오르는데, 수레에 오
를 때, 보조용 끈을 사용한다. 수레 위에서는 무릎을 꿇고 수레를
점검한다.

奮衣, 由右上, 取貳綏. 跪乘.

[곡례상 210]

채찍을 잡고 고삐를 나누어 쥔 다음 말을 몰아 5보 정도 가서 멈춘다.

執策分轡驅之, 五步而立.

[곡례상 211]

군주가 나와 수레에 다가가면 마부는 고삐를 모두 한 손에 쥐고
끈(綏)⁷⁰⁾을 군주에게 준다. 수레 곁에 자리한 신하들은 길을 피한다.

君出就車, 則僕幷轡授綏. 左右攘辟.

集說 이 장(곡례상 207) 이하는 수레를 타는 예(禮)를 말한 것이다. '책(策)'은
말채찍이다. '이가(已駕)'는 말에 멍에를 메는 것이 완료되었다는 것이다. '령

'轄'은 수레의 비녀장으로, 수레가 움직이는 것은 비녀장으로부터 시작한다. 마부는 령轄과 주변을 두루 살펴보고 즉시 들어가 군주에게 보고하는데, 멍에가 다 메졌음을 말하는 것이다. 疏소疏에서 말한다. "마부가 먼저 나와 수레에 가서, 수레 뒤쪽으로부터 자신의 옷으로 먼지를 털어내고, 오른쪽으로 수레에 오른다. 반드시 오른쪽으로 오르는 것은 군주의 자리가 왼쪽에 있기 때문에 군주의 자리를 피하여 자리를 비워놓는 것이다. '이貳'는 보조용이라는 뜻이다. '손잡이 줄'(綏)은 수레에 오를 때 잡는 끈이다. 주손잡이 줄(正綏)은 군주가 탈 때 이용하도록 갖추어놓은 것이고, 보조용 끈은 마부와 우사右士가 사용하도록 준비한 것이다. 마부가 먼저 수레를 시험해볼 때, 군주는 아직 나오지 않았지만, 감히 평상시처럼 서서 할 수 없다. 무릎을 꿇고 하는 것으로 공경함을 삼는 것이다. '비轡'는 말을 모는 끈(고삐)이다. 수레는 끌채 하나에 네 마리 말을 메는데, 끌채에 멘 중앙의 두 말을 '복마服馬'라고 부르고, 양쪽 곁에 있는 두 말을 '비마騑馬' 또는 '참마驂馬'라고 부른다. 한 마리 말마다 두 개의 고삐가 있으니, 네 마리 말이면 여덟 개의 고삐가 된다. 참마의 안쪽 고삐를 가름대(軾) 앞에 메고, 참마의 바깥쪽 고삐와 두 복마의 각각 두 고삐를 함께하여 여섯 고삐를 손에 쥐는데, 오른손으로 채찍을 쥐고서 세 고삐는 빈손에 쥐고 세 고삐는 채찍을 든 손에 쥔다. 그러므로 '채찍을 잡고 고삐를 나누어 쥔다'(執策分轡)고 한 것이다. '몰아본다'(驅之)는 것은 시험 삼아 몰아보는 것이다. '5보 정도 가서 멈춘다'(五步而立)는 것은 무릎을 꿇고 말을 몰다가 5보를 가서 멈추고 서서 군주가 나오기를 기다리는 것이다. 군주가 나와 수레에 다가가면, 마부는 여섯 고삐와 채찍을 한 손에 쥐고 한 손으로 정식 끈(正綏)을 쥐고서 군주에게 주어 수레에 오르게 한다. 이때 좌우에 수레 곁에 자리한 여러 신하들이 수레가 나아가려는 것을 보고 모두 물러나 수레를 피하여 수레가

움직이는 것을 방해되지 않게 한다." 此下言乘車之禮. '策', 馬杖也. '已駕', 駕馬
畢也. '轄', 車之轄頭, 車行由轄. 僕者展視轄徧, 卽入而效白於君, 言車駕竟. 疏曰: "僕
先出就車, 於車後自振其衣以去塵, 從右邊升上. 必從右者, 君位在左, 避君空位也. '貳',
副也. '綏', 登車索也. 正綏擬君之升, 副綏擬僕右之升. 僕先試車時, 君猶未出, 未敢依常
而立. 所以跪而乘之以爲敬. '轡', 馭馬索也. 車一轅而四馬駕之, 中央兩馬夾轅者名'服
馬', 兩邊名'騑馬', 亦曰'驂馬'. 每一馬有兩轡, 四馬八轡. 以驂馬內轡, 繫於軾前, 其71)
外轡幷兩服馬各二轡, 六轡在手, 右手執杖, 以三轡置空手中, 以三轡置杖手中. 故云'執
策分轡'也. '驅之'者, 試驅行之也. '五步而立'者, 跪而驅馬, 以行五步, 卽止而倚立, 以待
君出." 及72)出就車, 則僕幷六轡及策置一手中, 以一手取正綏, 授於君, 令登車. 於是左
右侍駕陪位諸臣見車欲進行, 皆遷卻以避車, 使不妨車之行也."

전-4-8[곡례상 212]

수레가 움직이면서 뒤따르는 사람들이 달려서 따라오는데, 수레가
대문에 이르면 군주는 마부의 손을 만져 잠시 제지하면서, 돌아보
고 거우車右에게 수레를 타라고 명령한다. 마을의 문(門閭)73)과 도
랑을 지날 때 거우는 반드시 내려서 걷는다.【구본에는 '必踐之' 아래 배
치되어 있다】

車驅而騶, 至于大門, 君撫僕之手, 而顧命車右就車. 門閭・溝渠
必步.【舊在'必踐之'之下】

集說　　疏에서 말한다. "수레 위에서 군주는 왼쪽에 위치하고, 마부는 중
앙에 위치하고, 용사勇士는 오른쪽에 위치한다. 대문에 이르면, 비상사태가
있을까 염려되므로 돌아보면서 거우車右에게 수레에 타라고 명령한다. 마

을의 문과 도랑이 있는 곳에 이르러 반드시 수레에서 내리는 것은 첫째, 군자는 열 가구의 작은 마을이라도 기만하지 않기 때문에 마을의 문을 지날 때 반드시 식式(수레 위에서 하는 인사)을 한다. 군주가 식을 하면 신하는 수레에서 내려야 한다. 둘째, 도랑은 위험해서 전복될 염려가 있기 때문에 또한 반드시 내려서 수레를 부축해주어야 한다." 疏曰: "車上君在左, 僕人中央, 勇士在右. 既至大門, 恐有非常, 故回命車右上車. 至門閭溝渠而必下車者, 一則君子不誑十室, 過門閭必式. 君式則臣當下也. 二則溝渠險阻, 恐有傾覆, 亦須下扶持之也."

전-4-9[곡례상 222]

군주는 법식에 맞지 않는 수레(奇車)를 타지 않는다. 수레 위에서는 크게 소리 내어 기침을 하지 않고, 함부로 손으로 가리키지 않는다.

國君不乘奇車. 車上不廣欬, 不妄指.

[곡례상 223]

서 있을 때는 수레바퀴 원주(轍)의 다섯 배 정도 떨어진 거리를 본다. 식式에 의지해 있을 때는 말의 꼬리를 본다. 뒤돌아볼 때 바퀴통을 볼 수 있을 정도 이상으로 고개를 젖히지 않는다.

立視五轍. 式視馬尾. 顧不過轂.

[곡례상 224]

도성 안에서는 책혜策彗로 말을 긁으면서 몰고, 먼지가 수레바퀴 자국을 벗어나지 않게 한다.【구본에는 '後左手而俯' 아래 배치되어 있다】

國中以策彗卹勿驅, 塵不出軌.【舊在'後左手而俯'之下】

集說 '기거奇車'는 사특하고 바르지 않은 수레이다. ○ 방씨方氏는 말한다. "크게 소리 내어 기침을 하지 않는다'(不廣欬)는 것은 소리로 다른 사람의 귀를 놀라게 할까 염려해서이다. '함부로 손으로 가리키지 않는다'(不妄指)는 것은 손짓으로 다른 사람의 눈을 놀라게 할까 염려해서이다." '서 있다'(立)는 것은 수레 위에서 서 있는 것이다. ○ 소疏에서 말한다. "휴寯는 규規(원주)이다. 수레의 바퀴가 한 바퀴 도는 길이가 1규規이다. 타고 다니는 수레(乘車)의 바퀴는 높이가 6척 6촌으로, 지름이 1이면 둘레는 3이므로 1장 9척 8촌이 된다. 5규는 99척인데 6척이 1보가 되므로 모두 16보 반이 된다. 수레 위에서 보는 곳은 전방 16보 반쯤 되는 곳이다. 말이 수레를 이끌고 가면, 말의 꼬리는 수레 난간에 가깝다. 수레 위에서 식式에 의지해서 머리를 아래로 하면 멀리 볼 수가 없고, 다만 말의 꼬리를 쳐다보게 된다. '곡轂'은 수레의 바퀴통이다. 머리를 돌릴 경우, 바퀴통을 볼 정도 이상을 넘지 않는다. 『논어』에서 '수레 안에서는 뒤돌아보지 않는다'[74]고 한 것이 이것이다. 도성 안에 들어와서는 말을 달리지 않는다. 그러므로 가죽 채찍을 사용하지 않고, 다만 잎새가 달린 대나무를 가지고 채찍을 삼는데, 그 모양이 빗자루와 비슷하기 때문에 '책혜策彗'라고 부른다. 살짝 말에 가까이 대고 먼지를 털어내듯이 문지른다. '솔몰䬓勿'은 긁고 문지른다는 뜻이다. '궤軌'는 수레 바퀴자국이다. 수레의 움직임이 느리기 때문에 먼지가 바퀴자국 밖까지 날리지 않는다." '奇車', 奇邪不正之車也. ○ 方氏曰: "不廣欬'者, 慮聲容之駭人聽. '不妄指'者, 慮手容之駭人視也." '立'謂立於車上也. ○ 疏曰: "'寯', 規也. 車輪一周爲一規. 乘車之輪, 高六尺六寸, 徑一圍三, 得一丈九尺八寸. 五規爲九十九尺, 六尺爲步, 總爲十六步半. 在車上所視, 則前十六步半也. 馬引車, 其尾近車闌. 車上憑式下頭時, 不得遠矚, 但瞻視馬尾. '轂', 車轂也. 若轉頭, 不得過轂. 『論語』云'車中不內顧', 是也. 入國不馳. 故不用鞭策, 但取竹帶葉者爲杖, 形如帚[75], 故云'策彗'. 微近馬體,

撥⁷⁶⁾摩之. '呞勿', 搔摩也. '軌', 車轍也. 行緩, 故塵埃不飛揚出軌外也."

權近 살피건대, 옛날에 수레는 규정을 동일하게 하였다. 어찌 바르지 않은 방식의 수레가 있었겠는가? '기奇'는 '단일한 것과 짝으로 된 것'(奇偶)이라고 할 때의 '단일한 것'과 같은 뜻으로 파악해야 한다. 군주의 수레는 하나가 아니고 반드시 부수되는 수레가 있어 짝을 이룬다. 만일 단일한 수레를 타고 짝이 되는 수레가 없다면 예의禮儀가 갖추어지지 않은 것이다. 近按, 古者車同軌. 寧有不正之軌? '奇'當如奇偶之奇. 國君之車非一, 必有其副, 而爲偶也. 若乘奇車而無偶, 則儀不備矣.

전-4-10[곡례상 225]

> 군주는 희생에 쓰는 소를 보면 수레에서 내리고, 종묘에 대해서는 식式을 한다. 대부와 사士는 공문公門에 이르면 수레에서 내리고, 군주의 말에 대하여 식式을 한다.
> 國君下齊牛, 式宗廟. 大夫士下公門, 式路馬.

集說 웅씨熊氏는 말한다. "마땅히 '군주는 종묘에서 내리고 희생으로 쓰는 소에 대하여 식式을 한다'로 기술해야 한다." 熊氏云: "當云國君下宗廟, 式齊牛.'"

權近 살피건대, 종묘는 거처하는 곳이고 희생에 쓰는 소는 먹는 것이다. 먹는 것이 거처하는 것에 비하여 더욱 절실하기 때문에 종묘에서는 수레에서 내리지 않고 희생에 쓰는 소를 만났을 때는 내린다. 近按, 宗廟所居也, 齊牛所食也. 所食視居, 則爲尤切, 故不下宗廟, 而下齊牛也.

전-4-11[곡례상 226]

군주가 타는 수레의 말을 몰 때, 신하는 반드시 조복朝服을 입어야
하고 채찍은 싣기만 하고 사용하지 않으며, 거우車右가 자신에게
끈을 건네게 하지 않고, 왼쪽 자리에 타고 있는 사람은 반드시 식式
(가름대)을 잡고 있다.

乘路馬, 必朝服, 載鞭策, 不敢授綏, 左必式.

[곡례상 227]

군주의 수레를 끄는 말을 걸어서 끌고 갈 때는 반드시 길의 중앙
으로 간다. 군주의 말에 꼴을 발로 차서 주면 처벌한다. 군주의 말
에 대하여 나이를 헤아리면 처벌한다.【구본에는 모두 위 문장과 연결되
어 있다】

步路馬, 必中道, 以足蹙路馬芻有誅, 齒路馬有誅.【舊並聯上文】

集說 이 경문은 신하가 의례를 익히기 위해 (군주의 말을 사용할 때의)
예절에 대하여 말한 것이다. '로마路馬'는 군주가 타는 수레의 말이다. 조복
朝服(조정에 나아갈 때 입는 관복)을 입고, 또 채찍을 싣기만 할 뿐 사용하지
않는 것은 모두 공경하는 것이다. 군주가 수레에 오르면, 마부는 끈을 건네
준다. 이제 신하가 의례를 익히기 위해 왼쪽에 자리하면, 곧 자신이 수레를
몰고 가며 거우車右가 자신에게 끈을 건네주게 하지 않는다. '신하가 수레
의 왼쪽 자리에 있을 때 반드시 식式을 한다'(左必式)는 것은 존귀한 자리에
앉게 된 이상 식式으로써 공경을 표시해야 함을 말한다. '보步'는 걸어서 훈
련시키는 것이다. 반드시 길의 중앙으로 가는 것은 가장자리는 비루하고
법도가 없어 불경스럽고 또는 넘어지기 때문이다. '축蹙'은 '축蹴(발로 차다)

과 같은 뜻이다. '추芻'는 꼴(말먹이)이다. '치齒'는 나이를 센다는 뜻이다. '주誅'는 벌을 준다는 뜻이다. ○ 마씨馬氏는 말한다. "말의 힘을 살피는 것은 반드시 나이를 가지고 한다. 말의 나이는 반드시 치아를 가지고 센다. 이들 경문은 군주의 소유물에 대하여 소홀히 다루는 것을 경계하는 것이다."

此言人臣習儀之節. '路馬', 君駕路車之馬也. 旣衣朝服, 又鞭策, 則但載之而不用, 皆敬也. 君升車, 則僕者授綏. 今臣以習儀而居左, 則自馭以行, 不敢使車右以綏授己也. '左必式'者, 旣在尊位, 當式以示敬. '步', 謂行步而調習之也. 必當路之中者, 以邊側卑褻, 不敬或傾跌也. '蹙', 與蹴同. '芻', 草也. '齒', 評量年數也. '誅', 罰也. ○ 馬氏曰: "察馬之力, 必以年數. 馬之年, 必以齒. 凡此戒其慢君物也."

전-4-12 **[곡례상 219]**

상거祥車는 왼쪽 자리를 비워둔다. 군주가 평상시 타고 다니는 수레(乘車)를 탈 때, 왼쪽 자리를 비우지 않는다. 왼쪽에 탄 사람은 반드시 식式(가름대)을 잡고 있다.

祥車曠左. 乘君之乘車不敢曠左. 左必式.

[곡례상 220]

마부가 여인을 태울 때는 왼손을 내밀고 오른손을 뒤로 한다.

僕御婦人, 則進左手, 後右手.

[곡례상 221]

군주를 태울 때는 오른손을 내밀어 고삐를 쥐고 왼손을 뒤로 해서 몸을 구부린다.【구본에는 '葽拜' 아래 배치되어 있다】

御國君, 則進右手, 後左手而俯.【舊在'葽拜'之下】

集說 소疏에서 말한다. "'상祥'은 길하다(吉)와 같은 뜻이다. 길거吉車는 생전에 타던 수레인데 장례 때 혼거魂車(시신을 모시는 수레)로 사용된다. 수레 위에서는 왼쪽을 존귀하게 여긴다. 마부는 오른쪽에 앉고 왼쪽을 비워 귀신이 자리하는 것으로 여긴다. 천자는 다섯 수레를 타는데 옥로玉路, 금로金路, 상로象路, 목로木路, 혁로革路[77] 등이 그것이다. 천자가 그 중 한 수레를 타면 나머지 네 수레가 뒤따르고, 신하가 이들 수레에 타는데 왼쪽 자리를 비워두지 않는다. 왼쪽 자리를 비워두면 상거祥車와 유사하게 되므로 불길한 것이 된다. '왼쪽에 탄 사람은 반드시 식式을 잡고 있다'(左必式)는 것은 스스로 편안치 않기 때문으로 항상 식式(가름대)을 잡고 있다. 평상시 타고 다니는 수레에서 군주는 어떤 수레든 왼쪽에 앉는다. 그러나 군사용 수레(革路)에서는 가운데 앉는다. 마부와 여인의 경우 마부는 가운데 앉고 여인은 왼쪽에 앉는다. 왼손을 내밀어 고삐를 쥐고 몸이 약간 서로 등지도록 하는 것은 혐의를 멀리하는 것이다. 군주를 태우는 경우, 예법상 서로 향하는 것을 공경하는 것으로 삼는다. 그러므로 오른손을 내밀어 고삐를 쥔다. 말을 몰면 항상 식을 할 수 없기 때문에 몸을 구부려서 공경을 표시한다." 疏曰: "祥, 猶吉也. 吉車謂生時所乘, 葬時用爲魂車. 車上貴左. 僕在右, 空左以擬神也. 王者五路, 玉‧金‧象‧木‧革. 王自乘一, 餘四從行, 臣乘此車, 不敢空左. 空左則似祥車, 凶也. '左必式'者, 不敢自安, 故恒憑式. 乘車, 君皆在左. 若兵戎革路, 則君在中. 僕御‧婦人, 則[78]僕在中, 婦人在左. 進左手持轡, 使身微相背, 遠嫌也. 御君者, 禮以相向爲敬. 故進右手. 旣御, 不得常式, 故但俯俛而爲敬."

權近 살펴건대, 이 경문은 '군주의 수레를 탈 때' '왼쪽에 앉은 사람은 반드시 식式을 한다'는 말을 이어서, '혼거魂車에서 왼쪽 자리를 비워둔다'는 구절을 인용하여 군주의 수레는 왼쪽 자리를 비워두지 않고 왼쪽에 앉은 사람은 반드시 식을 함으로써 공경함을 보인다는 뜻을 밝힌 것이다. 또한 '마

곡례상 | 99

부가 여인을 태우는 일'을 인용하여 군주를 위해 수레를 모는 예절을 밝혔다. 이상의 구절은 군주가 나와 수레를 탈 때 마부가 수레를 모는 예절을 말한 것이다. 近按, 此因'乘路馬', '左必式'之言, 以引'祥車曠左', 而明君車不敢曠左必式以示敬之意. 又引'僕御婦人'之事, 以明御君之禮也. 此以上言君出及車馬僕御之節.

전-4-13[곡례하 112]

군주의 명이 있으면 대부와 사는 그 일을 익힌다. 군주의 명령이 관官에 관계된 일이면 관에 대해 논의하고, 부府에 관계된 일이면 부에 대해 논의하고, 고庫에 관계된 일이면 고에 대해 의론하고, 조정(朝)에 관계된 일이면 조정에 대해 논의한다.

君命, 大夫與士肄. 在官言官, 在府言府, 在庫言庫, 在朝言朝.

[곡례하 113]

조정의 논의에서는 개나 말은 언급하지 않는다.【구본에는 「곡례하曲禮下」 '傾則姦' 아래 배치되어 있다】

朝言不及犬馬.【舊在下篇'傾則姦'之下】

集說 임금이 명령을 내리면 대부와 사는 서로 더불어 그것을 익힌다. 人君有命令, 則大夫・士相與肄習之.

전-4-14[곡례하 14]

공적인 장소에서는 여자에 관한 것을 말하지 않는다.【구본에는 '祭祀

不言凶' 아래 배치되어 있다】

公庭不言婦女.【舊在'祭祀不言凶'之下】

[곡례하 19]

공적인 일은 사적으로 의논하지 않는다.【구본에는 '不入公門' 아래 배치되어 있다】

公事不私議.【舊在'不入公門'之下】

[곡례하 115]

조정에서는 발언할 때 예禮로써 하고, 물을 때도 예로써 하고, 대답할 때도 예로써 한다.

在朝言禮, 問禮, 對以禮.

[곡례하 114]

조회를 멈추었는데도 좌우를 돌아보는 것은 다른 일이 있는 것이 아니면 반드시 다른 생각을 갖고 있는 것이다. 그러므로 조회를 중지하였는데도 좌우를 돌아보면 군자는 그것을 '비루하다'(固)고 말한다.【구본에는 '不及犬馬' 아래 배치되어 있다. 그리고 '輟朝' 이하는 그 위에 배치되어 있다】

輟朝而顧, 不有異事, 必有異慮. 故輟朝而顧, 君子謂之固.【舊在'不及犬馬'之下, 而'輟朝'以下在其上】

集說　조정에서 무릇 말해야 하는 것은 모두 예이다. 조정에서의 거동은 정숙해야 한다. 좌우를 돌아보는 행위를 해서는 안 된다. '이異'는 타他(다른)의 뜻과 같다. 공경하는 마음이 견지되어 있지 않으면 모습이 바깥으로 드러난다. 이것이 그가 다른 일이나 다른 생각이 있음을 아는 까닭이다.

'고固'는 비루하고 거칠어서 예에 통달하지 못한 것을 말한다. 朝廷之上, 凡所
當言者, 皆禮也, 朝儀當肅, 不宜爲左右之顧. '異', 猶他也. 敬心不存, 則形諸外, 此所以
知其有他事他慮也. '固', 謂鄙野不達於禮也.

權近 살피건대, 이 부분은 국내에서 직무를 수행하는 일을 말하였고, 이
부분 이하는 국가의 명을 받아 외국에 나갔을 때의 일을 가지고 말하였다.
近按, 此言在國供職之事, 此以下則以受命出疆等事言也.

전-4-15[곡례상 157]

군주의 사자使者는 일단 명령을 받으면, 군주의 말이 자신의 집에
서 하루라도 지체하게 하지 않는다.
凡爲君使者, 已受命, 君言不宿於家.

[곡례상 158]

임금의 말이 이르면, 주인은 대문을 나가서 임금의 말이 (신분이
낮은 자신의 집에까지) 내려온 것에 대하여 배례한다. 임금의 말을
전한 사자가 돌아갈 때, 반드시 대문 밖에서 배례를 하고 전송한다.
君言至, 則主人出拜君言之辱. 使者歸, 則必拜送于門外.

集說 임금의 말이 이르면 명령에 대하여 배례한다. 사자가 돌아갈 때 배
례하고 전송한다. 모두 임금에 대하여 공경을 표시하는 것이다. 至則拜命,
歸則拜送, 皆敬君也.

임금의 처소에 사람을 보낼 때에는 반드시 조복朝服을 입고 명령한다. 사자가 돌아오면, 반드시 당堂을 내려가서 임금의 명령을 받는다.【구본에는 '如使之容' 아래 배치되어 있다】

若使人於君所, 則必朝服而命之. 使者反, 則必下堂而受命.【舊在 '如使之容'之下】

集說 여씨呂氏는 말한다. "임금의 처소에 사람을 보낼 때는 당堂을 내려가지 않고, 사자가 돌아오면 당을 내려간다. 명령을 받는 자는 처음에 자신의 명령을 가지고 가서 나중에는 임금의 명령을 가지고 돌아온다. 따라서 사자가 돌아온 뒤에 공경을 표시하고, 갈 때는 하지 않는다." 呂氏曰: "使 人於君所不下堂, 反則下堂. 受命者始以己命往, 終以君命歸. 故使者反而後, 致其敬, 往 則否也."

대부가 개인적으로 길을 떠나 국경을 넘을 때에는 반드시 요청을 하고, 돌아오면 반드시 물건을 바친다. 사가 개인적으로 길을 떠나 국경을 넘을 때에는 반드시 요청을 하고, 돌아오면 반드시 보고한다. 군주가 위로하면 배례를 하고, 여정에 대해 물으면 배례를 한 뒤에 대답한다.【구본에는 아래 구절 아래 배치되어 있다】

大夫私行, 出疆必請, 反必有獻. 士私行, 出疆必請, 反必告. 君

勞之則拜, 問其行, 拜而后對.【舊在下節之下】

> **集說** 대부는 물건을 바치고 사士는 물건을 바치지 않는 것은 지위가 낮은 자의 물건으로 군주를 욕되게 하지 않으려는 것이다. 大夫有獻而士不獻, 不以卑者之物瀆尊上也.

사가 제후에게 물건을 바쳤는데, 훗날 제후가 "어디에서 그것을 얻었는가?"라고 물으면 머리가 바닥에 닿도록 하여 두 번 배례를 한 뒤에 대답한다.【구본에는 위 구절 위에 배치되어 있다】

士有獻於國君, 他日, 君問之曰"安取彼?", 再拜稽首而后對.【舊在上節之上】

> **集說** 먼저 배례를 한 뒤에 대답하는 것은 질문을 받은 은총에 급히 사례하는 것이다. 先拜後對79), 急謝見問之寵也.

> **權近** 살피건대, 앞에서 대부에 대해서는 물건을 바친다고 말하고 사士에 대해서는 말하지 않았다. 그래서 구주舊註(진호의 주)에서 "지위가 낮은 자의 물건으로 군주를 욕되게 하지 않으려는 것이다"라고 말한 것이다. 이 절에서 사士의 경우도 물건을 바친다고 말하였는데, 대개 사는 지위가 낮아 물건을 얻으면 바치고 얻은 바가 없으면 바치지 않으니 상례常禮가 아니다. 따라서 군주는 사에게 얻은 곳을 반드시 묻는다. '군주가 위로하면 배례를 한다'는 것은 대부와 사를 총괄해서 말한 것이다. 近按, 前於大夫言有獻, 而於

士不言. 故舊註以爲: "不以卑者之物瀆尊上也." 此節於士亦言有獻, 蓋士卑, 有得則獻, 無則否, 非其常禮. 故君於士必問其所取也. '君勞之則拜'者, 總大夫士而言也.

전-4-19**[곡례하 8]**

군주가 사士에게 활을 쏘게 하였는데 할 수 없다면, 병을 이유로 들어 사양하면서 "저에게는 땔감나무를 등에 지지 못하는 병이 있습니다"라고 말한다.【구본에는 '不敢與世子同名' 아래 배치되어 있다】

君使士射, 不能則辭以疾, 言曰: "某有負薪之憂."【舊在'不敢與世子同名'之下】

集說 여씨呂氏(여대림呂大臨)는 말한다. "활쏘기는 남자가 당연히 해야 할 일이다. 할 수 없으면 질병을 이유로 사양할 수는 있지만, 능력이 부족하다는 것으로 사양해서는 안 된다. '땔감나무를 등에 진다'(負薪)는 것은 천한 일로서 사가 직접 하는 일이지만 병에 걸리면 할 수 없다. 그러므로 '땔감나무를 등에 지지 못하는 병이 있다'(負薪之憂)고 말하는 것이다." 呂氏曰: "射者, 男子之所有事. 不能可以疾辭, 不可以不能辭也. '負薪', 賤役, 士之所親事者, 疾則不能矣. 故曰'負薪之憂'也."

權近 살피건대, 앞에서는 국내에서의 예를 가지고 말하였고, 뒤에서는 외국에 사신으로 갔을 때의 예를 가지고 말하였다. 이 경문에서는 국내와 외국에 있을 때를 통합해서 말한 것이다. 近按, 前則以在其國之禮言, 後則以出聘他國之禮言. 此則在其國與他國而通稱者也.

[곡례하 25]

대부와 사가 제후를 알현할 때,

大夫·士見於國君,

[곡례하 26]

군주가 만약 직접 마중 나와서 배례를 하면, 돌아서 물러나고 감히
답배하지 않는다.

君若迎拜, 則還辟不敢答拜.

集說　빙문하는 손님이 처음 초빙국의 대문 밖에 이르렀을 때, 초빙국의
군주가 마중 나와서 배례를 하면, 손님은 물러서고 감히 답배하여 빈주의
예로 맞서지 않는다. 聘賓初至主國大門外, 主君迎而拜之, 賓則退卻, 不敢答拜而抗
賓主之禮也

[곡례하 25]

제후가 그를 위로하면, 돌아서 뒤로 물러나 머리가 바닥에 닿도록
하여 두 번 배례를 한다.【구본에는 '三月而復服' 아래 배치되어 있다】

君若勞之, 則還辟再拜稽首.【舊在'三月而復服'之下】

集說　이는 대부와 사가 타국으로 빙문을 가서 군주를 알현하였을 때, 군
주가 오는 동안의 수고로움을 묻고 위로하면, 곧 돌아서 뒤로 물러났다가
머리가 바닥에 닿도록 하여 두 번 배례를 하는 것을 말한다. 此言大夫·士出
聘他國, 見於主君, 君若勞問[80]其道路之勤苦, 則還[81]轉退避, 乃再拜稽首也.

權近 살펴건대, 군주가 위로하면 재배再拜하지만 군주가 마중 나와서 배례할 경우 답배하지 않는 것은, 위로함은 자신에게 하는 것이기 때문에 답배하고 마중 나와 배례하는 것은 내 군주의 명령에 대하여 공경하는 것이기 때문에 감히 답배하지 못하는 것이다. 구본에는 앞뒤가 서로 바뀌어 위로하는 것이 맞이하는 것보다 앞에 놓여 있다. 따라서 이제 바로잡아 맞이하는 것을 앞에 위로하는 것을 뒤에 배치하였다. 近按, 勞之則再拜, 迎拜則不答者, 勞在己故答拜, 迎拜敬吾君命故不敢答拜也. 舊本先後互換, 勞在迎先, 故今正之先迎後勞.

전-4-22 [곡례하 24]

대부와 사가 고국을 떠나 국경을 넘게 되면 지면을 쓸어 자리를 만들고 고국을 향해 곡을 한다. 소의素衣(누이지 않은 베로 만든 상의)와 소상素裳(누이지 않은 베로 만든 치마)을 입고 소관素冠(누이지 않은 베로 만든 관)을 쓴다. 중의中衣에 아로새겨진 채색 가선(緣)을 없애고 흰색 가선을 두르며, 코 장식이 없는 가죽신을 신고, 흰 개가죽으로 수레를 덮는다. 갈기를 다듬지 않은 말을 타고, 손톱과 머리카락을 자르지 않고, 정찬正餐을 먹을 때 고수레를 하지 않는다. 남에게 자신이 죄가 없다고 말하지 않으며, 부인이 잠자리를 모시게 하지 않는다. 3개월이 지난 뒤에 길복吉服을 회복한다. 【구본에는 '寓祭器於士' 아래 배치되어 있다】

大夫·士去國, 踰竟, 爲壇位, 鄕國而哭. 素衣·素裳·素冠. 徹

緣·鞮屨·素幦. 乘髦馬, 不蚤翦, 不祭食. 不說人以無罪, 婦人不當御. 三月而復服.【舊在'寓祭器於士'之下】

集說 '선위壇位'는 땅을 쓸어 제단의 자리를 만드는 것이다. '향국鄕國'은 본국을 향한다는 뜻이다. '철연徹緣'은 중의中衣[82]에 채색으로 아로새겨진 가선을 없애고 누이지 않은 흰색의 가선을 두른다는 뜻이다. '제구鞮屨'는 (코 장식이 없는) 가죽신이다. 『주례』의 정현 주에 "(제구는) 사방 오랑캐가 춤출 때에 신는 신이다"라고 하였다.[83] '소멱素幦'이라고 할 때 '소'는 흰 개가죽이고, '멱'은 수레덮개이다. 『의례』 「기석례旣夕禮」에서 "주인은 악거惡車[84]를 타고 흰 개가죽으로 덮는다"고 한 것이 이것이다. '모마髦馬'는 말의 갈기를 깎아서 장식을 만들지 않는다는 뜻이다. '조蚤'는 손톱과 발톱을 깎는다는 뜻이다. '전翦'은 머리카락을 깎고 다듬는다는 뜻이다. '제식祭食'은 정찬正餐을 먹을 때 선대에 음식을 만든 사람에게 제사지낸다는 뜻이다. '남에게 죄가 없다고 말하지 않는다'(不說人以無罪)는 것은 자기가 비록 추방되어 떠나지만 자신이 죄가 없음을 남에게 해명하지 않고 잘못을 자기 탓으로 돌린다는 뜻이다. '어御'는 잠자리를 모신다는 뜻이다. 이렇게 하는 것은 모두 부모의 나라를 떠나, 친척을 버리고 분묘를 떠나고 봉록과 지위를 잃는 것은 또한 일가의 변고이기 때문이다. 그러므로 흉례인 상례로 자처하는 것이다. 3개월은 한 계절로서 하늘의 기운이 조금 변하는 기간이다. 그러므로 반드시 3개월이 지난 뒤에 길복吉服을 회복한다. '壇位', 除地而爲位也. '鄕國', 向其本國也. '徹緣', 去中衣之采緣而純素也. '鞮屨', 革屨也. '素幦', '素', 白狗皮也, '幦', 車覆闌也. '髦馬', 不翦剔馬之毛[85]鬣以爲飾也. '蚤', 治手足爪也. '翦剔治鬚髮也. '祭食', 食盛饌則祭先代爲食之人也. '不說人以無罪'者, 己雖遭[86]放逐而出, 不自以無罪解說於人, 過則稱遭也. '御', 侍御寢宿也. 凡此皆爲去父母之邦, 捐親戚, 去

墳墓, 失祿位, 亦一家之變故也. 故以以[87)喪之禮自處. 三月爲一時, 天氣小變, 故必待三月, 而後復其吉服也.

[곡례하 11]

나라를 떠난 지 3세대가 지났는데 작위와 봉록이 조정의 반열에 있다면, 출입할 때 고국의 군주에게 알린다. 만약 형제나 종족이 여전히 고국에 생존해 있다면, (길흉의 일이 있을 때) 고국에 돌아가 종자宗子에게 고한다. 나라를 떠난 지 3세대가 되어 작위와 봉록이 조정의 반열에 없다면, 출입할 때 고국의 군주에게 고하지 않는다. 다만 새로운 나라에서 흥기하여 경대부가 된 때부터 새로운 나라의 법을 따른다.【구본에는 '而審行之' 아래 배치되어 있다】

去國三世, 爵祿有列於朝, 出入有詔於國. 若兄弟 · 宗族猶存, 則反告於宗後. 去國三世, 爵祿無列於朝, 出入無詔於國. 唯興之日, 從新國之法.【舊在'而審行之'之下】

集說 본국을 떠난 지 이미 3세대가 되었지만 옛 군주가 오히려 조정에서 그의 족인에게 벼슬을 주어 조상의 제사를 받들게 한다면, 이 사람은 왕래하여 타국을 출입할 때 여전히 본국의 군주에게 알린다. 그의 종족과 형제가 (고국에) 생존해 있으면 반드시 종자가 있을 것이다. 이에 무릇 관례와 혼례가 있으면 반드시 그 종자에게 고하고, 상을 당하면 반드시 알린다. 친親(혈연)을 잊지 못하기 때문이다. 去本國雖已三世, 而舊君猶仕其族人於朝, 以承祖祀, 此人往來出入他國, 仍詔告於本國之君, 其宗族兄[88)弟猶存, 則必有宗子, 凡冠娶妻必告, 死必赴, 不忘親也.

權近　살피건대, 나라를 떠난 지 삼세대가 지나도록 오래되었는데도 고국의 군주를 잊지 못하고 고국의 예법을 바꾸지 않다가 반드시 흥기하여 경이나 대부가 된 뒤에야 새로운 나라의 법도를 따르는 것은 충후한 마음이 지극한 것이다. 近按, 去國雖已三世之久, 不忘故國之君, 不變故國之禮, 必待興起而爲卿‧大夫, 乃從新國之法, 忠厚之心向其至矣.

權近　이상은 전傳의 제4장이다. 右傳之第四章.

　군주와 신하 사이의 예禮를 말하였다. 言君臣之禮.

전傳 5.

[곡례상 108]

남자와 여자는 따로따로 서열을 정한다.

男女異長.

[곡례상 109]

남자는 나이 이십이 되면 관례를 하고 자字를 지어준다.【구본에는 '不以山川' 아래 배치되어 있다】

男子二十, 冠而字.【舊在'不以山川'之下】

[곡례상 111]

여자는 혼인을 허락하면, 계례笄禮를 하고 자字를 지어준다.【구본에는 '君前臣名' 아래 배치되어 있다】

女子許嫁, 笄而字.【舊在'君前臣名'之下】

[곡례상 94]

남녀 간에 섞어 앉지 않고, 옷을 옷걸이(椸枷)에 함께 걸어두지 않고, 수건과 빗을 함께 사용하지 않으며, 물건을 직접 주고받지 않는다.

男女不雜坐. 不同椸枷, 不同巾櫛, 不親授.

[곡례상 95]

형수와 시동생 사이에는 직접 안부를 묻거나 선물을 주고받지 않는다(不通問). 제모諸母는 치마(裳)를 빨래하는 일은 하지 않는다.

嫂叔不通問, 諸母不漱裳.

[곡례상 96]

집 밖의 이야기는 집 안으로 들여놓지 않고, 집 안의 이야기는 집 밖으로 내놓지 않는다.

外言不入於梱, 內言不出於梱.

[곡례상 97]

여자는 혼인을 하기로 정하면 영영을 착용하고, 중대사가 아닌 한 그녀가 거처하는 곳에 들어가지 못한다.

女子許嫁, 纓, 非有大故, 不入其門.

[곡례상 98]

고모, 자매, 딸 등이 시집갔다가 돌아온 경우, 형제는 자리를 같이 하여 앉지 않고, 그릇을 함께 놓고 식사하지 않는다.【이 구절 아래에 구본에는 '父子不同席' 한 구절이 있다】

姑・姊妹・女子子, 已嫁而反, 兄弟弗與同席而坐, 弗與同器而食.【此下舊有'父子不同席'一句】

[곡례상 100]

남녀 사이에는 매파를 통하지 않으면 서로 이름을 알지 못한다. 폐백을 받지 않으면 왕래하지 않고, 가까이하지도 않는다.

男女非有行媒, 不相知名, 非受幣, 不交不親.

[곡례상 101]

그러므로 매파는 혼례를 행할 달과 날짜를 수령에게 보고하고, 주인은 재계하고 귀신에게 보고하고, 주인은 술과 음식을 장만하여 향당의 동료(僚)와 친구들[89])을 초대한다. 이로써 남녀 사이의 구별을 두텁게 하는 것이다.

故日月以告君, 齊戒以告鬼神, 爲酒食以召鄕黨僚友, 以厚其別也.

[곡례상 102]

처를 맞아들일 때, 동성同姓에서 택하지 않는다.

取妻不取同姓.

[곡례상 103]

그러므로 첩을 살 때 그의 성을 모르면 점을 친다.

故買妾, 不知其姓, 則卜之.

[곡례상 104]

과부의 자식은 두드러진 재주가 있지 않으면, 그와 친구가 되지 않는다.

寡婦之子, 非有見焉, 弗與爲友.

[곡례상 105]

사람을 대신 보내 결혼을 축하할 경우에 "아무개(심부름 시킨 사람의 이름)가 아무개(심부름 온 사람의 이름)를 시켜, 선생께서 손님(客)들을 초대하였다고 듣고, 아무개(심부름 온 사람의 이름)로 하여금 (이 물품을) 드리게 하였습니다"라고 한다.【구본에는 '不出中間' 아래 배치되어 있다】

賀取妻者曰: "某子使某, 聞子有客, 使某羞."【舊在'不出中間'之】

集說 세워놓은 옷걸이를 '휘楎'90)라고 하고, 가로로 걸쳐놓은 옷걸이를 '이桋'라고 한다"고 하였다. '가枷'는 횃대와 같다. 옷을 걸어두는 기구다. 수건은 그것으로 깨끗이 닦고, 빗은 그것으로 머리를 정돈한다. 이 네 가지는

모두 사적인 것에서 설만한 혐의를 멀리하기 위한 것이다. '불통문不通問'은 안부를 묻거나 선물을 주고받음이 없는 것이다. '제모諸母'는 아버지의 첩 가운데 자식을 둔 첩이다. '수漱'는 세탁한다는 의미다. 치마는 천한 옷이다. 치마를 빨게 시키지 않는 것은 또한 아버지를 공경하는 도리다. '곤梱'은 문지방이다. 혼인을 하기로 정하면 영纓91)을 착용하여 소속되어 있음을 보인다. '여자자女子子'에서 '자子'를 두 번 말한 것은 남자와 구별하기 위한 것이다. '매파를 통한다'(行媒)는 것은 매파가 오고 가는 것이다. '이름'(名)은 신랑이 될 남자와 신부가 될 여자의 이름이다. 폐백을 받은 뒤에 가까이하고 교제하는 예의 본분이 확정된다. '달과 날짜'(日月)는 신부를 맞이하는 때로, 매파가 써서 군주에게 보고한다. '구별을 두텁게 한다'(厚其別)는 것은 남자와 여자 사이의 인륜을 신중히 한다는 것이다. '유견有見'은 특이한 재주가 탁월한 것이다. 덕을 좋아하는 실제가 있지 않으면, 호색好色이라는 혐의를 피하기 어렵다. 그러므로 친구를 택하는 것에 신중히 한다. 여씨呂氏(여대림呂大臨)는 말한다. "'축하한다'(賀)는 것은 예물을 보내서 축하하는 것이다. 대를 이어서 선조의 후사가 되는 것은 자식으로서 부득이하게 하는 것이다. 그러므로 음악을 쓰지도 축하하지도 않는다. 그러나 술과 음식을 장만하여 향당의 동료 관원과 친구들을 초대하게 되면, 예물을 보내 인사하는 예를 하지 않을 수 없다. 그러므로 그 인사드리는 말에 '선생께서 손님을 접대한다고 들었기에 아무개를 시켜 예물을 드리게 하였습니다'라고 한다. '혼례'라고 말하지 않고 '손님을 접대한다'고 말하였으니, 예물로 드리는 것이 접대에 필요한 경비를 돕는 것일 뿐 축하하는 것이 아닌 것이다. 기록한 이가 다만 통속상의 명칭을 따라 '축하한다'(賀)고 일컬은 것이다." 植者曰'楎', 橫者曰'椸'." '柶', 與架同. 置衣服之具也. 巾以浣潔, 櫛以理髮. 此四者皆所以遠私藝之嫌. '不通問', 無問遺之往來也. '諸母', 父妾之有子者. '漱', 浣也.

裳賤服. 不使漱裳, 亦敬父之道也. '梱', 門限也. 許嫁則繫以纓, 示有所繫屬也. '女子子' 重言'子'者, 別於男子也. '行媒', 謂媒氏之往來也. '名', 謂男女之名也. 受幣然後親交之 禮分定. '日月', 娶婦之期也, 媒氏書之以告于君. '厚其別'者, 重愼男女之倫也. '有見', 才能卓異也. 若非有好德之實, 則難以避好色之嫌. 故取友者謹之. 呂氏曰: "'賀'者, 以物 遺人而有所慶也. 著代以爲先祖後, 人子之所不得已. 故不用樂且不賀也. 然爲酒食以召 鄕黨僚友, 則遺問不可廢也. 故其辭曰: '聞子有客, 使某羞.' 舍曰'昏禮', 而謂之'有客', 則所以羞者, 佐其供具之費而已, 非賀也. 作記者因俗之名稱'賀'."

전傳 6.

전-6-1[곡례상 49]

어린아이에게는 속이지 말아야 함을 항상 보여준다.

幼子常視毋誑.

[곡례상 50]

동자는 갖옷(裘)92)과 치마(裳)93)를 입지 않고, 서 있을 때는 반드시 방향을 똑바로 하고, 고개를 기울여서 듣지 않는다.

童子不衣裘裳, 立必正方, 不傾聽.

[곡례상 51]

어른이 동자와 손을 잡으면 동자는 양손으로 어른의 손을 받들고, 어른이 등 뒤나 옆에서 머리를 기울여서 말하면, 동자는 입을 가리고 대답한다.

長者與之提攜, 則兩手奉長者之手, 負劍辟咡詔之, 則掩口而對.

[곡례상 52]

선생(先生94)을 따를 때는 길을 넘어가서 다른 사람과 말하지 않는다. 길에서 선생을 만나면 빠른 걸음으로 다가가서 바로 서고 두 손을 모은다. 선생이 자신에게 말씀하면 대답하고 말씀하지 않으면 빠른 걸음으로 물러난다.

從於先生, 不越路而與人言. 遭先生於道, 趨而進, 正立拱手. 先生與之言則對, 不與之言則趨而退.

[곡례상 53]

어른을 따라 언덕을 오를 때는 반드시 어른이 바라보는 쪽에 시선을 둔다.【구본에는 '冠衣不純采' 아래 배치되어 있다】

從長者而上丘陵, 則必鄕長者所視.【舊在'冠衣不純采'之下】

集說 유씨劉氏(유이劉彝)는 말한다. "어른이 더러 동자의 등 뒤에서 머리를 굽혀 동자에게 말하면, 동자는 어른을 등에 진 모양이 된다. 어른이 손으로 겨드랑이 아래에 동자를 껴안으면, 칼을 찬 모양이 된다. 대개 어른이 뒤에서 몸을 굽혀 동자와 말을 하게 되면, 칼을 등에 진 모양이 된다. 정말로 칼을 등에 짊어졌다는 것이 아니다. '벽辟'은 한쪽으로 치우친 것을, '이咡'는 뺨을, '조詔'는 말해주는 것을 뜻한다. '입을 가리고 대답한다'(掩口而對)는 것은 동자가 손으로 입의 기운을 가리고 대답하여 입의 기운이 어른에게 닿지 않게 하는 것이다." 劉氏曰: "長者或從童子背後而俯首與之語, 則童子如負長者然. 長者以手挾童子於脅下, 則如帶劍然. 蓋長者俯與童子語, 有負劍之狀. 非眞負劍也. '辟', 偏也. '咡', 口旁. '詔', 告語也. '掩口而對', 謂童子當以手障口氣而應對, 不敢使氣觸長者也."

전-6-2[곡례하 9]
군자를 모시고 있을 때 주위를 살피지 않고 대답하는 것은 예가 아니다.【구본에는 「곡례하曲禮下」 '負薪之憂' 아래 배치되어 있다】

侍於君子, 不顧望而對, 非禮也.【舊在下篇'負薪之憂'之下】

[곡례상 33]
웃어른에게 일을 상의할 때는 반드시 안석과 지팡이를 들고 (어른

에게) 나아간다. 웃어른이 질문하는데, 사양하지 않고 대답하는 것
은 예가 아니다.【구본에는 '告之以其制' 아래 배치되어 있다】

謀於長者, 必操几杖以從之. 長者問, 不辭讓而對, 非禮也.【舊在
'告之以其制'之下】

[곡례상 54]

남의 집에 가서 머무르고자 할 때, 바라는 것을 고집하여 집요하게
요구하지 말라.

將適舍, 求毋固.

集說 웃어른과 상의할 때 고집하거나 반드시 관철시키려는 태도를 갖지
않는 것을 가리킨다.[95] 謂謀於長者而無固必也.

전6-3[곡례상 55]

당堂으로 올라 갈 때는 반드시 (방안에서 들을 수 있도록) 소리를
내고, 문 밖에 신이 두 켤레 놓여 있을 경우, 방안의 말소리가 밖으
로 들리면 들어가고, 들리지 않으면 들어가지 않는다.

將上堂, 聲必揚. 戶外有二屨, 言聞則入, 言不聞則不入.

[곡례상 56]

문으로 들어갈 때는 시선을 반드시 아래로 둔다. 문으로 들어갈
때 (두 손은) 빗장을 받들 듯이 하고, 시선을 들 때에도 두리번거리
지 않는다. 문이 열려 있으면 열어 놓고 닫혀 있으면 닫는다. 뒤에

들어오는 사람이 있으면 닫더라도 완전히 닫지 않는다.

將入戶, 視必下. 入戶奉扃, 視瞻毋回. 戶開亦開, 戶闔亦闔. 有後入者, 闔而勿遂.

[곡례상 57]

신을 밟지 않고, 남의 자리를 넘어가서 앉지 않고, 옷자락을 살짝 들고 자리의 모서리 쪽으로부터 올라가 앉는다. (앉은 다음에) 대답은 반드시 신중히 한다.【구본에는 '城上不呼' 아래 배치되어 있다】

毋踐屨, 毋踖席, 摳衣趨隅. 必愼唯諾.【舊在'城上不呼'之下】

[곡례상 64]

무릇 어른을 위해 청소를 할 때는 반드시 쓰레받기 위에 비를 올린 상태로 가져간다. 옷소매로 가리고 뒤로 물러나면서 먼지가 어른에게 가지 않게 하고, 쓰레받기를 자기 쪽으로 대고 쓸어 담는다.

凡爲長者糞之禮, 必加帚於箕上. 以袂拘而退, 其塵不及長者, 以箕自鄕而扱之.

[곡례상 65]

자리를 들 때는 높이 그리고 평평하게 든다.

奉席如橋衡.

[곡례상 66]

자리를 펼 때는 어느 쪽을 바라볼 것인지 묻고, 요를 펼 때는 다리를 어디로 뻗을 것인지를 묻는다.

請席何鄕, 請衽何趾.

[곡례상 67]

자리가 남쪽이나 북쪽을 향할 때는 서쪽을 상석으로 삼고, 동쪽이
나 서쪽을 향할 때는 남쪽을 상석으로 삼는다.

席, 南鄉北鄉, 以西方爲上, 東鄉西鄉, 以南方爲上.

[곡례상 68]

식사를 대접하는 손님이 아닌 경우에 자리를 펼 때, 두 자리와 중
간에 비워놓은 간격까지 합해서 한 장丈 정도 되게 한다.【구본에는
'授坐不立' 아래 배치되어 있다】

若非飮食之客, 則布席席間函丈.【舊在'授坐不立'之下】

集說 '분糞'은 쓰레기를 쓸어내는 것이다. 疏疏에서 말한다. "비를 쓰레받
기 위에 놓고 청소할 때는 한 손으로 비를 잡고 또 한 손으로 소매를 들어
비 앞을 막으면서, 쓸면서 옮겨간다. 그러므로 '가리면서 뒤로 물러난다'(拘
而退)고 한 것이다. '급扱'은 거두어들인다는 뜻이다. 쓰레받기를 자신을 향
하게 하여 쓰레기를 거두어 담고 쓰레받기가 어른 쪽을 향하게 하지 않는
다." 앉는 자리를 깔 때는 얼굴을 어느 방향으로 향할지 묻고, 눕는 자리를
깔 때는 다리를 어느 방향으로 할지 묻는다. 음식을 대접하는 손님이 아니
면, 이는 강론하고 문답을 주고받는 손님이다. 자리의 크기가 3척 3촌에다
3분의 1촌을 더한 것이므로 양쪽 자리와 중간의 빈 공간을 합하면 전체가
1장이 된다. '糞, 除穢也. 疏曰: "帚置箕上96), 一手捉帚, 擧一手衣袂, 以拘障於帚前,
且掃且遷. 故云'拘而退'. '扱', 斂取也. 以箕自向斂取糞穢, 不以箕向尊者." 設坐席, 則問
面向何方, 設臥席, 則問足向何方. 非飮食之客, 則是講說之客也. 席之制, 三尺三寸三分
寸之一, 則兩席幷中間空地, 共一丈也.

전-6-4[곡례상 71]

자리에 나아가 앉을 때, 거동에 실수하여 부끄럽게 되는 일이 없도
록 한다. 양손으로 아래 옷 자락을 한 척 정도 지면에서 떨어지게
걷어잡고 앉는다. (앉은 다음에) 옷자락을 너풀거리지 않게 정돈하
고, 다리를 움직이지 않는다.

將卽席, 容毋怍. 兩手摳衣, 去齊尺. 衣毋撥, 足毋蹶.

集說 유씨劉氏(유이劉彝)는 말한다. "자리에 나아갈 때는 살피면서 천천히
하여 거동을 조심하고, 실수하여 부끄럽게 되는 일이 없도록 해야 한다.
이어 양손으로 옷의 양쪽을 들어 아랫자락이 지면에서 1척 정도 떨어지게
해서 앉을 때 거동을 편안케 하면, 발이 걸려 거동에 실수하지 않게 된다.
앉은 뒤에는 상의 앞자락을 가지런히 접어서 너풀거리지 않게 한다. 또한
옛날 사람은 무릎을 대고 오랫동안 앉아 있었기 때문에 무릎이 편치 않아
넘어지고 움직이기 쉬웠다. 앉아서 다리를 발을 움직이면 또한 거동의 실
수가 된다. 그러므로 움직이지 않게 하라고 경계한 것이다." 劉氏曰: "將就席,
須詳緩而謹容儀, 毋使有失而可愧怍也. 仍以兩手摳揭衣之兩旁, 使下齊離地一尺, 而坐以
便起居, 免有蹢躅失容也. 坐後更須整疊前面衣衽, 毋使撥開. 又古人97)膝坐久, 則膝不
安而易以蹶動. 坐而足動, 亦爲失容. 故戒以毋動也."

權近 살피건대, '거자척去齊尺'은 양손으로 옷의 아래 자락을 들어 그 사
이가 1척 정도 되게 하고 몸을 구부리지 않고 드는 것이다. 거동에 실수할
까 그리고 옷의 앞섶을 꽂는 것으로 의심할까 염려해서다. 近按, '去齊尺',
謂使兩手去衣之下齊其間一尺, 不俯而揭之. 恐其失容且嫌扱衽也.

선생의 서책이나 금슬琴瑟(악기)이 앞에 놓여 있으면, 꿇어앉아서 옮겨놓으며, 넘어가지 않도록 주의한다.

先生書策·琴瑟在前, 坐而遷之, 戒勿越.

[곡례상 73]

일 없이 자리에 앉을 때에는 자리의 뒤쪽에 바싹 닿게 앉고, 식사 하는 자리에 앉을 때에는 자리의 앞쪽에 바싹 닿게 앉는다. 앉아서 는 편안하고 자연스러운 태도를 유지한다. 어른의 말씀이 다른 사 안으로 넘어가지 않았는데, 중간에 느닷없이 다른 사안을 들어 말 해서는 안 된다.

虛坐盡後, 食坐盡前. 坐必安, 執爾顔. 長者不及, 毋儳言.

集說　옛날에는 지면에 자리를 깔고 조두組豆는 그 앞에 놓았다. '뒤쪽에 바싹 닿게 앉는다'(盡後)는 것은 겸손한 것이다. '앞쪽에 바싹 닿게 앉는다' (盡前)는 것은 (음식물을 떨어뜨리면) 자리를 더럽히기 때문이다. '참儳'은 느닷없이라는 뜻이요, 또한 들쭉날쭉 가지런하지 않은 모양을 뜻한다. 어른이 어떤 사안에 대하여 말씀을 다 마치지 않아 아직 다른 사안으로 옮겨 말하지 않았을 때, 젊은 사람이 다른 사안을 꺼내 말해서 느닷없이 어른의 말에 끼어들어서는 안 된다. 古者, 席地而組豆在其前. '盡後', 謙也. '盡前', 恐汙 席也. '儳', 暫也, 亦參錯不齊之貌. 長者言事未竟, 未及其他, 少者不可擧他事爲言, 暫然 錯雜長者之說.

용모를 바로 하고, 들을 때 반드시 공경스러운 태도를 취하고, 남
의 견해를 자신의 설인 것처럼 훔쳐서 말하지(剿說) 말고, 남의 주장
에 부화뇌동하지 말고, 반드시 말을 해야 할 때는 고대古代를 모델
로 삼고 선왕을 들어 말한다.

正爾容, 聽必恭, 毋剿說, 毋雷同, 必則古昔, 稱先王.

集說　남의 주장을 차지해서 자기의 주장으로 삼는 것을 '초설剿說'이라고
한다. 남의 말을 듣고 거기에 덩달아 화답하는 것을 '뇌동雷同'이라고 한다.

攘取他人之說以爲己說, 謂之'剿說'. 聞人之言而附和之, 謂之'雷同'也98).

선생을 모시고 앉아 있을 때 선생이 질문하면, 끝까지 들은 다음에
대답한다.

侍坐於先生, 先生問焉, 終則對.

[곡례상 76]

수업을 요청할 때 일어나서 하고, 더 가르쳐주시기를 요청할 때도
일어나서 한다.

請業則起, 請益則起.

集說　'수업을 요청한다'(請業)는 것은 익혀야 할 일을 요청하는 것이요, '더
가르쳐주기를 요청한다'(請益)는 것은 미진하게 남은 것을 재차 질문하는

것이다. '일어난다'(起)는 것은 공경함을 보이는 것이다. '請業'者, 求當習之事,
'請益'者, 再問未盡之蘊. '起', 所以致敬也.

아버지가 부를 때 '낙諾'(알겠습니다) 하는 일이 없고, 선생이 부를 때
도 '낙諾' 하는 일 없이, '유唯'(예) 하고 곧장 일어난다.

父召無諾, 先生召無諾, '唯'而起.

集說 부모는 은혜의 측면에서 스승은 도道의 측면에서 맺어졌기 때문에
존경하는 바가 같다. ○ 여씨呂氏(여대림呂大臨)는 말한다. "'낙諾'은 응낙하고
아직 행동으로 옮기지 않은 것이다." 父以恩, 師以道, 故所敬同 ○ 呂氏曰: "'諾'
者, 許而未行也."

지위가 높거나 공경하는 사람을 모시고 앉을 때, 자리와 자리 사이
에 남은 공간이 없게 가까이 앉고, 자신과 같은 신분의 사람이 뒤
에 합석하더라도 일어나지 않는다.

侍坐於所尊敬, 無餘席, 見同等不起.

[곡례상 79]

횃불이 들어오면 일어나고, 음식이 들어와도 일어나고, 모시고 있
는 분보다 신분이 높은 손님이 들어와도 일어난다.

燭至起, 食至起, 上客起.

集說 신분이 높은 손님이 들어오면 일어나는 것은 신분이 같지 않기 때문이다. 上客至而起, 以其非同等也.

햇불은 (태우고 남은) 밑동이 보이지 않게 한다.

燭不見跋.

集說 '발跋'은 밑동이다. 옛날에는 밀랍 초가 없었기 때문에 햇불로 밤에 밝혔다. 햇불이 다 타 들어가면, 태운 밑동들을 안 보이게 치워 두는데, 손님이 태운 밑동을 보고 밤이 깊었으므로 물러가고자 할까 염려해서다. '跋, 本也. 古者未有蠟燭, 以火炬照夜, 將盡則藏其所餘之殘本, 恐客見之, 以夜久欲辭退也.

자신보다 신분이 높은 손님 앞에서 개를 꾸짖지 않는다.

尊客之前不叱狗.

[곡례상 82]

음식을 사양할 때, 침을 뱉으면서 하지 않는다.

讓食不唾.

[곡례상 83]

군자를 모시고 앉아 있을 때, 군자가 하품하고 기지개를 펴거나 지팡이와 신을 만지고 시간을 보면, 모시고 앉은 사람은 물러가겠다고 말씀드린다.

侍坐於君子, 君子欠伸, 撰杖屨, 視日蚤莫, 侍坐者請出矣.

集說 기운이 모자라면 하품을 한다. 몸이 피곤하면 기지개를 켠다. '찬撰'은 만진다는 뜻과 같다. 이 네 가지는 모두 피곤한 모습이다. 군자가 쉬려는 것을 방해할까 염려스럽기 때문에 물러가기를 청하는 것이다. 氣乏則欠, 體疲則伸. '撰', 猶持也. 此四者皆厭倦之容, 恐妨君子就安, 故請退也99).

전-6-12[곡례상 84]

군자를 모시고 앉아 있을 때, 군자가 화제를 바꾸어 질문하면 일어나서 대답한다.

侍坐於君子, 君子問更端, 則起而對.

[곡례상 85]

군자를 모시고 앉아 있을 때, 만일 보고하는 이가 "잠시 아뢰고 싶습니다"라고 하면, 좌우에 있는 사람들은 물러나서 기다린다.【'將卽席'에서 여기까지 구본에는 '客不先擧' 아래 배치되어 있다】

侍坐於君子, 若有告者曰"少間, 願有復也", 則左右屛而待.【自'將卽席'至此, 舊在'客不先擧'之下】

집설 정씨鄭氏(정현)는 말한다. "'복復'은 아뢴다는 뜻이다. 잠시 자리를 비워 말씀드리고자 함을 말한다. '병屛'은 물러난다는 뜻이다." (여씨呂氏는 말한다.[100]) "물러나서 기다리는 것은 사적인 것에 함부로 간여하지 않는 것이다." 鄭氏曰: "'復', 白也. 言欲須小空閑[101], 有所白也. '屛'[102]退也." "屛而待, 不敢干其私也."

전-6-13[곡례상 90]

당堂에서 어른을 모시고 앉을 때, 신을 신고 당에 오르지 못하며, 신을 벗을 때도 계단에서 하지 못한다.

侍坐於長者, 履不上於堂, 解履不敢當階.

[곡례상 91]

신을 신을 때, 무릎을 꿇고 신을 들어 옆으로 물러난다.

就履, 跪而擧之, 屛於側.

[곡례상 92]

어른을 향해서 신을 신을 때, 무릎을 꿇고 신을 옮겨놓고, 몸을 구부려서 신을 신는다.

鄕長者而履, 跪而遷履, 俯而納履.

[곡례상 93]

둘이 나란히 앉거나 나란히 서 있을 때, 가서 끼어들지 않는다. 둘이 나란히 서 있을 때 그 사이로 나가지 않는다.【구본에는 '暑毋褰裳' 아래 배치되어 있다】

離坐離立, 毋往參焉. 離立者不出中間.【舊在'暑毋褰裳'之下】

集說 　소疏에서 말한다. "이것은 젊은 사람이 예禮를 마치고 물러날 때 어른의 전송을 받는 경우라면 계단의 옆에서 무릎을 꿇고 신을 들어 조금 옮겨놓은 다음 어른을 향하면서 신을 신음을 밝힌 것이다. '천遷'은 옮긴다는 뜻이다. 계단 옆으로 가서 무릎을 꿇고 신을 들어 앞쪽으로 가까이 옮겨놓는 것이다. '몸을 구부려서 신는다'(俯而納)는 것은 곧 신을 옮겨놓은 다음 몸을 굽혀 어른을 향하고 발을 신에 넣어 신는다는 것이다. 이때 무릎을 꿇지 않는 것은 무릎을 꿇게 되면 발이 뒤쪽으로 향하여 불편하기 때문이다. 그러므로 몸을 구부리는 것이다. 비록 양쪽 발을 모두 무릎을 꿇지 않더라도 또한 왼쪽에 앉았을 때는 오른쪽을 먼저 신고, 오른쪽에 앉았을 때는 왼쪽을 먼저 신는다." 疏曰: "此明少者禮畢退去, 爲長者所送, 則於階側跪取履稍移之, 面向長者而著之. '遷', 徙也. 就階側跪取稍移近前也. '俯而納'者, 旣取, 因俯身向長者, 而納足著之. 不跪者, 跪則足向後不便. 故俯也. 雖不並跪, 亦坐左納右, 坐右納左."

전-6-14[곡례상 117]

어른을 모시고 식사를 할 때, 주인103)이 직접 음식을 내오면 배례拜禮를 하고 식사한다. 주인이 직접 내오지 않으면 배례를 하지 않고 식사한다.【구본에는 '客不虛口' 아래 배치되어 있다】

侍食於長者, 主人親饋, 則拜而食. 主人不親饋, 則不拜而食.【舊在'客不虛口'之下】

[곡례상 125]

어른을 모시고 술을 마실 때, 술이 나오면 일어나고, 술동이가 있는 곳에서 배례를 하고 술을 받는다. 어른이 마시라고 말하면 젊은이는 자리로 돌아가서 마신다. 어른이 술잔을 들고 다 마시지 않은 상태에서 젊은이가 감히 마시지 않는다.

侍飮於長者, 酒進則起, 拜受於尊所. 長者辭, 少者反席而飮. 長者擧未釂, 少者不敢飮.

[곡례상 126]

어른이 하사하면, 젊은 사람이나 신분이 낮은 사람은 감히 사양하지 않고 받는다.【구본에는 '主人興辭然後客坐' 아래 배치되어 있다】

長者賜, 少者賤者不敢辭.【舊在'主人興辭然後客坐'之下】

集說 '준소尊所'는 술동이를 놓은 곳이다. 마실 때 잔의 술을 다 마시는 것을 '조釂'라고 한다. '尊所', 置尊之所也. 飮盡爵曰'釂'.

전-6-15[곡례상 130]

어른을 모시고 한 상에서 함께 식사할 때, 반찬을 이중으로 놓았더라도 사례하지 않고, (다른 손님과) 함께 배석한 경우에도 (음식에 대하여) 사례하지 않는다.【구본에는 '夫不祭妻' 아래 배치되어 있다】

御同於長者, 雖貳不辭, 偶坐不辭.【舊在'夫不祭妻'之下】

[곡례상 39]

나이가 자신보다 배[104]나 많으면, 아버지로 섬긴다. 10년이 더 많으면, 형으로 섬긴다. 5년이 더 많으면 (나란히 걸을 때) 어깨 폭만큼 뒤에서 따른다.

年長以倍, 則父事之 十年以長, 則兄事之 五年以長, 則肩隨之

[곡례상 40]

다섯 사람이 함께 자리할 때, 연장자는 반드시 자리를 따로 한다.

【구본에는 '恒言不稱老' 아래 배치되어 있다】

群居五人, 則長者必異席.【舊在'恒言不稱老'之下】

集說 '어御'는 모신다는 의미다. '이貳'는 음식을 더 놓는 것이다. 사례하지 않는 이유는 자신만을 위해서 마련된 것이 아니기 때문에 사례하지 않는다. 옛날에 가로로 놓인 자리(橫席)를 바닥에 깔면 네 사람까지 앉는데, 연장자는 자리의 가장 앞쪽에 앉았다. 만일 다섯 사람이 모이면, 연장자 한 사람에 대해서는 자리를 별도로 설치한다. '御, 侍也. '貳', 益物也. 不辭[105], 不專爲己設, 故不辭也. 古者, 地敷橫席而容四人, 長者居席端. 若五人會, 則長者一人異席也.

이상은 전傳의 제6장이다.

右傳之第六章.

장유長幼 사이의 예禮를 말하였다. 言長幼之禮.

[곡례상 59]

무릇 빈객과 함께 문에 들어갈 때, 문마다 주인은 빈객에게 (먼저 들어가라고) 양보한다. 빈객이 침문寢門106)에 이르면, 주인은 들어가 자리를 깔겠다고 청하고, (자리를 마련한 뒤에) 나와서 빈객을 맞는다. 빈객이 두 번 사양하면(固辭), 주인은 빈객에게 숙배肅拜를 하고 앞서서 들어간다.

凡與客入者, 每門讓於客. 客至於寢門, 則主人請入爲席, 然後出迎客. 客固辭, 主人肅客而入.

[곡례상 60]

주인은 문으로 들어갈 때 오른쪽으로 나아가고, 빈객은 문으로 들어갈 때 왼쪽으로 나아간다. 주인은 동쪽 계단으로 나아가고, 빈객은 서쪽 계단으로 나아간다. 빈객이 주인보다 지위가 낮을 경우 빈객은 주인의 계단 쪽으로 나아가고, 주인이 두 번 사양한(固辭) 뒤에 다시 서쪽 계단으로 나아간다.

主人入門而右, 客入門而左. 主人就東階, 客就西階. 客若降等, 則就主人之階, 主人固辭, 然後客復就西階.

[곡례상 61]

주인이 빈객에게 계단을 먼저 오르라고 일단 양보하고, 주인이 먼저 오르면 빈객이 뒤따른다. 한 계단을 오를 때마다 발을 모으며, 멈추지 않고 연이어 오른다. 동쪽 계단으로 오를 때는 오른쪽 발을 먼저 하고, 서쪽 계단으로 오를 때는 왼쪽 발을 먼저 한다.

主人與客讓登, 主人先登, 客從之. 拾級聚足, 連步以上. 上於東階, 則先右足, 上於西階, 則先左足.

[곡례상 62]

휘장과 주렴 밖에서 빠른 걸음으로 걷지(趨107)) 않고, 당堂 위에서 빠른 걸음으로 걷지 않고, 옥玉을 잡고 있을 때도 빠른 걸음으로 걷지 않는다. 당 위에서는 발자국이 서로 반쯤 겹치게 걷고(接武), 당 아래에서는 발자국이 서로 잇닿게 걷고(布武), 방안에서는 두 손을 맞잡은 팔을 벌리고 걷지 않는다.

帷薄之外不趨, 堂上不趨, 執玉不趨. 堂上接武, 堂下布武, 室中不翔.

[곡례상 63]

나란히 앉을 때는 팔뚝을 가로로 뻗지 않는다. 서 있는 사람에게 (물건을) 줄 때는 꿇어앉아서 주지 않고, 앉아 있는 사람에게 줄 때는 서서 주지 않는다.【구본에는 '不踐閾' 아래 배치되어 있다】

並坐不橫肱. 授立不跪, 授坐不立.【舊在'不踐閾'之下】

集說 '숙객肅客'은 손을 굽혀 읍을 하는 것으로 이른바 숙배肅拜108)라 하는 것이다. '습급拾級'은 계단의 칸을 오르는 것이다. '취족聚足'은 뒷발이 앞발과 서로 합하는 것이다. '연보連步'는 걸음이 서로 이어지는 것이다. 소疏에서 말한다. "'유帷'는 휘장이다. '박薄'은 주렴이다. '접무接武'는 발이 서로 이어지는 것이다." ○ 주씨朱氏는 말한다. "휘장과 주렴 밖에서 사람이 없으면, 구태여 빠른 걸음으로 걸어서 공경함을 보일 필요가 없다. 당堂 위는

공간이 좁고, 방 안은 더욱 좁다. 그러므로 빨리 걷지 않고 팔을 벌리고 걷지 않는 것이다." '肅客'者, 俯手以揖之, 所謂肅拜也. '拾級', 涉階之級也. '聚足', 後足與前足相合也. '連步', 步相繼也. 疏曰: "帷, 幔也. '薄', 簾也. '接武', 足迹相接也." ○ 朱氏曰: "帷薄之外, 無人, 不必趨以示敬. 堂上地迫, 室中地尤迫. 故不趨不翔也."

[權近] 살피건대, '휘장과 주렴 밖에서'부터 여기까지는 계단을 오른 뒤 방에 들어갈 때 빨리 또는 보통 걸음으로 걷는 것과 앉고 서는 예절을 말한 것이다. 이어서 빨리 걷지 않는 일을 말하면서 아울러 옥玉을 잡고 있을 때의 예까지 언급한 것이다. 近按, 自'帷薄之外'至此, 言其上階之後, 入室之時, 趨步坐立之節. 因言不趨之事, 而幷及執玉之禮也.

전-7-2[곡례상 69]

주인이 꿇어앉아서 손님의 자리를 반듯하게 하면, 손님은 꿇어 앉아 자리를 만지면서 사양한다. 손님이 겹으로 놓은 자리를 치우면 주인은 두 번 사양하고, 손님이 발을 자리에 올려놓고 앉으려 하면 그때서야 앉는다.

主人跪正席, 客跪撫席而辭. 客徹重席, 主人固辭, 客踐席, 乃坐.

[곡례상 70]

주인이 묻지 않으면, 손님은 먼저 말을 꺼내지 않는다.[구본에는 '席間函丈' 아래 배치되어 있다]

主人不問, 客不先擧.[舊在'席間函丈'之下]

[集說] '만진다'(撫)는 것은 손으로 만지면서 말리는 것이다. 손님은 겹으로

놓은 자리에 감히 앉지 못하기 때문에 제거하려고 하는 것이요, 주인이 두 번 사양하면 그만둔다. 손님이 자리에 발을 올려놓고 앉으려 할 때 주인도 앉는다. '撫', 以手按止之也. 客不敢居重席, 故欲徹之, 主人固辭.[109] 客踐席將坐, 主人乃坐也.

權近 살피건대, 앞에서 '자리를 깐다'고 한 것은 스승과 제자 사이의 자리를 말하는 것이고, 여기서 이른바 '자리를 반듯하게 한다'는 것은 손님과 주인 사이의 자리를 말한다. 近按, 前所謂"布席"者, 言師生之席, 此所謂"正席"者, 言賓客之席也.

전-7-3[**곡례상 112**]

무릇 음식을 차리는 예는 효敲(뼈를 발라내지 않은 고기)를 왼쪽에, 자胾(저민 살코기)를 오른쪽에 놓는다. 밥은 먹는 사람의 왼쪽에, 국은 오른쪽에 놓는다. 회膾(저민 생선살)와 자炙(구워 익힌 고기)는 (효와 자의) 바깥쪽에, 혜醢와 장醬은 안쪽에 놓는다. 총예葱渫(찐 파)는 끝에, 술과 신 음료수(漿)는 (국의) 오른쪽에 놓는다. (회자 대신에) 포수脯脩를 놓을 경우에는 구胸(고기의 가운데를 구부려놓는 것)를 왼쪽에, 말末(추가해서 진설하는 음식)을 오른쪽에 놓는다.

凡進食之禮, 左殽右胾. 食居人之左, 羹居人之右. 膾·炙處外, 醢·醬處內. 葱渫處末, 酒漿處右. 以脯脩置者, 左胸右末.

[**곡례상 113**]

손님이 주인보다 신분이 낮으면, 밥(食)을 들고 일어나 사양한다.

그러면 주인도 일어나 손님에게 사양한다. 그런 뒤에 손님이 자리에 앉는다.

客若降等, 執食興辭. 主人興, 辭於客. 然後客坐.

[곡례상 114]

주인이 먼저 고수레(祭)하여 손님이 고수레할 수 있도록 유도한다(延). 음식을 고수레할 때 먼저 내온 음식을 먼저 하고 뒤에 내온 음식은 뒤에 하는데, 내오는 음식의 순서에 따라 모두 고수레한다.

主人延客祭, 祭食. 祭所先進, 殽之序, 徧祭之.

[곡례상 115]

손님이 세 번 밥을 떠먹으면(三飯), 주인이 손님에게 자쳤(저민 고기)를 먹도록 권유한다. 손님은 자쳤를 먹은 뒤에 효殽(뼈를 발라내지 않은 고기)를 두루 먹는다.

三飯, 主人延客食胾. 然後辯110)殽.

[곡례상 116]

주인이 아직 다 먹지 않았을 때, 손님은 입가심(虛口)을 하지 않는다.【구본에는 '許嫁笄而字' 아래 배치되어 있다】

主人未辯, 客不虛口.【舊在許嫁笄而字'之下】

集說 속에 뼈가 있는 것을 '효殽'라고 하고, 살코기만 저며 놓은 것을 '자胾'라고 한다. 뼈는 단단하기 때문에 왼쪽에 놓고, 고기는 부드럽기 때문에 오른쪽에 놓는다. 밥을 왼쪽에 국을 오른쪽에 놓는 것은 마른 음식과 젖은 음식을 구분하는 것이다. 회膾와 자炙는 특별한 반찬이기 때문에, 효殽와 자胾의 바깥쪽에 놓는다. 혜醯와 장醬은 음식의 중심 반찬이기 때문에 효와

자의 안쪽에 놓는다. '총예葱渫'는 찐 파이다. 역시 김치 종류로서 두豆에
담아 추가해서 진설하는 음식이기 때문에 끝에 놓는다. '술과 신 음료수'
(酒·漿)는 술이거나 또는 신 음료수인 경우로서 국의 오른쪽에 놓는다. 만
일 둘 다 진설할 경우에는 술을 왼쪽에 음료수를 오른쪽에 놓는다. ○ 소疏
에서 말한다. "포脯는 시작을 뜻하며, 처음 시작하자 곧 완성되는 것을 말
한다. 수脩도 포의 일종인데, 수脩는 가공하는 것을 의미하며, 가공하고 나
서 완성되는 것을 말한다. 얇게 쪼갠 것을 '포脯'라고 하고, 두들겨서 생강
과 계피 등을 넣은 것을 '단수腶脩'라고 한다. '구朐'는 가운데가 굽은 것을
가리킨다. 구를 왼쪽으로 한다는 것은 굽은 부분이 왼쪽에 가게 한다는 것
이다. 포脯와 수脩는 술의 왼쪽에 놓는데, 마른 것을 양陽으로 삼기 때문이
다." ○ 여씨呂氏는 말한다. "끝이 오른쪽에 가게 놓는 것은 먹기 편하게
함이다. 포脯와 수脩를 먹을 때는 끝부분부터 먼저 먹는다." 옛사람들은 근
본을 잊지 않았다. 식사할 때마다 반드시 음식마다 조금씩 떠서 두豆 사이
에 놓고 선대에 음식을 처음 만든 조상에게 보답하였다. 이를 '고수레'(祭)
라고 한다. '연延'은 유도한다는 뜻이다. 고수레하는 예는 주인이 먼저 내온
음식을 먼저 하고, 나중에 내온 음식은 뒤에 하면서, 각각 효敎(반찬)의 순
서에 따라 고수레를 두루 한다. "삼반三飯은 세 번 밥을 떠먹는 것을 가리
킨다. 예식禮食에서 세 번 밥을 떠먹으면 배부르다고 말하고, 주인이 권한
다음에 다시 먹는다. 세 번 떠먹고 나면, 주인은 손님에게 자胾(저민 고기)를
먹도록 권유한다. 세 번 밥을 떠먹은 뒤에야 자胾를 먹는 것은 자胾가 특별
히 추가로 진설된 음식이기 때문이다. 따라서 세 번 밥을 떠먹기 전에는
자를 먹지 않는다. 자를 먹은 뒤에는 효敎를 두루 먹을 수 있다. '허구虛口'
는 식사를 마치고 술을 마셔 입을 씻어냄으로써 깨끗이 하고 식사를 편안
케 하는 것이다. 입가심할 때 음료수를 사용하는 것을 '수漱'라고 하는데

깨끗하게 하는 것에 주된 뜻이 있다. 술을 사용하는 것을 '윤작'이라 하는데, '윤'은 윤택하다는 뜻으로, 기운을 윤택케 하여 기르는 것이다. 內帶骨曰'骰', 純肉切曰'胾'. 骨剛故左, 肉柔故右. 飯左羹右, 分燥濕也. 膾・炙異饌, 故在骰・胾之外. 醢・醬食之主, 故在骰・胾之內. '葱渫', 烝葱. 亦菹類加豆也, 故處末. '酒・漿', 或酒或漿也, 處羹之右. 若兼設則左酒右漿. ○ 疏曰: "脯訓始, 始作卽成也. 脩亦脯, 脩訓治, 治之乃成. 薄析曰'脯', 捶而施薑桂曰'殿脩'. '朐', 謂中屈也. 左朐, 朐置左也. 脯脩處酒左, 以燥爲陽也." ○ 呂氏曰: "其末在右, 便於食也. 食脯脩者先末也[111])." 古人不忘本. 每食, 必每品出少許, 置於豆間之地, 以報先代始爲飮食之人. 謂之'祭'. '延', 導之也. 祭食之禮, 主人所先進者, 則先祭之, 後進者後祭, 各以骰之次序而祭之徧也. 三飯謂三食也. 禮食三飧而告飽, 須勸乃更食. 三飯竟而主人乃導客食胾也. 至三飯後[112])乃食胾者, 以胾爲加. 故三飧前未食. 食胾之後, 乃可徧食骰也. '虛口', 謂食竟而飮酒蕩口, 使淸潔及安食也. 用漿曰'漱', 以潔淸爲義. 用酒曰'酳', 酳訓演, 演養其氣也.

전-7-4[**곡례상 118**]

국과 밥을 각각 한 그릇에 담아놓고 같이 먹을 때(共食) 배불리 먹지 않으며, 밥을 한 그릇에 담아 함께 먹을 때(共飯) 손을 문지르지 않는다.(不澤手)

共食不飽, 共飯不澤手.

[**곡례상 119**]

(많이 먹기 위하여) 밥을 뭉쳐서 먹지 말며, 손에 남은 밥을 먹던 그릇에 다시 놓지 말며, 한꺼번에 길게 마시지 말아야 한다.

毋摶飯, 毋放飯, 毋流歠.

[곡례상 120]

(성난 듯이) 쩝쩝 소리 내어 먹지 말고, 뼈를 우둑우둑 씹어 먹지 말고, 먹다 남은 생선과 고기를 담았던 그릇에 도로 갖다 놓지 말고, 개에게 뼈다귀를 던져 주지 말며, 어떤 음식에 대하여 꼭 차지하려고 하지 말아야 한다.

毋咤食, 毋齧骨, 毋反魚肉, 毋投與狗骨, 毋固獲.

[곡례상 121]

손으로 밥의 열기를 식히지 말며, 기장밥을 젓가락으로 먹지 말아야 한다.

毋揚飯, 飯黍毋以箸.

[곡례상 122]

국을 훅 들이마시지 말고, 국에 간을 맞추지 말고, 이빨을 쑤시지 말며, 젓갈을 마시지 말아야 한다. 손님이 국에 간을 맞추면, 주인은 요리를 잘 못해서 간이 맞지 않다고 말하여 사과하고, 손님이 젓갈을 마시면, 주인은 궁벽해서 맛을 내지 못하였다고 말하여 사과한다.

毋嚃羹, 毋絮羹, 毋刺齒, 毋歠醢. 客絮羹, 主人辭不能亨, 客歠醢, 主人辭以窶.

[곡례상 123]

수육 종류는 치아로 뜯고, 포 종류는 치아로 뜯지 않고 (손을 사용한다). 구워놓은 산적(炙)을 한 입에 다 먹지 않는다.【구본에는 '不拜而食' 아래 배치되어 있다】

集說 여씨呂氏(여대림呂大臨)는 말한다. "'음식을 함께 먹는다'(共食)는 것은 함께 먹는 음식이 한 종류가 아닌 것이다. '밥을 함께 먹는다'(共飯)는 것은 밥에 국한한 것이다. 함께 먹으면서 배불리 먹으려는 것은 겸양하는 도리가 아니다. '손을 씻지 않는다'(不澤手)는 것은 옛날에는 밥을 먹을 때 손으로 다른 사람과 함께 밥을 먹었는데, 손을 비벼서 오물이 생기면 다른 사람이 싫어하면서도 말하기가 곤란하기 때문이다." '뭉치지 않는다'(毋摶)는 것은 만일 밥을 집는데 뭉쳐서 쥐면 많이 차지하기에 용이하다. 이것은 다투어 배불리 먹고자 하는 것이다. ○ 주씨朱氏(주자朱子)는 말한다. "'방放'은 먹으면서 제멋대로 하여 절도가 없는 것을 가리킨다. '류流'는 마시는 것이 물 흐르듯 하여 그칠 줄 모르는 것을 가리킨다." '타식咤食'은 음식을 먹을 때 쩝쩝 소리를 내는 것이다. 소疏에서는 '혀로 입안에서 소리를 내는 것'이라고 하였다. '소리를 내지 않는다'(毋咤)는 것은 기분이 화가 나 있는 것처럼 보일까 염려되기 때문이다. '씹어 먹지 않는다'(毋齧)는 것은 그 소리가 들릴 혐의가 있기 때문이다. '생선과 고기를 도로 갖다놓지 않는다'(無反魚肉)는 것은 먹다 남은 것을 그릇에 도로 놓지 않는 것이다. 정현鄭玄은 "이미 입을 댄 것은 다른 사람이 더럽게 여기기 때문이다"라고 한다. '개에게 뼈다귀를 던져 주지 않는다'(毋投與狗骨)는 것은 함부로 주인의 음식물을 천시하지 않는 것이다. 구함을 굳세게 함을 '고固'라 하고, 획득하기가 어려운 것을 '획獲'이라고 한다. '고획固獲'은 기필코 차지하려고 하는 것이다. '양揚'은 손으로 열기를 분산시키는 것을 가리킨다. 빨리 먹고자 하는 혐의를 산다. 국에 채소가 들어 있으면 젓가락을 사용해야 하고, 입으로 혹 들이마셔 먹어서는 안 된다. '처絮'는 그릇에 간을 맞추는 것이다. "입의 모습은 정숙

히 다물고 있어", 물건으로 이빨을 쑤셔서는 안 된다. 젓갈은 의당 짠 것이다. 젓갈을 마신다는 것은 그 맛이 싱겁기 때문이다. 손님 중에 국에 간을 맞추는 이가 있으면, 주인은 요리를 잘 못해서 간이 맞지 않다고 손님에게 말하여 사과한다. 손님 중에 젓갈을 마시는 사람이 있으면, 주인은 가난해서 맛을 내지 못하였다고 말하여 사과한다. 한 번에 다 먹는 것을 '최嚌'라고 하는데, 이것은 욕심내서 먹는 것이다. 呂氏曰: "共食'者, 所食非一品. '共飯'者, 止飯而已. 共食而求飽, 非讓道也. '不澤手'者, 古之飯者, 以手與人共飯, 摩手而有汗澤, 人將惡之而難言." '無摶'者,113) 若取飯作摶, 則易得多, 是欲爭飽也. ○ 朱氏曰: "'放', 謂食之放肆而無所節也. '流', 謂飮之流行而不知止也." '咤食', 謂當食而叱咤. 疏謂以舌口中作聲. '毋咤'恐似於氣之怒也. '毋齧'嫌其聲之聞也. '毋反魚肉', 不以所餘反於器. 已歷口,114) 人所穢也. '毋投與狗骨', 不敢賤主人之物也. 求之堅曰'固', 得之難曰'獲'. '固獲', 謂必欲取之也. '揚', 謂以手散其熱氣. 嫌於欲食之急也. 羹之有菜, 宜用梜, 不宜以口嚃取食之也. 絮就器中調和也. "口容止", 不宜以物刺於齒也. 醢宜鹹. 歠之, 以其味淡也. 客或有絮羹者, 則主人以不能烹飪爲辭. 客或有歠醢者, 則主人以貧寠乏味爲辭. 一擧而併食之曰'嚌',115) 是貪食也."

전-7-5[곡례상 131]

채소가 있는 국은 젓가락을 사용하고, 채소가 없는 국은 젓가락을 사용하지 않는다.【구본에는 '偶坐不辭' 아래 배치되어 있다】
羹之有菜者用梜, 其無菜者不用梜【舊在'偶坐不辭'之下】

集說 '겹梜'은 젓가락이다. 채소가 없는 국은 국물만 있는 것으로 곧바로 마셔도 된다. '梜', 箸也. 無菜者汁而已, 直歠之可也.

식사를 마치면, 손님은 자리 앞쪽으로부터 무릎을 꿇고 앉아 밥
그릇과 장종지(齊)를 거두어 주인 측의 돕는 사람(相者)에게 준다.
주인은 일어나 손님에게 그러지 말라고 사양하고, 그때야 손님이
앉는다.【구본에는 '毋嚃炙' 아래 배치되어 있다】

卒食, 客自前跪, 徹飯·齊, 以授相者. 主人興, 辭於客, 然後客
坐.【舊在'毋嚃炙'之下】

集說 '자自는 부터라는 의미다. '저齊'는 장醬 종류이다. 밥과 장은 모두
주인이 직접 차려놓는 것들이다. 그러므로 손님이 직접 거두려고 하는 것
이다. '自', 從也. '齊', 醬屬也. 飯·齊皆主人所親設. 故客欲親徹也[116].

대부와 사가 서로 상견례를 행할 때, 비록 귀천에 차등이 있더라도
주인이 손님에게 공경하면 먼저 손님에게 배례를 하고, 손님이 주
인에게 공경하면 먼저 주인에게 배례를 한다.

大夫·士相見, 雖貴賤不敵, 主人敬客則先拜客, 客敬主人則先
拜主人.

[곡례하 28]

조문하는 경우나 제후를 알현하는 경우가 아니라면, 답배하지 않
음이 없다.【구본에는 「곡례하曲禮下」 '不敢答拜' 아래 배치되어 있다】

凡非弔喪, 非見國君, 無不答拜者.【舊在下篇'不敢答拜'之下】

權近 살피건대, 앞에서는 모두 신분이 동등한 사이에 서로 손님과 주인이 되는 예를 가지고 말하였는데, 이 한 절은 신분이 다른 사이에 손님과 주인이 되는 예를 가지고 말하였다. 구설舊說117)에서는 이 구절이 다른 나라에 사신으로 갔을 때 예절이며, 국내에서는 그렇게 하지 않는다고 여겼다. 그렇게 설명한 것은 아마도 구본舊本에서 경문이 위로 대부와 사가 다른 나라에 사신으로 가는 예절을 기록한 부분과 이어져 배치되었기 때문일 것이다. 그러나 손님과 주인이 공경하면 먼저 절한다는 것이 어찌 다른 나라에 있을 때만 그렇게 하는 것이겠는가? 近按, 前皆以同等相爲賓主之禮言, 此一節以尊卑相爲賓主之禮而言. 舊說謂此爲聘於他國之禮, 同國則否. 蓋因舊文上接大夫士出聘之禮而云爾. 然賓主敬而先拜, 豈必在他國而後然哉?

전-7-8**[곡례상 143]**

무릇 (대등한 신분 사이에) 활을 줄 때, 시위를 맨 활은 줄을 위로 가게 하고, 시위를 푼 활은 각角을 위로 가게 한다. 오른손으로 활고자(簫)를 잡고 왼손으로 줌통(弣)을 받든다. 주고받는 사람이 서로 신분이 대등할 경우 허리에 찬 수건이 늘어질 정도로 몸을 조금 굽힌다. (활을 받는) 주인이 배례拜禮를 하면, (활을 주는) 손님은 조금 물러나서 배례를 피한다.

凡遺人弓者, 張弓尙筋, 弛弓尙角. 右手執簫, 左手承弣. 尊卑垂帨. 若主人拜, 則客還辟辟拜.

[곡례상 144]

주인이 직접 받을 때, 손님의 왼쪽으로부터 손님의 손 아래쪽으로 대어 줌통을 받치고, 방향을 손님과 나란히 같은 방향으로 선 뒤에 받는다.

主人自受, 由客之左, 接下承弣, 鄉與客並, 然後受.

[곡례상 137]

수레와 말을 바칠 때는 채찍(策)과 손잡이 줄(綏)만 가지고 바친다.

獻車馬者執策綏.

[곡례상 138]

갑옷을 바칠 때는 투구만 가지고 바친다. 지팡이를 바칠 때는 지팡이의 끝을 잡고 바친다.

獻甲者執胄. 獻杖者執末.

[곡례상 139]

평민 포로를 바칠 때는 오른손 소매를 잡고 바친다.

獻民虜者操右袂.

[곡례상 140]

벼를 바칠 때는 우계(右契118)를 잡는다. 쌀을 바칠 때는 양量과 고鼓를 잡고 바친다.

獻粟者執右契. 獻米者操量鼓.

[곡례상 141]

익힌 음식을 바칠 때는 장醬(젓갈종류)과 저齊(간장종류)를 담은 그릇을 든다.

獻孰食者操醬・齊.

[곡례상 142]

토지와 주택을 바칠 때는 계약문서를 잡는다.

獻田宅者操書致.

[곡례상 145]

칼을 줄 때는 칼의 손잡이를 왼쪽으로 가게 한다.

進劍者左首.

[곡례상 146]

과戈(날이 갈고리진 창의 일종)를 줄 때는 창고달을 앞으로 가게 하고 칼날이 뒤로 가게 한다.

進戈者前其鐏, 後其刃.

[곡례상 147]

모矛와 극戟을 줄 때는 창고달(鐓)을 앞으로 가게 한다.

進矛・戟者前其鐓.

[곡례상 148]

안석과 지팡이를 줄 때는 먼지를 털고 준다.

進几・杖者拂之.

[곡례상 149]

말과 양을 바칠 때는 오른손으로 잡아당긴다.

效馬效羊者右牽之.

[곡례상 150]

개를 바칠 때는 왼손으로 잡아당긴다.

效犬者左牽之.

[곡례상 151]

날짐승을 바칠 때는 머리를 왼쪽으로 가게 한다.

執禽者左首.

[곡례상 152]

고羔(새끼 양)와 기러기를 덮을 때는 채색한 베로 덮는다.

飾羔・鴈者以繢.

[곡례상 135]

물이 마르면, 물고기와 자라를 바치지 않는다.

水潦降, 不獻魚鼈.

[곡례상 136]

날짐승을 바칠 때는 그 대가리를 꺾어 돌린다. 집에서 기른 날짐승일 경우는 대가리를 꺾어 돌리지 않는다.

獻鳥者佛其首. 畜鳥者則勿佛也.

[곡례상 153]

구슬과 옥을 받을 때는 두 손으로 함께 받쳐서 받는다.

受珠・玉者以掬.

[곡례상 154]

활과 칼을 받을 때는 옷소매로 받는다.

受弓・劍者以袂.

[곡례상 155]

옥잔으로 마실 때는 털지 않는다.

飮玉爵者弗揮,

[곡례상 156]

무릇 활과 칼, 생선이나 고기를 싸거나 풀로 물건을 담은 꾸러미(苞苴), 죽기竹器에 담은 물건(簞笥)을 전해줄 때 명령을 받아 물건을 드는 것을 사신의 자세와 같이 한다.【구본에는 '專席而坐' 아래 배치되어 있다】

凡以弓劍 · 苞苴 · 簞笥問人者, 操以受命, 如使之容.【舊在'專席而坐'之下】

集說 활의 몸체[119]는 뿔을 안쪽에 붙이고 쇠심줄을 바깥쪽에 붙인다. '상尙'은 위로 가게 한다는 것이다. 모두 그 자세의 유순한 모양을 취한 것이다. '소簫'는 활고자의 끝부분이다. 소疏에서 말한다. "뾰족한 것이 약간 기울어서 퉁소와 비슷하기 때문에 '소簫'라고 명칭을 붙인 것이다." '줌통'(柎)은 중앙의 손으로 잡는 부분이다. '수건'(帨)은 허리에 차는 수건(佩巾)이다. 손님과 주인의 신분이 서로 대등하면, 주고받을 때 언제나 약간 경쇠 모양처럼 몸을 굽혀 자신의 수건이 늘어뜨려지는 것을 보인다. 이때 활은 여전히 손님의 손에 있기 때문에 주인의 배례에 답할 수 없다. 따라서 조금 주춤하며 물러나 배례를 피한다. '벽辟'은 열다의 뜻이다. 자신이 서 있는 위치로부터 떨어지는 것을 가리킨다." ○ 여씨呂氏(여대림呂大臨)는 말한다. "아랫사람이 윗사람에게 줄 때는 '헌獻'이라고 하고, 윗사람이 아랫사람에게 줄 때는 '사賜'라고 하고, 대등한 경우에는 '유遺'라고 한다." '자신이 직접 받는다'(自受)는 것은 자신과 대등한 손님일 때 사람을 시켜 받게 해서는 안 되기 때문이다. '유由는 부터라는 뜻이다. 손님의 왼쪽으로부터 받으면, 손님은 오른쪽에 있게 된다. 이때 주인은 왼손을 뒤로 물러나게 하여 손님의

손 아래쪽으로부터 대면서 줌통을 받친다. 또한 오른손을 뒤집어 활의 아랫부분을 잡고 받는다. 이때 주인과 손님은 나란히 서서 함께 남쪽을 향한다. '책策'은 채찍이다. '수綏'는 수레에 오를 때 잡는 손잡이 줄이다. 수레와 말은 당堂에 오를 수 없기 때문에 채찍과 손잡이 줄만 가지고 바치면, 수레와 말이 있음을 안다. '갑甲'은 갑옷이다. '주胄'는 투구이다. 갑옷은 크고 투구는 작다. 작은 것은 들기 쉽기 때문에 그것을 잡고 바치는 것이다. 지팡이의 끝은 땅을 디디기 때문에 깨끗하지 않다. 그러므로 그곳을 자기 쪽을 향하게 잡는다. '평민 포로'(民虜)는 정벌에서 포로로 사로잡은 사람들이다. 오른쪽 소매를 잡는 것은 다른 마음을 갖는 자들을 방비하는 것이다. 계약문서는 한 패(扎)[120]에 두 번 쓰는데 똑같이 써서 나누어 갖는다. 오른쪽에 쓴 것이 먼저 쓴 것으로 높은 쪽이 된다. '고鼓'[121]는 분량을 측정하는 용기容器 명칭이다. 장醬과 저齊는 음식의 주된 반찬이다. 주된 반찬을 들고 오면, 음식을 알 수 있다. '서치書致'는 수량을 자세히 기록하여 다른 사람에게 주는 것을 가리킨다. '진進'도 또한 대등한 사이에서 준다(遺)는 의미다. '수首'는 칼의 손잡이다. 날은 앞쪽에 있어 날카롭고 창고달은 끝부분에 있어 뭉툭하다. '대鐓'는 모矛와 극戟에서 자루 끝의 평평한 부분이다. '불拂'은 먼지를 닦아내는 것이다. '효效'는 바친다는 뜻이다. 말과 양은 오른손으로 끄는데, 오른손으로 잡아당기는 것은 편하기 때문이다. 개를 바칠 때는 왼손으로 잡아당기는 것은 오른손으로 무는 것을 방지한다. '식飾'은 덮는다는 뜻이다. '궤繢'는 베에 구름과 안개를 그려놓은 것이다. '강降'은 물이 마른다는 뜻이다. '불佛'은 머리를 꺾어 돌리는 것으로 부리가 사람을 해칠까 염려해서다. 기른 것은 그렇게 하지 않는데, 그 성질이 순하기 때문이다. 국'挶은 두 손으로 함께 받쳐서 받는 것을 가리킨다. 옷소매로 받쳐서 대고 손을 드러내지 않는 것을 가리킨다. '휘揮'는 찌꺼기를 털어내지 말아야 함을 뜻한다. 떨어뜨릴 염려가 있기 때문이다. '포苞'는 생선이나 고기를 싼 것이다. '저苴'는 풀을 그릇으로 대신 삼아 물건을 싼 것이다. '단簞'[122]은 둥근 것이고 '사笥'는 네모진 것으로 모두 죽기竹器(대나무로 만든 그릇)이다. '문問'은 준다는 뜻이다. 사자는 명령을 받들 때 여러 물건을 들고 있게 되는데, 그 자세와 나아가고 물러가는 동작을 상대국에 이르렀을 때의 자세와 같이 익힌다. 弓之體, 角內而筋外. '尙', 使之在上也. 皆取其勢之順也. '簫', 弰[123]末也. 疏云: "剡之差斜如[124]簫, 故名. '拊', 中央把處也. '帨', 佩巾也. 客主尊卑相等, 則授受之際, 皆稍磬折而見其帨之垂也. 此時, 弓尙在客手, 故不容答主人之拜, 而少逡巡遷延以避之. '辟', 猶開也, 謂離其所立之處." ○ 呂氏曰: "下於上曰'獻', 上於下曰'賜', 敵者曰'遺'." '自受'者, 以敵客不當使人受也. '由', 從也. 從客左邊而受, 則客在右矣. 於是主人卻左手, 以接客之下, 而承其拊, 又覆右手以捉弓之下頭而受之. 此時, 則主客並立而俱向南也. ○ '策'[125]馬杖. '綏'[126]乘[127]車之索[128]. 車馬不上於堂, 但執策綏[129], 知有車馬矣[130]. '甲', 鎧也. '冑', 兜鍪也. 甲[131]大冑[132]小, 小者易擧, 故執冑.[133] 杖末拄地不淨, 故自執.[134] '民虜', 征伐所俘獲之人口也, 持其右袖, 所以防異心. 契者, 兩書一扎, 而[135]別之, 右[136]先書爲尊. '鼓', 量器名[137]. 醬·齊爲食之主, 執主[138]則食可知. '書致, 詳書[139]其數[140], 而致之[141]. '進', 亦遺也. '首', 劍[142]拊環也. 刃當頭而利, 鐔在尾而鈍. '鐏柄尾平底也.[143] 拂去塵也.[144] '效', 陳獻也. 馬羊右牽,[145] 以右手牽之[146]便. 效犬左牽,[147] 以右手防其噬[148]也[149]. '飾', 覆之也. 繢, 畫布爲雲氣也[150]. 降, 水涸也.[151] '佛', 謂扳轉其首, 恐[152]喙之害人也. 畜者不然, 順其性也. 掬, 兩手承之也.[153] 以袂, 不露手也.[154] 揮謂振去餘瀝, 恐失墜也.[155] '苞'者, 苞裹魚肉之屬. '苴'者, 以草藉器而貯[156]物也. '簞'圓, '笥'方, 皆竹器也[157]. 如使之容[158], 習其威儀進退, 如至彼[159]之儀容也.

權近 살피건대, 이 절은 구본에서는 '물이 마르면' 부분을 첫머리에 두었다.[160] 이제 글의 흐름과 바치는 물건의 경중을 가지고 순서를 삼는다. 처음에는 '무릇 대등한 신분 사이에 활을 준다'는 것으로 단서를 열어 그 예

절을 상세히 말한 다음, 중간에는 바치는 예절을 서술하고, 끝에 가서는 '무릇 활과 칼, 생선이나 고기를 싸거나 풀로 물건을 담은 꾸러미(苞苴), 죽기(竹器)에 담은 물건(簞笥)을 다른 사람에게 전해 준다'는 것으로 총괄하여 결론을 맺었다. 처음과 끝이 서로 호응하여 한 장을 이루고 있다. 近按, 此節舊以'水潦降'爲首, 今以文勢及所獻輕重爲次. 初以'凡遺人弓'發端, 而詳言其禮, 中叙獻進之節, 終則凡以'弓劍苞苴簞笥問人'總結之, 首尾相應而成章也.

전-7-9[곡례상 170]

남에게 하사할 때 와서 가져가라고 말하지 않고, 남에게 선물할 때 상대가 바라는 것을 묻지 않는다.【구본에는 '不問所舍' 아래 배치되어 있다】
賜人者不曰來取, 與人者不問其所欲【舊在'不問[161]所舍'之下】

集說 '하사하다'(賜)는 것은 군자에게 하사하는 것이고, '선물하다'(與)는 것은 소인에게 선물하는 것이다. ○ 주씨朱氏(주자朱子)는 말한다. "군자는 지키는 의리가 있기 때문에 반드시 예로 받든다. 따라서 와서 가져가라고 말하지 않는다. 소인은 염치가 없기 때문에 반드시 예로 절제를 시킨다. 그러므로 그가 원하는 것을 묻지 않는다." '賜者'君子, '與者'小人. ○ 朱氏曰: "君子有守, 必將之以禮. 故不曰來取. 小人無厭, 必節之以禮. 故不問其所欲."

전-7-10[곡례상 106]

가난한 사람은 재화로 예禮를 표시하지 않고, 노인은 근력으로 예

를 표시하지 않는다.【구본에는 '使某羞' 아래 배치되어 있다】

貧者不以貨財爲禮, 老者不以筋力爲禮.【舊在'使某羞'之下】

[곡례상 168]

상주를 알면 조문(弔)을 하고, 죽은 사람을 알면 상傷162)을 한다.
상주를 알고 죽은 사람을 모르면 조문을 하고 상傷은 하지 않는다.
죽은 사람을 알고 상주를 모르면 상傷을 하고 조문은 하지 않는다.

知生者弔, 知死者傷. 知生而不知死, 弔而不傷. 知死而不知生,
傷而不弔.

[곡례상 169]

상喪에 조문할 때 부의를 낼 수 없으면 비용을 묻지 않는다. 아픈
사람을 병문안할 때 재정적 도움을 줄 수 없으면 바라는 것을 묻지
않는다. 다른 사람을 만날 때 여관을 잡아줄 수 없으면 머무를 곳
을 묻지 않는다.【구본에는 '死與往日' 아래 배치되어 있다】

弔喪弗能賻, 不問其所費. 問疾弗能遺, 不問其所欲. 見人弗能館,
不問其所舍.【舊在'死與往163)日'之下】

權近 살피건대, 사람이라면 친구에 대하여 비록 머무를 곳을 마련해주지
못하더라도 응당 그가 거처하고 있는 곳을 물어서 찾아가 보아야 한다. '그
가 거처하는 곳을 묻지 않는다'는 것은 아마도 옛날의 예법이 오늘날의 예
법과 합당한 바를 달리하였기 때문일 것이다. 近按, 人於朋友, 雖不能館, 必當
問其所舍而就見之也. '不問其所舍'者, 恐古禮與今異宜也.

[곡례상 160]

널리 듣고 힘써 기억해두면서도 남에게 사양하고, 선행을 독실하

게 실천하면서 게으르지 않으면, 그를 군자라고 부른다.

博聞164)强識而讓, 敦善行而不怠, 謂之君子.

[곡례상 161]

군자는 남에게 자신을 좋아하기를 남김없이 요구하지 않고, 남의

충성을 남김없이 요구하지 않아서 교제를 온전하게 유지한다.【구본

에는 '下堂而受命' 아래 배치되어 있다】

君子不盡人之歡, 不竭人之忠, 以全交也.【舊在下堂而受命之下】

集說 여씨呂氏(여대림呂大臨)는 말한다. "남에게 자신을 좋아하기를 남김없

이 요구하고 남의 충성을 남김없이 요구하는 것은 모두 남에게 요구하는

것이 심한 것이다. 남에게 요구하는 것이 지나쳐서 아무도 응하지 않는 것,

이것이 교제가 온전하게 유지되기 어려운 원인이다." 呂氏曰: "盡人之歡, 竭人

之忠, 皆責人厚者也. 責人厚而莫之應, 此交所以難全也."

權近 이상은 전傳의 제7장이다. 右傳之第七章.

　　붕우 사이의 예禮를 말한 것이다. 言朋友之禮

1 【분장】 : 본 편의 章 표시는 권근 按說의 분명한 언급에 따라 붙인 것이다.

2 「곡례」 : 정현은 『鄭目錄』(위 인용 부분 참조)에서 五禮에 관련된 일(事)을 기록하였기 때문에 편 제목을 '曲禮'로 붙였다고 하였다. 공영달은 정현의 이 설명에 주의하여 '자세하게 일을 행하는 것'(屈曲行事), 곧 각종 예제를 실행하는 자세한 내용으로 곡례를 다음과 같이 설명한다. "「曲禮」와 『의례』는 그 일이 같다. 자세하게 일을 행하는 것에서 '曲禮'라 하고, 威儀에 나타난 것에서 '儀禮'라고 한다. 다만 '자세한 것'(曲)과 '의용'(儀)이 서로 대비된다. 『주례』는 핵심을 통섭하여 명칭을 삼았지만, 총괄해서 말하면, 『주례』에도 '자세한 것'(曲)으로 부르는 명칭이 있다. 그러므로 「藝文志」에서 '오제와 삼왕이 정치를 할 때 왕조마다 수정함이 있었는데, 주나라에 이르러 '자세하게' 예방하는 틀 세웠고, 일마다 제도로 제정해놓았다. 그러므로 「經禮가 三百 가지요, 威儀가 三千 조목이다」라고 한다'라고 말한 것이다. 이 두 예는 서로 상통하며, 모두 '자세한 것'(曲)이라는 이름을 지닌다."(「曲禮」之與『儀禮』, 其事是一. 以其屈曲行事則曰曲禮, 見於威儀則曰儀禮. 但曲之與儀相對. 『周禮』統心爲號, 若總而言之, 則『周禮』亦有曲名, 故『藝文志』云: '帝王爲政, 世有損益, 至周曲爲之防, 事爲之制. 故曰「經禮三百, 威儀三千.」' 是二禮互而相通, 皆有曲稱也)

3 첫 장은 ~ 두었다 : 이 말은 『晦菴集』 권50, 「答潘恭叔」에 나온다.

4 유씨 : 진호의 『예기집설대전』에 인용된 劉氏에 대하여 「禮記集說大全凡例」에서는 세 사람을 소개하고 있다. 그러나 인용할 때마다 劉氏라고만 밝혀 누구의 것인지 알 수 없다. 세 사람은 다음과 같다. ① 劉敞 : 字는 原父, 淸江 출신으로, 『七經小傳』 5권을 지었다. ② 劉彝 : 범례에 長樂劉氏로 소개되었고, 북송 철종 재위시 활동한 관료이자 학자이다. 자는 執中이고, 福州 출신으로, 祠部員外郎을 지냈다. 熙寧 연간에 발생한 越南(현 베트남) 李朝와 전쟁을 주동한 인물 중 한 사람이다. 『宋史』 本傳에 『周禮中義』 10권, 『洪範解』 6권, 『七經中義』 170권, 『贛州正俗方』 2권, 『明善集』 30권, 『居陽集』 30권 등을 지었다고 한다. 衛湜의 『예기집설』 범례에는 『七經中義』 안에 「禮記」 40권이 포함되어 있다고 한다. ③ 劉孟治 : 미상.

5 此 : 『예기집설대전』에는 '首章'으로 되어 있다.

6 氏 : 『예기천견록』에는 '民'으로 되어 있으나 『예기집설대전』에 따라 바꾼다.

7 응씨 : 應鏞을 가리킨다. 衛湜의 『예기집설』 「凡例」에는 金華 출신으로 자가 子和이고 『纂義』 20권을 지었다고 소개되어 있다. 陳澔는 서문(위 역주부분 참조)에서 "근래에 나온 응씨의 『集解』는 「雜記」, 「喪大記」, 「喪服小記」 등 편에 대하여 생략하고 설명하지 않았다"(近世應氏『集解』, 於「雜記」·「大·小記」等篇, 皆闕而不釋)라고 하였다. 『集解』는 『纂義』와 같은 저술로 생각되며, 원 제목은 『禮記纂義』 또는 『禮記集解』였을 것으로 추정된다.

8 狼 : 『禮記正義』에는 '很', 『예기집설대전』에는 '狼'으로 되어 있는데 음은 '한'이고 뜻은 같다.

9 이익이 되는 ~ 것이요 : 이 말은 『논어』 「憲問」에 보인다.

10 목숨을 다해 ~ 것이요 : 이 말은 『논어』 「泰伯」에 보인다.

11 화가 나는 ~ 것이요 : 이 말은 『논어』 「季氏」에 보인다.

12 자신이 적은 ~ 것이다 : 이 말은 『논어』 「季氏」에 보인다.

13 더군다나 주자는 ~ 의미한다 : 『晦菴集』 권50, 「答潘恭叔」에 나오는 말이다.

14 況 : 『예기집설대전』에는 況 뒤에 '求勝者未必能勝, 求多者未必能多, 徒爲失己也!'로 이어진다.

15 毋身質言語 : 『예기집설대전』에는 '毋身質言語' 앞에 '卽少儀所謂'(「少儀」에서 이른바)가 있다.

16 自 : 『예기집설대전』에는 '決'로 되어 있다.

17 可以爲法 : 『예기집설대전』에는 '可以爲法' 뒤에 '與上下文禁戒之辭不同'(위 문장이나 아래 문장의 경계하는 말과는 문맥이 다르다)가 있다.

18 禮從宜使從俗 : 『예기집설대전』에는 없다.

19 知 : 『예기집설대전』에는 '持'로 되어 있다.

20 遠 : 『예기집설대전』에는 '遠' 뒤에 '於'가 있다.

21 친소 : 혈연의 가깝고 먼 정도를 가리킨다.

22 혐의 : '혐'은 그렇게 하였을 경우 오해를 살 수 있는 것을 가리킨다. 가령, 첩이 정처를 위해서 기년복을 입지만 정처는 첩을 위해서 복을 입지 않는다. 그 이유는 기년복을 입으면 너무 무겁고, 그렇다고 낮추어 입으면 시어머니가 며느리에게 입는 복과 같아져 오해를 살 수 있기 때문이다. 이 경우가 '嫌'에 해당한다. '의'는 어떻게 해야 합당한지 의심스러운 경우를 가리킨다. 예를 들면, 공자가 죽었을 때, 제자들이 어떤 상복을 입어야 할지 명확한 기준을 설정할 수 없었던 것과 같은 경우이다.

23 동이 : 예를 행할 때 같게 하거나 차이를 두는 것을 가리킨다. 가령 형제에 대한 복이라도 시집가기 전과 후가 달라지는 것, 배우자의 존비에 따라 달리하는 것, 신분의 차이에도 불구하고 부모에 대한 삼년상은 천자에서 서인에 이르기까지 동일한 것 등이 여기에 속한다.

24 시비 : 어떤 일을 행할 때, 예에 합당하게 하는 것이 '시'(옳은 것)고 합당하지 않게 하는 것이 '비'(잘못된 것)다.

25 공자의 상에 ~ 제의하였다 : 관련 내용은 「檀弓上」(1-58)에 자세하다.

26 주인이 ~ 그르다 : 관련 내용은 「檀弓上」(1-66)에 자세하다.

27 벼슬살이 : 陳澔는 벼슬하는 것으로, 熊禾는 관직의 일을 배우는 것으로 주석하였다. (『禮記集解』(上), 9쪽, 참조)

28 도와 사, 제와 사 : 陳澔는 "禱는 기구하는 것을 염두에 두고, 祠는 문식하는 것을 위주로 삼고, 祭는 봉양하는 것을 일로 삼고, 祀는 안정시키는 것을 도리로 삼는다"(禱以求爲意, 祠以文爲主, 祭以養爲事, 祀以安爲道)고 주석하였다. 吳澄은 "도사는 특정한 일로 지내는 제사이고, 제사는 정기적 일로서 지내는 제사이다"(禱祠者因事之祭, 祭祀者常事之祭)라고 주석하였다. 정현은 『주례』 「春官·小宗伯」의 주에서 "복을 비는 것이 禱요, 구하는 것을 얻은 것이 祠이다"(求福曰禱, 得求曰祠)라고 주석하였다. 『주례』 「春官·大宗白」에는 祠가 봄에 선왕에게 드리는 제사를 나타낸다. 『三禮辭典』 '禱祠' 항목에는 재앙이나 질병이 있을 때 제사를 올려 화를 제거하고 복을 기구하는 것을 禱라고 하고, 기구한 바를 얻어서 보답하는 제사를 올리는 것을 祠라고 한다고 풀이하였다.

29 공경하고, ~ 것으로서 : 何胤은 "외모로 나타난 것이 恭이요, 마음에 표현하는 것이 敬이다"(在貌爲恭, 在心爲敬)라고 주석하였다. 陳澔는 "撙은 잘라내고 억제하는 것이다. 예는 줄이는 것을 위주로 한다"(撙裁抑也, 禮主其減)라고 주석하였다. 孫希旦은 恭, 敬, 撙, 節, 退, 讓의 여섯 글자가 각기 독립된 덕목을 표현하고 있는데, 恭과 敬은 예를 다하는 실질을, 撙과 節은 예를 단속하는 수단을, 退와 讓은 예를 전달하는 문식을 뜻한다고 본다. 『禮記集解』(上), 10쪽, 참조.

30 등짐을 ~ 파는 사람 : 정현은 "등짐을 지거나 물건을 파는 사람은 특히 경박하고 이익을 쫓기 때문에 당연히 무례함직하다"(負販者尤輕佻志利, 宜若無禮然)라고 하였고, 陳澔는 "등짐을 진 자는 힘을 쓰는 것에 종사하고, 물건을 파는 사람은 이익에 종사한다. 비록 비천하지만 예를 갖추지 않아서는 안 된다"(負者事於力, 販者事於利, 雖卑賤, 不可以無禮也)고 주석하였다. 朱彬은 "負販은 『논어』 「鄕黨」의 '版(지도와 호적)을 짊어진 자에게 공경하였다'의 판과 같이 여겨야 한다. 비록 지극히 천한 사람이라도 홀대할 수 없다는 것이다"(負販, 當如「鄕黨」'式負版者'之版. 雖至賤, 亦不可忽)라고 주석하였다. 주빈의 주석에 따르면, 경문의 뜻은 '負販(지도와 호적을 짊어진 사람)이라고 하더라도, 반드시 그를 존중해줌이 있다. 더구나 부귀한 사람에게는 어떻게 하겠는가?'라는 의미가 된다.(『禮記訓纂』 上冊, 7~8쪽, 참조)

31 三皇五帝之時 : 『예기집설대전』에는 '帝皇之世'로 되어 있다.

32 끌어와서 취하는 것 : 『悔菴集』 권50, 「答潘恭叔」에 "'다른 사람을 취한다'는 것은 다른 사람이 오지 않는데 내가 끌어와서 취하는 것이다. 아래 문장의 '와서 배운다'와 '가서 가르친다'는 그 일의 실제 내용이다"(取人'者, 人不來而我引取之也. 下文'來學'·'往敎', 卽其事之實也)라고 하였다. 『의례경전통해』 권11에 "'다른 사람을 취한다'는 것은 다른 사람의 스승이 되기를 좋아하는 것으로 '내가 (가르침을 받을) 동몽을 구한다'는 것이다"('取人'者好爲人師, 我求童蒙也)라고 하였다.

33 백성을 편안하게 한다 : 권근이 경 1장으로 설정한 부분에 나오는 '安民哉'의 '安民'을 가리킨다.

34 강 : 疏에 의하면, 智慮(지력)와 氣力(체력)이 모두 강한 것을 뜻한다.

35 음식을 ~ 않는다 : 정현은 빈객을 접대하는 음식에 필요한 것을 (자신이 마음대로) 한정하지 않는다고 주석하였다. 熊氏는 가사를 넘겼으면 자손에게 맡기고, 넘기지 않았으면 자손이 빈객을 접대할 일이 없기 때문에, 어른이 재량하는 바에 따르고 자식이 미리 양을 한정하지 않음을 뜻한다고 주석하였다.(『禮記正義』 권1, 22b쪽) 陳澔는 음식을 차려 대접하는 것에 부모에 대한 봉양, 손님 접대, 제사 등이 모두 포함되며, 한정하지 않는다는 것은 양을 부모의 마음을 따르고 자신이 정하지 않는 것을 뜻한다고 주석하였다.(『예기집설대전』 권1, 18a쪽) 朴世采는 여기서 음식을 접대하는 것은 살아 있는 사람에게만 해당되는 것으로 보고, 『儀禮經傳通解』에 제사를 거론하지 않았다고 지적하면서 진호의 설을 비판하였다. 『禮記補註』 권1, 「曲禮上」, 4a쪽 참조.

36 不爲槩 : 『예기집설대전』에는 '不爲槩量'으로 되어있다.

37 不爲尸, 恐父北面而事之, 人子所不安, 故不爲也 : 『예기집설대전』에는 '恐'이 '是使'로 되어 있으며, 앞에 '呂氏曰 : 尸取主人之子行而已. 若主人之子'(呂氏는 말한다. 尸는 주인의 아들 항렬에서 택한다. 주인의 아들을 택하면)가 있고, '不爲尸'가 없다. 권근이 여대림의 말을 부분 인용하면서 수정한 것으로 보인다.

38 두 구절은 ~ 나온다 : 권근은 『예기천견록』, 「曲禮」(1-4)에 이미 '聽於無聲, 視於無形'을 재배치하고, 다시 이 부분에도 두 구절을 중복해서 배치하고 있다. 『예기집설대전』에는 「曲禮上」(44)에만 기록되어 있다.

39 曰 : 『예기집설대전』에는 謂로 되어있다.

40 삼명으로 임명되어도 ~ 않는다 : 賜와 命은 임명한다는 의미로 관직의 등급을 나타내며, 등급은 一命부터 九命까지 존재한다. 『주례』의 「春官·大宗白」과 「春官·典命」에 관련 내용이 보인다. 아래 주석에서 보듯이 정현은 '不及車馬'를 '수레와 말을 하사받지 않는다'고 주석하였지만, 주희는 『儀禮經傳通解』에서 하사받기는 해도 감히 사용하지는 못한다는 의미로 주석하였다. 陳澔의 주석은 정현 주에 따른 것이다.

41 옛날에 ~ 하사받는다 : 『주례』 「春官·大宗白」에 관련 내용이 보인다.

42 흰색 : 素는 직물을 짠 뒤 누이지 않은 원래 상태 또는 그 상태의 색을 말한다. 누이면 白色이 된다. 喪事에서는 文飾보다 質情을 중시하므로 무거운 상일수록 가공하지 않는 것으로 상복의 표식을 삼는다. 居喪할 때, 大喪 이전에는 가선장식(純)을 하지 않고, 大喪이 지나서 누이지 않은 흰색(素) 비단으로 가선장식을 하며, 탈상한 뒤 평상복으로 돌아온다. 곧 흰색(素)으로 가선장식을 하는 것은 거상하는 것이 되기 때문에 부모가 살아 계시는 동안에는 하지 않는 것이다.

43 純 : '純'의 음은 '준'이고, 관과 옷의 가선(테두리)에 다른 옷감으로 장식한 것으로 紕, 緣 등의 의미와 상통한다.

44 謂 : 『예기집설대전』에는 없다.

45 朱氏 : 『예기집설대전』에는 '朱子'로 되어 있다.

46 상례 : 공영달의 소에 따르면, 여기서 상례는 조석으로 下室에 奠을 올리는 것, 초하루

와 보름마다 빈궁에 전을 올리는 것, 그리고 장례 등의 예를 말한다. 『禮記正義』(上), 111쪽, 해당 부분 참조.

47 제례 : 공영달의 소에 따르면, 여기서 祭禮는 장례 이후에 지내는 虞, 卒哭, 祔, 小祥, 大祥의 禮를 말한다. 『禮記正義』(上), 111쪽, 해당 부분 참조.

48 전록 : 손희단은 『禮記集解』에서 '田祿'에 대하여 "'채지와 봉록'(田祿)이라 함은 大夫와 士가 각각 采地를 가지고 있고, 采地가 없는 경우 그 俸祿은 또한 모두 公田의 수입에서 나오기 때문이다"('田祿'者, 大夫士各有采地, 无采地者, 其祿亦皆出於公田之所入)라고 하였다. 이 설에 따르면 田祿은 채지 또는 공전에서 나오는 수입을 통해 관료가 받는 봉록을 의미한다.

49 문왕은 비록 ~ 않았다 : 「大傳」(2-1)에 무왕이 牧野의 전투에서 殷을 이긴 뒤에 증조부 古公亶父에게 太王을, 조부 季歷에게 王季를 선친 昌에게 文王을 시호로 부여하고 추존하였다고 한다. 그러나 『사기』 「周本紀」에는 문왕이 太王과 王季를 시호를 부여하여 추존하였다고 기록하고 있어, 논란의 여지가 있다.

50 父所命也 : 『예기집설대전』에는 '父所命也' 앞에 '始生三月之時'가 있다.

51 주공이 제정한 ~ 예 : 「中庸」(18-3)에는 주공이 조부 古公亶父와 선친 歷을 왕으로 추존하였다고 하였고, 「大傳」(2-1)에는 武王이 殷을 정벌한 뒤 증조 古公亶父, 조부 歷, 선친 昌을 왕으로 추존하였다고 하였다.

52 선대 유현이 ~ 자세하다 : 宋 英宗이 방계로 仁宗의 후사가 되어 제위에 올랐는데, 이때 영종의 생부인 濮王을 추존하는 문제를 두고 조정에서 논란이 일어났다. 濮議는 이것을 가리키며, 관련 내용은 『宋史』 권13, 「本紀·英宗」, 治平 2년 4월조와 『續資治通鑑長編』 「英宗」에 자세하다. 선대 유현은 바로 程頤를 가리킨다. 程頤의 견해는 『二程集』, 河南程氏文集, 卷第五, 「代彭思永上英宗皇帝論濮王典禮疏」에 자세히 나온다.

53 여씨 : 衛湜의 『예기집설』에 呂大臨의 말로 인용되어 있다.

54 문 말뚝 : 문에 세운 작은 말뚝으로 橛이라고도 한다. 『의례』 「士冠禮」의 '闑西'에 대한 疏에서 賈公彦은 문에 동서로 두개의 闑이 있다고 하였다. 즉 문은 서쪽 얼의 서쪽(闑西), 동쪽 얼의 동쪽(闑東), 양쪽 얼 사이의 중간(中門)의 세 영역으로 구분된다. 『三禮辭典』, 1220쪽, '闑' 참조.

55 문지방 : 문짝이 넘어오지 않도록 고정시키기 위하여 문 바닥에 가로로 가로질러 놓은 나무로, 閾이라고도 한다. 『三禮辭典』, 1143쪽, '閾' 참조.

56 대부와 ~ 않는다 : 공영달의 『禮記正義』에 "문은 堂을 바라보는 것이 정방향이므로 오른쪽은 동쪽에 위치한다. 주인의 자리는 문의 동쪽에 위치하고, 빈객의 자리는 문의 서쪽에 있다. 대부와 사는 신이다. 신은 군주에게 통치되기 때문에 빈객이 다니는 곳으로 다니지 못한다. 그러므로 군주의 문을 출입할 때 항상 문지방의 오른쪽을 통해서 출입한다"(門以向堂爲正, 右在東. 主人位在門東, 客位在門西. 大夫士是臣. 臣統於君, 不敢自由賓. 故出入君門, 恒從闑東也)고 주석하였다.(권2, 3a쪽) 孫希旦은 『禮記集解』에

서 당을 바라보는 것이 문의 정방향이라는 설에 대하여 문의 왼쪽과 오른쪽은 정해진 것이 아니라고 비판한다.(상책 28쪽) 즉 문의 왼쪽과 오른쪽은 바라보는 방향에 따라 동쪽 서쪽 어느 쪽도 될 수 있다. 다만 堂이 남향임을 전제로 해서 주인의 자리가 동쪽에 위치하고 빈객의 자리가 서쪽에 위치하는 것은 모든 예법에서 동일하다.

57 구설 : 陳澔의 견해를 가리킨다. 내용은『예기집설대전』「曲禮上」(58)의 진호 주에 보인다.

58 패옥 : 허리띠에 차는 옥으로 보통 佩玉이라고 부른다. 자세한 내용은『三禮辭典』, 442쪽, '佩玉' 참조.

  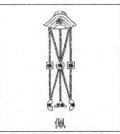

佩玉	佩	佩
『三禮圖』(宋 聶崇義)	『禮書』(宋 陳祥道)	『欽定禮記義疏』(淸)

59 속백 : 비단 열 단을 속백이라 한다. 매 단은 2장丈이다. 2단이 1량兩이고, 10단이 5량인데, 이를 1속束이라 한다.

60 磬 :『예기집설대전』에는 '傻'로 되어 있다.

61 無藉 :『예기집설대전』에는 '無藉' 앞에 '所謂'가 있다.

62 乃 :『예기집설대전』에는 '其'로 되어 있다.

63 而 :『예기집설대전』에는 '而' 다음에 '有'가 있다.

64 머리싸개 : 머리를 동여매는 수건이다. 남자와 여자 모두 사로 머리를 동여매어 묶는다. 검은색 비단으로 만들며, 넓이 1幅 길이 6尺 정도의 크기다. 자세한 내용은『의례』「士冠禮」'緇纚' 부분에 보인다.『三禮辭典』, 1291쪽, '纚' 참조.

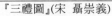
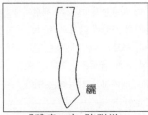

纚	纚
『三禮圖』(宋 聶崇義)	『禮書』(宋 陳祥道)

65 양 : 옛날에 대들보(梁)를 만들 때 목재 3개를 연결하고 가운데를 높게 하였기 때문에, 기물의 위가 구부러져 있는 것을 보통 梁이라고 불렀다. 굴건이나 금량관 등의 앞이마에서부터 둥긋하게 마루가 져서 뒤에 닿는 부분을 량이라고 한다. 한대 이후의 冠에는

一梁부터 七梁에 이르는 관이 있다.

66 죽은 이를 ~ 것이다 : 100글자 이상은 方板에다 쓴다. 그래서 '書方'이라고 한다.

67 오복 : 상기에 따라 입는 다른 다섯 종류의 상복으로 斬衰服, 齊衰服, 大功服, 小功服, 緦麻服을 말한다.

68 장삽 : 棺 장식의 일종이다. 관의 전면과 양쪽 옆면에 베로 휘장을 치는 것을 牆이라고 한다. 나무 판에 흰 베를 씌워 그 위에다 구름 등을 그리고 자루를 달아 장례를 치를 때 관의 앞뒤로 사람을 시켜 들고 있게 하는 것을 翣이라고 한다. 『예기』「喪大記」와 「檀弓」에 관련 내용이 보인다. 『三禮辭典』, 1009쪽, '翣' 참조.

69 비녀장 : 수레의 바퀴 따위가 굴대에서 벗어나지 않도록 굴대의 머리 구멍에 끼우는 큰 못을 말한다.

70 끈 : 수레에 오를 때 잡고 오르는 끈을 뜻한다. 『三禮辭典』, 937쪽, '綏' 참조.

71 其 : 『예기집설대전』에는 '其' 다음에 '驂馬'가 있다.

72 及 : 『예기집설대전』에는 '君'으로 되어 있다.

73 마을의 문 : 마을(里巷)의 문으로 국가의 禁令 등 포고문을 게시하는 곳이다. 閭는 25가 구로 편제한 마을의 단위다. 『주례』「秋官 · 士師」에 관련 내용이 보인다. 이상 『三禮 辭典』, 524쪽, '門閭' 참조. 한편 孫希旦은 門은 國門(도성 문)을 閭는 閭門(마을 문)을 뜻하며, 閭는 25가구로 하나의 거리(巷)를 이루는데 그 거리가 시작하는 곳에 문이 있 다고 한다. 『禮記集解』(上), 98쪽 참조.

74 수레 안에서는 ~ 않는다 : 이 말은 『논어』「鄕黨」에 나온다.

75 帬 : 『예기집설대전』에는 '幝帬'로 되어 있다.

76 撥 : 『예기집설대전』에는 '撥'로 되어 있다.

77 옥로, 금로, 상로, 목로, 혁로 : 군주가 타는 다섯 가지 수레이다. 혁로는 전쟁 등 군사적 인 일이 있을 때 사용한다. 병거, 무거, 융로 등의 명칭으로 불리기도 한다. 옥로는 옥으로 장식한 수레로 왕이 이용하는 다섯 가지 수레 가운데 가장 존귀한 것이다. 옥로 는 제사가 있을 때 사용한다. 금로는 금으로 장식한 수레로, 왕이 빈과 만나거나 제후 와 연회가 있을 때 사용한다. 천자가 제후에게 하사하기도 한다. 상로는 상아로 장식한 수레로, 왕이 아침에 조정에 나가고 저녁에 돌아올 때 사용하고, 평상시 사적인 외출이 있을 때 사용한다. 목로는 나무에 검은 칠을 한 수레로, 사냥할 때 사용한다. 이들 왕이 이용하는 수레에 관한 규정은 『주례』「春官 · 巾車」에 상세하다.

78 僕御 · 婦人, 則 : 『예기집설대전』에는 없다. 권근이 주석을 합치는 과정에서 문맥 상 추가한 것으로 보인다.

79 對 : 『예기집설대전』에는 '答'으로 되어 있다.

80 勞問 : 『예기집설대전』에는 '問勞'로 되어 있다.

81 還 : 『예기집설대전』에는 '旋'으로 되어 있다.

82 중의 : 祭服이나 朝服 등의 안에 받쳐 입는 옷이다.

83 『주례』의 ~ 하였다 : 정현의 말은 『주례』「春官·大宗白」에 나온다.

84 악거 : 喪車라고도 하며 喪 중에 있는 사람이 타는 수레이다. 『주례』「春官·巾車」,
『의례』「旣夕禮」, 『예기』「雜記上」 등에 자세한 설명이 보인다. 『三禮辭典』, 802쪽,
'惡車' 참조.

85 毛 : 『예기집설대전』에는 '髦'로 되어 있다.

86 遭 : 『예기천견록』에는 '祭'로 되어 있으나 『예기집설대전』에 따라 바꾼다.

87 凶 : 『예기천견록』에는 '內'로 되어 있으나 『예기집설대전』에 따라 바꾼다.

88 兄 : 『예기천견록』에는 '只'로 되어 있으나 『예기집설대전』에 따라 바꾼다.

89 동료와 친구들 : 원문은 '僚友'인데 孫希旦은 "같은 관직에 있는 사람이 僚이고 뜻을
같이하는 사람이 友이다"(同官爲僚, 同志爲友)라고 설명한다. 『禮記集解』上, 46쪽 참조.

90 휘와 이 :

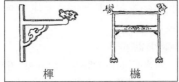

楎　　　椸
『家山圖書』(宋 撰者未詳)

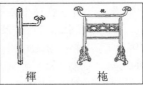

楎　　　椴
『欽定禮記義疏』(淸)

91 영 :

纓
『禮書』(宋 陳祥道)

92 갖옷 : 모피를 사용해서 만든 고대의 외투를 의미한다. 고대의 군주와 귀족들은 주로
여우 가죽으로 만든 외투를 입었으며, 무사는 호랑이 가죽으로 만든 외투를 입었다.
여우 가죽으로 만든 외투 중에는 흰색의 여우 가죽으로 만든 것, 즉 狐白裘를 고급으로
친다. 『中國古代禮俗辭典』(北京, 中國友誼出版公司, 1991), 9쪽, 참조.

93 치마 : 상의를 뜻하는 衣와 대비되는 개념으로 치마 형식으로 된 하의를 의미한다. 『의례』
「喪服」의 注에서 정현은 "무릇 裳의 형식은 앞쪽이 3폭 뒤쪽이 4폭이다"(凡裳, 前三幅,
後四幅也)라고 하였다. 위진시대까지 남자도 裳을 입었으며, 수당대 이후로 여성의 전용
복장이 되었다고 한다. 『中國古代禮俗辭典』(北京, 中國友誼出版公司, 1991), 1쪽, 참조.

94 선생 : 정현은 "노인으로 학문을 가르치는 사람"(老人敎學者)라고 주석하였다. 한편,
『의례』「鄕射禮」의 '선생'에 대한 註에서 정현은 "경과 대부를 지내다 퇴직한 사람"(卿
大夫致仕者)이라고 주석하였다. 손희단은 여기서 선생이 반드시 퇴직한 사람을 지칭하
는 것은 아닐 것이라고 본다.(『禮記集解』(상), 25쪽). 呂氏는 父兄을 가리킨다고 주석하
였다. 『예기집설대전』 권1, 21b쪽 참조.

95 웃어른과 ~ 가리킨다 : 이 주석은 권근 자신의 주석이다.

96 帚置箕上 :『예기집설대전』에는 '帚置箕上' 뒤에 '兩手擧箕. 當掃時'가 있다.

97 人 :『예기집설대전』에는 '人' 뒤에 '以'가 있다.

98 也 :『예기집설대전』에는 없다.

99 也 :『예기집설대전』에는 없다.

100 여씨는 말한다 :『예기천견록』에는『예기집설대전』의 '呂氏曰'을 생략하고 인용하여 정현의 설인 것처럼 오해될 소지가 있다.

101 閑 :『예기집설대전』에는 '間'으로 되어 있다.

102 屛 :『예기집설대전』에는 '屛' 뒤에 '猶'가 더 있다.

103 주인 : 孫希旦은 모시고 식사하는 어른이 주인인 경우를 가리킨다고 본다.(『禮記集解』) 공영달의 소에서는 어른과 다른 별도의 주인을 의미하는 것으로 본다.

104 배 : 공영달은 이 예가 20세 미만에는 적용되지 않는다고 한다. 이로 볼 때, 여기서 배는 일반적으로 20년을 뜻한다.

105 不辭 :『예기집설대전』에는 '不辭'가 없다.

106 침문 : 천자는 5개의 문, 제후는 3개의 문, 사는 1개의 문이 있는데, 가장 안쪽의 문을 寢門 또는 路門이라고 한다.『의례』「士喪禮」의 "국군이 사람을 시켜 조문하면 휘장을 거두고 주인은 寢門 밖에서 맞이하는데 빈을 보고 곡을 하지 않는다"(君使人弔, 徹帷, 主人迎于寢門外, 見賓不哭)라고 하였는데, 鄭玄은 注에서 "寢門은 內門이다"(寢門, 內門也)라고 하였다.

107 趨 : 정현은『禮記正義』에서 "걸을 때 다리를 크게 벌려 걷는 것이 趨이다"(行而張足曰趨)라고 정의하였다.

108 숙배 :『주례』「春官 · 大祝」에 규정된 아홉 종류의 절 가운데 하나이다. 鄭玄은 鄭司農의 말을 인용하여 "肅拜는 허리를 숙이고 손을 아래로 내리는 것으로 지금의 揖가 그것이다. 갑옷을 입은 사람은 절하지 않으므로 '(맡은 바의) 일 때문에 감히 사자에게 숙배를 하였다'고 말한 것이다"(肅拜, 但俯下手, 今時揖是也. 介者不拜, 故曰, 爲事故, 敢肅使者)라고 하였다. 이에 따르면 숙배는 선 자세를 취하고 꿇는 자세를 취하지 않고 머리를 숙이되 머리를 낮추는 정도는 가슴까지는 낮추지 않으며 양손을 내리되 땅에 대지 않는 것이다.

109 主人固辭 :『예기집설대전』에는 '主人固辭' 뒤에 '則止'가 더 있다. 의미는 주인이 거듭 사양하면 손님이 그만둔다는 뜻이다.

110 辯 : 음이 遍(변)이며 '두루'라는 의미다.

111 也 :『예기집설대전』에는 '也'가 없다.

112 至三飯後 :『예기집설대전』에는 '至三飯後' 앞에 '所以'가 있다.

113 無搏者 :『예기집설대전』에는 '無搏者' 뒤에 '疏云'이 있다.

114 已歷口 : 『예기집설대전』에는 '已歷口' 앞에 '鄭云謂'가 있다.

115 一擧而倂食之曰噍 : 『예기집설대전』에는 '不一擧而倂食. 倂食之曰噍, 是貪食也'(한 번에 다 먹지 않는다. 한 번에 다 먹는 것을 '噍'라고 하는데, 이것은 욕심내서 먹는 것이다)로 되어 있다.

116 也 : 『예기집설대전』에는 없다.

117 구설 : 『예기집설대전』「曲禮下」(27)에 대한 陳澔의 다음과 같은 注를 가리킨다. "공경하면 먼저 배례를 한다는 것은 대부와 사가 타국에 빙문을 가서 그 나라의 경·대부·사를 만나는 경우를 말한 것이다. 같은 나라에서는 그렇게 하지 않는다."(敬而先拜, 謂大夫·士聘於他國, 而見其卿·大夫·士也. 同國則否)

118 우계 : 고대에 계약문서는 나무 조각 양쪽에 계약내용을 동일하게 쓰고 쪼개어 나누어 갖는데, 오른쪽에 쓴 것이 채권자의 것이 되고 왼쪽에 쓴 것이 채무자의 것이 된다. 右契는 곧 오른쪽에 쓴 계약문서로 채권자의 것을 의미한다. 이 경문은 고대에 곡물을 바칠 때, 계약문서로 대신하였음을 보여준다.

119 활의 몸체 : 『주례』「冬官·弓人」의 "궁인이 활을 제작하는데 여섯 가지 재료를 취할 때는 반드시 계절에 맞게 한다"(弓人爲弓, 取六材, 必以其時)라고 한 것에 대하여 정현 주에는 "활대(幹)는 겨울에 취하고, 뿔(角)은 가을에 취하고, 실과 칠은 여름에 취한다. 쇠심줄(筋)과 아교(膠)는 듣지 못하였다"(取榦以冬, 取角以秋, 絲漆以夏, 筋膠未聞)라고 하였다. 활의 형태는 幹(활대), 활대의 바깥쪽에 붙이는 것이 筋, 활대의 안쪽에 붙이는 角, 활을 쏘는 사람이 잡는 부분이 弣, 중앙 부분이 弣(줌통), 활의 양쪽 끝 시위를 매는 곳이 弰(활고자), 활고자와 줌통 사이의 완만하게 굽은 곳이 隈이다.

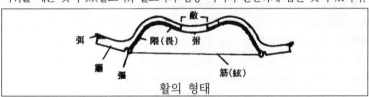

활의 형태
『古文物稱謂圖典』

120 패 : 본래 札의 俗字로 글씨를 쓰는 데 사용하는 나무 조각을 뜻한다. 후대에는 글씨를 종이에 썼기 때문에 나무 조각 대신 종이를 의미하였다.

121 고와 량 :

鼓　　　　　量　　　　　　　　　鼓
『三禮圖』(宋 聶崇義)　　　　　『禮書』(宋 陳祥道)

122 단과 사 :

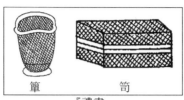

簞	簞　　　笥	簞
『三禮圖』	『禮書』	『欽定禮記義疏』
(宋 聶崇義)	(宋 陳祥道)	(淸)

123 弬 : 『예기집설대전』에는 '梢'로 되어 있다.

124 如 : 『예기집설대전』에는 '似'로 되어 있다.

125 策 : 『예기집설대전』에는 '策' 뒤에 '是'가 더 있다.

126 綏 : 『예기집설대전』에는 '綏' 뒤에 '是'가 더 있다.

127 乘 : 『예기집설대전』에는 '上'으로 되어 있다.

128 索 : 『예기집설대전』에는 '繩'으로 되어 있다.

129 綏 : 『예기집설대전』에는 '綏' 뒤에 '呈之則'(그것을 바치면)이 더 있다.

130 矣 : 『예기집설대전』에는 '矣'가 없다.

131 甲 : 『예기집설대전』에는 '鎧'로 되어 있다.

132 冑 : 『예기집설대전』에는 '兜鍪'로 되어 있다.

133 故執冑 : 『예기집설대전』에는 '執以呈之耳'(잡고 바치는 것이다)로 되어 있다.

134 故自執 : 『예기집설대전』에는 '故執以自向'(그러므로 잡고 자기 쪽을 향하게 한다)로 되어 있다.

135 而 : 『예기집설대전』에는 '而' 앞에 '同'이 있다.

136 右 : 『예기집설대전』에는 '右' 뒤에 '者'가 있다.

137 名 : 『예기집설대전』에는 '名' 뒤에 '也'가 더 있다.

138 主 : 『예기집설대전』에는 '主' 뒤에 '來'가 있다.

139 詳書 : 『예기집설대전』에는 '詳書' 앞에 '謂'가 있다.

140 其數 : 『예기집설대전』에는 '其多寡之數(수량)'로 되어 있다.

141 致之 : 『예기집설대전』에는 '致之' 뒤에 '於人也'가 있다.

142 首劍 : 『예기천견록』에는 '劍首'로 되어 있으나 『예기집설대전』에 따라 바꾼다.

143 鐏柄尾平底也 : 『예기집설대전』에는 '鐏爲矛戟柄尾平底'(대는 矛와 戟에서 자루 끝의 평평한 부분이다)로 되어 있다.

144 拂去塵也 : 『예기집설대전』에는 '拭去塵也'(먼지를 닦아내는 것이다)로 되어 있다.

145 馬羊右牽 : 『예기집설대전』에는 이 부분이 없다.

146 之 : 『예기집설대전』에는 '之' 뒤에 '爲'가 있다.

147 效犬左牽 : 『예기집설대전』에는 이 부분이 없다.

148 噬 : 『예기집설대전』에는 '齧噬'로 되어 있다.

149 也 : 『예기집설대전』에는 없다.

150 也 : 『예기집설대전』에는 없다.

151 降水涗也 : 『예기집설대전』에는 '水涗'으로 되어 있다.

152 恐 : 『예기집설대전』에는 '恐' 다음에 '其'가 더 있다.

153 掬兩手承之也 : 『예기집설대전』에는 '謂以兩手共承之也'(두 손으로 함께 받쳐서 받는 것을 가리킨다)로 되어 있다.

154 以袂不露手也 : 『예기집설대전』에는 '謂以衣袂承接之, 不露手也'(옷소매로 받쳐서 대고 손을 드러내지 않는 것을 가리킨다)로 되어 있다.

155 揮謂振去餘瀝恐失墜也 : 『예기집설대전』에는 '謂不可振去餘瀝恐失墜'(찌꺼기를 털어 내지 말아야 함을 뜻한다. 떨어뜨릴 염려가 있기 때문이다)로 되어 있다.

156 貯 : 『예기천견록』에는 '則'으로 되어 있으나 『예기집설대전』에 따라 바꾼다.

157 也 : 『예기집설대전』에는 없다.

158 如使之容 : 『예기집설대전』에는 이 부분이 없다.

159 彼 : 『예기집설대전』에는 '彼國'으로 되어 있다.

160 구본에서는 ~ 두었다 : 吳澄의 『禮記纂言』(1권 中)을 가리킨다.

161 問 : 『예기집설대전』에는 '問' 뒤에 '其'가 더 있다.

162 상 : 죽은 사람과 알고 있는 경우 죽은 사람을 애도하는 글을 써서 영전에서 읽는 것을 가리킨다.

163 往 : 『예기천견록』에는 '生'으로 되어 있으나 『예기집설대전』에 따라 바꾼다.

164 聞 : 『예기천견록』에는 '問'으로 되어 있으나 『예기집설대전』에 따라 바꾼다.

예기천견록 제2권

곡례하
曲禮下

양촌에 사는 후학 권근 지음

전傳 8.

---

^{전-8-1}[곡례하 38]

천하의 임금 노릇 하는 자를 천자라고 한다. 제후의 조회를 받거나, 직무를 나누어주거나, 법령을 반포하거나(授政),[1] 일을 맡길 때에는 '여일인予一人'(나 한 사람)이라고 말한다.

君天下曰天子. 朝諸侯·分職·授政·任功曰'予一人'.

[곡례하 39]

천자 자리에 올라 제사에 임할 때, 내사內事에는 축사에 '효왕모孝王某'(효왕 아무개)라고 하고, 외사에는 '사왕모嗣王某'(사왕 아무개)라고 한다.

踐阼, 臨祭祀, 內事曰'孝王某', 外事曰'嗣王某'.

[곡례하 40]

제후의 나라에 이르러 귀신에게 진畛(논둑길)제사를 지낼 때에는 축사에 '유천왕모보有天王某甫'라고 한다.

臨諸侯, 畛於鬼神, 曰'有天王某甫'.

[곡례하 41]

천자가 사망하면 '천왕붕天王崩(천왕이 붕어하셨다)'이라고 하고, 복復을 할 때는 '천자복天子復(천자여, 돌아오소서)'이라고 한다. 부고할 때는 '천왕등하天王登假(천왕이 승하하셨다)'라고 한다. 종묘에 모셔두고 신주를 세우면 '제帝'라고 한다.

崩, 曰'天王崩', 復, 曰'天子復矣'. 告喪, 曰'天王登假.' 措之廟, 立之主, 曰'帝.'

[곡례하 42]

천자가 아직 상복을 벗기 전에는 '여소자予小子'라고 한다. 살아 있을 때에도 그렇게 칭하고, 죽었을 때에도 그렇게 칭한다.

天子未除喪, 曰'予小子.' 生名之, 死亦名之.

集說 '천踐'은 밟는다는 뜻이고, '조阼'는 주인이 오르내리는 계단이다. 주인의 계단을 밟고 올라가 일을 행하기 때문에 '천조踐阼'라고 한다. 종묘의 일은 '내內'이고, 교郊에서 사직에 제사지내는 일은 '외外'이다. 천자가 순수巡狩를 하여 제후의 나라에 이르면, 반드시 축사祝史를 시켜 제사를 드려야 할 귀신에게 제사를 드리게 한다. 축사祝辭가 자字를 칭하여 '모보某甫'라고 한다. '보甫'는 남자의 미칭이다. ○ 여씨呂氏(여대림呂大臨)는 말한다. "'진畛'은 논밭 사이의 길이 서로 만나는 것과 같으니, '서로 만난다'(交際)라는 뜻이다." ○ 방씨方氏(方慤)는 말한다. "'진畛'은 논밭 사이의 길이다. 진에서 제사지내는 것을 '진'이라 하는 것은 교郊에서 제사지내는 것을 '교'라고 하는

것과 같다."○ 위에서 아래로 떨어지는 것을 '붕崩'이라 한다. '복復'이란 사람이 죽으면 형形과 신神이 분리되므로 옛사람은 죽은 자의 옷을 들고 지붕에 올라가 북쪽을 바라보면서 죽은 자의 혼을 불러 체백體魄(육신)으로 돌아와서 그가 재생하기를 기원하기 때문에 '복'이라고 하는 것이다. 신하는 임금의 이름을 부를 수 없기 때문에 '천자복'이라고 부르는 것이다. ○ 정씨鄭氏(정현鄭玄)는 말한다. "살아 있을 때에도 '소자왕小子王'이라고 칭하고, 죽었을 때에도 '소자왕'이라고 칭한다는 말이다.[2] '踐', 履也, '阼', 主階也. 履主階而行事, 故曰"踐阼"也. 宗廟之事爲內事[3], 郊社之事爲外事[4]. 天子巡狩而至諸侯之國, 必使祝史致鬼神當祭者之祭. 祝辭稱字曰'某甫'. ○ 呂氏曰: "'畛', 猶畦畛之相接[5], 與神交際之義.[6]" ○ 方氏曰: "'畛', 田間道也. 祭於畛而謂之'畛', 猶祭於郊而謂之'郊'[7)]." ○ 自上墜下曰'崩', '復者, 人死則形神離, 古人持死者之衣, 升屋北面, 招呼死者之魂, 令還復體魄, 冀其再生[8]', 故謂之'復'. 臣子不可名君, 故曰[9)]'天子復'也. ○ 鄭氏曰: "生名之曰'小子王', 死亦曰'小子王'也."

전-8-2[곡례하 43]

천자는 후后, 부인夫人, 세부世婦, 빈嬪, 처妻, 첩妾을 둔다.

天子有后, 有夫人, 有世婦, 有嬪, 有妻, 有妾.

集說 부인이 3명이고, 빈이 9명이고, 세부가 27명이고, 어처御妻가 81명이다. 후后 이하 모두 3배로 그 수를 늘린다. 첩의 수는 알려져 있지 않다.

三夫人, 九嬪, 二十七世婦, 八十一御妻. 自后而下, 皆三因而增其數. 妾之數未聞.

전-8-3[곡례하 44]

천자는 천관天官을 세울 때, 먼저 육태六大를 세우는데, 태재大宰, 태종大宗, 태사大史, 태축大祝, 태사大士, 태복大卜으로, 육전六典을 맡아서 관장한다.

天子建天官, 先六大, 曰大宰·大宗·大史·大祝·大士·大卜, 典司六典.

[곡례하 45]

천자의 오관五官은 사도司徒, 사마司馬, 사공司空, 사사司士, 사구司寇로서 오관 소속의 관리(五衆)를 맡아서 관장한다.

天子之五官, 曰司徒·司馬·司空·司士·司寇, 典司五衆.

[곡례하 46]

천자의 육부六府는 사토司土, 사목司木, 사수司水, 사초司草, 사기司器, 사화司貨로서 육직六職을 맡아서 관장한다.

天子之六府, 曰司土·司木·司水·司草·司器·司貨, 典司六職.

[곡례하 47]

천자의 육공六工은 토공土工, 금공金工, 석공石工, 목공木工, 수공獸工, 초공草工으로서 육재六材를 맡아서 다스린다.

天子之六工, 曰土工·金工·石工·木工·獸工·草工, 典制六材.

[곡례하 48]

오관五官이 성과를 보고하는 것을 '향享'이라 한다.

五官致貢曰'享'.

‘오중五衆’은 오관에 소속된 여러 관리를 뜻한다. ○ 여씨呂氏는 말한다. “한 해가 끝나면 사도 이하 오관은 각기 자신의 성과를 왕에게 바친다. 그러므로 ‘향享’이라 한다. ‘공貢’은 성과를 뜻한다. ‘향享’은 바친다는 뜻이다.” ‘五衆’者, 五官屬吏之群衆也. ○ 呂氏曰: “歲終, 則司徒以下五官, 各致其功, 獻于王. 故謂之‘享’. ‘貢’, 功也. ‘享’, 獻也.”

전-8-4 **[곡례하 49]**

오관五官의 우두머리를 ‘백伯’이라고 부르는데, 다스리는 지역을 관할한다. 빈擯은 백伯을 천자에게 ‘천자의 리吏’라고 부른다. 천자와 동성同姓의 백伯이면 ‘백부伯父’라고 부르고, 이성異姓이면 ‘백구伯舅’라고 부른다. 백伯은 자신을 제후에게 ‘천자의 노老’라고 말하고, 자신의 채지采地 밖에서는 ‘공公’이라고 말하고, 자국에서는 ‘군君’이라고 말한다.

五官之長曰‘伯’, 是職方. 其擯於天子也, 曰‘天子之史’. 天子同姓謂之‘伯父’, 異姓謂之‘伯舅.’ 自稱於諸侯曰‘天子之老’, 於外曰‘公’, 於其國曰‘君’.

[곡례하 50]

구주九州의 우두머리가 천자의 나라에 들어오면 ‘목牧’이라 부른다. 천자와 동성同姓이면 ‘숙부叔父’라고 부르고 이성異姓이면 ‘숙구叔舅’라고 부른다. 자신의 나라 밖에서는 ‘후侯’라고 부르고 자국에서는 ‘군君’이라고 부른다.

九州之長, 入天子之國曰'牧'. 天子同姓, 謂之'叔父', 異姓謂之'叔舅'. 於外曰'侯', 於其國曰'君'.

[곡례하 51]

동쪽의 이夷, 북쪽의 적狄, 서쪽의 융戎, 남쪽의 만蠻 지역의 우두머리는 비록 세력이 커도 '자子'라고 부른다. 자국 안에서는 자신을 '불곡不穀'(착하지 못한 사람)이라고 부르고, 자국 밖(의 자기 관할지역)에서는 자신을 '왕노王老'라고 부른다.

其在東夷·北狄·西戎·南蠻, 雖大, 曰'子'. 於內自稱曰'不穀', 於外自稱曰'王老'.

[곡례하 52]

서방庶方(중국 밖의 여러 지역)의 소후小侯가 천자의 나라에 들어가서는 자신을 '모인某人'(모국 사람)이라고 부르고, 자기의 나라 밖에서는 '자子'라고 자칭하고, 스스로 자국의 신민과 말할 때는 '고孤'라고 칭한다.

庶方小侯, 入天子之國曰'某人', 於外曰'子', 自稱曰'孤'.

集說 사도司徒 이하 오관五官의 우두머리는 천자의 삼공三公이다. '백伯'은 우뚝하고 크다는 뜻이다. 삼공은 특별한 직무가 없으며 곧 육경六卿 가운데 세 사람이 겸직한다. 보좌하는 직책을 맡으므로 상相이라고 부른다. 9명命을 받아 백伯이 되면 천자 직할지 이외의 제후를 나누어 주관한다. 가령 『춘추공양전』에 "섬陝으로부터 동쪽 지역은 주공周公이 주관하였고, 서쪽 지역은 소공召公이 주관하였다"[10]는 것이 이것이다. '시직방是職方'이란 말은 두 백伯이 이에 관할하는 지역을 주관한다는 뜻이다. '천자의 리吏'는

빈攢(접빈사)의 말이다. 이 백伯이 천자와 동성同姓이면 천자는 '백부伯父'라고 부르고, 이성異姓이면 '백구伯舅'라고 부르는데, 이는 모두 친애하는 말이다. 이 백伯들은 모두 채지采地를 소유하고 있는데 천자의 직할지 안에 있다. 채지 밖에서는 자신을 '공公'이라고 부르고, 채지 안에서는 자신을 '군君'이라고 부른다. 천하는 구주九州로 나뉘는데 천자는 각 주에서 제후 가운데 현명한 사람 한 사람을 뽑아 1명命을 더해주고 그 주의 여러 나라들을 관리하게 시킨다. 아래 백성들을 기른다(牧養)는 의미를 취하였기 때문에 '목牧'이라고 부른다. 숙부叔父와 숙구叔舅는 백부伯父와 백구伯舅에 비하여 낮은 등급이다. 봉해 받은 나라 이외의 나라에서는 자신을 '후侯'라고 부르고, 자국의 신하와 백성들에게 말할 때에는 자신을 '군君'이라고 부른다. '곡穀'은 착하다는 뜻이다. '고孤'는 홀로 서서 덕이 없다[11])는 말이다. 모두 자신을 겸손하게 나타내는 말이다. 司徒以下五官之長者, 天子之三公也. '伯'者, 長大之名. 三公無異職, 卽六卿中三人兼之. 任左右之職, 謂之相. 九命而作伯, 則分主畿外諸侯. 如『公羊』云"自陝而東者, 周公主之, 自陝而西者, 召公主之", 是也. '是職方者, 言二伯於是職主其所治之方也. '天子之吏', 擯者之辭也. 此伯若是天子同姓, 則天子稱之爲'伯父', 若異姓則稱爲'伯舅', 皆親之之辭也. 此伯皆有采地, 在天子畿內. 自稱於私土采地之外則曰'公', 自稱於采地之內則曰'君'也. 天下九州, 天子於每州之中, 擇諸侯之賢者一人, 加之一命, 使主一州內之列[12])國. 取牧養下民之義, 故曰'牧'. 叔父·叔舅降於伯父·伯舅也. 自稱於所封國之外, 則曰'侯', 若與國內臣民言, 則自稱曰'君'也. '穀', 善也. '孤'者, 特立無德之稱[13]). 皆自謙之辭.[14]

전-8-5[곡례하 53]

천자가 의依(병풍 모양의 설치물)에 등지고 서고, 제후가 북쪽을 향하여 천자를 알현하는 것을 '근覲'이라고 한다. 천자가 저宁(문과 병풍 사이)를 등지고 서 있고, 제공諸公이 동쪽을 향하고 제후諸侯가 서쪽을 향하여 있는 것을 '조朝'라고 한다.

天子當依而立, 諸侯北面而見天子, 曰'覲'. 天子當宁而立, 諸公東面, 諸侯西面, 曰'朝'.

集說 정씨鄭氏(정현鄭玄)는 말한다. "제후가 봄에 알현하는 것이 '조朝'로 조정에서 폐백(摯)을 받고 종묘에서 진헌하는 물품(享)을 받는다. 가을에 알현하는 것이 '근覲'으로 한결같이 묘당에서 (폐백과 예물을) 받는다. 봄에 알현하는 자는 내조內朝에 자리하였다가 순서대로 나아간다. 가을에 알현하는 자는 종묘 문 밖에 자리하였다가 순서대로 들어간다." ○ 소疏에서 말한다. "'의依'는 모양이 병풍과 같다. 진홍빛 비단으로 바탕을 삼고, 높이가 8척이다. 동서로 문(戶)과 창(牖) 사이에 설치한다. 도끼 문양(斧)의 수를 놓는데, 또한 '부의斧依'라고 한다.15) '저宁'는 『이아』에 '문과 병풍 사이를 저宁라고 한다'고 하였으니, 임금이 조회를 볼 때 서는 곳이다." 鄭氏曰: "春, '朝', 受摯於朝, 受享於廟. 秋, '覲', 一受之於廟. 朝者位於內朝16)而序進. 覲者位於廟門外而序入." ○ 疏曰: "依狀如屏風, 以絳爲質, 高八尺. 東西當戶牖之間, 繡爲斧文, 亦曰'斧依'. '宁'者, 『爾雅』云'門屏之間, 謂之宁', 人君視朝所宁立處."

전-8-6[곡례하 57]

제후가 천자를 알현할 때는 '신臣 모후某侯 모某'라고 한다. 백성과 더불어 말할 때는 자신을 '과인寡人'이라 부른다. 상喪 중에 있을 때는 자신을 '적자適子 고孤'라고 말한다.

諸侯見天子, 曰'臣某侯某'. 其與民言自稱曰'寡人'. 其在凶服曰'適子孤'.

[곡례하 58]

제사에 임할 때 봉지 내에 대해서는 '효자孝子 모후某侯 모某'라 하고, 봉지 밖에 대해서는 '증손曾孫 모후某侯 모某'라고 한다. 죽으면 '훙薨'이라 하고, 복할 때는 '모보某甫는 돌아오시오!'(某甫復矣)라고 한다.

臨祭祀, 內事曰'孝子某侯某', 外事曰'曾孫某侯某'. 死曰'薨', 復曰'某甫復矣!'

[곡례하 59]

장례葬禮를 마치고 천자를 알현하는 것을 '유현類見'(선군을 닮은 사람이 천자를 알현한다)이라 한다. 시호를 청하는 것을 '유類'(행적과 닮은 명칭)라고 한다.

旣葬, 見天子曰'類見'. 言諡曰'類'.

集說 '훙薨'이라는 글자는 몽薨으로서 어둡다는 뜻이다. ○ 여씨呂氏는 말한다. "선군의 덕을 계승해야 비로소 나라를 이어받고 천자를 알현할 수 있다. 그러므로 '유현類見'(선군을 닮은 사람이 천자를 알현한다)이라 한다. 선군의 잘한 행적을 뇌문誄文으로 기리면서 천자에게 그 행적에 맞는 시호를 청한다. 그러므로 또한 '유類'(행적과 닮은 명칭)라고 한 것이다."17) '薨之爲言薨也, 幽晦之義. ○ 呂氏曰: "繼先君之德, 乃得受國而見天子. 故曰'類見'. 誄先君之善, 而請諡於天子. 故亦曰'類.'"

제후가 만나기로 약속한 날 이전에 상견하는 것을 '우遇'라고 한다.
극지에서 상견하는 것을 '회會'라고 한다.

諸侯未及期相見曰'遇'. 相見於郤地曰'會'.

[곡례하 55]

제후가 대부를 보내어 다른 제후를 문안하게 하는 것을 '빙聘'이라
고 한다.

諸侯使大夫問於諸侯曰'聘'.

[곡례하 56]

말로 서로 약속하는 것을 '서誓'라고 하고, 희생을 앞에 두고 맹세하
는 것을 '맹盟'이라 한다.【구본에는 '諸侯未及期'에서 이 부분에 이르기까지
'諸侯見天子' 앞에 배치되어 있어 위와 아래가 순서를 잃었다. 이제 그것을 바로
잡는다】

約信曰'誓', 涖牲曰'盟'.【舊本自'諸侯未及期'以下至此, 在諸侯見天子'之前,
上下失序, 今正之】

集
說 　 '극지郤地'는 점유하고 있지 않은 공한지다. '약신約信'은 언어로 서로
약속하여 믿음을 삼는 것이다. '郤地', 閒隙之地也. 約信者, 以言語相要約爲信也.

제후가 사람을 시켜 다른 제후에게 사자로 보내면, 사자는 자신을

'과군의 노신'(寡君之老)라고 말한다.【구본에는 '言語曰類' 아래 배치되어 있다】

諸侯使人使於諸侯, 使者自稱曰'寡君之老'.【舊在'言語曰類'之下】

[곡례하 63]

공公과 후侯에게는 부인夫人이 있고, 세부世婦가 있고, 처妻가 있고, 첩妾이 있다. (제후의) 부인은 천자에게 자신을 '노부老婦'라고 말한다.

公‧侯有夫人, 有世婦, 有妻, 有妾. 夫人自稱於天子曰'老婦'.

[곡례하 64]

(제후의 부인이 타국의) 제후에게 자신을 말할 때는 '과소군寡小君'이라 한다.

自稱於諸侯曰'寡小君'.

[곡례하 65]

(제후의 부인이) 자신의 군주에게 자신을 말할 때는 '소동小童'이라 한다. 세부世婦 이하는 자신을 말할 때 '비자婢子'라고 한다.【구본에는 '庶人曰妻' 아래 배치되어 있다】

自稱於其君曰'小童'. 自世婦以下, 自稱曰'婢子'.【舊在'庶人曰妻'之下】

[곡례하 67]

열국의 대부가 천자의 나라에 들어가면 (빈擯은 그를) '모국某國의 사士'라고 부르고, 대부는 자신을 '배신陪臣 모某'라고 칭한다. 타국에서 있을 때 (빈擯은 그를) '자子'라고 부르고, 자기 나라 안에 있

을 때는 자신을 '과군寡君의 노신老臣'(寡君之老)이라고 말한다. 사자
는 자신을 '모某'라고 말한다.【구본에는 '子於父母則自名也' 아래 배치되어
있다】

列國之大夫, 入天子之國曰'某士', 自稱曰'陪臣某'. 於外曰'子',
於其國曰'寡君之老'. 使者自稱曰'某'.【舊在'子於父母則自名也'之下】

權近 살피건대, 이 절에서는 먼저 천자와 후后와 부인夫人의 칭호를 말하
고, 다음에 천자 조정의 관직들을 말하고, 다음으로 열국의 제후와 대부
이하 칭호들을 말하고, 다음으로 열국의 대부를 말하였다. 구본에는 순서
를 그르친 것이 많아 이제 그것을 바로잡는다. 近按, 此節首言天子及后夫人之
稱號, 次言王朝之官, 次言列國諸侯及夫人以下之稱號, 次言列國之大夫. 舊本多失次, 今
悉正之.

전-8-9[곡례상 28][18]

대부大夫는 칠십이 되면 직무를 바치고 물러나는데,

大夫七十而致事,

[곡례상 29]

만약 물러나는 것을 허락할 수 없으면, 반드시 안석과 지팡이를 내
려주고,

若不得謝, 則必賜之几杖,

[곡례상 30]

국내에 출장을 갈 때는 부인이 따라갈 수 있고, 외국으로 출장 갈 때는 안거安車19)를 타고 가고,

行役以婦人, 適四方乘安車,

[곡례상 31]

(타국에서) 자신을 말할 때는 노부老夫라 하고, 자신의 나라에서는 이름을 들어 말하고,

自稱曰老夫, 於其國則稱名,

[곡례상 32]

다른 나라에서 국경을 넘어와서 자문하면, 반드시 나라의 옛 사례를 들어서 답한다.【구본에는 「곡례상曲禮上」의 '百年曰期頤' 아래 배치되어 있다. 이제 대부가 자신의 이름을 부르는 사례로 묶어 여기에 붙여 놓는다】

越國而問焉, 必告之以其制.【舊在上篇'百年曰期頤'之下, 今以大夫稱名之類而附此】

集說 '물러나는 것을 허락해줄 수 없다'(不得謝)는 것은 군주가 퇴직을 허락하면서 노고를 위로하지 않는 것이다. '不得謝', 謂君不許其致事而辭謝20)也.

權近 살피건대, 위에서 '자신을 모某(아무개)라고 칭한다'고 한 것은 대부가 사신이 되어 외국에서 그 나라 군주와 말할 때 이름을 칭하는 것을 가리킨다. 여기에서 '자신을 노부老夫라 말한다'는 것은 사자가 외국에서 다른 사람과 말할 때 노부라고 자신을 말하는 것이다. 위에서 '자기 나라 안에 있을 때는 자신을 과군지로寡君之老라고 부른다'고 한 것은 본국에서 다른 사람과 말하는 경우를 가리킨다. 여기에서 '자신의 나라에서는 이름을

들어 말한다'고 한 것은 본국에서 자신의 군주와 말하는 경우이다. 대체로 군주 앞에서 신하가 이름을 들어 말하는 것은 외국이나 본국에 상관없이 동일하다. 近按, 上言'自稱曰某'者, 大夫爲使在他國, 與其國君言則稱名也. 此'自稱曰老夫'者, 使在他國, 與人言則稱老夫也. 上言'於其國曰寡君之老'者, 在本國而與人言也. 此言'於其君國21)則稱名'者, 在本國而與其君言也. 大抵君前臣名, 無彼此一也.

전-8-10[곡례하 62]

천자의 비를 '후后'라고 하고, 제후는 '부인夫人'이라 하고, 대부는 '유인孺人'이라 하고, 사는 '부인婦人'이라 하고, 서인은 '처妻'라 한다.

【구본에는 '庶人僬僬' 아래 배치되어 있다】

天子之妃曰'后', 諸侯曰'夫人', 大夫曰'孺人', 士曰'婦人', 庶人曰 '妻'.【舊在'庶人僬僬'之下】

集說 정씨鄭氏(정현鄭玄)는 말한다. "'비妃'는 짝이라는 뜻이다.22) '후后'는 뒤라는 뜻이다. '부夫'는 돕는다는 뜻이다. '유孺'는 소속된다는 뜻이다. '부婦'는 복종한다는 뜻이다. '처妻'는 나란하다는 뜻이다."23) 鄭氏曰: "'妃', 配也. '后'之言後也. '夫'之言扶. '孺'之言屬. '婦'之言服. '妻'之言齊."

權近 살피건대, 앞에서 이미 천자에서 대부에 이르기까지 부르는 호칭이 다른 예절을 말하였고, 여기에서는 사士와 서인庶人에 이르러서도 부르는 호칭이 다른 예절을 말하였다. 近按, 前旣言自天子至於大夫, 稱號不同之禮, 此則 言其至於士庶人之配匹, 其稱號亦不同之禮也.

여인을 들여보낼 때(納女), 천자에게는 '백성을 갖추는 데 쓰십시오'
라고 하고 제후에게는 '주장(酒漿²⁴⁾)을 갖추는 데 쓰십시오'라고 하
고, 대부에게는 '소쇄(埽灑²⁵⁾)를 갖추는 데 쓰십시오'라고 한다.【구본
에는 「曲禮下」의 끝에 배치되어 있다】

納女, 於天子曰'備百姓', 於國君曰'備酒漿', 於大夫曰'備埽灑'.
【舊在下篇之末】

集說 여씨呂氏는 말한다. "감히 상대의 배필로 자신을 기약하지 못하고,
첩잉妾媵²⁶⁾의 숫자로나 채우기를 바랄 뿐이다. 모두 자신을 낮추는 말이
다." 呂氏曰: "不敢以伉儷自期, 願備妾媵之數而已. 皆自卑之辭也."

權近 살피건대, '백성을 갖추는 데 쓰십시오'라는 것은 뒤를 이을 자손을
많게 하려는 것이다. '주장酒漿을 갖추는 데 쓰십시오'라는 것은 식사를
돕게 하려는 것이다. '소쇄埽灑를 갖추는 데 쓰십시오'라는 것은 부리는 사
람을 제공하는 것이다. 말이 매번 내려가면서 더욱 낮아지는 것은 대개
천자와 군주는 부리는 사람이 부족하지 않기 때문일 것이다. 近按, '備百姓',
欲其廣繼嗣也. '備酒漿', 使之佐中饋也. '備埽洒', 給使令也. 其言每下而愈益卑屈者, 蓋
天子國君不乏使令之人故也歟.

천자의 나이를 물으면, "들으니 이제 몇 척의 옷을 입기 시작하였

다고 합니다"라고 대답한다.27)

問天子之年, 對曰: "聞之, 始服衣若干尺矣."

[곡례하 74]

제후의 나이를 물으면, 장성한 나이면 "종묘와 사직의 일을 할 수
있습니다"라고 대답한다. 어린 나이면 "아직 종묘와 사직의 일을
할 수 없습니다"라고 대답한다.28)

問國君之年, 長, 曰"能從宗廟社稷之事矣." 幼, 曰"未能從宗廟社
稷之事也."

集說 '약若'은 같다(如)는 뜻으로 아직 정해지지 않았다는 말이다. 수는 1
에서 시작하여 10에서 끝나는데, '간干'이라는 글자는 일一을 따르고 십十을
따라 구성된 글자이다. 그러므로 '약간若干'이라고 말한 것으로, 1 같기도
하고 10 같기도 하다는 뜻이다. 무릇 수가 아직 정해지지 않은 것에 대해
서 모두 약간若干이라고 말할 수 있다. 안사고는 『한서』「식화지食貨志」에
주를 달면서 "'간干'은 개箇의 뜻이다"라고 말했다. '若', 如也, 未定之辭. 數始
於一而成於十, '干'字從一從十. 故言'若干', 謂或如一或如十. 凡數之未定者, 皆可言. 顏
註29)云"干', 箇也.

權近 살펴건대, 천자는 지극히 존귀한 지위여서 일을 가지고 말할 수 없
고, 다만 그 옷의 길이를 들어 말한다. 군주는 그가 하는 일 가운데 중요한
것을 들어 말한다. 近按, 天子至尊, 不可以事言, 但稱其服之長短. 國君則擧其事之重
者而言也.

전-8-13**[곡례하 75]**

대부 아들의 나이를 물으면, 장성한 나이면 "수레를 몰 수 있습니다"라고 대답한다. 어린 나이면 "아직 수레를 몰 수 없습니다"라고 대답한다.[30]

問大夫之子, 長, 曰"能御矣." 幼, 曰"未能御也."

[곡례하 76]

사의 아들의 나이를 물으면, 장성한 나이면 "고하는 일을 맡아서 할 수 있습니다"라고 대답한다. 어린 나이면 "아직 고하는 일을 맡아서 할 수 없습니다"라고 대답한다.[31]

問士之子, 長, 曰"能典謁矣." 幼, 曰"未能典謁也."

[곡례하 77]

서인의 아들의 나이를 물으면, 나이가 들었으면 "땔감나무를 등에 질 수 있습니다"라고 대답한다. 나이가 어리면 "아직 땔감나무를 등에 질 수 없습니다"라고 대답한다.

問庶人之子, 長, 曰"能負薪矣." 幼, 曰"未能負薪也."

[곡례하 78]

군주의 경제적 형편을 물으면, 토지의 넓이를 헤아려 대답하는데 산림과 천택에서 생산되는 것을 가지고 말한다.

問國君之富, 數地以對, 山澤之所出.

[곡례하 79]

대부의 경제적 형편을 물으면, "읍재邑宰를 두고 있고 백성에게 세를 받아먹고 있어서 제기祭器와 제복祭服을 빌리지 않아도 됩니다"

라고 대답한다.32)

問大夫之富, 曰"有宰食力, 祭器衣服不假."

[곡례하 80]

사士의 경제적 형편을 물으면, 수레의 수로 대답한다.

問士之富, 以車數對.

[곡례하 81]

서인의 부를 물으면, 가축을 헤아려 대답한다.【구본에는 '疑人必於其倫'

아래 배치되어 있다】

問庶人之富, 數畜以對.【舊在'疑人必於其倫'之下】

集說 옛날에 "나이 50세에 명을 받아 대부가 된다."33) 그러므로 그의 나
이를 묻지 않고, 그의 아들의 나이를 묻는 것이다. '어御'는 수레를 모는 것
을 말하니, 나이가 어리면 할 수 없다. '알謁'은 요청한다는 뜻이다. '전알典
謁'은 빈객의 고하고 요청하는 일을 주관하는 것이다. 사士는 신분이 천해
서 신하가 없기 때문에 스스로 고하는 일을 맡아서 한다. '땔감나무를 등에
진다'(負薪)는 것은 서인들이 종사하는 일이다. '재宰'는 읍재邑宰(생산지 관리
인)이다. 읍재가 있으면 채지采地가 있다. '식력食力'은 백성이 부역과 조세
를 바치는 것을 받아먹는 것이다. '의복衣服'은 제복祭服을 말한다. 상사上
士는 삼명三命에 수레와 말을 하사받는다. 그러므로 사의 경제적 형편을
물으면 수레의 수로 대답한다. 서인이 전지를 받는 데는 정해진 제도가 있
다. 다만 가축을 기르는 수는 개인의 형편에 달려 있다. 그러므로 가축을
헤아려 대답하는 것이다. 古者, 五十命爲大夫. 故不問其年, 而問其子之長幼. '御',
謂御車也, 幼則未能. '謁', 請也. '典謁'者, 主賓客告請之事. 士賤無臣下, 自典告也. '負

薪34)', 庶人力役之事. '宰', 邑宰也. 有宰則有采地矣. '食力', 謂食下民賦稅之力. '衣服', 祭服也. 上士, 三命得賜車馬. 故問士富, 則以車數對也. 庶人受田, 有定制. 惟畜牧之多寡, 在乎人. 故數畜以對也.

權近 살피건대, 나이를 물을 때는 천자에게까지 함께 묻고, 부富를 물을 때는 말하지 않은 것은 천자가 사해를 차지하고 있어 물을 바가 아니기 때문이다. 제후의 경우는 영토에 크고 작은 차이가 있기 때문에 영토의 규모를 가지고 대답하는 것이다. 近按, 問年并言天子, 而問富不言者, 天子富有四海, 非所問也. 若國君則地有小大, 故數地以對之也.

전-8-14 **[곡례하 7]**

열국의 제후와 천자의 대부의 아들은 감히 자신을 '여소자余小子'라고 부르지 못한다. 대부大夫와 사士의 아들은 감히 자신을 '사자모嗣子某'라고 부르지 못하고, 감히 세자世子와 이름을 동일하게 짓지 못한다.【구본에는 '不名家相長妾' 아래 배치되어 있다】

君·大夫之子不敢自稱曰'余小子'. 大夫·士之子不敢自稱曰'嗣子某', 不敢與世子同名.【舊在'不名家相長妾'之下】

權近 살피건대, 천자에게 여자를 들여보내는 것 위로는 천자에서 사士·서인庶人에 이르기까지 그 일을 통론해서 말하였고, 나이를 묻는 것으로부터 이 부분까지는 그 자식을 함께 말하였다. 近按, 自納於天子以上, 通言天子至於士庶人之事, 自問年以下至此, 兼以其子而言之也.

천자에게 '나간다'(出)라는 말을 하지 않고, 제후에게 살아 있을 때 이름(名)을 부르지 않는 것은 군자는 악한 사람을 친애하지 않기 때문이다. 제후가 땅을 잃으면 이름을 쓰고, 동성을 멸망시키면 이름을 쓴다.【구본에는 '自稱曰某' 아래 배치되어 있다】

天子不言'出', 諸侯不生名, 君子不親惡. 諸侯失地, 名, 滅同姓, 名.【舊在'自稱曰某'之下】

集說　소疏에서 말한다. "'군자는 악한 사람을 친애하지 않는다'(君子不親惡)는 것은 공자가 경문을 쓸 때 천자의 중대한 잘못을 보면 '나간다'(出)라는 말을 써서 내쳤고, 제후의 중대한 잘못을 보면 이름을 써서 내쳤던 것을 두고 하는 말이다. 군자는 이러한 악한 사람을 가까이하지 않기 때문에 '나간다'(出)와 '이름'(名)을 써서 내치는 것이다." 疏曰: "'君子不親惡'者, 謂孔子書經, 見天子大惡, 書'出'以絶之, 諸侯大惡, 書名以絶之. 君子不親此惡, 故書'出'·'名'以絶之35)."

천자가 죽으면 '붕崩(무너짐)이라고 한다. 제후는 '홍薨(무너짐)이라 하고, 대부는 '졸卒'(다 마침)이라 하고, 사는 '불록不祿'(봉록을 다 받지 못함)이라 하고, 서인은 '사死'(소진함)라고 한다. 사망한 뒤 침상에 놓였을 때는 '시尸'(진열됨)라고 하고, 관에 들어가면 '구柩'(오래감)라고 한다. 날아다니는 새가 죽는 것을 '강降'(떨어짐)이라 하고, 네 다리로 달리는 짐승이 죽는 것을 '자漬'(부패함)라고 한다. 전쟁에서 죽는 것을 '병兵'(전사함)이라 한다.

天子死曰'崩'. 諸侯曰'薨', 大夫曰'卒', 士曰'不祿', 庶人曰'死'. 在牀曰'尸', 在棺曰'柩'. 羽鳥曰'降', 四足曰'漬'. 死寇曰'兵'.

集說 소疏에서 말한다. "졸卒은 다 마친다는 뜻이다. 사士는 봉록을 받는 것으로 경작을 대신한다. '불록不祿'은 그 봉록을 끝까지 다 받지 못하였다는 뜻이다. '사死'는 다하다(澌)는 뜻으로, 소진하여 남음이 없음을 말한다. '시尸'는 늡혀놓는다는 뜻이다. 옛사람은 병이 깊어지고 숨이 아직 끊어지지 않았을 때 땅에 늡혀놓았다가, 숨이 끊어진 후에 다시 침상 위에 도로 올려 늡혀놓는다. 이렇게 하는 것은 무릇 사람이 처음 태어날 때 지상에 있었으니, 이제 병들어 죽으려고 하므로 아래로 처음 태어났던 곳으로 돌아가 죽음에서 벗어나 다시 살기를 바라는 것이다. 만약 살아나지 않으면 다시 본래의 침상에 도로 늡힌다. 염을 해서 관에 안치하기 전에는 침상에 늡혀놓기 때문에 '시尸'라고 한다." ○ 여씨呂氏(여대림呂大臨)는 말한다. "'구柩'는 오래간다(久)는 뜻이다. '시신에 흙이 직접 닿지 못하게 하기 위함이다.'36) 그러므로 관에 안치하고 오래가기를 바란다. '우조羽鳥'는 날짐승으로, 떨어져 내려오면 죽게 된다. '수獸'는 움직일 수 있는 동물로서, 부패하면 죽게 된다. '지漬'는 그 몸이 썩어서 점차 물러지는 것을 뜻한다. '병兵'은 외적의 침입이나 내란의 전쟁에서 전사하는 것의 호칭이다." 疏曰: "卒', 終意37)也. 士祿以代耕. '不祿', 不終其祿也. '死者', 澌也, 消盡無餘之謂. '尸', 陳也. 古人病困氣未絶之時, 下置在地, 氣絶之後, 更還牀上. 所以如此者, 凡人初生在地, 病將死, 故下復其初生, 冀得脫死重生也. 若其不生, 復反本床. 旣未殯斂, 陳列在床, 故曰'尸'也."

○ 呂氏曰: "柩, 久也. 比化者無使土親膚. 故在棺, 欲其久也. '羽鳥', 飛翔之物, 降而下則死矣. '獸', 能動之物, 腐敗則死矣. '漬', 謂其體腐敗漸漬也. '兵'者, 死於寇難之稱也."

할아버지를 제사할 때는 '황조고皇祖考'라고 하고, 할머니는 '황조비皇祖妣'라고 하고, 아버지는 '황고皇考'라고 하고, 어머니는 '황비皇妣'라고 하고, 남편은 '황벽皇辟'이라 한다.

祭王父曰'皇祖考', 王母曰'皇祖妣', 父曰'皇考', 母曰'皇妣', 夫曰'皇辟'.

集說 '황皇'과 '왕王'은 모두 임금이란 칭호를 사용하여 높여주는 것이다. '고考'는 이룬다는 뜻이다. '비妣'는 짝이라는 뜻이다. '벽辟'은 본받는다는 뜻으로, 처가 본받는 대상이라는 말이다. '曰皇'·'曰王', 皆以君之稱, 尊之也. '考', 成. '妣', 媲. '辟', 法也, 妻所法式也.

살아 있을 때는 '부父'(아버지), '모母'(어머니), '처妻'(아내)라고 부르고, 죽으면 '고考'(돌아가신 아버지), '비妣'(돌아가신 어머니), '빈嬪'(손님처럼 공경하던 사람)이라 부른다. 수명을 다하였으면 '졸卒'(마침)이라 하고, 요절하였으면 '불록不祿'(봉록을 다 받지 못함)이라 한다.【구본에는 '幣曰量幣' 아래 배치되어 있다】

生曰'父'·曰'母'·曰'妻, 死曰'考'·曰'妣'·曰'嬪'. 壽考曰'卒', 短折曰'不禄'.【舊在'幣曰量幣'之下】

權近 이상은 전傳의 제8장이다. 右傳之第八章.

천자에서 서인에 이르기까지 길흉과 종시終始[38])에서 부르는 호칭이 다른 예절을 말하였다. 言自天子至於庶人, 吉凶·終始稱號不同之禮也.

전傳 9.

천자는 천지에게 제사하고, 사방에게 제사하고, 산천에게 제사하고, 오사五祀에게 제사하는데 해마다 두루 제사한다. 제후는 방사方祀를 지내고, 산천에게 제사하고, 오사에게 제사하는데 해마다 두루 제사한다. 대부는 오사五祀에게 제사하는데 해마다 두루 제사한다. 사는 자신의 선조에게 제사한다.【구본에는 '數畜以對' 아래 배치되어 있다】

天子祭天地, 祭四方, 祭山川, 祭五祀, 歲徧. 諸侯方祀, 祭山川, 祭五祀, 歲徧. 大夫祭五祀, 歲徧. 士祭其先.【舊在'數畜以對'之下】

集說 여씨呂氏(여대림呂大臨)[39]는 말한다. "이 장은 제사의 법을 두루 논한 것이다. 동지에는 하늘에게 제사지내고, 하지에는 대지에게 제사지낸다. 사계절에는 각기 그 방향의 신에 제사지내어 기를 맞이하고, 또 각기 그 방향의 산천에게 망사望祀[40]를 지낸다. '오사五祀'는 봄에 호戶(문의 신)에게 제사하고, 여름에 조竈(부엌의 신)에게 제사하고, 늦여름에 중류中霤(방 중앙의 후토后土신)에게 제사하고, 가을에 문門(대문의 신)에게 제사하고, 겨울에 항行(길신)에게 제사한다. 이것이 이른바 '해마다 두루 지낸다'(歲徧)는 것이다. 제후는 나라가 있고, 나라에는 반드시 방향이 있다. 그 나라가 거처하는 방향에만 제사하고, 거처하는 방향이 아니거나 국경 안에 있지 않은 산천에는 모두 제사지낼 수 없다. 그러므로 '방사方祀'(관할지역이 해당하는 방위의 신에게 제사하는 것)라고 한 것이다. 呂氏曰: "此章泛論祭祀之法. 冬日至祭天, 夏日至祭地. 四時各祭其方, 以迎氣, 又各望祭其方之山川. '五祀', 則春祭戶, 夏祭竈, 季夏祭

中霤, 秋祭門, 冬祭行. 此所謂歲徧. 諸侯有國, 國必有方. 祭其所居之方而已, 非所居之方及山川不在境內者, 皆不得祭. 故曰'方祀.'"

전-9-2[곡례하 84]

천자는 희우犧牛를 쓰고, 제후는 비우肥牛를 쓰고, 대부는 색우索牛를 쓰고, 사는 양과 돼지를 쓴다.【구본에는 '淫祀無福' 아래 배치되어 있다】

天子以犧牛, 諸侯以肥牛, 大夫以索牛, 士以羊豕.【舊在'淫祀無福之下'】

集說 털빛이 순수하고 섞이지 않은 것을 '희犧'라고 한다. 우리에서 기른 것을 '비肥'라고 한다. 구해서 사용하는 것을 '색索'이라 한다. 毛色純而不雜, 曰'犧'. 養於滌者, 曰'肥'. 求得而用之, 曰'索'.

전-9-3[곡례하 117]

일반적으로 상대를 만날 때 주는 예물로 천자는 창주(鬯)를 사용하고, 제후는 명규(圭)를 사용하고, 경은 새끼 양(羔)을 사용하고, 대부는 기러기를 사용하고, 사士는 꿩을 사용하고, 서인은 집오리(鶩)를 사용한다. 동자는 (어른을 만날 때 자신이 가지고 간) 예물을 (지면에) 놓고 물러난다. 야외의 군대에서 예물이 없으면 말의 배에 메는 끈(纓), 활팔찌(拾), 화살(矢) 등도 예물로 사용할 수 있다.

凡摯, 天子鬯, 諸侯圭, 卿羔, 大夫鴈, 士雉, 庶人之摯匹. 童子委摯而退. 野外軍中無摯, 以纓·拾·矢可也.

[곡례하 118]

부인이 사용하는 예물은 호깨(椇), 개암(榛), 포(脯), 수(脩), 대추(棗), 밤(栗) 등이다.【구본에는 '不饒富' 아래 배치되어 있다】

婦人之摯, 椇·榛·脯·脩·棗·栗.【舊在'不饒富'之下】

集說 '지摯'는 지贄(예물)와 같은 의미다. 예물을 가지고 상견례를 한다. '창鬯'은 검은 기장을 빚어서 만든 술을 거창秬鬯이라고 부르는데, 울금鬱金 풀을 가지고 가미한 것을 울창鬱鬯이라고 부르고, 울금을 가미하지 않은 것을 그냥 창鬯이라고 부른다. 향기가 위아래로 퍼져나감을 말하는 것이다. 천자는 손님이 되는 예禮가 없다. 그러나 '예물'(摯)이라고 말한 것은 그것을 사용하여 예禮로써 (제후의 사당에서) 귀신에게 (자신이 이르렀음을) 보이는 것일 뿐이다. '규圭'는 명규命圭[41]이다. 공公은 환규桓圭를, 후侯는 신규信圭를, 백伯은 궁규躬圭를, 자子는 곡벽穀璧을, 남男은 포벽蒲璧[42]을 사용하는데, 여기서 벽璧을 말하지 않은 것은 생략한 것이다. '새끼 양'(羔)는 무리를 이루어 살며 무리를 잃지 않는 것과 깨끗한 점을 취한 것이다. '기러기'(鴈)는 때를 아는 점과 날아갈 때 대열을 이루는 것을 취한 것이다. '꿩'(雉)은 성질이 개결하고 꾸밈이 있는 점을 취한 것이다. '필匹'은 목鶩(집오리)으로 읽는다. 들오리를 부鳧라고 부르고, 집오리를 목鶩이라고 부른다. 날아오르지 못하는 것이 서인들이 평생 농사를 고수하는 것과 같다. 동자童子(미성년자)는 성인과 감히 대등한 예를 행하지 못한다. 더러 스승이나 벗을 만나면서 예물을 가져가는 경우 지면에다 예물을 놓고 물러나 비켜선다.

'영繼'은 말의 배를 메는 끈으로 곧 앙鞅(뱃대끈)이다. '습拾'은 활을 쏠 때 소매에 끼는 활팔찌(射韝)다. '시矢'는 화살이다. 더러는 들에서 더러는 군대 안에서 가지고 있는 형편에 따라 사용한다. '호깨나무'(椇)는 모양이 산호珊瑚와 비슷한데, 맛이 달아, 일명 석이石李라고도 한다. '개암나무'(榛)는 밤과 비슷한데 작다. '포脯'는 곧 오늘날의 포이다. '수脩'는 살코기를 두드려 생강과 계피를 가미하고 말린 것이다. 대추, 밤 등과 함께 여섯 가지 물건은 신부가 시부모를 처음 뵐 때 이것으로 예물을 삼는다. '摯', 與贄同. 執物以爲相見之禮也. '鬯', 釀秬黍爲酒曰秬鬯, 和以欝金之草則曰欝鬯, 不以欝和則直謂之鬯. 言其芬香條暢於上下也. 天子無客禮. 而言'摯'者用以禮見於神而已. '圭', 命圭也. 公桓圭, 侯信圭, 伯躬圭, 子穀璧, 男蒲璧, 此不言璧, 略也. '羔取其群而不失類且潔素也.' '鴈取其知時且飛有行列也.' '雉取其性之耿介且文飾也.' '匹', 讀爲鶩. 野鴨曰鳬, 家鴨曰鶩. 不能飛騰, 如庶人之終守耕稼也. 童子不敢與成人爲禮. 或見師友而執贄, 則奠委于地, 而自退避之也. '繼', 馬之繁繼, 卽馬鞅也. '拾', 射韝也. '矢', 箭也. 或野外或軍中, 隨所有用之也. '椇', 形似珊瑚, 味甛美, 一名石李. '榛', 似栗而小. '脯', 卽今之脯也. '脩', 用肉煅治加薑桂乾之. 幷棗栗六物, 婦初見舅姑, 以此爲摯也.

전-9-4[곡례하 61]

천자는 그윽하고 공경스러우며, 제후는 건장하고 성대하며, 대부는 가지런하고, 사는 날갯짓하듯 펼쳐지고, 서인은 잔걸음으로 총총 달려간다.【구본에는 '寡君之老' 아래 배치되어 있다】

天子穆穆, 諸侯皇皇, 大夫濟濟, 士蹌蹌, 庶人僬僬.【舊在'寡君之老'之下】

여씨呂氏(여대림呂大臨)는 말한다. "'목목穆穆'은 그윽하고 심원하며 조화롭고 공경스러운 모습이다. '황황皇皇'은 건장하고 성대하고 드러나고 밝은 모습이다. '제제濟濟'는 닦고 문식하여 가지런한 모습이다. '창창蹌蹌'은 날갯짓하듯 움직여 여유 있고 화창한 모습이다. 서인은 임금을 알현할 때 용모를 갖추지 않으며 나아가고 물러날 때 종종걸음으로 달린다. '초초儌儌'는 그 의미를 상고할 전거가 없지만, 대체로 급박하게 잔걸음으로 달려서 용모를 꾸미지 않는 모습이다." 呂氏曰: "穆穆, 幽深和敬之貌. '皇皇', 壯盛顯明之貌. '濟濟', 修飾齊一之貌. '蹌蹌', 翔擧舒揚之貌. 庶人見乎君不爲容, 進退趨走. '儌儌雖無所考, 大抵趨走促數, 不爲容之貌也."

전-9-5[곡례상 132]

천자를 위해서 참외를 깎을 때는 (깎고 나서) 네 조각으로 자른 다음 가로로 자르고, 가는 갈포를 사용하여 덮는다. 국군國君을 위해 참외를 깎을 때는 가운데를 자르고 굵은 갈포를 사용하여 덮는다. 대부大夫를 위해 참외를 깎을 때는 덮지 않는다. 사士의 경우는 꼭지만 따고 가운데를 자른다. 서인庶人은 자르지 않고 베어 물어 먹는다.【구본에는 '不用梜' 아래 배치되어 있다】

爲天子削瓜者副之, 巾以絺. 爲國君者華之, 巾以綌. 爲大夫累之. 士疐之. 庶人齕之.【舊在'不用梜'之下】

集說 소疏에서 말한다. "'삭削'은 깎는다는 것이요, '부副'는 자른다는 것이다. '치絺'는 가는 갈포이다. 껍데기를 깎고 네 조각으로 자른 다음 다시 가로로 자르고 가는 갈포로 덮어서 올린다. '화華'는 반으로 자르는 것이다.

'격綌'은 굵은 갈포이다. 제후는 예를 낮추므로 반으로만 자르고 네 조각으로 자르지 않는다. 그러나 또한 가로로 자르고 굵은 갈포로 덮어서 올린다. '루累'는 벗긴다는 것으로 수건으로 덮지 않는 것을 말한다. '체羹'는 꽃이 떨어져나간 꼭지 부분으로 '꼭지를 딴다'(羹之)는 것은 꼭지만 제거한다는 것이다. '흘齕'은 베어 물어 먹는 것이다. 베어 물어 먹는다고 함은 가로로 자르지 않는 것이다." ○ 유씨劉氏(유이劉彝)는 말한다. "대부 이상은 모두 '위해서'(爲)라는 말을 쓰고 있는데, 유사有司(담당관)가 그 일을 하기 때문이다. 사士와 서인庶人에 대해서는 '위해서'(爲)라는 말을 쓰지 않았는데, 자신이 그 일을 하기 때문이다." 疏曰: "'削', 刊也, '副', 析也. '絺', 細葛也. 刊其皮而析爲四解, 又橫解而以細葛巾覆之而進也. '華', 半破也. '綌', 麤葛也. 諸侯禮降, 故破而不四析. 亦橫斷之, 用麤葛巾覆之而進也. '累', 倮也, 不巾覆也. '羹', 謂脫花處, '羹之'者, 去羹而已. '齕', 齧也. 齕之, 不橫斷也." ○ 劉氏曰: "大夫以上, 皆曰'爲'者, 有司爲之也. 士庶人, 不曰'爲'者, 自爲之也."

전-9-6[**곡례하 1**]

무릇 기물을 받들 때는 가슴 높이로 받들고, 들 때는 (심의深衣의) 띠 높이로 든다.

凡奉者當心, 提者當帶.

[**곡례하 2**]

천자의 기물(器)을 잡을 때는 가슴보다 높게 하여 잡고, 제후의 기물을 잡을 때는 가슴과 나란하게 하여 잡고, 대부의 기물을 잡을 때는 가슴보다 아래로 내려서 잡고, 사의 기물을 잡을 때는 (심의

深衣의) 띠 높이로 하여 잡는다.【구본에는 「곡례하曲禮下」 처음에 배치되어 있다】

執天子之器則上衡, 國君則平衡, 大夫則綏之, 士則提之.【舊在下篇之首】

集說 소疏에서 말한다. "물건은 받들어야 할 때가 있고, 들어야 할 때가 있다. 받들 때에는 손을 올려 가슴에 닿게 하고, 들 때에는 팔을 구부려 띠의 높이로 든다. '상上'은 높게 한다는 뜻이다. '형衡'은 나란히 한다는 뜻이다. '평平'은 바로 가슴 높이다." 疏曰: "物有宜奉持者, 有宜提挈者. 奉者仰手當心, 提者屈臂當帶. '上', 高也. '衡', 平也. '平', 正當心."

전-9-7【곡례하 110】

천자를 볼 때는 동정(袷) 위로 올라가지 않고, 허리띠 아래로 내려가지 않는다. 제후를 볼 때는 얼굴 아래 옷깃 위 사이를 본다. 대부를 볼 때는 나란하게 얼굴을 본다. 사를 볼 때는 좌우 5보 사이에서 곁에서 볼 수 있다.

天子視, 不上於袷, 不下於帶. 國君綏視. 大夫衡視. 士視五步.

【곡례하 111】

무릇 상대를 볼 때, 얼굴보다 위를 보면 오만한 것이고, 허리띠 아래를 보면 근심하는 것이고, 흘겨보면 간사한 것이다.【구본에는 '短折曰不祿' 아래 배치되어 있다】

凡視, 上於面則敖, 下於帶則憂, 傾則姦.【舊在‘短折曰不祿’之下】

集說 ‘천자시天子視’는 천자를 본다는 뜻이다. ‘겁袷’은 조복朝服이나 제복祭服의 둥근 동정(曲領)이다. ‘타綏’는 떨구는 모습이다. 제후를 보는 자는 눈이 상대의 얼굴과 나란하게 볼 수 없고 얼굴 아래 동정 위를 보아야 한다. ‘형衡’은 나란하다(平)는 뜻이다. 대부의 신하가 대부를 볼 때는 그 얼굴을 나란하게 본다. ‘사시오보士視五步’는 사의 속리屬吏가 사를 볼 때에도 또한 얼굴 위나 허리띠 아래를 볼 수 없지만, 곁으로 좌우 5보 사이 안을 볼 수 있다는 것이다. (여대림이 말했다.) “‘얼굴보다 위로 올려본다’(上於面)는 것은 그 기운이 교만한 것이니, 남에게 자신을 낮추지 못함을 알 수 있다. ‘허리띠 아래로 내려다본다’(下於帶)는 것은 그가 정신을 빼앗긴 것이니, 근심이 마음에 있음을 알 수 있다. 시선이 흐르면 용모가 기울게 되니, 반드시 부정한 마음이 가슴속에 있는 것이다. 이것이 군자가 신중히 하는 이유이다.” ‘天子視’, 謂視天子也. ‘袷’, 朝服·祭服之曲領也. ‘綏’, 頷下之貌. 視國君者, 目不得平看於面, 當視其面之下袷之上也. ‘衡’, 平也. 大夫之臣視大夫, 平看其面也. ‘士視五步’者, 士之屬吏視士,[43] 亦不得高面下帶, 而視上[44]得旁視左右五步之間也. ‘上於面, 則[45]其氣驕, 知其不能以下人矣. ‘下於帶則[46], 其神奪, 知其憂在乎心矣. 視流則容側, 必有不正之心存乎胸中矣. 此君子之所以愼也.”

전-9-8[곡례상 180]

임금이 가름대를 잡고 식式을 하면, 대부는 자신의 수레에서 내린다. 대부가 가름대를 잡고 식을 하면, 사士는 자신의 수레에서 내린다. 예禮는 아래로 서인에게까지 미치지 않는다.

國君撫式, 大夫下之. 大夫撫式, 士下之. 禮不下庶人.

[곡례상 181]

형벌은 위로 대부에게까지 미치지 않는다.

刑不上大夫.

[곡례상 182]

형형벌을 받은 사람은 임금의 곁에 있지 못한다.【구본에는 '不失色於人'

아래 배치되어 있다】

刑人不在君側.【舊在'不失色於人'之下】

集說 이 구절은 길에서 서로 만나 임금이 대부에게 가름대를 잡고 식式

을 하여 예의를 표하면 대부가 자신의 수레에서 내리고, 대부가 사士에게

가름대를 잡고 식式을 하면 사가 수레에서 내려오는 것을 말하며, 서인은

해당되지 않기 때문에 '예는 아래로 서인에게까지 내려오지 않는다'(禮不下

庶人)고 말한 것이다. 대부가 어쩌다 죄를 지으면, 팔의八議로 정한다. 팔의

에서 사면하는 대상이 못 되면 형벌을 받는다. 여기서 '위로 대부에게까지

미치지 않는다'(不上大夫者)고 한 것은 대부에 대한 형률을 제정하지 않은 것

이 서인을 위한 예를 제정하지 않은 것과 같음을 말한 것이다. '형벌을 받

은 사람은 임금의 곁에 있지 못한다'는 것은 임금은 유덕한 인물을 가까이

해야 옳기 때문이며, 또한 원한으로 변란을 일으킬 염려가 있기 때문이다.

문지기가 여제餘祭를 시해한 사건은 형벌을 받은 사람이 곁에 있어 일어난

화였다.[47] 此爲相遇於途, 君撫式以禮大夫, 則大夫下車, 大夫撫式以禮士, 則士下車,

庶人則否, 故云'禮不下庶人'也. 大夫或有罪, 以八議定之. 議所不赦, 則受刑. 此云'不上

大夫者', 言不制大夫之刑, 猶不制庶人之禮也. 刑人不在君側者, 言[48]人君當近有德之

人49), 又以慮其怨恨而爲變也. 閽弒餘祭者50), 是51)刑人在側之禍也.

제후는 봄철 사냥에 연못을 사면으로 포위하지 않고, 대부는 뭇 짐 승을 엄습해서 사냥하지 않고, 사는 새끼나 알을 잡지 않는다.

國君春田不圍澤, 大夫不掩群, 士不取麛卵.

[곡례하 33]

흉년이 들어 그해 곡식이 익지 않으면, 군주는 음식을 먹을 때 고 기의 폐를 고수레하지 않고, 말에게 곡식을 먹이지 않으며, 말을 달리는 도로(馳道)를 닦지 않으며, 제사지낼 때 경쇠나 종 같은 악기 를 걸어두지 않는다. 대부는 정찬에 기장을 추가하여 먹지 않고, 사는 술을 마시되 악樂은 쓰지 않는다.

歲凶年穀不登, 君膳不祭肺, 馬不食穀, 馳道不除, 祭事不縣. 大 夫不食梁, 士飮酒不樂.

[곡례하 34]

군주는 특별한 일이 없는 한 옥玉을 몸에서 떼지 않는다. 대부는 특별한 일이 업는 한 경쇠와 종을 치우지 않는다. 사는 특별한 일 이 없는 한 금슬琴瑟을 치우지 않는다.【구본에는 '男女相答拜' 아래 배치 되어 있다】

君無故玉不去身. 大夫無故不徹縣. 士無故不徹琴瑟.【舊在'男女相 答拜之下】

集說 '춘전春田'은 봄철의 사냥이다. 연못은 넓기 때문에 '포위한다'(圍)고 하였고, 무리는 모이기 때문에 '엄습한다'(掩)고 한 것이다. '미麛'는 사슴의 새끼지만, 일반적으로 짐승의 새끼도 '미'라고 통칭한다. 새끼와 알은 작기 때문에 '잡는다'(取)고 한 것이다. 군주·대부·사는 지위에 차등이 있기 때문에 잡는 데도 각각 한계가 있다. '선膳'은 좋은 음식을 말한다. '폐肺'는 기氣의 주인인데, 주나라에서 중시되었다. 그래서 식사를 할 때 반드시 먼저 고기의 폐를 고수레하였다. '폐를 고수레하지 않는다'(不祭肺)고 말한 것은 희생을 죽여서 성찬을 만들지 않음을 보여주는 것이다. '치도馳道'는 군주가 수레와 말을 달리는 도로이다. '부제不除'는 쓸고 닦지 않는다는 뜻이다. 제사지낼 때에는 반드시 종과 경쇠를 악기 틀에 걸어놓고 연주하는 것이 있다. 이제 '걸어두지 않는다'(不懸)는 것은 악樂을 사용하지 않는다는 말이다. '春田', 蒐獵也. 澤廣, 故曰'圍', 群聚, 故曰'掩'. '麛', 鹿子, 凡獸子, 亦通名之. 麛卵微故曰'取'. 君·大夫·士, 位有等降, 故所取各有限制. '膳者', 美食之名. '肺爲氣主, 周人所重. 故食必先祭肺. 言'不祭肺', 示不殺牲爲盛饌也. '馳道', 人君驅馳車馬之路. '不除', 不掃除也. 祭必有鍾磬之懸. 今'不懸', 言不作樂也.

대부가 제후를 알현하면 제후는 그의 수고로움에 배례한다. 사가 대부를 알현하면 대부는 그의 수고로움에 배례한다. 같은 나라 사람이 처음 상견할 때는 주인이 손님의 수고로움에 배례한다.
大夫見於國君, 國君拜其辱. 士見於大夫, 大夫拜其辱. 同國始相見, 主人拜其辱.

'제후가 대부의 수고로움에 절한다'(君拜大夫之勞), '대부가 사의 수고로움에 배례한다'(大夫拜士之勞)는 것은 모두 처음 대부가 되거나 처음 사가 되어 찾아와서 알현하는 경우를 말한 것이다. 이 이후 조정에서 만나게 되면 일반적인 예를 행한다. '君拜大夫之勞', '大夫拜士之勞', 皆謂初爲大夫·初爲士而來見也. 此後朝見, 則有常禮矣.

살피건대, 이 경문은 다른 나라의 군주와 대부와 상견례하는 것을 말한 것이다. 그러므로 그 아래 문장에 특별히 같은 나라 사람 사이에 상견례하는 것을 들어서 말하였다. 따라서 다른 나라의 경우임을 알 수 있다. 다른 나라의 대부는 자신의 신하가 아니기 때문에 그의 수고로움에 대하여 답배하는 것이다. 近按, 此言異國之君·大夫相見之事. 故其下文特擧同國相見以言之. 則其爲異國可知矣. 異國大夫非其臣, 故答其辱也.

전-9-11[곡례하 30]

군주는 사에 대해서 답배하지 않지만 자기 신하가 아니면 답배한다. 대부는 자기 신하에 대해서 그가 아무리 천하더라도 반드시 답배한다.

君於士, 不答拜也, 非其臣, 則答拜之. 大夫於其臣, 雖賤, 必答拜之.

[곡례하 31]

남자와 여자는 서로 답배한다.【구본에는 '無不答拜' 아래 배치되어 있다】

男女相答拜也.【舊在'無不答拜'之下】

[곡례상 218]

갑옷을 입은 군사는 배례를 하지 않는다. 배례를 하다가 반절하는 것이[52] 되기 때문이다.【구본에는 '必自御' 아래 배치되어 있다】

介者不拜. 爲其拜而蓌拜.【舊在'必自御'之下】

集說 '개介'는 갑옷이다. ○ 주자는 말한다. "'반절한다'(蓌)는 것은 받쳐서 지탱하는 것(갑옷)이 있어 몸을 굽히고 펴기에 용이치 않음을 말하는 것이다." '介', 甲也. ○ 朱子曰: "蓌'猶言有所枝拄, 不利屈伸也."

전-9-12 [곡례상 184]

사관은 붓을 싣고, 사士[53]는 언사言辭(과거 회맹과 회동 때 했던 말을 기록한 것)를 싣는다.【구본에는 '德車結旌' 아래 배치되어 있다】

史載筆, 士載言.【舊在'德車結旌'之下】

[곡례하 72]

사람을 비견할 때에는 반드시 같은 부류끼리 해야 한다.【구본에는 '不服其藥' 아래 배치되어 있다】

儗人必於其倫.【舊在'不服其藥'之下】

集說 소疏에서 말한다. "신분이 높은 사람을 신분이 천한 사람과 비견하지 못하니 불경스럽기 때문이다." 疏曰: "不得以貴比賤, 爲不敬也."

權近 살피건대, 이 경문은 해당하는 유형이 없다. 그러나 '붓을 싣고' '언사를 싣는다'는 것은 모두 사람을 비교하는 일이 반드시 있기 때문에 여기

에 붙인다. 近按, 此無其類. 然'載筆'·'載言', 皆必有儗人之事, 故附之.

전-9-13**[곡례상 193]**

사방 교외에 루壘(방어진지)가 많은 것, 이것은 경대부의 치욕이다.
토지가 광대한데 잡초가 우거지고 관리되지 않는 것, 이것은 또한
사士의 치욕이다.【구본에는 '不同國' 아래 배치되어 있다】

四郊多壘, 此卿大夫之辱也. 地廣大, 荒而不治, 此亦士之辱也.【舊
在'不同國'之下】

集說 '루壘'는 군대를 주둔시키는 진지다. 경대부가 국사를 잘 도모하지
못하여 자주 침공을 당하기 때문에 방어진지가 많게 된다. 땅이 넓은데 사
람이 적은 것과, 잡초가 우거지고 관리되지 않는 것, 이 두 가지는 본래
모두 경대부의 책임이다. 사士는 지위가 낮아 국사를 도모하는 일에 참여
하지 못하지만, 향촌 경작지의 일은 그의 직무기 때문에 '또한 사의 치욕이
다'(亦士之辱)라고 말한 것이다. '壘'者, 屯軍之壁. 卿大夫不能謀國, 數見侵伐, 故多
壘. 土廣人稀, 荒穢不理, 此二者固皆卿大夫之責. 土卑不與謀國, 而田里之事, 則其職也,
故言'亦士之辱.'

전-9-14**[곡례하 37]**

제후가 그 나라를 떠나면, 그를 만류하면서 "어찌 사직을 버리십니
까?"라고 말한다. 대부인 경우에는 "어찌 종묘를 버리십니까?"라고

말한다. 사인 경우에는 "어찌 분묘墳墓(선영)를 버리십니까?"라고 말한다. 제후는 사직을 위해 죽고, 대부는 제후의 군대를 위해 죽고, 사는 제후의 명령을 위해 죽는 것이다.【구본에는 '拜而后對' 아래 배치되어 있다】

國君去其國, 止之曰: "奈何去社稷也?" 大夫, 曰: "奈何去宗廟也?" 士, 曰"奈何去墳墓也?" 國君死社稷, 大夫死衆, 士死制.【舊在 '拜而后對'之下】

集說 '사직을 위해 죽는다'(死社稷)는 것은 나라가 망하면 함께 망한다는 뜻이다. '제후의 군대를 위해 죽는다'(死衆)는 것은 죄인을 토벌하고 적을 방어하다가 패하면 죽는다는 뜻이다. '명령을 위해 죽는다'(死制)는 것은 제후에게 명을 받으면 어려움이 닥쳐도 구차하게 빠져나오지 않는다는 뜻이다.

○ 방씨方氏(방각方慤)는 말한다. "제후의 경우에는 사직을 위해 죽는다고 말하면서도 대부와 사의 경우에 종묘나 분묘를 위해 죽는다고 말하지 않은 것은 무엇 때문인가? 떠나는 것을 만류하는 것은 사사로운 정(私情)에 머무는 것이고, 그 일을 위해서 죽는 것은 공적인 의리에 머무는 것이기 때문이다." 死社稷', 謂國亡與亡也. '死衆', 謂討罪禦敵, 敗則死之也. '死制', 受命於君, 難毋苟免也. ○ 方氏曰: "國君曰死社稷, 而大夫 · 士不曰死宗廟 · 墳墓, 何也? 蓋止其去者, 存乎私情, 死其事者, 止乎公義也."

權近 이상은 전傳의 제9장이다. 右傳之第九章.
천자에서 서인에 이르기까지 신분의 높고 낮은 차이에 따라 여러 행동양식(儀則)이 다른 예를 말하였다. 言自天子至於庶人, 尊卑小大儀則 不同之禮也.

전-10-1[곡례하 86]

무릇 종묘에 제사지내는 예에서 소는 '일원대무一元大武(한 마리 발이
큰 소)라고 부른다.

凡祭宗廟之禮, 牛曰'一元大武'.

[곡례하 87]

큰 돼지(豕)는 '강렵剛鬣(갈기가 굳센 돼지)이라 부른다.

豕曰'剛鬣'.

[곡례하 88]

새끼돼지(豚)는 '돌비腯肥(충만하게 살찐 돼지)라고 부른다.

豚曰'腯肥'.

[곡례하 89]

양羊은 '유모柔毛'(털이 부드러운 양)라고 부른다.

羊曰'柔毛.'

[곡례하 90]

닭(雞)은 '한음翰音'(길게 우는 닭)이라 부른다.

雞曰'翰音'.

[곡례하 91]

개(犬)는 '갱헌羹獻'(고깃국으로 끓여 바친 개)이라고 부른다.

犬曰'羹獻'.

[곡례하 92]

꿩(雉)은 '소지疏趾'(발이 벌어진 꿩)라고 부른다.

雉曰'疏趾'.

[곡례하 93]

토끼(兎)는 '명시明視'(시력이 밝은 토끼)라고 부른다.

兎曰'明視'.

[곡례하 94]

포脯는 '윤제尹祭'(반듯하여 제사에 올릴 만한 포)라고 부른다.

脯曰'尹祭'.

[곡례하 95]

말린 생선(槁魚)은 '상제商祭'(적절히 건조시켜 제사에 올릴 만한 생선)라고 부른다.

槁魚曰'商祭'.

[곡례하 96]

신선한 생선(鮮魚)은 '정제脡祭'(곧아서 제사에 올릴 만한 생선)라고 부른다.

鮮魚曰'脡祭'.

[곡례하 97]

물(水)은 '청척淸滌'(맑아 씻을 수 있는 물)이라고 부른다.

水曰'淸滌'.

[곡례하 98]

술(酒)은 '청작淸酌'(맑은 술)이라고 부른다.

酒曰'淸酌'.

[곡례하 99]

찰기장(黍)은 '향합薌合'(향기롭고 차진 찰기장)이라 부른다.

黍曰'薌合'.

[곡례하 100]

기장(粱)은 '향기薌萁'(향기롭고 단단한 기장)라고 부른다.

粱曰'薌萁'.

[곡례하 101]

메기장(稷)은 '명자明粢'(밝은 자성)라고 부른다.

稷曰'明粢'.

[곡례하 102]

벼(稻)는 '가소嘉蔬'(아름답고 성근 벼)라고 부른다.

稻曰'嘉蔬'.

[곡례하 103]

부부추(韭)는 '풍본豐本'(풍성한 뿌리의 부추)이라고 부른다.

韭曰'豐本'.

[곡례하 105]

소금(鹽)은 '함차鹹鹺'(짠맛이 진한 소금)라고 부른다.

鹽曰'鹹鹺'.

[곡례하 105]

옥玉은 '가옥嘉玉'(아름다운 옥)이라고 부른다.

玉曰'嘉玉'.

[곡례하 106]

> 폐백(幣)은 '양폐量幣'(도수에 맞는 폐백)라고 부른다.【구본에는 '必告于宗子' 아래 배치되어 있다】
>
> 幣曰'量幣'.【舊在'必告于宗子'之下】

集說 이 이하는 모두 21가지 제물祭物이다. '원元'은 마리(頭)의 뜻이다. '무武'는 발자국이다. 소는 살이 찌면 발자국이 커진다. 돼지(豕)는 살이 찌면 갈기가 굳세진다. '돌腯'은 충만한 모습이다. 양은 살이 찌면 털이 가늘고 부드러워진다. '한翰'은 길다는 뜻이다. 닭은 살이 찌면 울음소리가 길어진다. 개가 살이 찌면 고깃국을 만들어서 제물로 올릴 수 있다.54) 꿩은 살이 찌면 두 발 사이가 벌어진다. 그러므로 '소지疏趾'라고 한다. 토끼는 살이 찌면 눈동자가 열려서 시력이 밝다. 그러므로 '명시明視'라고 한다. '윤尹'은 바르다는 뜻이다. 포脯는 펴서 자를 때 네모반듯하게 하기를 바란다. '고槀'는 말린다는 뜻이다. '상商'은 헤아린다는 뜻이다. 그 건조하고 습한 정도의 적당함을 헤아리는 것이다. '정脡'은 곧다는 뜻이다. 물고기가 신선한 것은 썩고 문드러지지 않아 정연히 곧다. '물'(水)은 현주玄酒55)이다. 물은 그것으로 세탁할 수 있다. 그러므로 '청척淸滌'이라고 한다. 옛날의 술과 단술에는 모두 청주(淸)가 있고 전국(糟)이 있다. 아직 거르지 않은 것을 전국이라 하고, 이미 거른 것을 청주라고 한다. 기장이 익으면 차져서 흩어지지 않고, 그 냄새가 또 향기롭다. 그러므로 '향합薌合'이라 한다. '기장'(粱)은 곡식 가운데 단단한 것이다. 그 줄기와 잎이 또한 향기롭기 때문에 '향기薌萁'라고 한다. '직稷'은 조(粟)이다. 밝으면 신과 교접할 수 있다. 제사에 올리는 밥을 '자성粢盛'이라 한다. '소蔬'는 소疏(성글다)와 같은 뜻이다. 벼 싹을 심은 것이 (잡초를 제거하여) 성글면 무성하고 아름답다.56) 부추는 그 뿌리가 풍부하고 무성하기 때문이다. '함차鹹嗟'는 짠 맛이 진한 것이다. '가

옥嘉玉'은 흠이 없는 옥이다. '양폐量幣'는 넓이와 길이의 도수에 알맞게 하는 것이다. 此以下凡二十一物. '元', 頭也. '武', 足迹也. 牛肥則迹大. 豕肥則鬣剛. '腯者, 充滿之貌. 羊肥則毛細而柔弱. '翰', 長也. 雞肥則鳴聲長. 犬肥則可爲羹以獻. 雉肥則兩足開張, 故曰'疏趾'. 兎肥則目開而視明. 故曰'明視'. '尹', 正也. 脯欲剸割方正. '槀', 乾也. '商', 度也. 商度其燥濕之宜. '脡', 直也. 魚之鮮者不餒敗, 則挺然而直. '水', 玄酒也. 水可漑濯. 故曰'淸滌'. 古之酒醴, 皆有淸有糟. 未沛者爲糟, 旣沛者爲淸也. 黍熟則黏聚不散, 其氣又香. 故曰'薌合.' '梁', 穀之强者. 其莖葉亦香, 故曰'薌萁.' '稷', 粟也. 明則足以交神. 祭祀之飯謂之粢盛. '蔬', 與疏同. 立苗疏, 則茂盛嘉美也. 韭57), 其根本豐盛也. '鹹嵯', 鹽味之厚. 嘉玉,58) 無瑕之玉也. 量幣,59) 中廣狹長短之度也.

전-10-2[곡례하 116]

대향大享의 제사에는 점을 치지 않으며, 제사음식을 많이 진설하지 않는다.【구본에는 '對以禮' 아래 배치되어 있다】

大享不問卜, 不饒富.【舊在'對以禮'之下】

集說 여씨呂氏(여대림呂大臨)는 말한다. "동지에 하늘에게 제사하고, 하지에 대지에게 제사한다. 제사하는 날짜가 본래 정해져 있어 점을 쳐 묻지 않는다. 공경을 지극히 하는 경우는 제단을 만들지 않고 땅을 쓸고 제사한다. 희생은 송아지를 쓰고, 술잔은 질그릇과 바가지를 쓰며, 자리는 짚으로 만든 자리를 쓴다. 세상의 어떤 물건을 가지고 해도, 그 덕에 걸맞게 할 수가 없다. 적은 것을 귀하게 여기므로 제사음식을 많이 차리지 않는다." 呂氏曰: "冬至祀天, 夏至祭地. 日月素定, 故不問卜. 至敬不壇, 掃地而祭. 牲用犢, 酌用陶·匏, 席用藳秸. 視天下之物, 無以稱其德. 以少爲貴焉, 故不饒富."

무릇 제사는 폐지하였으면 감히 다시 세우지 않는다. 세워진 것이면 감히 폐지하지 않는다. 자신이 제사할 대상이 아닌데 제사지내는 것을 '음사淫祀'라고 한다. 음사는 복이 없다.【구본에는 '土祭其先' 아래 배치되어 있다】

凡祭, 有其廢之, 莫敢擧也. 有其擧之, 莫敢廢也. 非其所祭而祭之, 名曰'淫祀'. 淫祀無福.【舊在'土祭其先'之下】

集說 여씨呂氏(여대림呂大臨)는 말한다. "'폐지하였다면 감히 다시 세우지 않는다'(廢之, 莫敢擧)는 것은 예를 들면 이미 철거된 종묘와 변경시킨 사직을 다시 제사할 수 없는 것이다. '세워진 것이면 감히 폐지하지 않는다'(擧之, 莫敢廢)는 것은 예를 들어 이미 세워놓은 제단을 곧 허물거나, 이미 정해놓은 소목의 순서를 곧 바꾸어버리는 것과 같은 것이다. '제사 대상이 아닌데 제사지낸다'(非所祭而祭之)는 것은 규정상 제사지낼 수 없거나, 제사지내서는 안 되는데 제사지내는 것 같은 것이다. 呂氏曰: "'廢之, 莫敢擧', 如已毁之宗廟, 變置之社稷, 不可復祀也. '擧之, 莫敢廢', 如已修之壇墠而輒毁, 已正之昭穆而輒變也. '非所祭而祭之', 如法不得祭, 與不當祭, 而祭之者也.

임금의 제사를 돕는 사람은 반드시 자신의 조狙(제육)[60]를 직접 거둔다.【구본에는 '牲死則埋之' 아래 배치되어 있다】

凡祭於公者, 必自徹其狙.【舊在'牲死則埋之'之下】

[곡례상 129]

준餕의 남은 음식으로는 제사하지 않는다. 먹고 남은 음식으로는 아버지가 자식에게 제사하지도, 남편이 아내에게 제사하지도 않는다.[61]【구본에는 '其餘皆寫' 아래 배치되어 있다】

餕餘不祭. 父不祭子, 夫不祭妻.【舊在'其餘皆寫'之下】

集說 이 경문은 군주의 제사를 도와 얻은 조육組肉의 나머지 음식을 가지고 또 제사를 드릴 수 없음을 말하는 것이다. 비록 아버지의 높은 지위라고 해도 준餕으로 자식에게 제사하지 않으며, 남편의 지위라고 해도 준餕으로 처에게 제사하지 않는다. 此謂助祭於公, 所得組肉之餕餘, 不可又用而祭之. 雖父之尊, 不以祭其子, 夫之尊, 不以祭其妻也.[62]

전-10-5[곡례상 162]

예에 이르기를 "군자는 손자를 안고 자식을 안지 않는다"고 하였다. 이것은 손자가 할아버지의 시尸가 될 수 있지만, 자식이 아버지의 시尸가 될 수 없음을 말한다. 군주의 시尸가 된 사람은 대부大夫와 사士가 그를 보면 수레에서 내린다. 시尸가 되는 사람임을 알았을 때는 임금도 수레에서 스스로 내린다. 시尸는 (수레에서 내리지 않고) 임금에게 반드시 인사(式)[63]를 한다. 수레를 타고 있을 때 시尸는 반드시 안석에 의지한다.【구본에는 '以全交也' 아래 배치되어 있다】

禮曰: "君子抱孫不抱子." 此言孫可以爲王父尸, 子不可以爲父

尸. 爲君尸者, 大夫士見之, 則下之. 君知所以爲尸者, 則自下之. 尸必式. 乘必以几. 【舊在'以全交也'之下】

集說 여씨呂氏는 말한다. "손자를 안고 자식을 안지 않는다'는 말은 옛 예경禮經의 말이다. 「증자문曾子問」(3-16)에 '손자가 어리면 사람을 시켜 안고 있게 한다'라고 하였다. 손자를 안는다는 말은 손자가 어리기 때문에 나온 말이고 시尸는 반드시 손자로 세움을 밝힌 것으로 소목昭穆이 같기 때문이다. 고대에 제사를 지낼 때 반드시 시尸를 두었다. 시尸는 귀신의 상징이다. 주인이 시尸를 섬기는 것은 자식으로서 아버지를 섬기는 것이다. 시尸는 반드시 시초점(筮)을 쳐서 귀신에게 물으며 감히 마음대로 정하지 않는다. 산재散齋64) 기간에 더러 길에서 만나는 수가 있기 때문에, 시尸를 대하면 수레에서 내리는 예법이 있는 것이다. 呂氏曰: "抱孫不抱子', 古禮經語也. 「曾子問」曰: '孫幼則使人抱之.' 抱孫之爲言, 生於孫幼, 且明尸必以孫, 以昭穆之同也. 古之祭祀必有尸. 尸神象也. 主人之事尸, 以子事父也. 尸必筮求諸神而不敢專也. 在散齋之日, 或道遇之, 故有爲尸下之禮.

權近 살피건대, 이상은 종묘 제사의 예를 말한 것이다. 近按, 右言宗廟祭祀之禮.

전-10-6[곡례상 167]

살아 있는 사람의 일에 대해서는 사망한 다음 날부터 수를 세고, 죽은 사람의 일에 대해서는 사망한 날부터 수를 센다.【구본에는 '處於內' 아래 배치되어 있다】

生與來日, 死與往日.【舊在'處於內'之下】

集說 '여與'는 수를 헤아린다는 뜻과 같다. 성복成服과 상장喪杖은 살아 있는 사람과 관련된 일이다. 사망한 다음 날부터 날짜를 세어 3일이 된다. 소렴小斂, 대렴大斂, 빈궁을 차리는 일 등은 죽은 사람과 관련된 일이다. 사망한 날부터 날짜를 세어 3일이 된다. 여기서 "3일째 되는 날 성복成服을 한다"[65]고 한 말은 곧 사망한 날부터 4일째 되는 날이다. '與', 猶數也. 成服·杖, 生者之事也. 數死之明日爲三日. 斂·殯, 死者之事也. 從死日數之爲三日. 是 "三日成服"者, 乃死之第四日也.

전-10-7 **[곡례상 203]**

바깥의 일은 양陽의 날짜(剛日)에 하고, 집안의 일은 음陰의 날짜(柔日)에 한다.

外事以剛日, 內事以柔日.

[곡례상 204]

점치는 날짜가 열흘 밖의 날이면 '멀리 있는 아무 날'이라고 하고, 열흘 이내의 날이면 '가까이 있는 아무 날'이라고 한다. 상사喪事에는 멀리 있는 날을 먼저 점치고, 길사吉事는 가까이 있는 날을 먼저 점친다.

凡卜筮日, 旬之外, 曰'遠某日', 旬之內, 曰'近某日'. 喪事先遠日, 吉事先近日.

[곡례상 205]

이르기를 "날짜를 위하여 너 위대한 거북의 항상됨을 빌리고, 너 위대한 시초의 항상됨을 빌린다"라고 한다. 점을 치는 것은 세 번을 초과하지 않는다. 거북점과 시초점은 (한 가지 사안에) 서로 이어서 치지 않는다.

曰: "爲日, 假爾泰龜有常, 假爾泰筮有常." 卜筮不過三. 卜筮不相襲.

[곡례상 206]

거북으로 거북점을 치고 점대로 시초점을 친다. 점을 치는 것은 선대의 성왕들께서 백성들이 시기와 날짜를 믿게 하고 귀신을 공경하고 법령을 두려워하게 한 방법이다. 백성들이 혐의嫌疑를 결정하고 의심스러운 것을 결정하게 한 방법이다. 그러므로 "의심이 나서 점을 치면 비난하는 사람이 없다. 그날에 일을 시행하면 반드시 길하다"라고 말한다.【구본에는 '入門而問諱' 아래 배치되어 있다】

龜爲卜, 筮爲筮. 卜筮者, 先聖王之所以使民信時日, 敬鬼神, 畏法令也. 所以使民決嫌疑, 定猶與也. 故曰: "疑而筮之, 則弗非也. 日而行事, 則必踐之."【舊在'入門而問諱'之下】

集說　간지 중에 갑甲, 병丙, 무戊, 경庚, 임壬이 들어가는 날이 '강일剛日'이되고, 을乙, 정丁, 기己, 신辛, 계癸가 들어가는 날이 '유일柔日'이 된다. '바깥의 일'은 군사를 훈련시키는 것·순수巡狩·조빙朝聘·회맹會盟 등의 부류를 가리킨다. '집안의 일'은 종묘宗廟의 제사와 관례·혼례 등의 일을 가리킨다. '가假'는 따르다 또는 의탁하다는 뜻이다. '태泰'는 위로 높이는 말이

다. '유상有常'은 길흉의 판단이 신빙할 만함을 말한다. '세 번을 초과하지 않는다'(不過三)는 것은 한 번 점을 쳐서 길하지 않으면, 다시 점을 치고, 세 번째까지 점을 쳐도 끝까지 길하지 않으면 중지하고 행사를 시행하지 않는다. '습襲'은 잇는다는 뜻이다. 거북점을 쳐서 길하지 않으면 중단하며, 이어서 시초점으로 바꾸어 점쳐서는 안 된다. 시초점이 길하지 않은 경우 역시 마찬가지다. '협筴'은 시초蓍草(점치는 재료로 사용되는 풀)이다. '천'은 '리履'(밟는다, 지킨다)의 뜻이다. '유猶'는 짐승 이름이고, '여與' 역시 짐승 이름이다. 두 짐승 모두 나아가고 물러나는 데 의심이 많아, 사람들 가운데 의혹을 많이 품는 사람들이 그와 비슷하므로 유여猶與라고 부른다. ○ 이상은 점칠 때 날짜를 정하는 예법에 대하여 말한 것이다. 甲丙戊庚壬爲剛, 乙丁己辛癸爲柔. 外事, 如治兵·巡狩·朝聘·盟會之類. 內事, 如宗廟之祭·冠昏之類.66) '假', 因也託也. '泰'者, 尊上之辭. '有常', 言其吉凶常可憑信也. '不過三'者. 一不吉, 至再至三, 終不吉, 則止而不行. '襲', 因也. 卜不吉則止, 不可因而更筮. 筮不吉. 亦然.67) '筴', 著也. '踐', 履也, '猶', 獸名, '與', 亦獸名. 二物皆進退多疑, 人之多疑惑者似之, 故謂之猶與. ○ 右言卜筮擇日之法.68)

전-10-8[곡례상 107]

자식의 이름을 지을 때, 나라이름으로 짓지 않고, 날과 달을 표시하는 말로 짓지 않고, 숨겨진 병(隱疾)으로 짓지 않고, 산과 강의 이름으로 짓지 않는다.【구본에는 '筋力爲禮' 아래 배치되어 있다】

名子者, 不以國, 不以日月, 不以隱疾, 不以山川.【舊在'筋力爲禮'之下】

[곡례상 110]

아버지 앞에서 자식은 (어떤 사람을 거론할 때) 그 사람의 이름을 말하고, 군주 앞에서 신하는 (어떤 사람을 거론할 때) 그 사람의 이름을 말한다.【구본에는 '二十冠而字' 아래 배치되어 있다】

父前子名, 君前臣名.【舊在'二十冠而字'之下】

[곡례하 66]

자식이 부모에게 자신을 말할 때는 이름을 말한다.【구본에는 '自稱曰婢子' 아래 배치되어 있다】

子於父母, 則自名也.【舊在'自稱曰婢子'之下】

權近 살피건대, 위에서 '아버지 앞에서는 자식의 이름을 부른다'고 한 것은 아버지 앞에서 자기 자식을 말할 때 이름을 들어 말하는 것을 가리킨다. 여기서는 자식이 자신을 지칭할 때 자기 이름을 들어 말하는 것을 가리킨다. 近按, 上言'父前子名'者, 人於父前呼其子以名也. 此則言子自稱其名也.

전-10-9[곡례하 6]

제후는 경로卿老와 세부世婦의 이름을 부르지 않는다. 대부는 세신世臣과 질제姪娣의 이름을 부르지 않는다. 사는 가상家相과 장첩長妾의 이름을 부르지 않는다.【구본에는 '無藉者則襲' 아래 배치되어 있다】

國君不名卿老·世婦. 大夫不名世臣·姪娣. 士不名家相·長妾.
【舊在'無藉者則襲'之下】

'불명不名'은 이름을 부르지 않는다는 뜻이다. ○ 소疏에서 말한다. "상경上卿은 존귀하기 때문에 '경노卿老'라고 한다. '세부世婦'는 두 잉첩으로 서, 부인 다음가는 지위이고 여러 첩보다 존귀하다. '세신世臣'은 아버지가 살아 계실 때 봉직하던 늙은 신하이다. '질姪'은 처의 형의 딸이고, '제娣'는 처의 여동생으로서 처를 따라 와서 첩이 된 것이다. '가상家相'은 집안일을 도와서 담당하는 자를 말한다. '장첩長妾'[69]은 아들을 둔 첩을 말한다." '不 名', 不以名呼之也. ○ 疏曰: "上卿貴故曰'卿老'. '世婦', 兩媵也, 次於夫人, 而貴於諸妾 也. '世臣', 父在時老臣也. '姪'是妻之兄女, '娣'是妻之妹, 從妻來爲妾也. '家相', 助知家 事者. '長妾', 妾之有子者."

전-10-10[곡례상 196]

졸곡卒哭을 하고 나서는 이름을 부르지 않는다(諱). 예禮에 의하면, 같은 이름의 혐의가 있을 때에는(嫌名) 이름 부르는 것을 피하지 않 는다. 두 글자로 된 이름에서, 한 글자를 말하는 것을 피하지 않는다.
卒哭乃諱. 禮不諱嫌名. 二名不偏諱.

[곡례상 197]

부모를 섬긴 경우에는 조부모의 이름을 부르는 것을 피한다. 부모를 섬기지 않은 경우에는 조부모의 이름을 부르는 것을 피하지 않는다.
逮事父母, 則諱王父母. 不逮事父母, 則不諱王父母.

[곡례상 198]

임금이 있는 곳에서 자기 집안사람의 이름을 말하는 것을 피하지 않는다. 대부의 처소에서 임금의 이름을 부르는 것을 피한다.

君所無私諱. 大夫之所有公諱.

[곡례상 199]

『시詩』와 『서書』에서는 이름을 말하는 것을 피하지 않는다. (의례 등 행사를 집행하는) 글을 읽을 때에는 이름을 부르는 것을 피하지 않는다.

『詩』·『書』不諱. 臨文不諱.

[곡례상 200]

사당 안에서는 이름을 부르는 것을 피하지 않는다.

廟中不諱.

[곡례상 201]

부인夫人70) 집안의 이름을 부르는 것을 피하는 것에 관해, 비록 군주의 면전에서 대답할 때라도 신하는 이름 부르는 것을 피하지 않는다. 며느리 집안의 이름을 부르는 것을 피하는 것은 자신의 집 대문을 넘지 않는다. 대공大功과 소공小功의 친족에 대해서는 이름 부르는 것을 피하지 않는다.

夫人之諱, 雖質君之前, 臣不諱也. 婦諱不出門. 大功小功不諱.

[곡례상 202]

국경에 들어가면 그 나라의 금령(禁)을 묻는다. 도성 안에 들어가면 풍속을 묻는다. 대문 안에 들어가면 누구의 이름을 피하는지(諱)를 묻는다.【구본에는 '自徹其俎' 아래 배치되어 있다】

入竟而問禁. 入國而問俗. 入門而問諱.【舊在'自徹其俎'之下】

集說 '같은 이름의 혐의가 있다'(嫌名)는 것은 발음이 같은 경우를 가리킨다. '두 글자로 된 이름에서 한 글자를 말하는 것을 피하지 않는다'(不偏諱)는 것은 한 글자만 말하는 것은 가능하다는 것이다. 사당 안에서 이름 부르는 것을 피하는 것은 지위가 낮은 쪽이 높은 쪽에 대하여 피하는 것이다. 가령, 고조에 대하여 일이 있을 때, 증조부모 이하에 대하여 이름을 부르는 것을 피하지 않는다. '질質'은 대답한다는 뜻과 같다. 부인夫人 측의 이름을 피하는 것과 며느리 측의 이름을 피하는 것은 모두 그 집안의 선대 분들을 가리킨다. ○ 이상은 이름을 피하는 예를 말한 것이다. '嫌名', 音同者. '不偏諱', 謂可單言. 廟中之諱, 以卑避尊. 如有事於高祖, 則不諱曾祖以下也. '質', 猶對也. 夫人之諱與婦之諱, 皆謂其家先世. ○ 右言名諱之禮.71)

전-10-11[곡례상 163]

재계 중인 사람은 즐거워하지 않고 조문하지 않는다.【구본에는 '乘必以几' 아래 배치되어 있다】

齊者不樂不弔.【舊在'乘必以几'之下】

集說 여씨呂氏(여대림)는 말한다. "재계는 순결하고 밝은 덕의 상태가 되게 하는 것이다. 즐거우면 분산되고, 슬프면 동요되어 모두 재계에 지장을 준다." 呂氏曰: "齊者, 致精明之德也72). 樂則散, 哀則動, 皆有害於齊者73)也."

전-10-12[곡례상 53]

성城에 오를 때 손으로 가리키지 않고, 성에 올라서는 큰 소리로

부르지 않는다. 【구본에는 '鄕長者所視' 아래 배치되어 있다】

登城不指, 城上不呼. 【舊在'鄕[74]長者所視'之下】

集
說   '성城'은 그것에 의지해서 사람이 편안하고 견고함을 삼는 것이다. 가리키는 바가 있으면 보는 사람에게 의혹을 주게 되고, 부르는 소리를 내면 듣는 사람들을 놀라게 한다. '城', 人所恃以爲安固者. 有所指則惑見者, 有所呼則駭聞者.

전-10-13[곡례상 171]

묘소에 가서는 봉분에 오르지 않고, 장례를 도울 때는 반드시 상여 끈(綍)을 잡는다.

適墓不登壟. 助葬必執綍.

[곡례상 172]

상喪을 대면해서는 웃지 않는다.

臨喪不笑.

[곡례상 173]

남에게 읍揖을 할 때는 반드시 자기 자리를 벗어나서 한다.

揖人必違其位.

[곡례상 174]

관(柩[75])을 보고 노래하지 않고, 곡하는 자리에 들어가서는 용모를 갖추지 않는다. 음식을 앞에 두고 탄식하지 않는다.

望柩不歌, 入臨不翔. 當食不歎.

[곡례상 175]

다섯 가구가 사는 마을에 상喪이 있으면, 방아를 찧을 때 (노랫소리를 내어) 돕지 않는다.

隣有喪, 舂不相.

[곡례상 176]

25가구가 사는 마을에 빈궁이 있으면 거리 골목에서 노래하지 않는다. 묘소로 갈 때 노래하지 않는다. 곡을 한 날에 노래하지 않는다.

里有殯, 不巷歌. 適墓不歌. 哭日不歌.

[곡례상 177]

상을 당한 사람을 전송할 때 지름길을 이용하지 않는다. 장의행렬을 전송할 때 진흙길이나 물이 괸 곳을 피하지 않는다. 상喪을 대면해서는 반드시 슬픈 기색을 가져야 하고, 상여끈을 잡을 때는 웃지 않는다.

送喪不由徑. 送葬不辟塗潦. 臨喪則必有哀色, 執紼不笑.

[곡례상 178]

음악을 대면해서는 탄식하지 않는다.

臨樂不歎.

[곡례상 179]

갑옷과 투구를 착용하고 있으면 상대가 범접할 수 없는 기색을 갖는다. 그러므로 군자는 경계하고 삼가서 다른 사람에게 기색을 어긋나게 갖지 않는다.【구본에는 '不問其所欲' 아래 배치되어 있다】

介冑則有不可犯之色. 故君子戒愼, 不失色於人.【舊在‘不問其所欲’之下】

集說 ‘임臨에 들어간다’는 것은 곡하는 자리에 들어가는 것이다. ‘팔을 벌리고 다니지 않는다’(不翔)는 것은, 용모를 갖추지 않는 것이다. 다섯 가구가 ‘린隣’이 된다. ‘상相’은 노랫소리로 서로 권하며 돕는다는 뜻이다. 대개 방아 찧는 사람이 노래하여 방아 찧는 것을 돕는다. ○ 이상은 동작, 소리와 용모의 예절에 대하여 말한 것이다. ‘入臨’, 入哭也.76) ‘不翔’, 不爲容也. 五家爲‘隣’. ‘相’者, 以音聲相勸相. 蓋舂人歌以助舂也. ○ 右凡言動止聲容之節也.77)

전-10-14[곡례상 183]

병거兵車(전투용 수레)에서는 식式을 하지 않는다. 무거武車는 깃발(旌)을 늘어뜨려 펼쳐놓는다. 덕거德車는 깃발을 깃대에 묶어놓는다.
【구본에는 ‘刑人不在君側’ 아래 배치되어 있다】
兵車不式. 武車綏旌, 德車結旌.【舊在‘刑人不在君側’之下】

集說 소疏에서 말한다. “‘병거兵車’는 혁로革路78)다. 무용을 숭상할 때 미루고 양보하는 것이 없기 때문에 식式을 하지 않는다. ‘무거武車’도 또한 혁로革路다. 창과 칼 등 무기를 세우는 것을 가리키면 ‘병거兵車’라고 하고, 위엄과 무용을 가리키면 ‘무거武車’라고 한다. ‘정旌’은 수레 위의 깃발이다. 위엄과 무용을 높이므로 갓끈을 늘어뜨린 것처럼 펼쳐놓는다. 그러나 옥로玉路, 금로金路, 상로象路, 목로木路79) 등 네 수레는 군사용으로 사용하지 않는다. 그러므로 ‘덕거德車’라고 부른다. 덕의 훌륭함은 내면에 있

기 때문에 밖으로 빛나는 것을 숭상하지 않는다. 그러므로 그 깃발을 깃대에 묶어놓는다." 疏曰: "'兵車', 革路也. 尙武猛, 無推讓, 故不式. '武車', 亦革路也. 取其建戈刃, 卽云'兵車', 取其威猛, 卽云'武車'也. '旌', 車上旌旛[80]也. 尙威武, 故舒散若垂綏. 然玉·金·象·木四路不用兵. 故曰'德車'. 德美在內, 不尙赫奕. 故纏結其旌於竿也."

전-10-15**[곡례상 185]**

전방에 강이 있으면 파란 새를 그린 깃발(靑旌[81])을 기의 꼭대기에 달아서 보인다.

前有水, 則載靑旌.

[곡례상 186]

전방에 먼지가 있으면, 우는 솔개를 그린 깃발(鳴鳶)을 기의 꼭대기에 달아서 보인다.

前有塵埃, 則載鳴鳶.

[곡례상 187]

전방에 수레와 기병들이 있으면 날아가는 기러기를 그린 깃발(飛鴻)을 기의 꼭대기에 달아서 보인다.

前有車騎, 則載飛鴻.

[곡례상 188]

전방에 군사(보병 부대)가 있으면, 호랑이 가죽(虎皮)을 기의 꼭대기에 달아서 보인다.

前有士師, 則載虎皮.

[곡례상 189]

전방에 사나운 맹수(摯獸)가 있으면, 비휴貔貅가 그려진 깃발(貔貅)을 기의 꼭대기에 달아서 보인다.

前有摯獸, 則載貔貅.

[곡례상 190]

군대의 출정이 있을 때, 주조朱鳥를 앞쪽에 현무玄武를 뒤쪽에 세우고, 청룡靑龍을 왼쪽에 백호白虎를 오른쪽에 세운다. 소요성招搖星을 기 위에 그려놓아 사졸들이 용맹함을 떨치도록 독려한다.

行, 前朱鳥而後玄武, 左靑龍而右白虎. 招搖在上, 急繕其怒.

[곡례상 191]

나아가고 물러남에 법도가 있고, 좌우로 맡는 부분이 있어, 각자 자기 부분을 담당한다.【구본에는 '土載言' 아래 배치되어 있다】

進退有度, 左右有局, 各司其局.【舊在'土載言'之下】

集說 疏에서 말한다. "왕의 행차가 있을 때 경계하고 대비하는 것이 마땅하다. 그러므로 전방에 이변의 상황이 생겼을 때 그 상황과 같은 부류의 것을 달아서 보인다. '파란 기'(靑旌)는 파란 참새가 그려진 기인데 이 새는 물새이다." '연鳶은 솔개이다. 솔개가 울면 바람이 분다. 바람이 불면, 먼지가 일어난다. '홍鴻은 기러기다. 기러기의 비행은 편대를 이루는데 수레나 기병 행렬과 비슷하다. 호랑이는 위세가 있고 또한 사나워 군대의 기상을 나타낸다. '행行'은 군대의 출정이다. 주조朱鳥, 현무玄武, 청룡靑龍, 백호白虎82)는 사방의 별자리 명칭이다. 그것으로 기의 표장을 삼는데, 그 류旒(깃발의 가장자리 장식)의 숫자도 모두 표장에 맞추어 정한다. 청룡의 기는 9개,

주작은 7개, 백호는 6개, 현무는 4개이다. '소요招搖'는 북두칠성이다. 사방 별들의 중앙에 위치해 있는데, 군대의 행렬 진용에서 법상法象으로 삼는다. 이것을 만들어 기의 위에 걸어 사방을 지휘하고 바로잡음으로써 군대의 진용이 정돈되고 위엄 있게 한다. ○ 여씨呂氏는 말한다. "'급急'은 다그친다는 뜻이다. '선繕'은 일어나서 그 용맹을 떨친다는 것이다." ○ 이상은 군사가 이동할 때의 법을 말한 것이다. 疏曰: "王行宜警備. 故前有變異, 則擧類示之. '靑旌'者, 靑雀也, 是水鳥." '鳶', 鴟也. 鴟鳴則風生. 風生則塵埃起. '鴻', 鴈也. 鴈飛有行列, 與車騎相似. 虎威猛, 亦士師之象. '行', 軍旅之出也. 朱鳥・玄武・靑龍・白虎, 四方宿名也. 以爲旗章, 其旒數皆放之. 龍旗則九旒, 雀則七旒, 虎則六旒, 龜蛇則四旒也. '招搖,' 北斗七星也. 居四方宿之中, 軍行法之. 作此擧之於上, 以指正四方, 使戎陣整肅也. ○ 呂氏曰: "'急', 迫之也. '繕'言作而致其怒也83)." ○ 右言師行之法也.84)

전-10-16[곡례상 213]

마부의 예禮에서는 반드시 마부가 수레를 타는 사람에게 끈을 건네준다. 만일 마부의 신분이 타는 사람보다 낮으면 타는 사람은 끈을 받고, 낮지 않으면 타는 사람이 받지 않는다.

凡僕人之禮, 必授人綏. 若僕者降等, 則受. 不然, 則否.

[곡례상 214]

만일 마부가 신분이 낮으면 마부의 손을 만지며 사양하는 시늉을 하고, 그렇지 않으면 자신이 직접 마부의 손 아래쪽으로부터 끈을 잡는다.【구본에는 '溝渠必步' 아래 배치되어 있다】

若僕者降等, 則撫僕之手, 不然則自下拘之【舊在'溝渠必步'之下】

集說 수레를 모는 마부는 반드시 정식의 끈을 타는 사람에게 주는 것이니, 신하가 군주에 대해서만 그런 것이 아니다. 만일 마부의 신분이 낮아 대부大夫에 대하여 사士인 경우와 같다면 끈을 주고받을 때 타는 사람은 곧바로 받고 사양하지 않는다. 신분이 낮은 경우가 아니면 받지 않는다. 마부가 신분이 낮은 경우, 비록 그 끈을 받아야 하더라도, 오히려 마부의 손을 만지며 제지하면서 직접 받지 않으려는 듯이 하고 나서 받는다. 이것은 또한 겸양하는 도리다. 마부의 신분이 낮지 않은 경우, 자신은 받고 싶지 않지만 마부가 기어이 건네줄 때 손을 뒤로 빼고 마부의 손 아래쪽으로부터 자신이 끈을 잡는다. 凡爲車之僕者, 必以正綏授人, 不但臣於君爲然也. 若僕之等級卑下, 如士於大夫之類, 則授綏之時, 直受之而已, 無辭讓也. 非降等者, 則不受. 降等者, 雖當受其綏, 然猶撫止其手, 如不欲其親授然, 然後受之. 亦謙讓之道也. 不降等者, 己雖不欲受, 而彼必授, 則却手從僕之手下而自拘取之也.

전-10-17[곡례상 216]

그러므로 군자는 머리가 누렇게 된 노인에게 식式을 한다. 경卿의 자리에서 내리고, 도성에 들어와서는 달리지 않고, 마을에 들어가서는 반드시 식式을 한다.

故君子式黃髮. 下卿位, 入國不馳, 入里必式.

集說 '머리가 누렇게 된 노인에게 식式을 한다'(式黃髮)는 것은 노인을 공경하는 것이다. ○ 정씨鄭氏(정현鄭玄)는 말한다. "구절을 시작하면서 '그러므로'(故)라고 말한 것은 이것이 여러 편이 뒤섞인 말임을 밝힌 것이다." '式黃髮', 敬老也. '下卿位', 敬大臣也. ○ 鄭氏曰: "發句言'故', 明此衆篇雜辭也歟[85]."

근 살피건대, 이 절에 대하여 구설舊說[86])에서는 군주의 일이라고 여겼다. 그러나 '군자'라고 말하였으니 군주만을 가리키는 것은 아니다. 경卿의 자리는 군주가 외출하려고 할 때, 경과 대부가 문 밖에서 서열대로 서서 군주가 나오기를 기다리는 자리이다. 비록 군주가 외출하는 경우가 아니더라도, 경卿이 자리에 없을 경우 군자는 빈자리라고 소홀히 대하지 않는다.

近按, 此節舊以爲國君之事. 然曰君子, 則非專指國君也. 卿位, 君將出而卿大夫序立門外, 以待君出之處也. 雖非君出, 而卿不在, 君子不以虛位而慢之也.

전-10-18[곡례상 215]

손님의 수레는 대문 안으로 들어오지 않는다. 부인은 수레에 타고 있을 때 서지 않는다. (개와 말을 선물할 때) 개와 말은 당堂에 오르지 않는다.【구본에는 '客車' 이하 부분이 위 경문 '故君子' 위에 놓여 있다. 이제 서로 바꾸어서 '犬馬' 부분으로 끝을 맺는다】

客車不入大門. 婦人不立乘. 犬馬不上於堂.【舊本'客車'以下, 在上節 '故君子'之上, 今互換之, 以'犬馬'終焉】

집설 이상은 말을 몰고 수레에 타는 예를 말한 것이다. 右言僕御乘車之禮也.[87])

근 이상은 전傳의 제10장이다. 右傳之第十章.

상하 사이의 통례를 폭넓게 말하였다. 汎言上下之通禮.

이상은 「곡례曲禮」 상·하편으로 이제 경經 1장과 전傳 10장으로 분류해놓았다. 이전 경전에서는 여러 예禮들을 뒤섞어 기록해놓았기 때문에 문의文義가 일정하지 않았다. 이제 부자父子, 군신君臣, 남녀男女, 장유長幼, 붕우朋友 사이의 인륜으로 그 유형을 나누고, 길례吉禮와 흉례凶禮, 처음과 끝의 과정, 세세하고 가벼운 것과 중대하고 무거운 것, 먼저 할 것과 나중에 할 것 등의 순서에 맞추어 경문을 편차하였다. 장章이 나뉘고 유형으로 모아놓은 것이 정연하게 조리가 있어 진실로 초학자가 살피기에 편한 바가 있다. 아, 삼백 가지 주요한 예의禮儀와 삼천 가지 많은 위의威儀에 대하여 비록 말하기가 쉽지 않지만, 그러나 그 요체는 '공경하지 않음이 없다'는 한 마디에 있다. 배우는 이들이 이것에 주의하여 그 근본을 세우고 또 11장의 뜻을 잘 탐구하여 힘써 실천한다면, 인륜의 도리가 갖추어지지 않음이 없을 것이요, 예禮의 온전한 체(全體)가 여기서 벗어나지 않을 것이니, 힘쓰지 않을 수 있겠는가! 右「曲禮」上下篇, 今分爲經一章傳十章. 舊經雜記諸禮, 文義不倫, 今以父子·君臣·男女·長幼·朋友之倫, 分其類, 吉凶·終始·小大·輕重·先後之序, 次其言. 章分類合, 井然有條, 誠有便於初學之觀也. 嗚呼, 禮儀三百之大, 威儀三千之多, 雖未易言, 然其要只在無不敬之一言而已. 學者苟能從事於斯, 以立其本, 又能參究十有一章之旨, 而力行之, 則人倫之道無所不備, 而禮之全體不外是矣, 可不勉哉!

1 법령을 반포하거나 : 공영달은 "'授政은 象魏에 걸어놓은 법을 제후에게 수여하는 것이다"고 하였다.(『예기정의』 권4, 143쪽) 象은 法象 즉 법률을 뜻하고, 魏는 높다는 뜻이다. 옛날에는 법률을 높은 성문에 걸어두었다.

2 "살아 있을 때 ~ 말이다 : 이것은 전왕이 죽은 뒤 새로 등극할 후왕이 喪中에 있을 때 그렇게 부르며, 이 후왕이 喪中에 죽었을 때에도 그렇게 부른다는 뜻이다.

3 內事 : 『예기집설대전』에는 '內'로 되어 있다.

4 外事 : 『예기집설대전』에는 '外'로 되어 있다.

5 接 : 『예기집설대전』에는 '接' 뒤에 '然'이 있다.

6 與神交際之義 : 『예기집설대전』에는 '與交際之際同義(서로 만난다[交際]라고 할 때의 '際'[만나다, 접하다]와 같은 뜻이다)로 되어 있다.

7 郊 : 『예기집설대전』에는 '郊' 뒤에 '也'가 더 있다.

8 生 : 『예기집설대전』에는 '生' 뒤에 '也'가 더 있다.

9 曰 : 『예기집설대전』에는 '呼曰'로 되어 있다.

10 섬으로부터 ~ 주관하였다 : 이 말은 『춘추공양전』, 隱公 5년 조 傳에 나온다.

11 홀로 서서 덕이 없다 : 『논어』 「里仁」에 "덕이 있는 사람은 외롭지 않고 반드시 이웃이 있다"(德不孤, 必有隣)라고 하였다.

12 列 : 『예기천견록』에는 '外'로 되어 있으나 『예기집설대전』에 따라 바꾼다.

13 稱 : 『예기집설대전』에는 '稱' 뒤에 '也'가 더 있다.

14 皆自謙之辭 : 『예기집설대전』에는 없으며, 권근이 부가한 설명이다.

15 '의'는 모양이 ~ 한다 : 병풍과 유사한 형태의 가리개로 扆라고도 한다. 도끼 문양을 수놓은 것을 斧依 또는 黼扆라고 한다. 천자가 제후를 접견할 때 그것에 의지하여 등지고 서서, 남쪽을 향하여 제후를 대한다. 그러나 천자 이하 사에 이르기까지 모두 '依'를 사용할 수 있지만 도끼 문양의 수를 놓은 것은 천자만 사용한다.

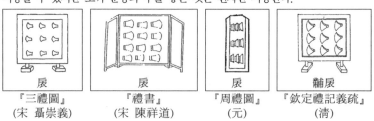

扆	扆	扆	黼扆
『三禮圖』	『禮書』	『周禮圖』	『欽定禮記義疏』
(宋 聶崇義)	(宋 陳祥道)	(元)	(淸)

16 朝 : 조선에서 간행된 『禮記集說大全』에는 '廟'로 되어 있으나 진호가 인용한 정현 주와 송대 衛湜이 지은 『예기집설』의 인용에는 모두 '朝'로 되어 있다. 원래의 전거와 문맥에

따라 '朝'로 고친다.

17 선군의 ~ 것이다 : 陳澔는 경문의 類를 생전의 행적에 걸맞은 명칭의 의미로 해석하였다. 그러나 정현은 시호를 청하는 儀禮가 聘問의 예를 본떠서 한다는 의미로 類를 해석하였다.

18 아래 [곡례상 전-8-9]까지 하나의 내용을 이룬다.

19 안거 : 왕후가 타는 다섯 가지 수레 가운데 하나로, 사방 주위로 휘장이 있고 위에는 덮개가 설치되어 있다. 한 마리 말이 끄는 작은 수레로 앉아서 탄다.『주례』「春官·巾車」에 "왕후의 다섯 가지 수레 :…… 安車는 사방에 갈매기 문양을 한 술이 있고, 모두 휘장과 덮개가 있다"(王后之五路 :…… 安車, 周面鷖總, 皆有容蓋)라고 하였다. 정현은 注에서 "安車는 앉아서 타는 수레이다. 무릇 부인용 수레는 모두 앉아서 탄다. 鄭司農은 '容은 수레휘장으로 山東지역에서는 裳幃라고 부른다. 더러 潼容이라고도 한다'라고 말한다. 생각건대, 덮개는 오늘날 작은 수레의 덮개와 같다. 안거는 모두 휘장과 덮개가 설치되어 있다. 안거는 가리개가 없고 왕후가 천자의 처소에서 조현할 때 타니 장식을 제거함을 말한다"(安車, 坐乘車. 凡婦人車, 皆坐乘. 鄭司農云 : '容謂幨車, 山東謂之裳幃. 或曰潼容.' 玄謂蓋如今小車蓋也. 皆有容有蓋. 安車無蔽, 后朝見於王所乘, 謂去飾也)라고 하였다. 賈公彦은 疏에서 "살펴보건대, 「曲禮上」(215)에 '부인은 서서 타지 않는다'라고 하였으니, 婦人은 앉아서 타고 남자는 서서 타는 것이다. 「曲禮上」(28~30)에 '대부(大夫)는 칠십이 되면 직무를 바치고 물러나는데, 만약 물러나는 것을 허락할 수 없으면, 반드시 안석과 지팡이를 내려주고…… 安車를 타고 간다'라고 하였으니, 남자도 앉아서 타면 또한 安車라고 부른다. 그렇다면 王后의 다섯 가지 수레가 모두 앉아서 타는 것인데 유독 이것만 安車라는 명칭을 얻은 것은 나머지 수레들은 重翟, 厭翟, 翟車, 輦車 등의 명칭이 있어서 부를 수 있는데, 이 수레만 특별히 지칭할 장식물이 없어서 홀로 안거라는 명칭을 가진 것이다"(按, 「曲禮上」云'婦人不立乘', 是婦人坐乘, 男子立乘. 「曲禮上」'大夫七十而致事, 若不得謝, 則必賜之几杖……乘安車', 則男子坐乘, 亦謂之安車也. 若然則王后五路皆是坐乘, 獨此得安車之名者, 以餘者有重翟厭翟翟車輦車之名, 可稱, 此無異物之稱, 故獨得安車之名云)라고 하였다.

20 而辭謝 :『예기집설대전』에 없는 것으로 권근이 부가한 것이다.

21 君國 :『예기천견록』에는 '君'으로 되어 있으나『예기집설대전』에 따라 바꾼다.

22 '비'는 짝이라는 뜻이다 : 정현 주가 아니라 공영달의 소에 나오는 말이다.

23 '처'는 나란하다는 뜻이다 : '齊'는 나란하다, 같다는 뜻이다. 곧 부부는 서로 일체로 여긴다는 뜻을 함축한다. 妻라는 명칭은 서인이 사용하지만 동시에 신분의 상하에 상관없이 천자에 이르기까지 통용하는 명칭이기도 하다. 疏에 "庶人은 신분이 낮아 별도의 칭호가 없이, 짝을 이루어 합하고 몸을 하나로 여길 뿐이다. 신분의 차이에 따라 다른 것이 이와 같지만, 통용해서 말하면 귀하거나 천하거나 모두 '妻'라고 말한다. 그러므로『詩』에 '처에게 모범이 된다'라고 하였으니, 이는 천자도 '妻'라고 말하는 것이

다. 周나라 가법에 대부의 처를 '內子'라고 한다. '趙姬가 叔隗를 內子로 삼았다'는 것이 그것이다"(庶人賤, 無別稱, 判合齊體而已. 尊卑如此, 若通而言之, 則貴賤悉曰妻. 故『詩』曰"刑于寡妻", 是天子曰'妻'也. 周家大夫妻曰'內子'. 趙姬以叔隗爲內子是也)라고 하였다.

24 주장 : 酒는 술을, '漿'은 신맛이 있는 발효된 음료수, 이를 테면 식혜 등과 같은 것을 뜻한다. 漿의 의미에 대해서는 「內則」(4-7)의 주와 집설에 자세하다. 嚴陵 方氏는 제사에 바치는 음식을 의미한다고 보았다. 그러나 문맥상 음식 일반을 가리키는 것으로 보이며, 음식을 만드는 일을 담당하는 사람을 지칭한 것으로 생각된다. 『예기집설대전』, 위 항목에 대한 小註 참조.

25 소쇄 : 청소한다는 의미로, 여기서는 청소하는 일을 담당하는 사람을 지칭한 것이다.

26 첩잉 : 正妻가 후손을 낳지 못할 경우를 대비해서 갖추는 여인들을 말한다. 正妻의 보조자로 혼인할 때 따라가는 여자를 媵이라고 한다.

27 천자의 ~ 대답한다 : 疏에 의하면, 어린 나이에 왕으로 즉위하였을 때 먼 지역의 사람이 찾아와 왕의 나이를 몰라서 조정의 신하에게 물은 것이다.

28 제후의 ~ 대답한다 : 疏에 의하면, 어린 나이로 군주에 즉위하였을 때 타국 사람이 그 군주의 신하에게 물은 것이다.

29 註 : 『예기집설대전』에는 '註' 뒤에 '食貨志'가 더 있다.

30 대부 아들의 ~ 대답한다 : 疏에 의하면, 타국 사람이 대부의 아들의 나이를 대부의 신하에게 물은 것이다.

31 사의 ~ 대답한다 : 타국의 사람이 와서 이 士의 屬吏에게 물은 것이다.

32 대부의 ~ 대답한다 : 타국의 사람이 대부의 신하에게 물은 것이다.

33 나이 ~ 된다 : 이 구절은 「內則」(7-30)에 보인다.

34 薪 : 『예기집설대전』에는 '薪' 뒤에 '者'가 더 있다.

35 之 : 『예기집설대전』에는 '之' 뒤에 '也'가 있다.

36 시신에 ~ 위함이다 : 이 말은 『맹자』 「公孫丑上」에 나온다.

37 意 : 『예기집설대전』에는 '寬'으로 되어 있다.

38 종시 : 終은 끝맺는다는 것으로 죽음을 뜻하고 始는 시작하는 것으로 태어나는 것을 의미하지만, 여기서는 살아 있을 때와 죽었을 때의 여러 상황을 통칭하는 의미다.

39 여씨 : 衛湜의 『예기집설』에 呂大臨의 말로 인용되어 있다.

40 망사 : 주요한 산과 강에 제사를 드리는 것으로 멀리서 바라보면서 지내기 때문에 望祀라고 한다. 『주례』 「地官 · 牧人」의 '望祀' 부분과 정현 주에 자세한 설명이 나온다. 『三禮辭典』, 740쪽, '望祀' 참조.

41 명규 : 명은 천자가 명령한다는 뜻이다. 천자가 侯와 公 등 대신에게 하사하는 옥으로 된 기물로, 조회 등 주요 의식에서 대신들은 신분을 나타내는 표시로 이 命圭를 잡고 참여한다. 『주례』 「考工記 · 玉人」에 "命圭의 길이가 9寸이면 桓圭라고 부르고 公이 간

직하여 지킨다. 命圭의 길이가 7寸이면 信圭라고 부르고 侯가 간직하여 지킨다. 命圭의
길이가 7寸이면 躬圭라고 부르고 伯이 간직하여 지킨다"(命圭九寸, 謂之桓圭, 公守之.
命圭七寸, 謂之信圭, 侯守之. 命圭七寸, 謂之躬圭, 伯守之)라고 하였다. 정현 주에는 躬
圭의 길이가 5촌이라고 한 곳도 있다고 하였다.

42 환규·신규·궁규·곡벽·포벽 :

桓圭　　　信圭　　　躬圭　　　穀璧　　　蒲璧

『欽定禮記義疏』(淸)

43 士之屬吏視士 : 『예기천견록』에는 '視士'가 생략되어 있으나 『예기집설대전』에 따라 바
꾼다.

44 視上 : 이 두 글자는 『예기집설대전』에는 없고, 『예기천견록』에만 들어 있는데, 문맥상
불필요한 부분이다. 아마 앞의 '視士'가 '視上'으로 잘못 바뀌어 이곳에 들어간 듯하다.
해석은 『예기집설대전』 원문에 따랐다.

45 則 : 『예기집설대전』에는 '者'로 되어 있다.

46 則 : 『예기집설대전』에는 '者'로 되어 있다.

47 문지기가 ~ 화였다 : 관련 내용은 『춘추공양전』, 襄公 29년 조에 다음과 같이 나온다.
"문지기(閽)가 오나라 임금 餘祭를 시해하였다. 閽은 무엇인가? 문지기로 형을 받은
사람이다. 형벌을 받은 사람이라면 어째서 문지기라고 부르는가? 형벌을 받은 사람은
적합한 인물이 아니다. 군자는 형벌을 받은 사람을 가까이하지 않는다. 형벌을 받은
사람을 가까이하는 것은 죽음을 경시하는 길이다."(閽弑吳子餘祭. 閽者何? 門人也, 刑人
也. 刑人則曷爲謂之閽? 刑人非其人也. 君子不近刑人. 近刑人則輕死之道也)

48 刑人不在君側者言 : 『예기집설대전』에는 없다.

49 有德之人 : 『예기집설대전』에는 '有德者'로 되어 있다.

50 者 : 『예기집설대전』에는 없다.

51 是 : 『예기집설대전』에는 없다.

52 반절하는 것이 : 원문의 '鞻'를 해석한 것인데, 반절이란 상대에게 배례를 할 때 갑옷을
입고 하면 몸을 제대로 굽히지 못하여 禮容에 맞는 정상적인 절이 되지 못하고 절반쯤
만 굽히는 어중간한 모양이 됨을 의미한다. 따라서 정현은 절반쯤만 몸을 굽히는 것은
禮容을 그르치는 것이고, 결국 기만하는 것이 된다고 해석하였다.

53 사 : 임금이 다른 나라의 임금과 회맹할 때 회맹의 일을 담당하는 관리를 가리킨다.

54 개가 ~ 있다 : 공영달의 소에 다음과 같은 설명이 보인다. "사람이 국을 먹고 난 나머지를 개에게 주면, 개는 그것을 먹고 살이 찐다. 살이 찌면 바쳐서 귀신에게 제사지낼 수 있기 때문에 '갱헌'이라 한다."(人將所食羹餘以與犬, 犬得食之肥, 肥可以獻祭于鬼神, 故曰羹獻)

55 현주 : 공영달의 소에 따르면, 옛날 제사에는 물로 술을 대신하고 그것을 玄酒라고 하였다. 그런데 '淸滌'이라 한 것은 그것이 매우 깨끗하고 맑기 때문이다. 『예기정의』권5, 184쪽, 해당 부분 참조.

56 벼 싹을 ~ 아름답다 : 陳澔의 이 해석은 衛湜의 『예기집설』에 수록된 呂氏의 설에 근거한 것으로 보인다. 呂氏는 "잡초가 제거되면 벼의 싹은 성글고, 땅이 비옥하면 뿌리가 풍부해진다. 싹이 성글면 열매가 풍성해진다. 그러므로 (제사에 올리는) 벼를 '嘉疏(아름답고 성근 것)라고 한다"라고 주석하였다. 『예기집설대전』권14, 「곡례하」, 해당 부분 참조.

57 韭 : 『예기집설대전』에는 없다.

58 嘉玉 : 『예기집설대전』에는 없다.

59 量幣 : 『예기집설대전』에는 없다.

60 조 : 희생을 담아놓는 祭器이다. 여기서는 제사를 지내고 남은 희생을 제사에 참여한 사람들에게 나누어 주는데, 이때 신하가 받는 고기를 뜻한다. 「曾子問」(3-13)에는 攝主가 제사를 대신 지낼 때에는 "祭肉을 나누어 보내지 않는다"(不歸肉)라고 하였다. 곧 正祭의 경우에 주인은 제사 참여자들에게 제육을 나누어 보내준다.

61 먹고 남은 ~ 않는다 : 진호의 또 다른 해석에 따르면 이 부분은 "자식이 올린 음식에 대하여 아버지는 고수레하지 않고, 아내가 올린 음식에 대하여 남편은 고수레하지 않는다"라는 뜻이 된다. 정현 주에 따르면, 이 부분은 "자식이 먹다 남긴 음식을 아버지가 먹을 때와 아내가 먹다 남긴 음식을 남편이 먹을 때는 고수레를 하지 않는다"는 뜻이 된다.

62 此謂助祭於公 ~ 不以祭其妻也 : 이 부분이 『예기집설대전』에는 '此謂助祭執事, 或爲尸而所得餕之餘肉以歸, 則不可以之祭其先, 雖父之尊, 亦不以祭其子, 夫之尊, 亦不以祭其妻'로 되어 있다. 의미는 다음과 같다. "이것은 제사를 도와 일을 하거나 또는 시 노릇을 하여 얻은 餕의 나머지 음식을 가지고 돌아왔을 때, 그 음식으로 조상에게 제사를 드릴 수 없음을 말하는 것이다. 비록 아버지의 높은 지위라고 해도 餕으로 자식에게 제사하지 않으며, 남편의 지위라고 해도 餕으로 처에게 제사하지 않는다."

63 인사 : 수레에 탄 사람이 가름대(軾)를 잡고 몸을 약간 굽혀 경의를 표하는 인사방식이다. 가름대는 수레 앞쪽에 잡거나 의지할 수 있도록 가로로 댄 나무를 가리킨다. 대부는 수레 위에서 式을 하여 경의를 표하고, 士는 수레에서 내려와 경의를 표한다. 「曲禮上」(전-9-8)에 관련 내용이 나온다. 『三禮辭典』, 354쪽, '式' 항목 참조.

64 산재 : 제사하기 전 9일 또는 7일 동안 외출은 하지만 말 타기, 樂, 弔問 등을 하지

않음으로써 몸가짐을 결하게 유지하는 것이다. 관련된 의미는 「祭義」, 「祭統」, 「坊記」 등에 보인다. 『예기집설대전』에 '齋'는 齊로 되어 있는데, '깨끗이 한다'는 의미로 서로 통하는 글자이다. 『三禮辭典』, 813쪽, '散齊' 항목 참조.

65 3일째 ~ 한다 : 이 말은 「奔喪」(3, 8, 11) 등에 나온다.

66 外事 ~ 冠昏之類 : 『예기집설대전』에는 이 부분이 '先儒以外事爲治兵, 然巡狩・朝聘・盟會之類, 皆外事也. 內事, 如宗廟之祭・冠昏之禮皆是'로 되어 있다. 『예기천견록』에서 의미의 변동 없이 줄여놓은 것이다.

67 亦然 : 『예기집설대전』에는 '亦然'이 없고 '則止, 不可因而更卜也'(중단하며, 이어서 거북점으로 바꾸어 점쳐서는 안 된다)가 더 있다.

68 右言卜筮擇日之法 : 『예기집설대전』에는 없다.

69 장첩 : 공영달 소에 인용된 熊氏의 설에 "士에게는 한 명의 처와 두 명의 첩이 있는데, 여기서 장첩이라 한 것은 응당 잉첩(娣)을 말한다. 그래서 정현은 「昏禮」의 주에서 '娣는 존귀하고 姪은 비천하다'고 한 것이다"(士有一妻二妾, 言長妾者, 當謂娣也. 故鄭注「昏禮」云'娣尊姪卑')라고 하였다.

70 부인 : 諸侯의 正妻를 가리킨다. 자세한 내용은 「曲禮下」(전-8-10)에 보인다.

71 右言名諱之禮 : 『예기집설대전』에는 없다.

72 也 : 『예기천견록』에는 '出'로 되어 있으나 『예기집설대전』에 따라 바꾼다.

73 者 : 『예기집설대전』에는 '者'가 없다.

74 鄕 : 『예기천견록』에는 '面'으로 되어 있으나 『예기집설대전』에 따라 바꾼다.

75 柩 : 관을 의미하지만, 여기서는 상여가 나가는 것 등 喪事를 치르는 중에 있는 상황 일반을 가리킨다고 볼 수 있다.

76 入臨入哭也 : 『예기집설대전』에는 '入'이 없다.

77 右言動止聲容之節 : 『예기집설대전』에는 없으며 『예기천견록』에서 주석으로 부가한 말이다.

78 혁로 : 임금이 타는 수레 중의 한 가지로 전쟁 등 군사적인 일이 있을 때 사용한다. 兵車, 武車, 戎路 등의 명칭으로 불리기도 한다. 왕이 타는 수레에 대한 자세한 내용은 『주례』 「春官・巾車」에 보인다. 『三禮辭典』, 604쪽, '革路' 항목 참조.

79 옥로, 금로, 상로, 목로 : 玉路는 옥으로 장식한 수레로 왕이 이용하는 다섯 가지 수레 가운데 가장 존귀한 것이다. 玉路는 제사가 있을 때 사용한다. 金路는 금으로 장식한 수레로 왕이 빈객과 만나거나 제후와 연회가 있을 때 사용한다. 천자가 제후에게 하사할 수도 있다. 象路는 상아로 장식한 수레로 왕이 아침에 조정에 나가고 저녁에 돌아올 때 사용하고, 평상시 사적인 외출이 있을 때 사용한다. 木路는 나무에 검은 칠을 한 수레로 사냥할 때 사용한다. 이들 왕이 이용하는 수레에 관한 규정은 『주례』 「春官・巾車」에 상세하다.

80 旜 : 十三經注疏本 『예기정의』의 疏에는 '幡'으로 되어 있는데 두 글자는 통용자로 깃발

을 뜻한다.

81 청정·명연·비홍·호피·비휴 : 『欽定禮記義疏』에도 유사한 圖가 실려 있다.

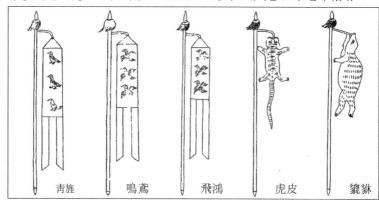

『禮書』(宋 陳祥道)

82 주조·현무·청룡·백호·소요 :

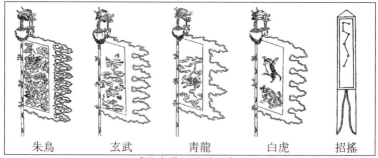

『欽定禮記義疏』(清)

83 也 : 『예기집설대전』에는 없다.

84 右言師行之法也 : 『예기집설대전』에 없으며 『예기천견록』에서 주석으로 부가한 말이다.

85 歟 : 『예기집설대전』에는 없다.

86 구설 : 鄭玄과 陳澔의 설이 그렇다.

87 右言僕御乘車之禮也 : 『예기집설대전』에 없으며 『예기천견록』에서 주석으로 부가한 말이다.

살펴건대, 이 편은 제자들의 언행을 정리하지 않은 채 기록한 것으로 본지本旨를 얻은 것과 잃은 것이 있고 상례常禮에 대한 것과 변례變禮에 대한 것이 뒤섞여 있다. 장마다 논지에 차이가 있어 서로 연속되지 않는 것이 『논어』와 『맹자』 등의 여러 책들과 비견된다. 따라서 억지로 분류하려 하지 않고 옛 체재 그대로 두었다. 다만 동일한 일이면서 앞뒤가 뒤바뀐 것으로 바로잡지 않을 수 없는 것과 선현들의 풀이와 어긋나 논의의 여지가 있는 것은 달리 거론하여 서술하였다. 선유先儒는 "이 편은 첫머리에서부터 자유子游를 언급하였고 편 안에서 그에 대해 말한 것이 많으므로 아마도 자유의 문인이 기록한 것인 듯하다"고 하였다.2) 그러나 『논어』는 공자 문하의 여러 제자들의 말을 기록하면서 비록 아성인 안자顔子일지라도 '자子'로 칭하지 않고 유독 유자有子와 증자曾子에 대해서만 '자'로 칭하고 있다. 그 때문에 정자程子는 두 사람의 문인에 의해 이루어졌다고 여겼다. 이 편에서도 두 사람에 대해서 자子로 칭하고 있고 자유子游에 대해서는 자字를 부르고 있다. 게다가 증자가 예에 실수한 사례를 언급한 것이 많다. 만일 자유의 문인이 완성한 것이라면 자기들의 스승을 자字로 칭해서는 안 된다. 『논어』처럼 유자와 증자 두 사람에 대해서 자子라고 칭하고 있다는 사실 때문에 두 사람의 문인들에 의해 완성된 것이라고 한다면 증자가 예에 대해 실수한 것을 기록하지 말아

야 했다. 『논어』는 두 사람의 문인에 의해 완성되었기 때문에 두 사람에 대해서만 자子라고 칭하였다. 후세에 예를 기록한 사람이 그것을 쫓아 두 사람에 대해서는 자子로 칭하고 다른 사람에 대해서는 자字를 부른 것이 아닌가 하고 나는 생각한다. 비록 오늘날에도 두 사람에 대한 칭위가 그러함을 통해 알 수 있다. 증자가 예에 실수한 일은 그것이 사실인지의 여부는 알 수 없지만 공자는 "증삼은 노둔하다"[3]고 말한 적이 있는데 이는 그의 천성이 질박하고 노둔하였음을 보여준다. 따라서 젊은 시절에는 반드시 행동거지에 매끄럽지 못한 점이 있었을 것이고, 다른 여러 변별력 있고 민첩한 제자들과는 같지 않았을 것이다. '삼성三省의 공부'[4]를 거치고 '일관一貫에 대해 공자의 가르침'[5]을 받은 뒤에는 높은 도덕이 다른 제자들이 넘볼 수 없는 경지에 이르렀으니 어찌 실수가 있었겠는가? 이 또한 이 편을 보는 사람이 반드시 알아야 할 것이다.

近按, 此篇雜記諸子言行, 有得有失, 有常有變, 每章異旨, 不相聯屬, 如『論』・『孟』諸書之比, 不可强分其類, 姑仍其舊, 但其間或有一事而先後倒置, 不可不正者, 與夫先賢訓釋, 容有可議者, 則別擧而陳之爾. 先儒謂: "此篇首言子遊及篇內多言之, 疑是其門人所記." 然『論語』記孔門諸子之言, 雖以顔子之亞聖, 不以子稱, 而獨有子・曾子稱子, 故程子謂成於二子之門人. 此篇亦唯二子稱子, 而子遊則稱字. 又多言曾子之失禮. 若是成於子遊之門人, 則不應以字而稱其師. 若如『論語』而二子稱子, 謂亦成於二子之門人, 則亦不應言曾子之失禮也. 愚臆謂『論語』之書成於二子門人之手, 而二子以子稱. 後世記禮者因之亦以二子稱子, 而諸子稱字也歟. 雖至于今, 其稱亦然爲可見矣. 若夫曾子失禮之事, 其有無未可知, 然夫子嘗曰, "參也魯", 則是其天性質魯, 其在幼年, 動作威儀之間, 必有不能, 皆如諸子之辨慧捷敏者矣. 至加三省之功, 而得聞一貫之後, 則道德之高, 又非諸子之所可企, 寧有所失者乎! 此亦觀此篇者所當先知者也.

1-1[단궁상 1]

공의중자公儀仲子의 상에 단궁이 문免7)을 하였다. 중자가 적손適孫을 놔두고 지자支子를 후사後嗣로 세웠기 때문이다. 단궁이 "무슨 이유인가? 나는 이런 일을 이전에 들어본 적이 없다"라고 말하고는 빠른 걸음으로 문 오른쪽에 있는 자복백자子服伯子에게 나아갔다.

公儀仲子之喪, 檀弓免焉. 仲子舍其孫而立其子. 檀弓曰: "何居? 我未之前聞也", 趨而就子服伯子於門右.

[단궁상 2]

"중자仲子가 적손適孫을 두고 지자支子를 후사로 세운 것은 왜인가?" 하고 단궁이 물었다. 백자가 말했다. "중자 또한 옛 도를 실행하려는 모양이다. 예전에 문왕文王은 장자長子인 백읍고伯邑考를 놔두고 지자인 무왕武王을 후사로 세웠으며, 미자微子는 적손인 돈腞을 놔두고 지자인 연衍을 후사로 세웠다. 중자 또한 옛 도를 실행하려는 모양이다." 자유가 공자에게 묻자, 공자는 "아니다! 손자를 세워야 한다"고 대답하였다.

曰: "仲子舍其孫而立其子, 何也?" 伯子曰: "仲子亦猶行古之道也. 昔者文王舍伯邑考而立武王, 微子舍其孫腞而立衍也. 夫仲子亦猶行古之道也." 子游問諸孔子, 孔子曰: "否! 立孫."

集說 '백읍고伯邑考'는 문왕의 맏아들이고 무왕武王의 형이다. '돈腞'은 미자微子의 적손이다. '伯邑考', 文王之8)長子, 武王之兄也. '腞', 微子之適孫也.9)

權近 살펴건대, 이 장은 공의중자公儀仲子의 상에 단궁檀弓이 예에 맞지 않는 문免을 하여 중자가 적손을 두고 서자를 세운 잘못을 기롱한 것이다. 상사喪事가 비록 인도의 마침이기는 하지만, 후사를 세우는 것 또한 시작을 바르게 하는 일이므로 이것을 첫 부분에 두어서 단궁으로 편명을 삼았다. 정말 유형에 따라 장을 나눈다면 뒤 절([단궁상 1-68])에서 '사구司寇 혜자惠子의 상에 자유가 마최麻衰에 모마牡麻로 만든 질経을 하였다'고 한 것이 이것과 딱 들어맞으니 마땅히 이 장 다음에 두어야 한다. 그러나 이 편은 여러 사람이 예에 관해 의논한 말을 범범하게 기록하여 본래 처음과 끝 앞과 뒤의 순서가 없으니 이처럼 자잘하게 억지로 나눌 필요는 없다. 자유子游가 평상시에 중자의 일에 관해 공자에게 질문하였기에 적손을 두고 서자를 세우는 것이 바르지 않음을 알았던 것이고, 그래서 혜자의 상에 다시 그런 복을 하여 적자를 폐하고 서자를 세운 잘못을 바로잡았던 것이다. 적손도 버릴 수 없는데 더군다나 적자를 버릴 수 있겠는가? 近按, 此章言公儀仲子之喪, 檀弓爲非禮之免, 以譏其舍適孫而立庶子之失也. 蓋喪雖人道之終, 而立後又正始之事, 故以此托始, 而因以檀弓名篇. 苟以類分, 則後節 司寇惠子之喪, 子游麻衰·牡麻経者, 正與此同, 當屬此下. 然此篇汎記諸子議禮之言, 本無終始先後之序, 不必如此屑屑以强分之也. 子游平日於仲子之事, 問諸孔子, 而知舍孫立子之非正, 故於惠子之喪, 又爲之服, 以正其廢嫡立庶之失. 適孫猶不可舍, 況適子乎?

1-2[단궁상 3]

부모를 섬길 때는 잘못을 숨겨줌은 있으나, 안색을 거스르면서 간함은 없고, 이리저리 나아가 봉양하고 일정한 한계를 두지 않는다.

돌아가실 때까지 힘든 일을 맡아서 하고, 돌아가시면 삼 년 동안 상을 극진히 치른다. 군주를 섬길 때는 안색을 거스르면서 간함은 있으나 잘못을 숨겨줌은 없고, 이리저리 나아가 봉양하지만 정해진 직분이 있다. 돌아가실 때까지 힘든 일을 맡아 하고, 돌아가시면 삼 년 동안 부모의 상에 준하는 상(方喪)을 치른다. 스승을 섬길 때는 안색을 거스르면서 간하거나 잘못을 숨겨줌이 없고, 이리저리 나아가 봉양하는 데 일정한 한계를 두지 않는다. 돌아가실 때까지 힘든 일을 맡아 하고, 돌아가시면 삼 년 동안 심상心喪을 한다. 事親有隱而無犯, 左右就養無方. 服勤至死, 致喪三年. 事君有犯而無隱, 左右就養有方. 服勤至死, 方喪三年. 事師無犯無隱, 左右就養無方. 服勤至死, 心喪三年.

集說 요씨饒氏(요로饒魯)는 말한다. "자식은 부모에 대해 자신이 맡은 직분을 구분하지 않고 일마다 모두 알아서 해야 하니, 다른 사람에게 미루고 맡길 수 있는 것이 없다. 스승을 섬기는 것도 부모를 섬기는 것과 같이 하므로 모두 정해진 방향이 없다. '방향이 있다'(有方)는 것은 왼쪽이 오른쪽을 침범할 수 없고 오른쪽이 왼쪽을 침범할 수 없어 정해진 방향이 있다는 말이다. 신하가 군주를 섬길 때는 각자 자신이 맡은 직분을 다해야 하므로 일정한 방향이 있다고 한 것이다." ○ 주씨朱氏는 말한다. "부모는 인仁이 있는 곳이므로 잘못을 숨겨줌은 있으나 거스르면서 간함은 없다. 군주는 의義가 있는 곳이므로 거스르면서 간함은 있으나 잘못을 숨겨줌은 없다. 스승은 도道가 있는 곳이므로 거스르면서 간함도 잘못을 숨겨줌도 없다." ○ 유씨劉氏는 말한다. "'은隱'은 모두 간하는 것을 말한다. 부모와 자식은 은혜를 위주로 하는데 거스르면서 간하면 선善하기를 요구하는 것이 되어

서 은혜를 상하게 되므로 기미를 살펴 간하고 거스르면서 간하지는 않는다. 군주와 신하는 의리를 위주로 하는데, 간하지 않고 숨겨주면 위세를 두려워하여 아부를 하는 것이어서 의리를 해치게 되므로 군주의 잘못을 바로잡을 때는 '속이지 말고 거스르면서 간한다.'(勿欺也而犯之)[10] 스승과 제자는 은혜와 의리의 사이에 처하고 스승은 도가 있는 곳이어서 간하면 반드시 거절당하지 않을 것이므로, 거스를 필요가 없다. 잘못이 있으면 의심하고 질문해야 하며 감추어둘 필요가 없다. '숨겨준다'(隱)는 것은 잘못을 덮어줌을 말하는 것이 아니다. 잘못을 덮어주고 다른 사람에게 드러내면 안 되는 경우는 세 가지 관계에서 모두 그렇게 해야 한다. 오직 사관史官의 경우는 이러한 제한을 받지 않는다. '취양就養'은 가까이 나아가 봉양하는 것이다. '치상致喪'은 슬프고 수척해지는 상례喪禮의 절도를 극진히 하는 것이다. '방상方喪'은 부모의 상에 견주어 나란하게 하는데 의義(의리)로써 은恩(은혜)을 함께하는 것이다. '심상心喪'은 몸에 상복喪服을 입지는 않으나 마음으로 슬퍼하는 감정을 가지는 것이다. 이른바 '아버지의 상을 치르듯 하되 상복은 하지 않는다'(若喪父而無服也)[11]는 것이다." 饒氏曰: "子之於親, 不分職守, 事事皆當理會, 無可推托. 事師如事父, 故皆無方. 有方, 言左不得越右, 右不得越左, 有一定之方. 臣之事君, 當各盡職守, 故曰有方." ○ 朱氏曰: "親者, 仁之所在, 故有隱而無犯. 君者, 義之所在, 故有犯而無隱. 師者, 道之所在, 故無犯無隱也." ○ 劉氏曰: "隱皆以諫言. 父子主恩, 犯則爲責善而傷恩, 故幾諫而不可犯顔. 君臣主義, 隱則是畏威阿容[12]而害義, 故匡救其惡, '勿欺也而犯之.' 師生處恩義之間, 而師者道之所在, 諫必不見拒, 不必犯也. 過則當疑問, 不必隱也. '隱', 非掩惡之謂. 若掩惡而不可揚於人, 則三者皆當然也. 惟秉史筆者不在此限. '就養', 近就而奉養之也. '致喪', 極其哀毁之節也. '方喪', 比方於親喪而以義並恩也. '心喪', 身無衰麻之服, 而心有哀戚之情. 所謂'若喪父而無服也'."

1-3[단궁상 4]

계무자季武子가 침전寢殿을 조성하였는데, 두씨杜氏의 무덤이 그의 집 서쪽 계단 밑에 있었기 때문에, 두씨가 합장合葬하기를 요청하자 계무자가 허락하였다. 두씨가 집 안에 들어가서 감히 곡을 하지 못하자, 계무자가 "합장은 옛 법도는 아니지만, 주공周公 이후로 줄곧 고치지 않았다. 내가 그 큰 것을 허락하였는데 작은 것을 허락하지 않는다면 말이 되겠는가?" 하고는 곡을 하도록 명하였다.

季武子成寢, 杜氏之葬在西階之下, 請合葬焉, 許之. 入宮而不敢哭, 武子曰: "合葬, 非古也, 自周公以來, 未之有改也. 吾許其大而不許其細, 何居?" 命之哭.

集說 유씨劉氏(유이劉彝)는 말한다. "침전寢殿을 조성하면서 다른 사람의 묘를 허문 것13)은 어질지 않은 것이다. 이장하지 않고 합장하기를 청한 것 또한 효가 아니다. 합장하기를 허락하고 게다가 다시 곡을 하게 한 것은 거짓으로 잘못을 문식文飾하고자 한 것이다. 게다가 침전이란 가족을 안주하게 하는 것인데, 자기 가족을 남의 무덤 위에 거주하게 한다면 자신은 편안하겠는가? 묘란 선조를 봉안하는 것인데, 선조를 다른 사람의 집 계단 밑에 머물게 한다면 편안할 수 있겠는가? 모두 인정에 가깝지 않으니 비례임이 분명하다." 劉氏曰: "成寢而夷人之墓, 不仁也. 不改葬而又請合焉, 亦非孝也. 許其合而又命之哭焉, 矯僞以文過也. 且寢者所以安其家, 乃處其家於人之家上, 於汝安乎? 墓者所以安其先, 乃處其先於人之階下, 其能安乎? 皆不近人情, 非禮明矣."

자상子上이 어머니가 돌아가셨는데도 복을 하지 않은 것에 대해 문
인이 자사子思에게 물었다. "예전에 선생의 선군자(孔子)께서는 쫓겨
난 어머니를 위해 복을 하게 하였습니까?" "그렇다." "그런데 선생
께서 백白에게 복을 하게 하지 않는 것은 어째서입니까?" 자사가
말했다. "옛날 나의 선군자께서는 도리에 어긋난 바가 없으셨다.
도리에 높이는 것이면 높이고, 도리에 낮추는 것이면 낮추셨다. 나
야 어찌 그렇게 할 수 있겠는가? 나에게 아내가 되는 사람은 백에
게는 어머니가 되고, 나에게 아내가 되지 않는 사람은 백에게 어머
니가 되지 않는다." 따라서 공씨 집안에서 쫓겨난 어머니를 위해
복을 하지 않는 것은 자사子思로부터 시작되었다.

子上之母死而不喪, 門人問諸子思曰: "昔者子之先君子喪出母
乎?" 曰: "然." "子之不使白也喪之, 何也?" 子思曰: "昔者吾先君
子無所失道. 道隆則從而隆, 道汚則從而汚. 伋則安能? 爲伋也妻
者, 是爲白也母, 不爲伋也妻者, 是不爲白也母." 故孔氏之不喪
出母, 自子思始也.

集說 '자상子上의 어머니'(子上之母)는 자사子思의 쫓겨난 아내이다. 『의례』
에 따르면, 쫓겨난 어머니를 위해서 자최장기를 하는데, 아버지의 후사가
된 아들은 복이 없고 심상心喪을 할 뿐이다.[14] '子上之母', 子思出妻也. 『禮』,
爲出母齊衰杖期, 而爲父後者無服, 心喪而已.

權近 살펴건대, 아버지의 후사가 된 사람은 조상의 중重을 이어받아 조상
과 일체가 된다. 쫓겨난 어머니는 사당과 끊어지게 되므로 감히 나의 사사

로운 은혜를 이유로 쫓겨난 어머니를 위해 복을 하지 못한다. 또 뒷장에서 "어머니가 죽자 백어는 기년을 넘겼는데도 계속 곡을 하였다. 공자가 '아아 심하다'라고 한 뒤에야 복을 벗었다"고 하고, 다시 "자사의 어머니가 위나라에서 죽어서 자사에게 부고하자 자사가 사당에서 곡을 하였다"고 하고, 또 "서씨의 어머니가 죽었는데 어찌해서 공씨의 사당에서 곡을 하는가? 라고 하자 자사가 결국 자신의 방에서 곡을 하였다"라고 하였다. 이 두 가지 기록을 통해 볼 때 백어는 기년상을 하였고 자사도 사당에서 곡을 하였던 것이다. 그런데 지금 자상에게 복을 하지 못하게 한 것은 왜인가? 아마도 쫓겨난 어머니의 경우와, 재가한 어머니의 경우와, 쫓겨난 뒤 재가한 어머니의 경우 사이에 차이가 있기 때문이다. 내 생각에 백어의 어머니는 쫓겨난 뒤에 재가하지 않았기 때문에 끊기기는 했어도 완전히 끊을 수 없는 것이다. 그러므로 공자가 백어에게 쫓겨난 어머니를 위해 복을 하지 못하게 하였던 것이다. 자사의 어머니는 남편 백어가 죽은 뒤에 서씨에게 재가를 하였지만 백어가 살아 있을 때에 끊어짐을 당한 적이 없기 때문에 자사는 그래도 사당문 밖에서 곡을 할 수 있었던 것이다. 자상의 어머니의 경우는 이미 쫓겨났고 게다가 재가를 하였던 것이다. 그 때문에 백에게 어머니를 위해 복을 하지 못하게 하였던 것이다. 이들 경우에서 은의의 가볍고 무거움의 차이를 따지지 않을 수 없다. 다만 남들이 의심하여 질문하자 스스로 자기 집안의 일을 말하기는 어려웠기 때문에 '성인은 도에 어긋난 바가 없다'는 것으로 대답하였다. 성인은 예의가 나오는 바이므로, 높일 만하면 높이고 낮출 만하면 낮출 수 있을 것이다. 권도가 자신에게 달려 있으니 중도에 어긋남이 없다. 현자는 예의 경經(근본 원칙)을 고수해야 할 뿐이다. 그러므로 '나야 어찌 그렇게 할 수 있겠는가'라고 하였는데, 이는 단지 이치에 근거하여 대답한 것이다. 그러나 앞뒤의 일을 참고하여 의미를 찾는다면 은미한 취지를 알 수 있다. 近按. 爲父後者, 承祖之重, 與祖爲體. 而出母

與廟絶, 故不敢以我之私恩而爲之服也. 又觀後章曰, "伯魚之母死, 期而猶哭. 夫子曰, '嘻, 甚!' 然後除之", 又曰, "子思之母死於衛, 赴於子思, 子思哭於廟", 又曰, "庶氏之母死, 何爲哭於孔氏之廟乎? 子思遂哭於他室." 以此二者觀之, 則伯魚喪期, 而子思亦哭於廟. 今不使子上喪之者, 何也? 蓋有出母有嫁母, 亦有出而嫁者, 是其有差歟! 臆謂伯魚之母出而不嫁, 則雖絶而有未盡絶者. 故孔子使伯魚喪之. 子思之母, 伯魚卒後, 雖嫁庶氏, 而伯魚在時, 未嘗見絶, 故猶可哭於廟門之外. 若子上之母, 則是已出而又嫁者歟! 故不使白也喪之. 此其恩義輕重之差, 不容無辨. 但人疑而問之, 則難乎自言其家事也, 故以聖人無所失道對之. 聖人, 禮義之所由出, 故可隆而隆, 可汚而汚. 其權度在我, 而無不合於中道也. 賢者但當守禮之經而已. 故曰, '我則安能如是也', 直據其理而答之. 然參究前後之事而求之, 則其微旨可見矣.

1-5[단궁상 6]

공자가 말하였다. "조문객에게 배례한 뒤에 이마를 지면에 대는 것은 일의 차례에 따르는 것이다. 이마를 지면에 대고 나서 조문객에게 배례하는 것은 애통함이 지극한 것을 다하는 것이다. 삼년상의 경우 나는 애통함이 지극한 것을 다하는 쪽을 따르겠다."

孔子曰: "拜而后稽顙, 頹乎其順也. 稽顙而后拜, 頎乎其至也. 三年之喪, 吾從其至者."

集說 이는 상례喪禮 때에 배례하는 순서를 말한다. '배拜'는 조문객에게 배례하는 것이다. '계상稽顙'은 이마를 지면에 대는 것으로 애통함이 지극한 것이다. 배례하여 조문객에게 예를 표시하고 나서 이마를 지면에 대고 자신의 슬픔을 다하는 것을 '순조롭다'라고 한 것은, 다른 사람에 대한 공

경을 먼저 표시하고 나서 뒤에 자신의 슬픔을 다하는 것을 그 순서에 맞는 것으로 삼은 것이다. '기恘'는 측은히 여기는 마음이 일어난 것이다. 그것을 '지극하다'고 한 것은 슬퍼하는 마음이 항상 부모에게 가 있으면서 공경하는 마음을 잠시 다른 사람에게 표시한 것으로 자신의 마음을 다하는 도리로 삼은 것이다. 공자가 그 '지극한 것을 따르겠다'고 한 것은 또한 "상례의 형식만을 잘 갖추기보다는 슬퍼하는 것이 낫다"[15]는 뜻이다. 此言喪拜之次序也. '拜', 拜賓也. '稽顙'者, 以頭觸地, 哀痛之至也. 拜以禮賓, 稽顙以自致謂之'順'者, 以其先加敬於人, 而后盡哀於己, 爲得其序也. '恘'者, 惻隱之發也, 謂之'至'者, 以其哀常在於親, 而敬暫施於人, 爲極自盡之道也. 夫子從其至者, 亦'與其易也寧戚'之意.

1-6[단궁상 13]

공자는 어릴 때 아버지를 여의어서 그 묘가 어디 있는지 몰랐다. 오보五父의 길거리에서 어머니 상의 빈례殯禮를 행하였다. 그것을 본 사람들 모두가 장례葬禮를 행하는 것이라고 여겼다. 그러나 상여를 끈 것은 빈례를 행하기 위해서였다. 추 땅 사람 만보曼父의 어머니에게 (묘소의 위치를) 물은 뒤에 방防 땅에 합장할 수 있었다.

孔子少孤, 不知其墓. 殯於五父之衢. 人之見之者, 皆以爲葬也. 其愼也, 蓋殯也. 問於郰[16]曼父之母, 然後得合葬於防.

集說 '그 묘를 알지 못하였다'(不知其墓)는 것은 아버지의 묘가 어디 있는지 몰랐다는 것이다. '오보의 거리에서 빈례를 행하였다'(殯於五父之衢)는 것은 어머니의 상에 빈례殯禮[17]를 행한 것이다. 예에 집 밖에서 빈례를 행하는 경우는 없다. 그런데 지금 길거리에서 한 것에 대해, 선유先儒(정현)는 '사람

들에게 의문을 가지게 하여 혹 묘의 위치를 아는 사람이 알려줌이 있기를 바란 것이다. 사람들이 길거리에서 널을 실은 상여가 가는 것을 보고 모두 장례를 치르는 것이라고 여겼다. 그러나 끄는 상여로 보면, 빈례에서 상여를 끌 때는 관을 덮개휘장(輲)으로 장식하고 장례葬禮에서 상여를 끌 때는 유柳[18]와 삽翣[19]으로 장식을 하는데,[20] 이 경우는 빈례에서 끄는 상여였던 것이다'라고 해석하였다. 생각건대 『공자가어孔子家語』에 "공자가 태어나고 삼 년 만에 숙량흘이 죽었다"[21]고 되어 있는데, 이것이 '어릴 때 아버지를 여의었다'(少孤)는 것이다. 그러나 안씨가 죽은 것은 공자가 장성한 한참 뒤의 일이다. 성인은 인륜의 표준인데 어찌 어머니가 돌아가시도록 아버지를 매장한 곳을 찾지 않고, 어머니의 빈례를 할 때 이르러서도 여전히 아버지의 묘소를 모를 수 있단 말인가? 또한 어머니가 돌아가셨는데 길거리에서 빈례를 하는 것은 집이 없이 길거리에서 죽은 사람의 경우 어쩔 수 없어서 하는 것이다. 성인은 예법의 종주宗主인데 차마 이렇게 하였겠는가? '不知其墓'者, 不知父墓所在也. '殯於五父之衢'者, 殯母喪也. 禮無殯於外者, 今乃在衢, 先儒謂欲致人疑問, 或有知者告[22]也. 人見柩行於路, 皆以爲葬. 然以引觀之, 殯引飾棺以輲, 葬引飾棺以[23]柳翣, 此則殯引耳. 按, 『家語』"孔子生三歲而叔梁紇死", 是 '少孤'也. 然顔氏之死, 夫子成立久矣. 聖人人倫之至, 豈有終母之世不尋求父葬之地, 至母殯而猶不知父墓乎? 且母死而殯於衢路, 必無室廬而死於道路者, 必[24]不得已之爲耳. 聖人禮法之宗主, 而忍爲之乎?

1-7[단궁상 7]

공자가 방防 땅에 합장을 할 수 있게 된 뒤, "내가 들었는데, 옛날에는 묘만 쓰고 봉분을 만들지 않았다. 이제 나는 이리저리 떠도는 사람이라 표시를 해두지 않을 수 없다"라고 하였다. 이에 봉분封墳을 만들었는데 높이가 4척이었다.【구본에는 앞 절의 앞에 있어 앞뒤가 바뀌어 배치되어 있다】

孔子旣得合葬於防曰, "吾聞之, 古也墓而不墳. 今丘也, 東西南北之人也, 不可以弗識也." 於是封之, 崇四尺.【舊在前節之前, 先後倒置】

集說 '이리저리 떠도는 사람'(東西南北之人)이란 벼슬살이로 옮겨 다녀 일정한 거처가 없다는 말이다. '東西南北之人', 言其宦遊無定居也.

權近 살피건대, '어려서 아버지를 여의고 그 묘를 알지 못하여 큰 거리에서 염습을 하였다. 다른 사람에게 물은 뒤에야 어머니를 합장할 수 있었다'는 것에 대하여 선현이 그 무망함을 변석한 것은 진실로 옳다. 그러나 이 절로 보건대, '옛날에는 매장만 하고 봉분을 만들지 않았다. 이에 봉분을 만들었는데 높이가 4척이었다'고 하였으므로 방 땅의 묘는 옛 풍습에 따라 봉분을 쌓지 않은 것이 분명하다. '그 묘를 알지 못하였다'는 것은 정말로 아버지의 묘가 방 땅에 있음을 몰랐다는 것이 아니다. 다만 봉분을 쌓지 않아 땅과 차이가 없었던 것이다. 평상시에는 참배하고 청소하면서 공경을 다했을 뿐 감히 그 묘역을 가까이서 밟을 수 없었다. 그런데 합장을 하기에 이르러서는 반드시 그 묘에 나아가 바로 그 자리에 구멍을 파야 하므로 한 치의 작은 차이도 있어서는 안 된다. 그 때문에 성인이 공경하고 삼가는 마음에서 비록 그 묘가 바로 여기에 있음을 알면서도 어릴 때 보지 못하였다는 것 때문에 평상시에 전해 듣고 스스로 확정을 짓고 있었지만, 그 장소를 분명히 알고 있는 사람에게 물은 뒤에야 합장을 하였던 것이다. 이

것이 바로 "(공자가) 태묘에 들어가 매사를 물었다"[25]는 마음으로, 알고 있기는 하지만 다시 물은 것이니 지극히 공경하고 삼가는 것이다. 그 때문에 '기신야其愼也'의 '신愼' 자를 '인引'으로 고칠 필요가 없다. 만일 그 장소를 미리 알지 못하였다면 만보 어머니의 언급이 있었더라도 어떻게 전적으로 믿고 합장을 할 수 있었겠는가? 알지 못한 것이 아님이 또한 분명하다. 오보의 거리는 방으로 가는 길 근처이고 만보의 어머니는 예전에 이 거리에 살아 방묘를 본 적이 있고 분명히 알고 있음이 틀림없다. 안씨가 살아 있을 당시에는 합장할 것을 미리 가정하여 어머니에게 물을 수는 없었다. 돌아가신 뒤에는 빈궁 곁을 떠나 만보의 집에서 가서 물을 수 없었다. 그러므로 장례를 치르는 날에 오보의 거리를 지나면서 만보의 어머니에게 물은 것이다. 그 진행이 매우 느리고 황급하게 가서 일을 처리하지 않으므로 당시 보는 사람들도 반드시 자세히 살피지 못하고 이상하게 여겼는데, 하물며 후세 사람들이야 어떠하겠는가? 그러나 기록한 자는 이것을 알 수 있었음으로 '기신야'라고 하였고, 다만 그것이 빈례가 아님을 몰랐기 때문에 '빈'이라고 하여 후세의 의혹을 초래하였다. 이를 설명하는 자도 기록자의 의도를 알 수 없어 '신愼'을 '인引'으로 고쳐 더욱 오해를 낳았다. 선현이 의리로 기록자의 무고를 반복해서 변론한 적이 있다. 그러나 두 구절의 언급을 통해 살피건대, 물어본 뒤에 합장을 한 것은 사정과 의리에 크게 어긋남이 없고 성인의 공경하고 삼가는 마음을 더욱 잘 알 수 있다. 다만 기록자는 그 까닭을 분명히 말할 수 없었다. 만약 실제로 아버지의 묘소를 몰라 거리에서 빈례를 했다면 이는 성인이 공경하고 삼가야만 하기 때문에 상례常禮를 변경한 것이다. 그러므로 '기신야其愼也, 개빈야蓋殯也'라고 하였다. '기'·'개' 두 글자는 모두 그 글을 앞에 두고 감히 빈례를 하는 것으로 단정하지 못하는 것이다. 설명하는 사람이 '신愼'을 '인引'으로 고쳐 기록자의 의도를 완전히 잃고 말았다. 이는 기록자는 크게 사실을 왜곡하지 않았으나 설명자가 크게 오류를 범한 것이 된다. 近按, '少孤, 不知其墓, 殯於衢路. 問於他人, 然後得合葬者, 先賢卜其誣妄誠是也. 然以此節觀之, 則曰'古也墓而不墳. 今也封之崇四尺', 則防墓之遵古不墳明矣. 所謂不知其墓'者, 非眞不知父墓之在防也. 但無立壟與地齊平. 其在平日望拜展掃致敬而已, 不敢近踐其域也. 及至合葬, 則必就其塋而穴其地, 不可有尺寸毫髮之違失也. 故聖人敬愼之心, 雖知其兆正在乎此, 不敢以幼少之所未見, 平日之所傳聞, 而自定也, 必待舊人明知其處者, 而問之然後, 得合葬也. 此卽"入太廟每事問"之心, 雖知亦問, 敬愼之至也. 故'其愼也'之'愼不必改爲'引'也. 苟不前知其所, 則雖有曼父之母之言, 豈敢遽信而合葬乎? 其非不知也, 亦明矣. 五父之衢必是近防所適之路, 曼父之母舊居是衢, 嘗見防墓而明知之者也. 顔氏在時, 不可預擬合葬, 而問於其母. 旣喪之後, 又不可違離殯側, 而往問於曼父之家. 故及葬之日, 經於五父之衢, 問於曼父之母. 其進遲徊, 不遽往而襄事, 故當時見者亦必不察而異之, 況後世乎? 然記者猶能識此而曰'其愼也', 但不知其非殯而曰'殯', 以致後世之疑. 說者又不能知記者之意, 改'愼'爲'引', 益致其誤. 先賢嘗以義理反覆論辨以明記者之誣. 然以二節之言求之, 則問之而後葬者, 於事情義理無甚悖戾, 而益見聖人敬愼之心. 但記者不能明言其故. 若實不知其墓, 而殯於衢者, 然人自疑之意, 是聖人必有所敬愼, 而變其常也. 故曰'其愼也, 蓋殯也'. '其'·'蓋'二字, 皆臨其辭而不敢定以爲殯也. 說者乃敢改愼爲引, 盡失記者之意. 是則記之者非甚誣, 而說之者爲大謬也.

¹⁻⁸[단궁상 8]

공자가 먼저 돌아오고 문인門人들은 뒤에 돌아왔는데, 비가 심하게 내리는 중에 도착했다. 공자가 "너희들은 어찌 이렇게 늦게 왔는가?" 하고 묻자, 문인들이 "방 땅의 묘가 무너졌기 때문입니다"라고 대답하였다. 공자는 대꾸하지 않았다. 세 번이나 말하자, 공자는 눈물을 뚝뚝 흘리면서 "내 들으니 옛날에는 묘를 수리하지 않았다고 한다"라고 하였다.

孔子先反, 門人後, 雨甚, 至. 孔子問焉, 曰: "爾來何遲也?" 曰: "防墓崩." 孔子不應. 三, 孔子泫然流涕曰: "吾聞之, 古不脩墓."

集說 비가 심하게 내려 묘가 무너지자 문인들이 고쳐 쌓은 뒤에 돌아온 것이다. 공자가 눈물을 흘린 것은 봉분을 쌓을 때 근실히 하지 못해 무너지게 되었음을 스스로 마음 아파한 것이다. 아울러 옛사람이 묘를 수리하지 않았던 이유는 봉분을 쌓는 데 지극히 공경하고 근실하게 하여 다시 수리할 필요가 없었기 때문이라고 말한 것이다. 雨甚而墓崩, 門人脩築而後反. 孔子流涕者, 自傷其不能謹之於封築之時, 以致崩圮. 且言古人所以不修墓者, 敬謹之至, 無事於修也.

權近 살펴건대, '공자가 먼저 돌아온 것'은 정오에 맞춰 우제虞祭를 지내고자 하였기 때문이다. '문인들이 뒤에 돌아왔다'는 것은 하편(단궁하 37)의 "유사가 안석(几)과 자리(筵)를 가지고 묘의 왼쪽에 전奠을 베풀어놓았다"는 것이다. '옛날에는 묘를 수리하지 않았다'는 것은 옛날에는 묘만 만들고 봉분封墳을 쌓지 않아 수리할 일이 없었다. 지금은 옛날의 도와 상반되게 봉분을 쌓아 올려 무너짐을 초래하게 되었으니, 스스로 변례變禮를 행하고 옛 도리로 자기의 부모를 섬기지 못하였음을 가슴 아파한 것이다. 그 때문에 뚝뚝 눈물을 흘렸던 것이다. 성인의 일처리는 때에 맞추어 적절하게 처리하므로 중도中道에 합치되지 않는 경우가 없다. 그러나 그 마음은 오로지 근실하지 않음이 있을까만을 걱정하는 것이다. 近按, '孔子先反'者, 欲及日中而虞也. '門人後'者, 卽下篇所謂"有司以几筵舍奠于墓左"者也. '古不修墓'者, 古也墓

而不墳²⁶⁾, 無事於修. 今反古道, 封之爲墳, 以致其崩, 自傷其變禮, 而不以古道事其親也, 故泫然而流涕. 聖人之事, 因時制宜, 無不合於中道也. 然其心惟恐其有所不勤也.

¹⁻⁹[단궁상 9]

공자가 침문 안의 뜰에서 자로子路의 죽음에 곡하였다. 조문하는 사람이 있자 공자가 그에게 (상주로서) 배례하였다. 곡을 마치고는 사자使者를 나오게 하여 자로가 죽을 때의 정황을 물었다. 사자가 "(자로의 시신으로) 젓을 담갔습니다"라고 하자, 드디어 집 안의 젓을 모두 쏟아버리도록 명하였다.

孔子哭子路於中庭. 有人弔者, 而夫子拜之. 旣哭, 進使者而問故. 使者曰: "醢之矣!" 遂命覆醢.

集說 자로는 공회孔悝의 난²⁷⁾에 죽어 위나라 사람들에 의해 젓갈로 만들어졌다. 공자가 침문 안의 뜰에서 곡한 것은 사우師友의 예에 따른 것이다. 사자使者의 말을 듣고 집 안의 젓갈을 모두 쏟아 버린 것은 자로가 화를 당한 것을 애통하게 여겨 그 비슷한 것을 차마 먹을 수 없었기 때문이다.

子路死於孔悝之難, 遂爲衛人所醢. 孔子哭之中庭, 師友之禮也. 聞使者之言, 而覆棄家醢, 蓋痛子路之禍, 而不忍食其似也.

¹⁻¹⁰[단궁상 10]

증자曾子는 "붕우의 묘에 묵은 뿌리가 있게 되면 곡하지 않는다"라고 하였다.

曾子曰: "朋友之墓, 有宿草, 而不哭焉."

集說 풀의 뿌리가 묵었다는 것은 일 년이 지났다는 뜻으로 곡을 하지 않아도 된다. 草根陳宿, 是期年之外, 可無哭矣.

1-11[단궁상 11]

자사子思가 말하였다. "상을 당하면 3일째 되는 날 빈례殯禮[28]를 행하는데, 시신에 부속되는 모든 것들은 반드시 정성스럽고 신실하게 준비해서 후회가 남지 않도록 할 뿐이다. 3개월이 되면 장례葬禮를 하는데 관에 부속되는 모든 것들을 반드시 정성스럽고 신실하게 준비하여 후회가 남지 않도록 할 뿐이다."

子思曰: "喪三日而殯, 凡附於身者, 必誠必信, 勿之有悔焉耳矣. 三月而葬, 凡附於棺者, 必誠必信, 勿之有悔焉耳矣."

集說 방씨方氏는 말한다. "'반드시 정성스럽게 한다'(必誠)는 것은 죽은 사람에 대하여 속이는 바가 없음을 말하고, '반드시 신실하게 한다'(必信)는 것은 산 사람에 대하여 의심하는 바가 없음을 가리킨다." 方氏曰: "'必誠', 謂於死者無所欺, '必信', 謂於生者無所疑."

1-12[단궁상 12]

(자사가 말하였다.) "상喪은 삼 년 동안 지내는 것을 가장 극진한 것으로 여긴다. 매장을 마친 뒤에도 부모를 잊지 못하므로 군자는 죽을 때까지 하는 근심은 있지만 하루아침에 갑자기 생기는 근심은 없다. 따라서 기일忌日에는 즐겁게 지내지 않는다."
"喪三年以爲極. 亡則弗之忘矣, 故君子有終身之憂, 而無一朝之患. 故忌日不樂."

集說 상喪은 삼년상보다 무거운 것이 없다. 매장을 마친 뒤에는 '망亡'(돌아갔다)이라 한다. 비록 이미 매장을 했음에도 부모를 잊지 못하기 때문에 평생의 근심으로 삼아 기일에는 즐겁게 지내지 않는 것이다. 喪莫重於三年. 旣葬曰'亡'. 雖已葬, 而不忘其親, 所以爲終身之憂, 而忌日不樂也.

1-13[단궁상 14]

이웃에 초상이 있으면, 방아를 찧을 때 소리를 내어 서로 북돋아주지 않는다. 마을에 빈소가 있으면 거리에서 노래 부르지 않는다.
鄰有喪, 舂不相. 里有殯, 不巷歌.

[단궁상 15]

상례 때 쓰는 관에는 관끈장식(緌)을 하지 않는다.
喪冠不緌.

集說 관冠은 반드시 비녀로 꿰어 착용한다. 끈을 비녀에 매어 턱을 따라 내려가 아래에서 묶은 것을 관끈(纓)이라 하고, 묶고 난 나머지를 앞으로

드리운 것을 관끈장식(綾)29)이라 한다. '상례 때 쓰는 관에 관끈장식을 하지 않는다'(喪冠不綾)는 것은 장식을 제거하는 것이다. 冠必有笄以貫之. 以紘繫笄, 順頤而下結之曰纓, 垂其餘於前者謂之綾. '喪冠不綾', 蓋去飾也.

1-14 [단궁상 16]

유우씨有虞氏 때는 와관瓦棺(질그릇 관)을 사용하였고, 하후씨夏后氏 때는 관을 안치한 구덩이의 사방을 불에 구운 벽돌로 쌓았고(墍周), 은나라 때는 나무로 만든 관棺과 곽槨을 사용하였고, 주나라 사람들은 유의柳衣(윗덮개 틀에 씌우는 덮개)로 덮고 삽翣(관을 가리는 부채 모양의 장식)을 설치하였다.30)

有虞氏瓦棺, 夏后氏墍周, 殷人棺槨, 周人牆置翣.

集說 '와관을 사용하였다'(瓦棺)는 것은 섶으로 덮지 않게 되었다는 것이다. '즐주墍周'는 토주土周라고도 하는데, '즐墍'은 타고남은 불똥이다. 흙을 빚어 벽돌을 만들어서 관이 들어가는 구덩이의 사방을 두른다. 은대殷代에 처음으로 관과 곽을 만들었고, 주나라 사람들은 또 관을 장식하는 기물을 만들었다. 대개 문식을 더해간 것이다. '장牆'은 유의柳衣31)다. '유柳'는 모인다는 뜻으로 여러 장식들이 모여 있는 곳이다. 이것으로 관을 가리는 것이 마치 담장으로 집을 가리는 것과 같으므로 '장牆'이라고 한다. '삽翣'은 부채와 같은 모양이다. '瓦棺', 始不衣薪也. '墍周', 或謂之土周, '墍'者, 火之餘燼. 蓋治土爲甎, 而四周於棺之坎也. 殷世始爲棺槨, 周人又爲飾棺之具. 蓋彌文矣. '牆', 柳衣也. '柳'者, 聚也, 諸飾之所聚也. 以此障柩, 猶垣牆之障家, 故謂之'牆'. '翣'如扇之狀,

1-15 [단궁상 17]

주나라 사람들은 은나라 사람의 관棺과 곽槨으로 장상長殤의 장례 葬禮를 치렀고, 하후씨夏后氏의 즐주墍周로 중상中殤과 하상下殤의 장 례를 치렀으며, 유우씨有虞氏의 와관으로 복이 없는 상殤의 장례를 치렀다.

周人以殷人之棺槨葬長殤, 以夏后氏32)之墍周葬中殤·下殤, 以 有虞氏之瓦棺葬無服之殤.

集說 16세에서 19세까지 성년이 되기 전에 죽은 경우가 장상長殤이고, 12 세에서 15세까지가 중상中殤이고, 8세에서 11세까지가 하상下殤이고, 7세 이하에 죽은 경우는 복服이 없는 상殤이다. 태어난 지 3개월이 되지 않으면 상殤으로 보지 않는다. 十六至十九爲長殤, 十二至十五爲中殤, 八歲至十一爲下殤, 七歲以下爲無服之殤. 生未三月不爲殤.

1-16 [단궁상 18]

하후씨夏后氏는 검은색을 숭상하여, 상사喪事에는 해질 무렵 염斂을 하였고, 전쟁에는 가라말(驪 검은 말)을 탔으며, 희생은 검은 것을 사용하였다. 은나라 사람은 흰색을 숭상하여, 상사에는 한낮에 염 을 하였고, 전쟁에는 백마(翰)를 탔으며, 희생은 흰 것을 사용하였 다. 주나라 사람은 붉은색을 숭상하여, 상사에는 해가 돋을 때 염 을 하였고, 전쟁에는 월다말(騵 붉은 말)을 탔으며, 희생은 붉은 것을 사용하였다.

夏后氏尙黑, 大事斂用昏, 戎事乘驪, 牲用玄. 殷人尙白, 大事斂
用日中, 戎事乘翰, 牲用白. 周人尙赤, 大事斂用日出, 戎事乘騵,
牲用騂.

集
說 　'대사大事'는 상사喪事이다. '려驪'(가라말)는 검은색이고, '한翰'(백마)은
흰색이다. '원騵'(월다말)은 붉은 말이면서 갈기와 꼬리는 검다. '大事', 喪事
也. '驪', 黑色. '翰', 白色. '騵', 赤馬而黑鬣尾也.

목공穆公의 어머니가 죽자 사람을 보내 증자曾子에게 "어떻게 해야
합니까?"라고 물었다. 증자가 다음과 같이 대답했다. "신申은 아버
지로부터 '곡읍哭泣으로 슬픔을 드러내고, 자최齊衰와 참최斬衰의 상
복으로 정을 나타내고, 죽을 먹는 것 등은 천자로부터 서인에 이르
기까지 보편적인 것이다. (빈궁殯宮에 관을 안치한 뒤 그 위에 덮
는) 장막(幕)을 베로 만드는 것은 위衛나라의 방식이고, 장막을 생명
주로 만드는 것은 노魯나라의 방식이다'라고 말씀하시는 것을 들었
습니다."

穆公之母卒, 使人問於曾子曰: "如之何?" 對曰: "申也聞諸申之
父曰, '哭泣之哀, 齊斬之情, 饘粥之食, 自天子達. 布幕, 衛也, 縿
幕, 魯也.'"

集說 '목공穆公'은 노나라 군주이다. '신申'은 증삼曾參의 아들이다. 진한 것을 '전饘'이라 하고 묽은 것을 '죽粥'이라 한다. '막幕'은 빈궁殯宮에 안치한 관 위에 덮는 장막이다. 위나라에서는 베로 장막을 만드는데 제후의 예이다. 노나라에서는 생명주로 장막을 만드는데, 천자의 예를 참람하게 사용한 것이다. '穆公', 魯君. '申', 參之子也. 厚曰'饘', 稀曰'粥'. '幕', 所以覆於殯棺之上. 衛以布爲幕, 諸侯之禮也. 魯以綃爲幕, 蓋僭天子之禮矣.

1-18[단궁상 20]

진헌공晉獻公이 세자인 신생申生을 죽이려 하자, 공자公子인 중이重耳가 신생에게 "그대는 어찌하여 그대의 생각을 공에게 말하지 않습니까?" 하고 말했다. 세자는 "그럴 수 없다. 군께서 여희驪姬를 편안히 여기시는데, 그렇게 하는 것은 공의 마음을 상하게 하는 것이다"라고 하였다.

晉獻公將殺其世子申生, 公子重耳謂之曰: "子蓋言子之志於公乎?" 世子曰: "不可. 君安驪姬, 是我傷公之心也."

集說 '중이重耳'는 신생의 배다른 동생, 즉 문공文公이다. '합蓋'은 어찌 ~ 하지 않는가의 뜻이다. 참소를 밝히면 여희驪姬는 반드시 주살을 당할 것인데, 이것은 군주가 편하게 여기는 사람을 잃고 마음을 상하도록 만드는 것이다. '重耳', 申生異母弟, 卽文公也. '蓋', 何不也. 明其讒, 則姬必誅, 是使君失所安而傷其心也.

"그렇다면 어찌하여 도망치지 않습니까?" 세자는 "그럴 수 없다. (그렇게 하면) 임금께서는 내가 군주를 시해하려 한다고 할 것이다. 천하에 어찌 아버지를 무시하는 나라가 있겠는가! 내가 간들 어디로 간단 말인가?" 하고 대답했다.

曰: "然則蓋行乎?" 世子曰: "不可. 君謂我欲弑君也. 天下豈有無父之國哉! 吾何行如之?"

[단궁상 22]

사람을 보내 호돌狐突에게 작별 인사를 하면서 '나는 죄를 짓고 백씨의 말씀을 듣지 않아 죽게 되었습니다. 저는 결코 죽는 것을 애석해하지 않습니다. 그렇지만 우리 임금께서는 늙었고 아들은 어리며 국가에는 어려운 일이 많은데도, 백씨께서는 나와서 임금을 위해 도모하지 않습니다. 백씨께서 정말로 밖으로 나가 우리 임금을 위해 도모하신다면, 저는 은혜를 입고 기꺼이 죽을 것입니다' 하고는 머리가 바닥에 닿도록 하여 두 번 배례를 하고 나서 죽었다. 이 때문에 공세자恭世子라고 불리게 되었다.

使人辭於狐突曰: "申生有罪, 不念伯氏之言也, 以至于死. 申生不敢愛其死. 雖然, 吾君老矣, 子少, 國家多難, 伯氏不出而圖吾君. 伯氏苟出而圖吾君, 申生受賜而死", 再拜稽首, 乃卒. 是以爲恭世子也.

集說 '호돌狐突'은 신생의 사부師傅이다. '백씨伯氏'는 그의 자이다. '사辭'는 떠날 때 이별을 고하는 것인데, 그와 영원히 이별한다는 것이다. 신생

은 스스로 목을 매 죽어 아버지를 불의에 빠뜨렸으므로 효가 될 수는 없었고, 다만 공恭이라는 시호를 얻었을 뿐이다. '狐突', 申33)生之傅. 伯氏, 其字也.34) '辭',35) 將去而告違, 蓋與之永訣也. 申生自經而死, 陷父於不義, 不得爲孝, 但得謚恭而已.

[權近] 살펴건대, '도오군圖吾君'이란 일을 도모하여 군주를 돕는 것이다. 신생申生이 비록 참소 때문에 죽게 되었지만 감히 여희麗姬의 잘못을 밝히지 않았고 공의 마음을 차마 아프게 하지 않았다. 더욱이 백씨가 나아가 군주의 정치를 기필코 돕게 하려고 바랐던 것이다. 신생이 군주를 사랑하고 국가를 걱정하는 정성은 정말로 지극하다고 하겠다. 헌공에게 이러한 아들이 있었지만 참소하는 말만 믿고 제대로 살피지 않아 목을 매 자살하는 지경에 이르게 하고 끝내 사랑하는 아들도 보호할 수 없어 두 번 시해를 당하는 지경에 이르게 되었고 국가는 거의 망하게 되었으니 만세의 영원한 귀감이 될 만하다. 近按, '圖吾君'者, 圖謀而輔君也. 申生雖以讒死, 不敢明驪姬之過, 而不忍傷公之心. 猶欲望伯氏之出而必欲輔公之治. 其愛君憂國之誠切至矣. 獻公有子如此, 而信讒不察, 使至於自經, 卒亦不能保其所愛之子, 以至再弑而國幾於亡36), 可以爲萬世之永鑒矣.

1-20[단궁상 23]

노나라 사람 가운데 아침에 대상제大祥祭를 지내고 그날 저녁에 노래를 부른 이가 있었는데 자로子路가 그를 비웃었다. 공자가 "자로야! 네가 사람을 책망함에 결코 끝이 없구나! 삼년상에 비추어도 역시 이미 오래도록 거상居喪을 한 것이다." 자로가 나가자 공자가

"얼마나 더 남았다고! 한 달만 넘겼으면 좋았을 것을!"이라고 말하였다.

魯人有朝祥而莫歌者, 子路笑之. 夫子曰: "由! 爾責於人, 終無已夫! 三年之喪, 亦已久37)矣夫." 子路出, 夫子曰: "又多乎哉! 踰月則其善也."

集說 아침에 대상제를 지내고 그날 저녁에 노래하는 것은 진실로 예가 아니지만, 예교禮敎가 쇠퇴한 시대에 이 사람만이 삼년상을 행할 수 있었으므로 공자가 자로의 비웃음을 막았던 것이다. 그러나 결코 바른 예는 아니어서 학자들이 의심하게 될까 염려하여 자로가 나가기를 기다려 바로잡아 말한 것이다. 그 뜻은 다음과 같다. '이름은 삼년상이지만 실제로 25개월이다. 이제 이미 24개월이 되었으니 이때부터 노래할 수 있는 때까지 또 얼마나 많은 기간이 남았겠는가! 다만 다시 한 달을 더 넘기고 노래를 하였다면 좋았을 것이다.' 성인이 이와 같은 경우에 대해서 비록 예를 완전하게 갖추어야 한다고 요구하지도 않았지만 그렇다고 하여 변례變禮로 인정한 적도 없었다. 朝祥莫歌, 固爲非禮, 特以禮敎衰廢之時, 而此人獨能行三年之喪, 故夫子抑子路之笑. 然終非正禮, 恐學者致疑, 故俟子路出, 乃正言之. 其意若曰, '名爲三年之喪, 實則二十五月. 今已至二十四月矣, 此去可歌之月38), 又豈多有日月乎哉! 但更踰月而歌, 則爲善矣.' 蓋聖人於此, 雖不責之以備禮, 亦未嘗許之以變禮也.

1-21 [단궁상 24]

노나라 장공莊公과 송나라가 승구乘丘에서 전투를 벌였다. 현분보縣

賁父가 말을 몰았고 복국ㅏ國이 거우車右가 되었다. 말이 놀라 전열이 크게 무너졌고 공이 수레에서 떨어지자 보조 수레에서 수레 손잡이 줄을 던져 주어 공을 태웠다. 공이 "변변치 못하구나, 복이여!"라고 했다. 현분보는 "다른 때는 전열이 크게 무너지지 않았는데 이번에 무너진 것은 용기가 없었기 때문이다"라고 하고는 마침내 적진으로 뛰어들어 죽었다. 어인圉人이 말을 씻기는데 날아온 화살이 말의 넓적다리에 박혀 있었다. 공이 "그들의 죄가 아니다!"라고 하고 드디어 뇌문誄文을 지어 애도하였다.39) 사士에게 뇌문을 지어 애도하게 된 것은 이때부터 시작되었다.

魯莊公及宋人戰于乘丘. 縣賁父御, 卜國爲右. 馬驚, 敗績, 公隊, 佐車授綏. 公曰: "末之, 卜也!" 縣賁父曰: "他日不敗績而今敗績, 是無勇也", 遂死之. 圉人浴馬, 有流矢在白肉. 公曰: "非其罪也", 遂誄之. 士之有誄, 自此始也.

集說 '승구乘丘'는 노나라 땅이다. 전투는 노나라 장공莊公 10년에 있었다. '현縣'과 '복卜'은 모두 성씨이다. 무릇 거우車右는 용기와 힘을 갖춘 사람에게 맡긴다. 크게 무너지는 것을 '패적敗績'이라 한다. 공이 수레에서 떨어지자 좌거佐車에서 줄을 던져 주어 공을 끌어 올렸다. 이는 공이 좌거에 탔다는 것이다. '좌거佐車'는 보조 수레이다. '수綏'는 잡고 수레에 오르는 줄이다. '말지복末之卜'은 복국은 변변치 못하고 용기가 없다는 말이다. 두 사람은 마침내 적진에 뛰어들어 전사하였다. '어인圉人'은 말을 관장하는 사람이다. 말을 씻기다가 화살이 말의 넓적다리에 박혀 있는 것을 발견하였다. 따라서 두 사람의 잘못이 아님을 알게 되었다. 살아서 작위가 없으면 죽어서 시호가 없다. 은나라는 대부 이상을 작위로 여겼다. 사士가 비록 주나라

에서는 작위에 해당하지만 신분이 낮아 시호를 받을 수는 없었다. 장공이 의리義理에 따라 예제를 만들어 적진에 달려 나간 공을 뇌문誄文을 지어 애도하고 이를 시호로 삼았다. ‘乘丘’, 魯地.[40] ‘縣’·‘卜’, 皆氏也. 凡車右以勇力者爲之. 大崩曰‘敗績’. 公隊車而佐車授之綏以登. 是登佐車也. ‘佐車’, 副車也. ‘綏’, 挽以升車之索也. ‘末之卜’者, 言卜國微末無勇也. 二人遂赴鬪而死. ‘圉人’, 掌馬者. 及浴馬, 方見流矢中馬股間之肉. 則知非二子之罪矣. 生無爵則死無諡. 殷大夫以上爲爵. 士雖周爵, 卑不應諡. 莊公以義起, 遂誄其赴敵之功, 以爲諡焉.

權近 살펴건대, ‘복卜’ 자는 이 편 아래 문장 “군주를 부축할 때, 복인卜人[41]의 우두머리가 오른쪽을 부축한다”고 할 때의 복 자와 같아야 하니 복僕 자가 되어야 한다. 말이 놀란 것은 말 모는 사람의 잘못이지 거우車右의 책임이 아니다. 때문에 말 모는 책임을 맡은 현분보를 빼놓고 거우인 복국을 책망해서는 안 된다. 정말로 복국을 책하는 것이라면 복국은 대답이 없고 현분보가 바로 자신이 용기 없음을 자책하면서 죽은 것과 상응하지 않는다. 구설舊說은 그 설이 통하지 않음을 알았기 때문에 두 사람이 모두 죽은 것으로 보았다. 그러나 경문經文에는 복국 또한 죽었다는 뜻이 보이지 않는다. 때문에 ‘복어僕御의 복僕으로 본다면 현분보가 자책을 하고 죽었고 복국은 죽지 않았다는 의미가 분명해진다. 近按, ‘卜’當如此篇下文“扶君, 卜人師扶右”之卜, 讀作僕. 蓋馬驚御者之罪, 而非車右之責. 不當舍僕御之縣賁父, 而責車右之卜國也. 苟責卜國, 則不應卜國無答辭, 而縣賁父乃自責其無勇而遂死之也. 舊說知其說之不通, 以爲二子俱死. 然於經文未見有卜國亦死之意也. 故以爲‘僕御’之僕, 則縣賁父自責而死, 卜國不死之意, 明矣.

1-22[단궁상 25]

증자曾子가 앓아누웠는데, 위독해져 임종이 가까웠다. 악정樂正[42]
인 자춘子春은 침상 아래 앉고, 증원曾元과 증신曾申은 발쪽에 앉고,
동자는 자리의 모퉁이에 앉아 횃불을 들고 있었다.

曾子寢疾, 病. 樂正子春坐於牀下, 曾元·曾申坐於足, 童子隅坐
而執燭.

集說 '병病'은 질환이 위독해진 것이다. '자춘子春'은 증자의 제자이고, '원
元'과 '신申'은 증자의 아들이다. '病'者, 疾之甚也. '子春', 曾子弟子, '元與申', 曾
子子也.

1-23[단궁상 26]

동자童子가 말하였다. "화려하고 매끈한데, 대부大夫의 자리인가요?"
자춘子春이 "그만해라!"라고 하였다. 증자曾子가 듣고는 놀라는 모양
으로 "허!"라고 하였다. 동자가 다시 "화려하고 매끈한데 대부의
자리인가요?"라고 하자, 증자는 "그렇다. 이는 계손季孫이 하사한
것인데, 내가 미처 바꾸지 못하였다. 원元은 일어나 자리를 바꿔라"
라고 하였다. 증원이 "선생님의 병이 위급하니 움직여서는 안 됩니
다. 아침이 되면 삼가 바꾸도록 하겠습니다." 증자가 "네가 나를
사랑함이 저 동자만도 못하구나. 군자는 덕으로써 사람을 사랑하
고 세인은 고식姑息으로 사람을 사랑한다. 내가 무엇을 바라겠는
가? 나는 바름을 얻어 죽으면 그만이다"라고 하였다. 들고 부축

하여 자리를 바꾸었다. 자리에 다시 눕고 미처 안정되기도 전에 죽었다.

童子曰: "華而睆, 大夫之簀與?" 子春曰: "止!" 曾子聞之, 瞿然曰: "呼!" 曰: "華而睆, 大夫之簀與?" 曾子曰: "然. 斯季孫之賜也, 我未之能易也. 元起易簀!" 曾元曰: "夫子之病革矣, 不可以變. 幸而至於旦, 請敬易之." 曾子曰: "爾之愛我也不如彼. 君子之愛人也以德, 細人之愛人也以姑息. 吾何求哉? 吾得正而斃焉, 斯已矣." 擧扶而易之. 反席未安而沒.

集說 '화華'는 채색과 장식이 아름답고 좋은 것이다. '환睆'은 자리의 마디 부분이 고르고 매끈하다는 것이다. '책簀'은 자리다. '지止'는 동자에게 말하지 말게 한 것이다. '구연瞿然'은 놀란 듯이 하는 것이다. '호呼'는 탄식하면서 숨을 내쉬는 소리다. '왈曰'은 동자가 다시 말한 것이다. '혁革'은 급하다는 뜻이다. '변變'은 움직인다는 뜻이다. '피彼'는 동자를 가리킨다. 동자는 예를 알고 있어 증자가 대부를 지낸 적이 없는데 어떻게 대부가 사용하는 자리에 누울 수가 있겠는가라고 여긴 것이다. 증자는 그의 뜻을 알았으므로 그렇다고 인정하고, 또 이것은 노나라 대부인 계손이 내려준 것이라고 말한 것이다. 이에 반드시 바꾸고자 하여, 그것을 바꾸고 죽었으니, 바르게 죽었다고 할 수 있다. '華者, 畫飾之美好. '睆者, 節目之平瑩. '簀', 簟也. '止', 使童子勿言也. '瞿然', 如有所驚也. '呼者, 嘆而噓氣之聲. '曰', 童子再言也. '革', 急也. '變', 動也. '彼', 謂童子也. 童子知禮, 以爲曾子未嘗爲大夫, 豈可臥大夫之簀. 曾子識其意, 故然之, 且言此魯大夫季孫之賜耳. 於是必欲易之, 易之而沒, 可謂斃於正矣.

부모가 막 돌아가셨을 때에는 급하게 길을 가다 길이 끊겨 더 이상 갈 수가 없는 것처럼 마음에 애통함이 가득하고 몸이 위축된다. 빈례殯禮를 마치고는 마치 (잃어버린 것을) 찾으려고 하나 찾지 못하는 것처럼 이리저리 두리번거린다. 매장을 마치고는 마치 오기를 기다리나 오지 않는 것처럼 허둥거린다. 연제練祭 때에 이르면 세월이 빠름을 한탄하게 되고, 대상大祥 때에 이르면 쓸쓸하고 허전하다.
始死, 充充如有窮. 旣殯, 瞿瞿如有求而弗得. 旣葬, 皇皇如有望而弗至. 練而慨然, 祥而廓然.

集說 소疏에서 말한다. "사태는 다 끝장나고 방법도 좌절된 것이 '막힌다'(窮)는 뜻이다. 부모가 막 돌아가시면 효자는 (몸을 가누지 못하고) 바닥에 엎드려 곡을 하는데, 마음에 슬픔이 가득하고 몸이 꺾인 것이 마치 급하게 가다 길이 끊겨 다시 갈 곳이 없는 것과 같으니 막막하고 다급한 모습이다. '구구瞿瞿'는 눈으로 급하게 둘러보는 모양으로 마치 잃은 것이 있어 찾는데 찾지 못하는 듯하는 것이다. '황황皇皇'은 허둥댄다(栖栖)는 뜻과 같다. 부모가 흙으로 돌아가자 효자의 마음이 의탁할 곳 없는 것이 마치 상대가 오기를 기다리지만 이르지 않는 것과 같다. 소상小祥43)에 이르면 세월이 달리는 것처럼 빠르게 지나감을 한탄한다. 대상大祥44)에 이르면 마음이 쓸쓸하고 허전하여 즐겁지가 않다." 疏曰: "事盡理屈爲窮. 親始死, 孝子匍匐而哭之. 心形充屈, 如急行道極, 無所復去, 窮急之容也. '瞿瞿', 眼目速瞻之貌, 如有所失而求覓之不得然也. '皇皇', 猶栖栖也. 親歸草土, 孝子心無所依託, 如有望彼來而彼不至也. 至小祥, 但慨歎日月若馳之速也. 至大祥, 則情意廖廓不樂而已."

1-25 [단궁상 28]

주루邾婁 사람들이 화살을 가지고 복復을 한 것은 대개 승경升陘에
서 전투를 한 뒤로부터 시작된 것이다.

邾婁復之以矢, 蓋自戰於升陘始也.

集說 노魯 희공僖公 21년에 주邾 사람들과 승경升陘에서 전투를 하였는데,
승경은 노나라 지역이다. 주邾의 군대가 승리하기는 했지만 사상자가 많았
고 군대 안에 옷이 없어 복復을 하는 자가 화살을 이용하였다. 『경전석문經
典釋文』에 "주邾나라 사람들이 주邾를 부를 때 루婁라고 발음한다. 그러므로
'주루朱樓'라고 한다"고 하였다. 魯僖公二十一年, 與邾人戰于升陘, 魯地[45]. 邾師雖
勝, 而死傷者多, 軍中無衣, 復者用矢. 『釋』云: "邾人呼邾, 聲曰婁, 故曰'邾婁'."

1-26 [단궁상 29]

노나라 부인들이 북상투[46]를 하고 조문을 한 것은 호태狐鮐의 전투
에서 패배한 뒤로부터다.

魯婦人之髽而弔也, 自敗於狐[47]鮐始也.

集說 길례吉禮의 경우에는 머리싸개로 머리를 싸고, 흉례凶禮의 경우에는
머리싸개를 제거하여 머리를 노출하므로 '북상투'(髽)라고 한다. 호태狐鮐의
전투는 노 양공襄公 4년에 있었는데 주邾나라 사람에게 패했던 듯하다. 북
상투를 하고는 조문하지 않는 법이지만 당시 집집마다 상을 치르고 있었으
므로 북상투를 하고 서로 조문한 것이다. ○ 방씨方氏(방각方慤)는 말한다.

"화살은 활쏘기에 사용하는 것이지 복復에 사용하는 것이 아니다. 북상투는 상喪에 하는 것이지 조문할 때 하는 것이 아니다. 그것을 답습하고 고치지 않는 것은 잘못이다." 吉時以纚韜髮, 凶則去纚而露其髻, 故謂之'髽'. 狐鮐之戰, 在魯襄公四年. 蓋爲邾人所敗也. 髽不以弔, 時家家有喪, 故髽而相弔也. ○ 方氏曰: "矢所以施於射, 非所以施於復. 髽所以施於喪, 非所以施於弔. 因之而弗改, 則非矣."

1-27[단궁상 30]

남궁도南宮縚의 처가 시어머니 상을 당했는데, 공자가 그녀에게 북상투를 하도록 가르치면서, "너는 너무 높게도 하지 말라! 너는 너무 넓게도 하지 말라! 대개 개암나무로 비녀를 만드는데 길이는 1척이고, 머리를 묶은 뒤 드리운 머리끈(總)48)의 길이는 8촌寸이다"라고 하였다.

南宮縚之妻之姑之喪, 夫子誨之髽曰: "爾毋從從爾! 爾毋扈扈爾! 蓋榛以爲笄, 長尺, 而總八寸."

集說 남궁도南宮鞱의 아내는 공자의 형의 딸이다. 시어머니가 죽자 공자가 북상투하는 법을 가르친 것이다. '종종從從'은 높다는 뜻이고, '호호扈扈'는 넓다는 뜻이다. 너의 북상투가 너무 높아서도 넓어서도 안 된다는 말이다. 또 계笄로 머리 묶는 법을 가르쳤다. '계笄'는 바로 비녀이다. 길례 때의 계(吉笄)는 1척 2촌이고, 상례 때의 계(喪笄)는 1척이다. 참최斬衰 때의 계는 전죽箭竹을 사용하는데, 작은 대나무이다. 며느리가 시부모를 위해서는 모두 자최부장기齊衰不杖期를 하는데49) 개암나무로 비녀를 만들어야 한다. 머리 묶는 끈을 '총總'이라 하는데 베로 만든다. 머리의 밑동과 끝을 묶은

뒤 남는 머리 끈은 상투의 뒤로 내리는데 그 길이가 8촌이다. 繐妻, 夫子兄女
也. 姑死, 夫子敎之爲髽. '從從', 高也, '扈扈', 廣也. 言爾髽不可大[50]高, 不可大[51]廣.
又敎以笄總之法. '笄', 卽簪也. 吉笄尺二寸, 喪笄一尺. 斬衰之笄用箭竹, 竹之小者也.
婦爲舅姑皆齊衰不杖期, 當用榛木爲笄也. 束髮謂之'總', 以布爲之. 旣束其本末, 而總之
餘者, 垂於髻後, 其長八寸也.

1-28[단궁상 31]

맹헌자孟獻子는 담제禫祭를 지내고도 악기를 틀에 걸어만 둔 채 연
주하지 않았고, 시중들 부인을 배석시키기는 하였지만 침소에 들
지는 않았다. 공자가 "맹헌자는 다른 사람보다 한 등급 나은 사람
이다"라고 말했다.

孟獻子禫, 縣而不樂, 比御而不入. 夫子曰: "獻子加於人一等矣."

集說 '맹헌자孟獻子'는 노나라 대부인 중손멸仲孫蔑이다. '담禫'은 제사의
명칭이다. '담禫'이란 담담한 듯 평안하다는 의미다. 대상大祥이 지나고 한
달을 건너 담제를 지내므로 '중월이담中月而禫[52]'이라고 한다. 『주례』「춘
관春官・소서小胥」에 "대부는 좌우에 악기를 매단다"고 하였다. '현이불악縣
而不樂'이라는 것은 악기틀에 매달아놓기만 하고 연주하지는 않는 것이다.
'비어불입比御不入'은 부인 가운데 시중들 사람을 배석시키기는 하였지만
침소에 들지는 않았다는 것이다. 일설에는 '비比'는 이르다는 뜻이라고 한
다. "부모의 상에 기간이 지나서 상복을 벗었으므로"[53] 공자가 아름답게
여겼던 것이다. '孟獻子', 魯大夫仲孫蔑也. '禫', 祭名. '禫者, 澹澹然平安之意. 大祥
後間一月而禫, 故云'中月而禫'. 『禮』: "大夫判縣." '縣而不樂'者, 但縣之而不作也. '比御

而不入'者, 雖比次婦人之當御者, 而猶不復寢也54). "親喪外除", 故夫子美之.

1-29[단궁상 32]

공자는 대상大祥을 마치고 5일 뒤 금琴을 탔으나 소리를 이루지 못
하였고, 달을 넘긴 열흘 뒤55)에는 생笙을 연주하면서 노래로 읊는
것이 제소리를 이루었다. 유자有子는 대개 대상大祥을 마치고는 오
색실로 신발을 장식하고 오색 끈목으로 관끈을 하였다.
孔子旣祥, 五日彈琴而不成聲, 十日而成笙歌. 有子蓋旣祥而絲
屨·組纓.

集說 『예』에 "대상大祥을 마치면 흰 신을 신는데 신코 장식이 없고"56)
"누이지 않은 흰 비단의 관에 흰색의 누인 비단으로 가선을 두른다"57)고
하였다. 끈목(組)의 문식은 다섯 가지 색이다. 이제 막 대상을 마쳤는데 곧
바로 오색실로 신발 장식을 만들고 오색의 끈으로 갓끈을 만든 것은 복이
길한 것으로 나아간 것이다. 이 두 가지는 모두 길한 것으로의 변화가 빠
름을 비난한 것이다. 그런데 '개蓋'는 추측하는 말이다. 기록자 또한 전해들
은 것이기 때문에 그 말을 의심하는 듯하다. 공자의 일을 인용한 것은 남
은 슬픔이 아직 잊히지 않았음을 보이고자 한 것이다. 『禮』: "旣祥, 白屨無
絇;" "縞冠素紕." 組之文五采, 今方祥卽以絲爲屨之飾, 以組爲冠之纓, 服之吉者也. 此二
者皆識58)其變吉之速. 然蓋者, 疑辭, 恐記者亦是得於傳聞, 故疑其辭也. 引孔子之事
者, 以見餘哀未忘也.

1-30 [단궁상 33]

죽은 사람에 대해 조문하지 않는 경우가 세 가지다. 두려움 때문에
죽은 경우, 압사한 경우, 익사한 경우이다.

死而不弔者三. 畏, 厭, 溺.

集說 방씨方氏(방각方慤)는 말한다. "'전쟁에서 용감하지 못한 것은 효가 아
니다'59)라고 하였으니 두려움 때문에 죽은 경우일 것이다. '군자는 쓰러지
는 담장 밑에 서 있지 않는다'60)라고 하였으니 깔려서 죽은 경우일 것이
다. 효자는 '배를 타지, 헤엄쳐 건너지 않는다'61)라고 하였으니 물에 빠져
죽은 경우일 것이다. 세 가지는 모두 바른 명命이 아니므로 선왕이 예를
제정하면서 조문하지 않는 경우에 두었던 것이다." 진씨陳氏는 말한다. "이
치를 밝히면 두려움을 다스릴 수 있다'62)고 하였다. 이치를 분명하게 보지
못하는 사람은 두려워하면서 나아갈 바를 몰라, 스스로 목매달아 죽어서
구덩이에 버려지는 경우가 많으니, 이것이 참으로 두려움 때문에 죽게 된
다는 것이요, '전쟁에서 용감하지 못한 것'만을 가리키기는 어려울 듯하다.
어떤 이는 싸움질하다가 목숨을 잃는 것을 '외畏'라고 한다고 하였다. 方氏
曰: "戰陳無勇, 非孝也', 其有畏而死者乎. '君子不立巖牆之下', 其有厭而死者乎. 孝子
'舟而不游', 其有溺而死者乎. 三者皆非正命, 故先王制禮在所不弔." ○ 陳氏曰,63) "明
理可以治懼", 見理不明者, 畏懼而不知所出, 多自經於溝瀆, 此眞爲死於畏矣, 似難專指
戰陳無勇也. 或謂鬪狠亡命曰畏.

자로子路는 누이의 상喪을 치르면서 상복을 벗어도 되는데 벗지 않았다. 공자가 "왜 상복을 벗지 않는가?"라고 묻자, 자로가 "저는 형제가 적어 차마 벗지 못하겠습니다"라고 하였다. 공자가 "선왕이 예를 제정한 것이다. 도리를 실천하는 사람들은 모두 차마 하지 못하는 마음이 있다"라고 하였다. 자로가 듣고는 드디어 복을 벗었다.

子路有姊之喪, 可以除之矣, 而弗除也. 孔子曰: "何弗除也?" 子路曰: "吾寡兄弟而弗忍也." 孔子曰: "先王制禮, 行道之人, 皆弗忍也." 子路聞之, 遂除之.

集說 도리를 실천하는 사람들은 모두 친親(가까운 사람)에게 차마 하지 못하는 마음이 있지만, 끝내 상복을 벗는 것은 선왕의 제도를 어길 수 없기 때문이다. 行道之人, 皆有不忍於親之心, 然而遂除之者, 以先王之制不敢違也.

태공太公이 영구營丘에 봉해졌으나 오세五世가 될 때까지 모두 주周에 돌아와 장례를 치렀다. 군자는 말한다. "악樂은 태어난 곳을 즐거워하는 것이고, 예禮는 그 근본을 잊지 않는 것이다. 옛사람들이 '여우는 죽을 때 머리를 똑바로 하여 언덕 쪽으로 향한다'고 하였는데, 어진 것이다."

太公封於營丘, 比及五世, 皆反葬於周. 君子曰: "樂, 樂其所自生, 禮, 不忘其本. 古之人有言曰'狐死正丘首', 仁也."

太공太公이 제나라에 봉해지기는 했지만 주周에 머물면서 태사太師가 되었으므로 태공이 죽자 주나라에서 장례를 지냈다. 자손들이 그 근본을 감히 잊지 못하였기 때문에 제나라로부터 주나라로 돌아와 장례를 치르고 선인의 선영先塋에 따라 묻히다가, 5세가 되어 친親이 다하게 된 뒤에야 그만두었다. 생을 즐거워하고 근본을 두터이 하는 것이 예악의 도이다. 살아서 이곳을 즐거워하였으니 죽어서 어찌 이곳을 배반할 수 있겠는가? 여우가 미물微物이기는 하지만 자신이 굴을 파고 숨었던 곳을 언덕으로 삼는다. 이 또한 살아서 이곳을 즐거워하였기 때문에 죽을 때도 여전히 자기의 머리를 바르게 하여 언덕을 향하니, 그 근본을 잊지 않는 것이다. 근본을 배반하고 처음을 잊는 것은 어진 사람의 마음씀씀이가 아니므로 어질다고 지목한 것이다. 太公雖封於齊, 而留周爲太師, 故死而遂葬於周. 子孫不敢忘其本, 故亦自齊而反葬於周, 以從先人之兆, 五世親盡而後止也. 樂生而敦本, 禮樂之道也. 生而樂於此, 豈可死而倍於此哉. 狐雖微獸, 丘其所窟藏之地, 是亦生而樂於此矣, 故及死而猶正其首, 以向丘, 不忘其本也. 倍本忘初, 非仁者之用心, 故以仁目之.

1-33[단궁상 36]

백어伯魚의 어머니가 죽고 기년期年이 되었는데도 백어는 여전히 곡을 하였다. 공자가 그것을 듣고는 "누구냐? 곡을 하는 사람이!"라고 하자, 문인이 "백어입니다"라고 대답하였다. 공자가 "아! 너무 지나치다!"라고 하였다. 백어가 이 말을 듣고는 드디어 상복을 벗었다.

伯魚之母死, 期而猶哭. 夫子聞之, 曰: "誰與? 哭者!" 門人曰: "鯉也." 夫子曰: "嘻! 其甚也!" 伯魚聞之, 遂除之.

集說 백어伯魚의 어머니는 쫓겨난 뒤에 죽었다. 아버지 생존 중에 어머니가 돌아가시면 기년복期年服을 하고 담제禫祭를 지내지만, 쫓겨난 어머니(出母)에 대해서는 담제를 지내지 않는다. 백어는 바로 공자의 뒤를 이을 아들이어서 『예』에 따르면 복이 없다.64) 게다가 기년이 지나면 곡을 하지 않아야 하는데도 여전히 곡을 하였기 때문에 공자가 너무 지나치다고 탄식하였던 것이다. 伯魚之母出而死. 父在爲母期而有禫, 出母則無禫. 伯魚乃夫子爲後之子, 則於『禮』無服. 期可無哭矣猶哭, 夫子所以歎其甚.

1-34[단궁상 37]

순舜은 창오蒼梧의 들에 장례를 지냈는데 세 부인은 합장하지 않았다. 계무자季武子는 "주공周公은 합장을 하였다"라고 하였다.

舜葬於蒼梧之野, 蓋三妃未之從也. 季武子曰: "周公蓋祔."

集說 소疏에서 말한다. "순의 첫째 비인 아황娥皇이고, 둘째 비인 여영女英, 셋째 비인 계비癸比이다'라고 하였다. (세 비는 뒤에) 모두 순과 합장하지 않았다. 이것은 기록자가 합장의 일은 옛사람에게는 아직 없었다고 말하고, 이어서 계무자季武子의 말을 인용하여 주공周公 이후로 합장이 시작되었다고 한 것이다. 『서경』의 "승하하시어 돌아가셨다"에 대하여 채침蔡沈은 "『사기』에 '순은 창오의 들에서 죽었다'고 하였고 『맹자』는 '명조鳴條

에서 죽었다'[65]고 하였는데 어느 것이 맞는지 모르겠다. 지금 영릉零陵 구의九嶷에 순의 무덤이 있다고 한다"[66]라고 하였다. 疏云: "舜長妃娥皇, 次妃女英, 次妃癸比." 皆不從舜之葬. 此記者言合葬之事, 古人未有, 因引季武子之言, 謂自周公以來, 始祔葬也.'『書』"陟方乃死", 蔡氏曰: "『史記』'舜崩於蒼梧之野', 『孟子』言'卒於鳴條', 未知孰是. 今零陵九嶷[67]有舜冢云."

權近 살피건대, 요堯가 늙자 순舜이 섭정을 하면서 사악四嶽을 순수巡狩하고 제후를 조회하였다. 순이 늙고 우禹가 섭정을 할 때도 그 예가 마찬가지였다. 순은 너무 늙어 근실할 수 없었기 때문에 우에게 섭정을 하도록 한 것은 아니었다. 나이 들어 10여 년간 정치를 하지 않은 뒤에도 다시 순수를 나가 들에서 죽었다. 맹자孟子는 당시 호사가들의 말, 예를 들어 순舜과 이윤伊尹, 공자孔子, 백리해百里奚에 관한 일들에 대해서는 반드시 사적을 근거로 의리를 증명하였고 반복해서 논변하였다. 어찌 자신이 근거 없이 말을 만들어 "명조鳴條에서 죽었다'고 하였겠는가? 여기에서 '창오蒼梧에 장례를 지냈다'는 말은 깊이 믿을 것이 못된다. 그러나 또한 여기에서 죽었다고도 하지 않았다. 후세의 사가史家는 이 때문에 "순수를 하다가 죽었다"[68]고 한 것이 아니겠는가! 영릉의 '순의 무덤'이란 것도 호사가들이 이것을 근거로 견강부회한 것이 아니겠는가? 近按, 堯老而舜攝, 巡狩四嶽而觀諸侯. 舜老而禹攝, 其禮亦然. 舜不應老期倦于勤, 而使禹攝位. 老不聽政十有餘年之後, 而復出巡狩, 而崩于野也. 孟子於當時好事者之言, 如舜與伊尹孔子百里奚之事, 必以事證義理, 反復而論辯之. 豈自爲無稽之言以爲"卒於鳴條"也. 此言'葬于蒼梧', 未可深信. 然亦不言崩于此地. 後世作史者, 因此而遂以爲"巡狩而崩也"歟. 零陵所謂舜冢者, 是亦好事以此而附會者歟?

증자曾子의 상喪에 시신을 부엌에서 목욕시켰다.

曾子之喪, 浴於爨室.

集說 『의례』「사상례士喪禮」에는 적실에서 목욕을 시키도록 되어 있고 부엌에서 목욕을 시킨다는 문장은 없다. 구설69)에서는 '증자曾子가 증원曾元이 대자리 바꾸기를 반대하였기 때문에 겸손함과 검소함으로 바로잡은 것'이라고 하였다. 그러나 증자는 자리에 다시 눕고 안정되기도 전에 죽었으니 반드시 언급이 있었던 것은 아닐 것이다. 이것이 정말 증자의 유명遺命이라도 자식 된 자가 어찌 비례를 따라 부친을 천시하는 일을 차마 할 수 있겠는가? 이는 추측하는 말을 가지고 단정하기는 어려운 것이니 그대로 두고 아는 사람을 기다려야 할 것이다. 「士喪禮」浴於適室, 無浴爨室之文. 舊說 曾子以曾元辭易簀, 矯之以謙儉. 然反席未安而沒, 未必有言及. 此使果曾子之命, 爲人子者, 亦豈忍從非禮而賤其親乎? 此難以臆說斷之, 當闕之以俟知者.

대공大功의 상喪이 있을 경우 학업을 폐한다. 혹자는 "대공에 송誦을 하는 것은 괜찮다"고 한다.

大功廢業. 或曰: "大功, 誦可也."

集說 '업業'이란 몸에 익히는 것으로 춤을 배우고 활쏘기를 배우고 금슬琴瑟을 배우는 것 등이다. 그것을 폐하는 것은 슬픔을 잊을까 염려해서다.

'송誦'이란 입으로 익히는 것으로 잠시 그것을 하는 것은 괜찮다. 그런데도 '혹왈或曰'이라고 칭한 것은 확정하지는 못하는 말이다. '業者, 身所習, 如學舞・學射・學琴瑟之類. 廢之者恐其忘哀也.' '誦者, 口所習, 稍暫爲之亦可. 然稱'或曰', 亦未定之辭也.

1-37 [단궁상 40]

자장子張은 병이 위독해지자 신상申祥을 불러 말했다. "군자는 '종終'(마친다)이라 하고 소인은 '사死'(죽는다)라고 한다. 내가 오늘에서야 군자의 마침에 거의 가깝게 되었구나!"

子張病, 召申祥而語之曰: "君子曰終, 小人曰死. 吾今日其庶幾乎!"

集說 '신상申祥'은 자장子張의 아들이다. '종終'이란 시始에 대해서 말하는 것이다. '사死'는 다 사라지고 남은 것이 없다는 말이다. 군자는 행실이 이루어지고 덕이 세워져서 시작이 있고 마침이 있으므로 '종終'(마친다)이라 한다. 소인은 뭇 사물과 함께 썩어가므로 '사死'(죽는다)라고 한다. "죽어서 이름이 칭해지지 않을 것을 걱정한다"[70]는 것이 이것이다. 자장이 이때에 이르러 자신이 군자에 가깝게 된 것을 또한 스스로 믿었던 것이다. '申祥, 子張子也. '終'者對始而言. 死則澌盡無餘之謂也. 君子行盛[71]德立, 有始有卒, 故曰'終'. 小人與群物同朽腐, 故曰'死'. "疾沒世而名不稱"爲是也. 子張至此亦自信其近於君子也.

증자曾子가 말했다. "막 돌아가셨을 때 올리는 전奠72)은 남아서 시렁에 두었던 것으로 한다."

曾子曰: "始死之奠, 其餘閣也與."

集說 막 돌아가셨을 때는 바로 말린 고기(脯), 젓갈(醢), 단술(醴酒)을 가지고 시신이 놓인 침상으로 나아가 시신의 동쪽에서 전奠을 올리는데, 시신의 어깨에 해당하는 곳에 진설하여, 죽은 이의 혼령이 의지함이 있게 한다. '시렁'(閣)은 음식을 올려두고 보관하기 위한 것이다. 대개 살아 계실 때 시렁에 남겨두었던 말린 고기와 젓갈을 가지고 전奠을 올린다. 始死, 以脯・醢・醴酒, 就尸牀而奠于尸東, 當死者之肩, 使神有所依也. '閣', 所以庋置飮食, 蓋以生時庋閣上所餘脯醢爲奠也.

증자曾子가 말했다. "소공小功의 상에 곡위哭位(곡하는 자리)를 마련하지 않는 것은 누추한 동네에서 하는 예이다. 자사子思는 형수를 위해 곡할 때 곡위를 마련하였는데, 자사의 부인이 먼저 용踊(발을 동동 구르며 뛰는 의절)을 하였다." 신상申祥이 언사言思를 위해 곡을 할 때도 그렇게 하였다.

曾子曰: "小功不爲位也者, 是委巷之禮也. 子思之哭嫂也爲位, 婦人倡踊." 申祥之哭言思也亦然.

集說 '위委'는 굽다(曲)의 뜻이다. 구불구불한 동내(曲巷)는 누추한 동내(陋巷)라고 말하는 것과 같다. 평민들은 누추한 동내에 살면서 예의를 몰라 비루하고 소박하며 절도와 문식이 없다. 따라서 소공小功의 상상喪에 곡위哭位를 마련하지 않는 것은 누추한 동네에서나 행해지는 예라고 비난한 것이다. '언사言思'는 자유子遊의 아들로 신상申祥의 처남이다. ○ 마씨馬氏는 말한다. "무릇 곡을 할 때 반드시 곡위를 마련하는 것은 친소親疎와 은기恩紀 (은애의 법도)의 차이를 구별하려는 것이다. 수숙嫂叔 간에는 복이 없어 곡위를 마련하지 않는다고 의심하므로 복이 없더라도 곡위를 마련하는 것은 오직 수숙 간이 그렇다고 말한 것이다. 대개 수숙 간에 복이 없는 것은 남녀 간에 서로 가까이 지낸다는 혐의를 멀리하기 위해서이다. 곡위를 마련하는 것은 형제 사이인 내상內喪의 친족관계를 돈독히 하기 위해서이다. '자사子思는 형수를 위해 곡을 하면서 곡위를 마련하였는데, 자사의 부인이 먼저 용용踊을 하였'다는 것은 부인들 간에는 서로 동서가 되는 의리가 있지만 자사 자신은 복이 없어 감히 먼저 할 수 없었기 때문이다. 신상申祥이 언사言思를 위해 곡하면서 자사처럼 한 것은 비례이다. 처남의 경우는 외상外喪이고 이미 복이 없으므로 곡위哭位의 상주가 될 수 없다." '委', 曲也. 曲巷猶言陋巷. 細民居於陋巷, 不見禮儀[73], 鄙朴無節文. 故譏小功不爲位, 是曲巷中之禮也. '言思', 子游之子, 申祥妻之昆弟也. ○ 馬氏曰: "凡哭必爲位者, 所以叙親疎恩紀之差. 嫂叔疑於無服而不爲位, 故曰無服而爲位者, 惟嫂叔. 蓋無服者, 所以遠男女近似之嫌. 而爲位者, 所以篤兄弟內喪之親. '子思哭嫂爲位, 婦人倡踊', 以婦人有相爲娣姒之義, 而不敢以己之無服先之也. 至於申祥之哭言思, 亦如子思, 蓋非禮矣. 妻之昆弟外喪也, 而旣無服, 則不得爲哭位之主矣.

옛날에는 관冠을 세로로 곧게 꿰맸는데 지금은 가로로 꿰맨다. 따라서 상례 때의 관이 길례 때의 관과 상반되는 것은 옛날의 제도가 아니다.

古者冠縮縫, 今也衡縫. 故喪冠之反吉, 非古也.

集說 소疏에서 말한다. "'축縮'은 곧다는 뜻이다. 은나라는 질질을 숭상하여 길례에 사용하는 관과 흉례에 사용하는 관을 모두 곧게 꿰맸다. 곧게 꿰맨 것은 벽적襞積에 주름이 적었기 때문에 하나하나 앞뒤로 곧게 꿰맸던 것이다. '형衡'은 횡橫(가로)의 뜻이다. 주周나라는 문文을 숭상하였기 때문에 관에 벽적이 많아 하나하나 곧게 꿰매지 못하고, 다만 주름을 많이 잡아 함께 가로로 꿰맸다. 상관喪冠의 경우는 질박함을 위주로 하여 그래도 주름을 적게 하고 곧게 꿰매는데 이는 길관吉冠과 상반되는 것이다. 당시 사람이 그 때문에 '옛날에는 상관과 길관이 반대였다'고 하므로, 기록자가 이를 풀이하여 '옛날이 아니라 주대周代에만 이와 같았다. 옛날에는 길관과 흉관을 동일하게 세로로 곧게 꿰맸다'라고 말한 것이다." 疏曰: "縮, 直也. 殷尚質, 吉凶冠皆直縫. 直縫者辟積福少, 故一一前後直縫之. '衡', 橫也. 周尚文, 冠多辟積, 不一一直縫, 但多作福而幷橫縫之. 若喪冠, 質猶疏辟而直縫, 是與吉冠相反. 時人因言古喪冠與吉冠反, 故記者釋之云非古也, 止是周世如此耳. 古則吉凶冠同直縫也."

증자曾子가 자사子思에게 "급伋아, 내가 부모의 상을 치를 때는 물과

미음을 입에 대지 않은 것이 7일이었다"라고 하였다. 자사가 말하
였다. "선왕이 예를 제정할 때, 예보다 지나치게 행하는 사람에게
는 억제시켜 예에 나아가게 하고, 예에 못 미치는 사람에게는 고무
시켜 예에 미치게 하였습니다. 그 때문에 군자가 부모의 상을 치를
때는 물과 미음을 입에 대지 않는 기간이 3일이고, 지팡이를 짚은
뒤에는 일어설 수 있는 것입니다"라고 하였다.

曾子謂子思曰: "伋, 吾執親之喪也, 水漿不入於口者七日." 子思
曰: "先王之制禮也, 過之者俯而就之, 不至焉者跂而及之. 故君
子之執親之喪也, 水醬74)不入於口者三日, 杖而后能起."

삼 일 동안 행하는 것이 제도에 맞는다. 칠 일 동안 행할 경우 거의
생명을 해치게 된다. "부축을 받아서 일어나는 경우"가 있고, "지팡이를 짚
고 일어나는 경우"가 있으며, "얼굴에 때가 끼게만 하는 경우"75)도 있다.

三日中制也. 七日則幾於滅性矣. 有"扶而起"者, 有"杖而起"者, 有"面垢而已"者.

1-42[단궁상 45]

증자曾子가 말했다. "소공小功의 상에 추복追服을 하지 않는다면 멀
리 떨어진 형제의 경우는 끝내 복이 없게 될 것이니 그래도 괜찮
겠는가?"

曾子曰: "小功不稅, 則是遠兄弟終無服也, 而可乎?"

'퇴税'는 상례의 기간이 이미 지난 뒤에 비로소 그 부음을 듣고 추복

追服하는 것이다. 대공大功 이상은 그렇게 하지만 소공小功은 가벼우므로 추복하지 않는다. 증자는 예에 의거해서 말한 것으로, '만약 소공의 복에 추복하지 않으면 먼 곳에서 죽은 재종형제再從兄弟의 경우는 항상 상기喪期가 지난 뒤에야 부음을 듣게 될 것이므로 끝내 복이 없게 되니 그래도 괜찮다는 것인가'라는 말이다. '稅'者, 日月已過, 始聞其死, 追而爲之服也. 大功以上76)然, 小功輕, 故不稅. 曾子據禮而言, 謂若是小功之服不稅, 則再從兄弟之死在遠地者, 聞之恒後時, 則終無服矣, 其可乎?'

1-43[단궁상 46]

백고伯高의 상에 부의賻儀를 전하도록 한 공자孔子의 사자使者가 이르지 않자, 염자冉子가 비단 열 단(束帛)과 네 마리 말(乘馬)을 빌려 부의賻儀로 보냈다. 공자가 "괴이한 일이구나! 공연히 나로 하여금 백고에게 진심을 전하지 못하도록 만드는구나!"라고 하였다.

伯高之喪, 孔氏之使者未至, 冉子攝束帛·乘馬而將之. 孔子曰: "異哉! 徒使我不誠於伯高!"

集說 '섭攝'은 빌린다는 말이다. 열 개가 속束이고, 속은 오량五兩이다. 40자의 비단을 양끝에서 각각 말아와 중간에 이르면 각각의 말이(卷)는 20자가 되는데 이것이 1개箇이다. '속백束帛'은 20자짜리 10개로서 지금의 다섯 필이다. '승마乘馬'는 네 마리 말이다. '도徒'는 공연히라는 뜻이다. '백고伯高'는 어떤 사람인지 모르겠지만, 생각건대 반드시 공자와 가깝게 지냈던 사람인 듯하다. 염자冉子는 재물로 예를 행하는 것은 알았지만, 성인의 생각이 그 정성에 있지 재물에 있지 않았음을 몰랐던 것이다. 비록 자책하는

말처럼 보이지만 실은 염자를 깊이 책망한 것이다. '攝', 貸77)也. 十簡爲束, 每束五兩. 蓋以四十尺帛, 從兩頭各卷至中, 則每卷二丈爲一簡. '束帛'是十簡二丈, 今之五匹也. '乘馬', 四馬也. '徒', 空也. '伯高'不知何人, 意必與孔子厚者. 冉子知以財而行禮, 不知聖人之心則于其誠不于其物也. 雖若自責之言, 而實則深責冉子矣.

1-44**[단궁상 47]**

백고伯高가 위나라에서 죽자 공자에게 부고訃告를 하였다. 공자가 다음과 같이 말했다. "내가 어디에서 곡哭을 할 것인가? 형제라면 나는 묘廟에서 곡을 하고, 아버지의 친구라면 나는 묘문廟門 밖에서 곡을 하고, 스승이라면 나는 정침正寢에서 곡을 하고, 친구라면 나는 정침의 문밖에서 곡을 하고, 알고 지내는 사이라면 나는 들에서 곡을 하겠다. 들에서 하자니 너무 소원하고 정침에서 하자니 너무 무겁다. 자공子貢을 통해 나를 알게 되었으므로 나는 자공의 집에서 곡을 할 것이다." 드디어 자공에게 명하여 상주가 되게 하고는 "너와 알고 지내는 사람으로 네가 곡을 하기 때문에 조문온 사람에게는 배례拜禮하고, 백고와의 친분 때문에 온 사람에게는 배례하지 말라"고 하였다.

伯高死於衛, 赴於孔子. 孔子曰: "吾惡乎哭諸? 兄弟吾哭諸廟, 父之友吾哭諸廟門之外, 師吾哭諸寢, 朋友吾哭諸寢門之外, 所知吾哭諸野. 於野則已疏, 於寢則已重. 夫由賜也見我, 吾哭諸賜氏." 遂命子貢爲之主曰: "爲爾哭也來者拜之, 知伯高而來者勿拜也."

集說 사망하였음을 알리는 것이 '부赴'인데, 부訃와 동일하다. '이已'는 지나치다는 뜻이다. ○ 마씨馬氏(마희맹馬晞孟)는 말한다. "형제는 같은 선조에서 나와 안으로 친한 자이기 때문에 묘廟에서 곡한다. 아버지의 친구는 아버지와 연계되어 밖으로 친한 사람이기 때문에 묘문廟門 밖에서 곡한다. 스승은 자신의 덕을 이루어주고 그 친함이 아버지와 비견되기 때문에 정침正寢에서 곡한다. 친구는 자신의 인仁을 도와주고 그 친함이 형제와 비견되기 때문에 침문 밖에서 곡한다. 알고 지내는 사람에 이르면 또 친구에 비할 바가 못 된다. 서로 공경하는 사이가 있고, 서로 인사를 하며 지내는 사이가 있고, 서로 안부를 묻는 사이가 있고, 서로 집지執贄의 예를 행하는 사이[78]가 있는데, 모두 널리 교제하는 사람들이다. 공자가 백고伯高를 위해 곡하는데 들(野)에서 하는 것은 너무 소원하다고 여겨 자공子貢을 상주로 삼았다. 군자가 예를 행하면서 곡위哭位의 위치를 이처럼 상세히 분별한 것은 은미한 뜻을 드러내고자 함일 것이다." ○ 방씨方氏는 말한다. "백고가 공자에 대하여 알고 지내던 사이도 아니고, 자공을 통해 공자를 만났기 때문에 자공의 집에서 곡한 것이다. 게다가 자공을 상주로 삼아 은恩이 말미암은 바가 있음을 밝혔다. 자공 때문에 온 경우라면 살아 있는 이를 조문하는 예가 자공에게 있고, 백고와 친분이 있어 온 경우라면 죽음을 슬퍼하는 예가 백고에게 있다. 배례를 하거나 하지 않는 것은 모두 그 실정에 맞게 하는 것이므로 공자가 이렇게 가르쳤던 것이다." 告死曰'赴', 與訃同. '已', 太也. ○ 馬氏曰: "兄弟出於祖, 而內所親者, 故哭之廟. 父友聯於父, 而外所親者, 故哭之廟門外. 師以成己之德, 而其親視父, 故哭諸寢. 友以輔己之仁, 而其親視兄弟, 故哭諸寢門之外. 至於所知, 又非朋友之比, 有相趨者, 有相揖者, 有相問者, 有相見者, 皆泛交之者也. 孔子哭伯高, 以野爲太疏, 而以子貢爲主. 君子行禮, 其審詳於哭泣之位如此者, 是其所以表微者歟." ○ 方氏曰: "伯高之於孔子, 非特所知而已, 由子貢而見, 故哭於

子貢之家. 且使之爲主, 以明恩之有所由也. 爲子貢而來, 則弔生之禮在子貢, 知伯高而
來, 則傷死之禮在伯高. 或拜或不拜, 凡以稱其情耳, 故夫子譆之如此."

증자曾子가 "거상居喪 중에 질병이 생기면 고기를 먹고 술을 마시는
데 반드시 초목草木의 향미를 넣어 조미한다"고 하였는데, 생강과
계피를 가리키는 것이다.

曾子曰: "喪有疾, 食肉飮酒, 必有草木之滋焉", 以爲薑桂之謂也.

集說 '상유질喪有疾'은 거상居喪을 하다가 질병이 생긴 것이다.79) 병자는
먹기를 좋아하지 않기 때문에 초목의 향미를 첨가하는 것이다. '이위강계
지위以爲薑桂之謂'라는 구절은 바로 기록자가 '초목의 향미'(草木之滋)를 풀이
한 것이다. 또한 어쩌면 증자가 예서禮書의 말을 거론하면서 스스로 풀이
한 것일 수도 있다. '喪有疾', 居喪而遇疾也. 以其不嗜, 故加草木之味. '以爲薑桂之
謂'一句, 乃記者釋草木之滋. 亦或曾子稱禮書之言而自釋之歟.

자하子夏가 자식의 상喪을 치루다 시력을 잃게 되었다. 증자曾子가
조문하면서 "내 들으니 친구가 시력을 잃으면 곡한다"라고 하였다.
증자가 곡을 하자 자하도 곡을 하면서 "하늘의 뜻이다! 나는 죄가
없다!"라고 하였다. 증자가 화를 내며 말했다. "상商이여! 그대가 어

떻게 죄가 없다는 것인가? 나와 그대는 수수洙水와 사수泗水 지역에서 공자를 섬겼다. 그대는 물러나 서하西河 가에서 늙어가면서 서하의 사람들로 하여금 그대를 공자로 의심하게 하였으니 이것이 그대의 첫 번째 죄다. 부모상을 치르면서 사람들에게 남다르다는 칭찬을 받지 못하였으니 이것이 그대의 두 번째 죄다. 자식의 상을 치르면서 시력을 잃었으니 이것이 그대의 세 번째 죄다. 그런데도 그대는 어떻게 죄가 없다고 하는가?" 자하가 지팡이를 던지고 배례를 하며 말하기를 "나의 잘못이다! 나의 잘못이야! 내가 무리를 떠나 떨어져 산 지가 너무 오래되었다!"라고 하였다.

子夏喪其子而喪其明. 曾子弔之曰: "吾聞之也, 朋友喪明則哭之." 曾子哭, 子夏亦哭曰: "天乎! 予之無罪也!" 曾子怒曰: "商! 女何無罪也? 吾與女事夫子於洙泗之間. 退而老於西河之上, 使西河之民疑女於夫子, 爾罪一也. 喪爾親, 使民未有聞焉, 爾罪二也. 喪爾子, 喪爾明, 爾罪三也. 而曰爾何無罪與?" 子夏投其杖而拜曰: "吾過矣! 吾過矣! 吾離群而索居, 亦已久矣!"

集說 곡을 심하게 하였기 때문에 시력을 잃었다. '수洙', '사泗'는 노나라의 강 이름이다. '서하西河'는 자하가 사는 곳이다. '삭索'은 떨어지다는 뜻이다. 오래도록 벗과 가까이하지 않아 죄를 지어도 스스로 알지 못하였던 것이다. ○ 장자張子(장재張載)는 말한다. "자하가 시력을 잃은 것은, 부모상을 치르던 때는 아직 건강하고 굳세었지만, 자식의 상을 치르던 때는 기력이 점점 쇠해져 시력을 잃었던 것이 틀림없다. 그렇다고 하더라도 증자의 책망에 어떻게 변명할 수 있겠는가? '그대를 공자로 의심하게 하였다'(疑女於夫子)는 것은 자하子夏가 공자를 높이 받들지 않아 사람들에게 공자가 자하와

다르지 않다고 여기도록 만들었다는 것으로, 증자가 공자를 높이 받들어 사람들에게 성인을 존숭할 줄 알도록 한 것과는 달랐다.” 以哭甚故喪明也. '洙'·'泗', 魯二水名. '西河', 子夏所居. '索', 散也. 久不親友, 故有罪而不自知. ○ 張子曰: “子夏喪明, 必是親喪之時, 尙强壯, 其子之喪, 氣漸衰, 故喪明. 然而曾子之責, 安得辭也? '疑女於夫子'者, 子夏不推尊夫子, 使人疑夫子無以異於子夏, 非如曾子推尊夫子, 使人知尊聖人也.”

1-47 [단궁상 50]

대낮에 정침 안에 있으면 질병이 있는지 물어도 되고, 저녁에 중문 밖에 머물면 조문해도 된다. 이 때문에 군자는 큰일이 아니면 중문 밖에 머물지 않는다. 재계齋戒를 하는 것도 아니고 질병도 아니라면 주야로 정침 안에 머물지 않는다.

夫晝居於內, 問其疾可也, 夜居於外, 弔之可也. 是故君子非有大故, 不宿於外. 非致齊也非疾也, 不晝夜居於內.

集說 '내內'는 정침 안이고, '외外'는 중문 밖이다. 낮에 정침 안에 있다면 병이 있는 듯하고, 밤에 중문 밖에 머물러 있다면 상이 있는 듯하다. ○ 응씨應氏는 말한다. “치재致齋80)를 하기 위해 방안에 머물 때는 방문 안쪽에 있는 것이 아니라, 서남쪽 구석 깊숙이에 단정하게 머문다.” '內'者正寢之中, '外'謂中門外也. 晝而居內, 似有疾, 夜而居外, 似有喪. ○ 應氏曰: “致齊居內, 非在房闥之中, 蓋亦端居深處於奧之內耳.”

1-48[단궁상 51]

고자고高子皐는 부모의 상을 치르면서, 삼 년 동안 피가 나는 것처럼 눈물을 흘렸고, 치아를 드러내고 웃은 적이 없었다. 군자들은 그렇게 하는 것이 어려운 일이라고 평가하였다.

高子皐之執親之喪也, 泣血三年, 未嘗見齒. 君子以爲難.

集說 '자고子皐'는 이름이 시柴로 공자의 제자이다. ○ 소疏에서 말한다. "사람의 눈물은 반드시 슬픈 소리로 인하여 나오지만, 피가 나는 것은 소리를 통해서가 아니다. 자고가 소리 없이 애통해하면서 눈물도 흘린 것이 마치 피가 나는 것과 같았으므로, '피처럼 나는 눈물'(泣血)이라고 하였다. 사람이 크게 웃으면 치아의 뿌리가 보이고 보통으로 웃으면 치아가 드러나며 잔잔하게 웃으면 치아가 보이지 않는다." '子皐', 名柴, 孔子弟子. ○ 疏曰: "人涕淚, 必因悲聲而出, 血出則不由聲也. 子皐悲無聲, 其涕亦出, 如血之出, 故云'泣血'. 人大笑則露齒本, 中笑則露齒, 微笑則不見齒."

1-49[단궁상 52]

최복衰服(상복)은, 법제에 맞지 않게 하는 것보다는 차라리 하지 않는 것이 낫다. 자최복齊衰服을 한 채로 삐딱하게 서거나 기대어 앉지 않으며, 대공복大功服을 하고는 노동을 하지 않는다.

衰, 與其不當物也, 寧無衰. 齊衰不以邊坐, 大功不以服勤.

集說 소疏에서 말한다. "물物은 실 가닥의 수 및 법제에 따른 길이와 폭

의 수를 말한다. '변좌邊坐'는 삐딱하게 서거나 기대앉는다는 뜻이다. 상복을 입고는 공경스러워야 하기 때문에 앉을 때나 설 때나 반드시 단정해야 하고, 최복을 한 채로 삐딱하게 서거나 기대앉아서는 안 된다. 대공大功은 가볍기는 하지만 또한 최복衰服을 한 채로 노동을 해서는 안 된다." 疏曰: "'物', 謂升縷及法制長短幅數也. '邊坐', 偏倚也. 喪服宜敬, 坐起必正, 不可著衰而偏倚也. 大功雖輕, 亦不可著衰服而爲勤勞之事也."

1-50[단궁상 53]

공자가 위衛나라로 갔다가 전에 머물렀던 관사 주인의 상을 만나게 되자, 들어가 슬프게 곡을 하였다. 나와서 자공子貢에게 참마驂馬(곁말)를 풀어서 부의賻儀를 하게 하였다. 자공이 말했다. "문인門人의 상에는 참마를 풀어 부의한 적이 없었습니다. 옛 관사 주인에게 참마를 풀어 부의하는 것은 너무 무거운 것이 아닙니까?" 공자가 말했다. "내가 아까 들어가 곡을 할 때 한 차례 애도의 의절을 하는 것을 보고는 슬픔에 눈물을 흘렸으니, 나는 아무 이유 없이 눈물 흘리는 것을 싫어한다. 너는 그대로 시행하도록 하라."

孔子之衛, 遇舊館人之喪, 入而哭之哀. 出, 使子貢說驂而賻之. 子貢曰: "於門人之喪, 未有所說驂. 說驂於舊館, 無乃已重乎?" 夫子曰: "予鄕者入而哭之, 遇於一哀而出涕, 予惡夫涕之無從也. 小子行之."

集說 '구관인舊館人'은 옛날 머물렀던 관사의 주인이다. 수레에 말을 메울 때 가운데 두 마리가 복마服馬가 되고, 양쪽 곁에 각각 있는 한 마리가 참

마參馬가 된다. 한 번 애도의 의절을 표하는 것을 보고 눈물이 나왔으니 정 또한 두터운 것이다. 정이 두터운 사이에는 예를 박하게 할 수 없으므로 참마를 풀어서 부의賻儀하였던 것이다. 이는 정情에 맞추어 한 것일 뿐으로 여행 중에 다른 재화가 없었기 때문이다. '까닭 없이 눈물 흘리는 것을 싫어한다'(惡夫涕之無從)에서 '종從'은 부터라는 뜻이다. 이제 부의를 하지 않는다면 죽은 이에 대해 옛 친구로서의 정이 없는 것이고 이 눈물이 까닭 없이 나온 것이 된다. 이와 같은 것을 싫어하여 부의의 예를 반드시 행하도록 한 것이다. '舊館人', 舊時舍館之主人也. 駕車者, 中兩馬爲服馬, 兩旁各一馬爲 驂馬. 遇一哀而出涕, 情亦厚矣. 情厚者禮不可薄, 故解脫驂馬以爲之賻. 凡以稱情而已, 客行無他財貨故也. '惡夫涕之無從'者, '從', 自也, 今若不賻, 則是於死者無故舊之情, 而 此涕爲無自而出矣. 惡其如此, 所以必當行賻禮也.

1-51[단궁상 54]

공자孔子가 위衛나라에 머물 때 장례를 치르는 사람이 있어 그것을 보고는 "훌륭하다! 장례를 치름이여! 본보기로 삼을 만하다. 너희들은 이것을 기억하라!"라고 하였다. 자공子貢이 "선생님께서는 무엇을 훌륭하다고 보십니까?"라고 묻자 "그가 갈 때는 사모하는 듯이 하고 돌아올 때는 주저하는 듯이 하였다"라고 말하였다. 자공이 "빨리 돌아가서 우제虞祭의 예를 치르는 것이 낫지 않습니까?"라고 하자, 공자는 "너희들은 이것을 기억하라, 나도 아직 그렇게 하지 못한다"라고 하였다.

孔子在衛, 有送葬者, 而夫子觀之曰: "善哉爲喪乎! 足以爲法矣.

小子識之!" 子貢曰: "夫子何善爾也?" 曰: "其往也如慕, 其反也如疑." 子貢曰: "豈若速反而虞乎?" 子曰: "小子識之, 我未之能行也."

集說 '갈 때는 사모하듯 하고 돌아올 때는 주저하듯 한다'(往如慕, 反如疑)는 것, 이것이 효자가 그 부모를 죽은 것으로 여기지 않는 지극한 정이다. 자공子貢은 만일 주저하듯 한다면 돌아오는 것이 더디게 되니 빨리 돌아와서 우제虞祭의 예를 행하는 것이 낫다고 본 것이다. 이는 예의 상도常道만을 아는 것일 뿐 그 정의 지극함은 살피지 못한 것이다. '往如慕, 反如疑', 此孝子不死其親之至情也. 子貢以爲如疑則反遲, 不若速反而行虞祭之禮. 是知其禮之常, 而不察其情之至矣.

權近 살피건대, 자공이 '빨리 돌아가서 우제虞祭의 예를 행한다'고 한 것은 상례常禮이다. 공자가 '나도 아직 그렇게 하지 못한다'고 한 것은 아마도 전날에 자신이 먼저 돌아왔다가 제자들이 무너진 봉분을 수리했던 일을 생각하면서 가슴 아파한 것인 듯하다. '돌아올 때는 주저하듯 한다'는 것은 "매장을 하고는 황급하게 바라는 것이 있으나 이르지 못한 것처럼 한다"(단궁상 7-3)는 것이다. '의疑'는 마치 다시 와서 그가 이르기를 머물러 기다리는 것으로 차마 홀가분하게 버리고 돌아가지 못하는 것이다. 효자가 그의 부모의 죽음을 받아들이지 못하는 심정이 지극하다. 그 때문에 성인이 선하게 여기셨던 것이다. 近按, 子貢所謂速反而虞者, 禮之常也. 夫子所謂未之能行, 蓋自追傷其前日先反而防墓崩之事也. 其反如疑卽所謂"葬皇皇如有望而不至"也. '疑'若復來而留待其至, 不忍遽棄而歸. 孝子不死其親之情至矣. 聖人所以善之也.

안연顏淵의 상에 대상제大祥祭에 쓰인 고기를 보내오자 공자가 나가
서 그것을 받았다. 들어와서는 금琴을 탄 뒤에 먹었다.

顏淵之喪, 饋祥肉, 孔子出受之. 入, 彈琴而后食之.

集說 '금琴을 탄 뒤에 먹는다'(彈琴而後食)는 것은 대개 화평한 소리가 상심
한 심정을 흩뜨리기 때문이다. '彈琴而後食'者, 蓋以和平之聲, 散感傷之情也.

자하子夏가 공자孔子에게 물었다. "부모의 원수가 있을 때 처신을
어떻게 합니까?" 공자가 대답하였다. "거적자리에 누워 방패를 베
고 자며, 벼슬하지 않고, 원수와 함께 같은 하늘 아래 살지 않고자
하며, 시장이나 조정에서 만나면 집에 가서 싸울 무기를 가져오지
않고 휴대한 병기로 싸운다."

子夏問於孔子曰: "居父母之仇, 如之何?" 夫子曰: "寢苫枕干, 不
仕, 弗與共天下也, 遇諸市朝, 不反兵而鬪."

集說 '불반병不反兵'이란 집으로 돌아가서 무기를 구해오지 않는다는
것으로 항상 병기를 휴대함을 말한다. '不反兵'者, 不反而求兵, 言恒以兵器
自隨.

1-54 [단궁상 63]

"형제의 원수가 있을 때 처신을 어떻게 합니까?" "벼슬을 해도 원수와 같은 나라에서 함께 벼슬하지 않는다. 군주의 명령을 받고 사신으로 가면, 원수를 만나더라도 싸우지 않는다." "사촌 형제의 원수가 있을 때 처신을 어떻게 합니까?" "앞장서지는 않는다. 주인이 복수를 할 수 있다면 병기를 잡고 그 뒤에서 돕는다."【구본에는 '殷士也'의 아래 '孔子之喪' 사이에 배치되어 있다】

曰: "請問居昆弟之仇, 如之何?" 曰: "仕弗與共國. 銜君命而使, 雖遇之, 不鬪." 曰: "請問居從父昆弟之仇, 如之何?" 曰: "不爲魁. 主人能, 則執兵而陪其後."【舊在'殷士也'之下, '孔子之喪'之間】

權近 살피건대, 복수에 관한 일은 「곡례상曲禮上」(전-3-17)에서도 이미 언급하였다. 여기서는 부모의 원수에 대하여 "병기를 가지러 돌아가지 않는다"고 하였는데, 「곡례」에서는 형제의 원수에 대하여 그렇게 말하였다. 여기서는 형제의 원수에 대하여 "벼슬을 하되 같은 나라에서 하지 않는다"고 하였는데 「곡례」에서는 친구의 원수에 대하여 "같은 나라에 살지 않는다"고 하였다. 여기서는 종부곤제의 원수에 대하여 "앞장서지는 않지만 (주인이 복수를 할 수 있다면 병기를 잡고) 뒤에서 돕는다"고 하였는데, 「곡례」의 친구의 원수에 미치지 못한다. 종부곤제의 원수에 대해서도 여전히 앞장을 서지 않는데 하물며 친구의 원수를 갚는 데 앞장을 서겠는가? 「곡례」의 설은 지나치게 경거망동하는 것으로 기록자의 잘못임이 틀림없다. 이 장의 공자의 말을 근거로 바로잡아야 한다. 近按, 復讎之事, 「曲禮」亦已言之, 此於父母之仇曰, "不反兵", 彼則於兄弟言之. 此則於昆弟之仇曰, "仕不與共國", 彼則於交遊之讎曰, "不同國." 此於從父昆弟之仇曰, "不爲魁, 而陪其後", 又不及交遊之讎. 從

父昆弟之仇, 尙不可爲魁, 况交遊乎? 「曲禮」之說過於太重, 必是記者之誤. 當以此章夫
子之言爲正也.

1-55[단궁상 56]

공자孔子가 문인들과 함께 서서 공수拱手를 하면서 오른손을 왼손
위에 두자 문인들도 모두 오른손을 위에 두었다. 공자가 "너희는
배우기를 탐하는구나! 나는 누이의 상이 있기 때문에 그렇게 한 것
이다"라고 하자, 문인들이 모두 왼손을 위에 두었다.

孔子與門人立, 拱而尙右, 二三子亦皆尙右. 孔子曰: "二三子之
嗜學也. 我則有姊之喪故也." 二三子皆尙左.

集說 길한 일은 왼쪽을 높이는데 양陽이기 때문이고, 흉한 일은 오른쪽을
높이는데 음陰이기 때문이다. 이는 공수拱手를 하고 섰을 때 오른손을 위에
둔 것이다. 吉事尙左, 陽也, 凶事尙右, 陰也. 此蓋拱立而右手在上也.

1-56[단궁상 57]

공자孔子가 아침 일찍 일어나, 뒷짐을 지고 지팡이를 끌며 문 앞을
어정거리면서 "태산이 무너지려는가? 대들보가 기울어지려는가?
철인哲人이 병들려나?"라고 노래하였다. 노래를 마치고 들어가 지
게문을 바라보고 앉았다. 자공子貢이 그 소리를 듣고 "태산이 무너

지면 우리가 어디를 우러러 보겠는가? 대들보가 무너지고 철인이 병들면 우리가 어디에 의지하겠는가? 선생님께서 병이 드실 모양이다"라고 하면서, 이어 빠른 걸음으로 들어갔다.

孔子蚤作, 負手曳杖, 消搖於門, 歌曰: "泰山其頹乎? 梁木其壞乎? 哲人其萎乎?" 旣歌而入, 當戶而坐. 子貢聞之曰: "泰山其頹, 則吾將安仰? 梁木其壞, 哲人其萎, 則吾將安放? 夫子殆將病也", 遂趨而入.

集說 '소요逍遙'는 여유롭게 유유자적하는 모양이다. '태산泰山'은 뭇 산들이 우러러보는 산이고 '대들보'(梁木)는 뭇 나무들이 우러러보고 의지하는 곳이 됨은 '철인哲人'이 뭇 사람들이 우러러 바라보고 본받는 사람이 됨과 같다. '消搖', 寬縱自適之貌. '泰山'爲衆山所仰, '梁木'亦衆木所仰而放者, 猶'哲人'爲衆人所仰望而放效也.

1-57[단궁상 58]

공자孔子가 말하였다. "자공子貢아! 너는 왜 이리 더디게 왔느냐? 하후씨夏后氏는 동쪽 계단 위에 빈궁을 차렸으니 여전히 주인의 자리에 있는 것이다. 은나라 사람은 두 기둥 사이에 빈궁을 차렸으니 손님과 주인의 자리 사이에 끼여 있는 것이다. 주나라 사람은 서쪽 계단 위에 빈궁을 차렸으니 여전히 손님으로 대접하는 것이다. 나는 은나라 사람인데 내가 어제 저녁에 두 기둥 사이에 앉아서 전奠

을 받는 꿈을 꾸었다. 명철한 왕이 일어나지 않았으니 천하에 그 누가 나를 높이겠는가? 내가 죽을 때가 되었구나!" 7일 동안 자리에 앓아누웠다가 돌아가셨다.

夫子曰: "賜! 爾來何遲也? 夏后氏殯於東階之上, 則猶在阼也. 殷人殯於兩楹之間, 則與賓主夾之也. 周人殯於西階之上, 則猶賓之也. 而丘也殷人也, 予疇昔之夜, 夢坐奠於兩楹之間. 夫明王不興而天下其孰能宗予? 予殆將死也!" 蓋寢疾七日而沒.

集說 '여전히 주인의 자리에 있다'(猶在阼), '여전히 손님으로 대접한 것이다'(猶賓之)라는 것은 효자가 부모의 죽음을 차마 인정하지 못하고 여기에 빈궁을 차려 여전히 동쪽 계단에 계시면서 주인 노릇을 하고, 여전히 서쪽 계단에 계시면서 빈객 노릇을 하심을 보인 것이다. 두 기둥 사이에 계시다면 이는 주인과 빈이 그를 끼고 있으므로 '함께'(與)라고 말하고 '여전히'(猶)라고 말하지 않았다. 공자는 선조가 송나라 사람으로 성탕成湯의 후예이므로 스스로 은나라 사람이라고 불렀다. '주疇'는 발어사이다. '전날 밤'(昔之夜)이라는 것은 어제 저녁이라고 말하는 것과 같다. 꿈에 두 기둥 사이에 앉아 음식 대접을 받은 일이 흉한 징조임을 안 것은, 은례殷禮에서는 빈궁을 두 기둥 사이에 두는데 공자는 은나라 사람이고 은례로 흠향을 받았으므로 죽게 될 것임을 알았던 것이다. 또 전奠을 받은 꿈을 자신이 풀이하면서, "지금 명철한 왕이 일어나지 않았으니 천하에 누가 나를 높여 남면南面하여 존귀한 자리에 앉도록 할 수 있겠는가? 이는 반드시 빈궁을 차리게 될 조짐이다"라고 하였다. 오늘날의 관점에서 보면, 만세토록 왕으로서 제사를 받는 것이 그 꿈에 상응하는 것이다. '猶在阼'·'猶賓之'者, 孝子不忍死其親, 殯之於此, 示猶在阼階以爲主, 猶在西階以爲賓客也. 在兩楹之81)間, 則是主與賓夾

之, 故言'與'而不言'猶'也. 孔子其先宋人, 成湯之後, 故自謂殷人. '疇', 發語之辭. '昔之夜', 猶言昨夜也. 夢坐於兩楹之間而見饋奠之事, 知是凶徵者, 以殷禮, 殯在兩楹間, 孔子以殷人而享殷禮, 故知將死也. 又自解夢奠之占云: "今日明王不作, 天下誰能尊己而使南面坐于尊位乎? 此必殯之兆也." 自今觀之, 萬世王祀亦其應矣.

1-58 [단궁상 59]

공자孔子의 상에 문인門人들이 어떤 복을 해야 할지 의문을 가졌다. 자공子貢이 말했다. "예전에 선생님께서 안연顏淵의 상을 치를 때 자식의 상을 치르듯 하시면서 상복은 없었고, 자로子路의 상을 치를 때도 그렇게 하셨습니다. 선생님의 상을 치르는 것은 아버지의 상을 치르는 것과 같게 하면서 상복은 하지 않기로 합시다."

孔子之喪, 門人疑所服. 子貢曰: "昔者夫子之喪顏淵, 若喪子而無服, 喪子路亦然. 請喪夫子若喪父而無服."

集說 뒷장[82]의 '문인들이 질絰을 하고 나갔다'는 것으로 말하면 여기서 '상복이 없다'(無服)는 것은 조복弔服에 마질麻絰을 한 것을 가리킨다. (소疏에서는) "무릇 조복弔服은 상복喪服이라고 부를 수 없다"라고 하였다"라고 하였다. ○ 방씨方氏는 말한다. "아버지의 상을 치르는 것과 동일하게 하면서도 상복은 없다'는 것은 이른바 심상心喪을 말한다." 以後章"二三子絰而出"言之, 此所謂無服, 蓋謂弔服加麻也. "凡弔服, 不得稱服." ○ 方氏曰: "若喪父而無服', 所謂心喪也."

공자의 상에 공서적公西赤이 묘지명을 지었다. 유의柳衣로 관을 장
식하고 운삽雲翣을 세우며 상여줄(披)을 설치한 것은 주나라 제도에
따른 것이었다. 숭아崇牙를 설치한 것은 은나라 제도에 따른 것이
었다. 흰 비단으로 명정의 깃대를 싸고 (깃대 끝에) 명정 깃발(旐)을
매단 것은 하나라 제도에 따른 것이었다.

孔子之喪, 公西赤爲志焉. 飾棺牆, 置翣, 設披, 周也. 設崇, 殷也.
綢練, 設旐, 夏也.

集說 소疏에서는 말한다. "고공자의 상에 공서적이 관을 장식하여 공자를
영예롭게 하였다. 따라서 성대한 예를 행하고 삼왕의 제도를 갖추어 밝혀
서 기록하였다. 이에 흰 비단으로 관덮개(褚)[83]를 만들고 관덮개 밖에 유의
(牆)를 덧씌웠으며 수레 옆에는 운삽雲翣을 설치하였다. 상여가 기울거나
쓰러질 것을 염려하여 상여줄을 좌우로 매달아 지탱하였는데, 이는 모두
주나라의 제도이다. 전송하고 장례를 행할 때 상여에 세운 명정은 비단으
로 숭아崇牙의 장식을 하였는데 이는 은나라 제도이다. 또 흰 비단으로 명
정의 깃대를 싸매고 깃대 꼭대기에는 길이가 여덟 자인 명정 깃발(旐)을 달
았는데, 이는 하나라 예이다." 疏曰: "孔子之喪, 公西赤以飾棺榮夫子, 故爲盛禮,
備三王之制, 以章明志識焉. 於是以素爲褚, 褚外加牆, 車邊置翣, 恐柩車傾虧, 而以繩左
右維持之, 此皆周之制也. 其送葬乘車所建旌旗, 刻繒爲崇牙之飾, 此則殷制. 又綢盛旌旗
之竿以素錦, 於杠首設長尋之旐, 此則夏禮也."

자장子張의 상에 공명의公明儀가 묘지명을 지었다. 천막 모양의 저褚
는 바탕을 붉은색으로 하고, 네 모퉁이에 왕개미가 오고 가는 모양
을 새겼으니, 은나라에서 사士를 장사지내던 예였다.

子張之喪, 公明儀爲志焉. 褚幕丹質, 蟻結于四隅, 殷士也.

集說 소疏에서 말한다. "관덮개(褚)는 관을 덮는 것인데, 대부 이상의 경
우 그 형태는 휘장과 비슷하고, 사士의 경우는 관덮개를 사용하지 않는다.
공명의公明儀가 자신의 스승을 존숭하였으므로 특별히 관덮개를 만들었지
만, 휘장처럼 만들지 못하고 단지 장막의 형태와 비슷하게 하였으므로 '저
막褚幕'이라고 한 것인데, 붉은 바탕의 베로 만들었다. 또 관덮개의 네 모퉁
이에 왕개미 행렬의 형태가 서로 교차하여 오고 가는 것을 그렸으므로 '네
모퉁이에 왕개미가 오고 가는 모양을 그렸다'(蟻結于四隅)고 하였는데, 이는
은나라의 예禮에서 사士의 장례 때 사용하던 장식이다." 疏曰: "褚者, 覆棺之
物, 若大夫以上, 其形似幄, 士則無褚. 公明儀尊其師, 故特爲褚, 不得爲幄, 但似幕形,
故云'褚幕', 以丹質之布而爲之也. 又於褚之四角, 畫蚍蜉之形交結往來, 故云'蟻結于四
隅', 此殷禮士葬飾也."

공자의 상에 문인들은 모두 질대絰帶(수질과 요대)를 한 채 외출하였
다. 문인들이 함께 살 때 동료가 죽으면 (붕우 간의 상복으로) 질대

를 하였는데, 외출을 할 때는 벗었다.

孔子之喪, 二三子皆絰而出. 群居則絰, 出則否.

集說 조복弔服에 삼으로 만든 질대絰帶(수질과 요대)를 한 경우 외출을 할
때는 바꾸어 입는다. 이제 외출을 하면서 질대를 벗지 않은 것은 스승을
더 높이는 것이다. '무리'(群)란 여러 제자들이 서로 붕우로서의 상복을 했
다는 것이다. 『의례』 「상복喪服」의 정현주鄭玄註에 "친구 간에는 혈연적 유
대는 없더라도 도道를 함께하는 은혜가 있어 서로를 위하여 시마總麻의 질
대絰帶를 해주는데 또한 조복弔服이다"라고 하였다. 그러므로 외출할 때는
그것을 벗었다. 弔服加麻者, 出則變之. 今出外而不免経, 所以隆師也. '群'者, 諸弟子
相爲朋友之服也. 『儀禮』註云: "朋友雖無親, 有同道之恩, 相爲服總之経帶, 亦弔服也."
故出則免之.

1-62[단궁상 65]

벌초하여 묘소를 관리하는 것은 옛날부터 그리하였던 것이 아니다.

易墓, 非古也.

集說 소疏에서 말한다. "'이易'는 풀과 나무를 베어내 관리해서 황폐해지
지 않게 하는 것을 가리킨다. 옛날 은나라 이전에는 묘를 써도 봉분을 하
지 않았으므로 벌초를 하지 않았다." 疏曰: "'易', 謂芟治草木, 不使荒穢. 古者殷
以前, 墓而不墳, 不易治也."

자로子路가 말했다. "내가 선생님께 들으니, '상례喪禮를 치를 때, 슬
픔은 부족한데 예가 넘치는 것보다는 예는 부족하지만 슬픔은 넘
치는 것이 낫다. 제례祭禮를 치를 때, 공경은 부족한데 예가 넘치는
것보다는 예는 부족하지만 공경은 넘치는 것이 낫다'고 하셨다."

子路曰: "吾聞諸夫子, 喪禮, 與其哀不足而禮有餘也, 不若禮不
足而哀有餘也. 祭禮, 與其敬不足而禮有餘也, 不若禮不足而敬
有餘也."

集說 그 예禮가 있으나 그것을 시행할 재물이 없으면 예에 부족함이 있
게 된다. 슬픔과 공경은 스스로 다할 수 있는 것이다. 이는 공자가 근본으
로 돌아가는 논의로서 또한 '차라리 검소한 것이 더 낫고', '차라리 슬퍼하
는 것이 더 낫다'84)고 한 뜻이다. 有其禮而無其財, 則禮或有所不足. 哀敬則可自
盡也. 此夫子反本之論, 亦'寧儉''寧戚'之意.

증자曾子가 부하負夏 지역으로 조문을 갔다. 상주가 조전祖奠85)을
마쳤음에도, 견전遣奠86)을 치우고 구거柩車(널을 실은 상여)를 밀어
안쪽으로 방향을 돌리며 당 위로 올라갔던 부인을 내려오게 한 뒤
조문의 예를 행하였다. 종자從者가 "예에 맞는 것입니까?"라고 묻자
증자가 "'조祖'는 아직 정해지지 않았다는 뜻이다. 정해지지 않았으

니 구거를 돌려 하루 더 머무는 것이 어찌 안 되겠는가?"라고 대답하였다.

曾子弔於負夏. 主人旣祖, 塡池, 推柩而反之, 降婦人而后行禮. 從者曰: "禮與?" 曾子曰: "夫祖者, 且也. 且, 胡爲其不可以反宿也?"

集說 유씨劉氏는 말한다. "'부하負夏'는 위나라 땅이다. 장례葬禮 하루 전날 증자가 조문을 갔는데, 당시 상주는 조전祖奠을 마쳤고 부인은 당堂을 내려와 양쪽 계단 사이에 있었다. 증자가 이르자 주인이 영광으로 생각하여 전奠을 치우고 구거柩車(널을 실은 수레)를 밀어 되돌려놓고 안쪽을 향하게 하고는 조문을 받았다. 이는 죽은 이가 밖으로 나가려다가 손님이 오자 그를 위해 잠시 돌아온다는 뜻을 보인 것이다. 이 또한 '죽은 이 섬기기를 살아 있는 이 섬기듯이'[87] 하려는 의도이긴 하지만 예에 맞는 것은 아니다. 구거가 안쪽으로 방향을 되돌렸다면 부인은 다시 당으로 올라가 구거를 피하였다가, 다음날에 다시 구거를 돌려 밖을 향하게 하고 부인을 계단 사이로 내려오게 한 뒤에 견전遣奠의 예를 행하게 된다. 그 때문에 종자從者가 널이 애초에 이미 옮겨졌는데 다시 구거를 밀어 되돌리고, 부인은 이미 내려왔는데 다시 당에 오르도록 하는 것을 보고, 모두가 예에 맞지 않은 것이므로 물은 것이다. 이에 증자는 대답하여 '조祖란 잠시(且)의 뜻이다. 이는 잠시 널을 옮겨 장차 길을 떠나는 것의 시작으로 삼은 것이지 아직 실제로 떠난 것은 아니다. 다시 되돌려 하루를 묵은 뒤 다음날에 구거를 돌려 견전遣奠을 올리고 떠나는 것이 어찌 불가하겠는가?'라고 답하였다. 일이 있었는지의 여부도 알 수 없고 그 의미 또한 억지로 해석하기도 어려우니, 혹시 기록한 사람이 빠뜨리거나 착오를 범한 것이 있었던 듯하다. 전奠을

치운 이유는 전이 구거의 서쪽에 있어 구거를 밀어 돌리고자 하면 반드시 전을 치운 뒤에야 돌릴 수 있었기 때문이다. 부인이 계단 사이로 내려오는 것도 전이 구거柩車의 서쪽에 있으므로 구거 뒤에 서 있었던 것이다. 이제 구거가 되돌려졌으므로 역시 당에 올라가 피한 것이다." 劉氏曰: "'負夏', 衛地也. 葬之前一日, 曾子往弔, 時主人已祖奠, 而婦人降在兩階之間矣. 曾子至, 主人榮之, 遂徹奠, 推柩而反向內, 以受弔. 示死者將出行, 遇賓至而爲之暫反也. 亦事死如事生之意, 然非禮矣. 柩旣反, 則婦人復升堂以避柩, 至明日, 乃復還柩向外, 降婦人於階間, 而後行遣奠之禮. 故從者見柩初已遷而復推反之, 婦人已降而又升堂, 皆非禮, 故問之, 而曾子答之云'祖者, 且也. 是且遷柩爲將行之始, 未是實行. 又何爲不可復反越宿, 至明日乃還柩遣奠而遂行乎88)？' 事之有無不可知, 其義亦難强解, 或記者有遺誤也. 所以徹奠者, 奠在柩西, 欲推柩反之, 故必先徹而後, 可旋轉也. 婦人降階間, 亦以奠在車西, 故立車後. 今柩反, 故亦升避也."

1-65[단궁상 68]

종자從者가 또 자유子游에게 "예입니까?" 하고 물었다. 자유가 말했다. "창문 밑에서 반함飯含89)을 하고, 방 안 문 쪽에서 소렴小斂90)을 하고, 조계阼階에서 대렴大斂91)을 하고, 객위客位인 서쪽 계단에서 빈례殯禮를 하고, 가운데 뜰에서 조전祖奠을 올리고, 묘지에서 매장하는 것은, 점점 먼 곳으로 나아가기 위함이다. 그러므로 상사喪事에 나아감은 있으나 물러남은 없다." 증자가 그 말을 듣고는 "내가 장지로 갈 때의 조전祖奠에 대해 설명한 것보다 뛰어나구나!"라고 말하였다.

從者又問諸子游曰: “禮與?” 子游曰: “飯於牖下, 小斂於戶內, 大斂於阼, 殯於客位, 祖於庭, 葬於墓, 所以卽遠也. 故喪事有進而無退.” 曾子聞之曰: “多矣乎, 予出祖者!”

集說 종자從者가 증자曾子의 말을 의심하여 다시 자유子游에게 질문을 한 것이다. '방의 창 밑에서 반함을 한다'(飯於牖下)는 것은 시신을 목욕시킨 뒤 쌀과 조개로 시신의 입안을 채우는 것이다. 이때 시신은 서쪽 방의 남쪽 창문 아래 있으니 남쪽으로 머리를 둔 것이다. 『의례』「사상례士喪禮」에 “소렴의小斂衣는 19벌이고, 대렴의大斂衣는 30벌이다”라고 하였다. '염斂'이란 싸서 거두는 것이다. 소렴은 지게문 안에서 하고 대렴은 나가 동쪽 계단에서 하는데, 이는 사자가 주인이었던 자리를 아직 차마 떠나지 못하는 것이다. 상주가 시신을 받들어 관에 모시면 서쪽 계단에 있게 된다. 서쪽 계단 위에 구덩이(肂)를 파는데, '사肂'는 눕히다는 뜻으로 시신을 구덩이에 눕히는 것을 말한다. 관을 구덩이 안에 안치하고 흙으로 덮는 것을 '빈殯'이라 한다. 빈을 열고 매장을 할 때가 되면 조묘祖廟의 가운데 뜰(中庭)에서 조전祖奠을 진설한 뒤에 장지로 떠난다. 창문 밑에서 방문 안으로, 동쪽 계단으로, 객위로, 뜰로, 그리고 묘로 옮겨가는 과정은 모두 하나의 절차가 하나의 절차에서 멀어지는 것으로 이것을 '나아가기는 하지만 물러나지는 않는다'고 한 것이다. 어찌 관을 밀어 돌릴 수 있겠는가? '다의호多矣乎, 여출조자予出祖者'에서 '다多'는 낫다는 의미다. 증자가 자유의 말을 듣고 자기의 설이 잘못되었음을 깨닫고는 '자유가 장지로 갈 때의 조전에 대해 설명한 것이 자신이 설명한 것보다 낫다'고 말한 것이다. 從者疑曾子之言, 故又請問於子游也. '飯於牖下'者, 尸沐浴之後, 以米及貝實尸之口中92). 時尸在西室階93)下, 南首也. '斂'者, 包裹斂藏之也. 小斂在戶之內, 大斂出在東階, 未忍離94)其爲主之位也.

主人奉尸斂于棺, 則在西階矣. 掘肂於西階之上, '肂', 陳也, 謂陳尸於坎也. 置棺于肂中而塗之謂之殯. 及啓而將葬, 則設祖奠於祖廟之中庭而後行. 自牖下而戶內而阼而客位而庭而墓, 皆一節遠於一節, 此謂'有進而往, 無退而還'也. 豈可推柩而反之乎? '多矣乎, 予出祖'者, '多'猶勝也. 曾子聞之, 方悟己說之非, 乃言'子游所說出祖之事, 勝於我之所說出祖也.'

集說 疏에서 말한다. "조문하는 예는, 상주가 변복變服하기 전이라면 조문하는 사람은 길복吉服을 한다. 길복이란 염소 가죽으로 만든 갖옷에 검은 관, 검은색의 웃옷, 흰색의 치마를 하는 것이다. 거기에다 겉옷을 벗어 석의裼衣를 드러낸다. 이 경문의 '석의를 드러내고 조문을 하였다'(裼裘而弔)

는 말은 이 뜻이다. 상주가 이미 복장을 바꾸어 입은 뒤에는, 조문하는 사람이 조복朝服을 착용하고 있더라도 무武(관의 아래우리)에 수질首経을 더한다. '무'는 길관吉冠의 권卷(머리를 둘러싸는 관의 테두리 부분)이다. 다시 겉옷을 덧입고, 죽은 이가 친구라면 다시 수질과 요질을 한다. 이 경문의 '습의로 석의를 감추고 수질과 요대를 하고 들어갔다'(襲裘帶経而入)는 말은 이 뜻이다." ○ 방씨方氏는 말한다. "증자는 상사가 흉사인줄만 알고, 막 돌아가셨을 때는 여전히 길례를 따른다는 것은 몰랐다. 이것이 처음에는 자유를 비난하였으나 끝내 잘하였다고 여긴 이유이다." 疏曰: "凡弔喪之禮, 主人未變服之前, 弔者吉服. 吉服者, 羔裘, 玄冠, 緇衣, 素裳. 又袒去上服, 以露裼衣. 此'裼裘而弔', 是也. 主人旣變服之後, 弔者雖著朝服, 而加武以経. '武', 吉冠之卷也. 又掩其上服者[98], 是朋友, 又加帶. 此'襲裘帶経而入', 是也." ○ 方氏曰: "曾子徒知喪事爲凶, 而不知始死之時尙從吉. 此所以始非子游而終善之也."

1-67 [단궁상 70]

자하子夏가 상喪을 마치고 공자를 뵈었더니, 공자가 그에게 금琴을 주었다. 자하가 조율하고자 하나 조율이 되지 않고, 연주하였지만 소리를 이루지 못하였다. 공자가 일어나서 "슬픔이 아직 잊히지 않았구나. (그럼에도 복을 벗는 것은) 선왕이 예를 제정하였으니 감히 더 지나치게 행할 수 없는 것이지"라고 하였다. 자장子張이 상을 마치고 공자를 뵈었더니, 공자가 그에게 금琴을 주었다. 자장이 조율하니 조율이 되었고, 연주하니 소리가 이루어졌다. 공자가 일어나서 "선왕이 예를 제정하였으니, (슬픈 마음이 이미 다했어도) 감히 상복을 다하는 데까지 이르지 않을 수 없는 것이지"라고 하였다.

子夏旣除喪而見, 予之琴. 和之而不和, 彈之而不成聲. 作而曰: "哀未忘也. 先王制禮而弗敢過也." 子張旣除喪而見, 予之琴. 和之而和, 彈之而成聲. 作而曰: "先王制禮, 不敢不至焉."

集說 모두 상복을 벗었지만 금琴을 타는 소리에 조화롭고 조화롭지 않은 차이가 있는 것은, 생각건대 자하子夏는 '지나친 사람은 줄여 따르게 하는 경우'[99]로 슬픔을 줄이려고 억지로 노력하였으므로 남은 슬픔이 아직도 잊히지 않아 조화로운 소리를 낼 수 없었던 것이다. 자장子張은 '모자라는 사람은 발돋움하여 미치게 하는 경우'[100]이기 때문에 슬픔이 이미 다하여 조화로운 소리를 낼 수 있었던 것이다. 均爲除喪而琴有和·不和之異者, 蓋子夏是 '過之者俯而就之', 出於勉强, 故餘哀未忘而不能成聲. 子張是'不至者跂而及之', 故哀已盡而能成聲也.

1-68 [단궁상 71]

사사구司寇인 혜자惠子의 상喪에 자유子游가 길복吉服에 쓰는 베로 만든 상복에 숫마로 만든 수질首絰과 요질腰絰을 하였다. 문자文子가 사양하면서 "선생님께서 황공하게도 저의 동생과 교유하시더니, 또 황공하게 그를 위해 상복을 하시니, 사양하겠습니다"라고 하였다. 자유가 "예에 따른 것입니다"라고 말하였다.

司[101]寇惠子之喪, 子游爲之疏衰·牡麻絰. 文子辭曰: "子辱與彌牟之弟游, 又辱爲之服, 敢辭." 子游曰: "禮也."

集說 '혜자惠子'는 위나라 장군인 문자미모文子彌牟의 동생이다. 혜자가 적자適子인 호虎를 폐하고 서자庶子를 세웠으므로 자유子游가 특별히 예에 맞지 않는 복장을 하여 그를 비난하였다. 이는 역시 단궁檀弓이 공의중자公儀仲子의 상에 단문袒免을 한 것[102]과 같은 뜻이다. '마최麻衰'는 길복에 쓰는 베로 상복을 만든 것이다. '모마질牡麻経'은 숫마로 수질首経과 요질腰経을 만든 것이다. 마최는 바로 길복吉服의 15승 베로 조복弔服보다 가볍다. 조복弔服의 질経은 한 가닥으로 두르는데, 지금 숫마를 꼬아 만든 질経을 사용하니 자최齊衰의 질과 같다. '惠子', 衛將軍文子彌牟之弟. 惠子廢適子虎而立庶子, 故子游特爲非禮之服以譏之. 亦檀弓免公儀仲子之意也. '麻衰', 以吉服之布爲衰也. '牡麻経', 以雄麻爲経也. '麻衰'乃吉服十五升之布, 輕於弔服. 弔服之経, 一股而環之, 今用牡麻絞経, 與齊衰経同矣.

1-69[단궁상 72]

문자文子가 물러나 자리로 돌아가 곡哭을 하였다. 자유子游가 종종걸음(趨)[103]으로 여러 신하들의 자리로 나아갔다. 문자가 다시 사양하면서 "선생님께서는 황공하게도 저의 아우와 교제하고, 또 황공하게 그를 위해 상복을 하며, 다시 또 황공하게 그의 상에 임하기까지 하시니, 사양하겠습니다"라고 하였다. 자유가 "거듭 이렇게 하기를 청합니다"라고 하였다. 문자가 물러나 적자適子를 부축하고 남쪽을 향하여 선 뒤 "선생님께서 황공하게도 저의 아우와 교유하고, 또 그를 위해 상복을 하며, 그의 상에 임해주시니, 호虎가 감히 자기의 자리로 돌아가지 않겠습니까?"라고 하자, 자유가 종종걸음으로 객의 자리로 나아갔다.

文子退, 反哭. 子游趨而就諸臣之位. 文子又辭曰: "子辱與彌牟之弟游, 又辱爲之服, 又辱臨其喪, 敢辭." 子游曰: "固以請." 文子退, 扶適子, 南面而立曰: "子辱與彌牟之弟游, 又辱爲之服, 又辱臨其喪, 虎也敢不復位?" 子游趨而就客位.

集說 재차 '감히 사양한다'(敢辭)고 한 것은 자유子游가 신하의 자리에 서는 것을 사양한 것이다. 이때까지는 여전히 자유의 의도를 깨닫지 못하다가, 자유가 '거듭 이렇게 하기를 청합니다'(固以請)라고 한 말을 듣자, 문자文子는 그것이 비난하는 것임을 깨달은 것이다. 이에 적자適子를 부축하여 상주의 자리를 바로잡으면서 자유의 뜻이 전달된 것이다. 종종걸음으로 객의 자리로 나아가는 것은 바른 예이다. 次言'敢辭'者, 辭其立於臣位也. 此時尙未喩子游之意, 及子游言'固以請', 則文子覺其譏矣. 於是扶適子, 正喪主之位焉, 而子游之志達矣. 趨就客位, 禮之正也.

1-70[단궁상 73]

장군인 문자文子의 상에 이미 상복을 벗은 뒤에 월나라 사람이 조문을 오자 상주가 심의深衣에 연관練冠을 하고 묘廟에서 기다리면서 눈물을 흘렸다. 자유子游가 이 모습을 보고 "장군인 문씨의 아들이여, 거의 합당하구나! 예문禮文에 없는 예를 행하는데도, 그 거동이 절도에 맞는다"라고 하였다.

將軍文子之喪, 旣除喪, 而后越人來弔, 主人深衣練冠, 待于廟,垂涕洟. 子游觀之曰: "將軍文氏之子, 其庶幾乎! 亡於禮者之禮也, 其動也中."

集說 '장군인 문자文子'는 바로 미모彌牟이다. '주인'은 문자의 아들이다. 예에 따르면 상복을 벗은 뒤에 조문을 하는 경우도 없고, 상복을 벗은 뒤에 조문을 받는 경우도 없다. 심의深衣는 길흉에 통용할 수 있고, 소상小祥의 연복練服에 쓰는 관은 완전히 길하지도 완전히 흉하지도 않다. 사당은 신주神主가 머무는 곳인데, 그곳에서 기다리면서 맞이하지 않는 것이 조문을 받는 예이다. 곡을 하지 않고 눈물을 흘린 것은 곡할 시기는 이미 지났지만 슬픈 감정이 여전히 사그라지지 않았기 때문이다. '서기庶幾'는 가깝다는 뜻이다. 자유子游는 문자文子의 아들이 변례變禮를 처리하는 것을 좋게여겼으므로 '문씨의 아들이여, 거의 예에 가깝구나! 이러한 예는 규정이 없지만, 그 예를 행함에 거동이 모두 절도에 맞다'고 말한 것이다. '將軍文子', 卽彌牟也. '主人', 文子之子也. 禮, 無弔人於除喪之後者, 亦無除喪後受人之弔者. 深衣吉凶可以通用, 小祥練服之冠, 不純吉亦不純凶. 廟者, 神主之所在, 待而不迎, 受弔之禮也. 不哭而垂涕, 哭之時已過, 而哀之情未忘也. '庶幾', 近也. 子游善其處禮之變, 故曰文氏之子, 其近於禮乎, 雖無此禮, 而爲之禮, 其擧動皆中節矣.

1-71[단궁상 74]

어릴 때는 이름을 부르고, 관례冠禮를 치르면 자字를 부르며, 오십이 되면 '백伯'(첫째), '중仲'(둘째)이라고 하고, 죽으면 시호(諡)를 부르는 것은 주周나라의 도이다.

幼名, 冠字, 五十以伯·仲, 死諡, 周道也.

集說　疏에서 말한다. "이와 같은 일은 모두 주나라의 도이다. 또 은나라 이전에는 살았을 때 호칭을 그대로 사후의 호칭으로 사용하였고, 별도의 시호(諡)가 없었다. 요堯, 순舜, 우禹, 탕湯이라고 부르는 사례가 그것이다. 주나라에서는 사후에 달리 시호를 지었다." ○ 주자朱子는 말한다. "『의례』의 가공언賈公彦 소에 '어릴 때는 백모보伯某甫라고 칭하다가 오십이 되어서야 모보某甫라는 말을 제거하고 백伯, 중仲이라고만 칭한다'라고 하였다. 이 설이 옳다."[104] 疏曰: "凡此之事, 皆周道也. 又殷以上, 有生號仍爲死後之稱, 更無別諡. 堯·舜·禹·湯之例, 是也. 周則死後別立諡." ○ 朱子曰: "『儀禮』賈公彦疏云: '少時便稱伯某甫, 至五十乃去某甫而專稱伯·仲.' 此說爲是."

1-72[단궁상 75]

수질首絰과 요질要絰은 상주喪主의 충실한 마음을 표현하는 것이다.
絰也者, 實也.

集說　삼이 머리에 있거나 허리에 있거나 모두 '질絰'이라 부른다. 구분하여 말하면 머리에 있을 때를 질絰이라 하고 허리에 있을 때를 대帶라 부른다. 질이란 말은 진실하다는 뜻으로 효자에게 충실한 마음이 있음을 밝히는 것이다. 麻在首在要皆曰'絰'. 分言之, 則首曰絰, 要曰帶. 絰之言實, 明孝子有忠實之心也.

1-73[단궁상 76]

방안에 구덩이를 파고 시신을 목욕시키며, 아궁이를 헐어105) (그 벽돌로) 다리를 고정시킨다.

掘中霤而浴, 毁竈以綴足.

集説 소疏에서 말한다. "'중류中霤'는 방 중앙이다. 사람이 죽으면 방 중앙의 땅을 파 구덩이를 만들고 침상으로 구덩이 위에 횃대처럼 걸쳐놓는다. 시신을 침상 위에서 씻겨 목욕물을 구덩이로 흘러들어가게 한다. 죽은 사람은 몸이 차가워지고 뻣뻣해지며 발이 뒤틀려 신발을 신길 수 없다. 따라서 아궁이를 헌 벽돌로 사자의 이의 발에 대고 묶어 곧게 만들어 신발을 신길 수 있도록 한다." 疏曰: "'中霤', 室中也. 死而掘室中之地作坎, 以牀架坎上. 尸於牀上浴, 令浴汁入坎也. 死人冷强, 足辟戾, 不可著屨. 故用毁竈之甓, 連綴死人足, 令直可著屨也."

1-74[단궁상 77]

장례를 치를 때가 되면 사당(廟) 문 서쪽을 헐고 행단行壇106)을 넘어 대문으로 나가는데 이는 은나라의 도이다. 공자에게 배운 사람들이 그렇게 하였다.

及葬, 毁宗躐行, 出于大門, 殷道也. 學者行之.

集説 소疏에서 말한다. "'훼종毁宗'은 사당 벽을 헌다는 뜻이다. 은나라 사람은 사당에서 빈례殯禮를 하고, 장례를 치를 때가 되어 널이 나가게 되면,

사당 문 서쪽 담장을 헐고 (길신의 자리를) 넘어가 대문으로 나갔다. 길신의 자리는 사당 문 서쪽으로, 사당 담장을 허문 곳의 밖에 해당한다. 생시에 외출할 때는 단을 설치하고 폐백을 올려 길신에게 고하고, 고하기를 마치면 수레가 단壇 위를 넘어서 나가는데, 이는 여행 중에 편안하기가 마치 단 위에 있는 것 같게 하려는 것이다. 이제 사당 담장을 허문 쪽으로 나가는 것은 이 행단行壇을 넘어가 생시에 출행할 때처럼 할 수 있게 하는 것이다." "공자에게 배운 사람들이 그렇게 하였으니 이는 은나라의 예를 본받은 것이다."107) 疏曰: "毀宗, 毀廟也. 殷人殯於廟, 至葬, 柩出, 毀廟門西邊牆, 而出于大門. 行神之位在廟門西邊, 當所毀宗之外. 生時出行, 則爲壇幣告行神, 告竟, 車躐行壇上而出, 使道中安穩, 如在壇. 今向毀宗處出, 仍得躐行此壇, 如生時之出也." "學於孔子者行之, 效殷禮也".

1-75[단궁상 78]

자류子柳의 어머니가 죽자 자석子碩이 장례에 쓸 기물을 갖추기를 요청하였다. 자류가 "어떻게 마련하지?"라고 하자, 자석이 "서모庶母를 시집보내도록 합시다"라고 하였다. 자류가 "어떻게 남의 어머니를 시집보낸 돈으로 자신의 어머니를 장례 지낸다는 것인가? 안 된다"라고 하였다. 장례를 마치고, 자석이 부의賻儀로 받은 돈의 일부로 제기祭器를 갖추고자 하였다. 자류가 말하였다. "안 된다. 내가 듣건대, 군자는 상사喪事를 이용하여 재산을 늘리지 않는다. 형제 가운데 가난한 사람들에게 나누어주자."

子柳之母死, 子碩請具. 子柳曰: "何以哉?" 子碩曰: "請粥庶弟之

母." 子柳曰: "如之何其粥人之母以葬其母也? 不可." 旣葬, 子碩
欲以賵布之餘具祭器. 子柳曰: "不可. 吾聞之也, 君子不家於喪.
請班諸兄弟之貧者."

集說 '자류子柳'는 노魯나라 숙중피叔仲皮의 아들로 자석子碩의 형이다. '구
具'는 상사喪事에 필요한 기물을 가리킨다. '하이재何以哉'는 '무엇으로 비용
을 마련할 것인가?'라는 말로 그것을 살 재물이 없음을 가리킨다. 정현은
"'육粥'은 시집보내는 것을 말한다. 첩은 신분이 낮아, 취하는 것을 '산다'(買)
고 한다"라고 하였다. '포布'는 돈이다. '상사喪事를 이용하여 재산을 늘리지
않는다'(不家於喪)는 것은 죽은 이를 빌미로 이익을 추구하는 것을 미워하는
것이다. '반班'은 나누어준다는 뜻과 같다. 서제庶弟의 어머니를 시집보내지
않는 것은 의義다. 형제 가운데 가난한 사람에게 나누어주는 것은 인仁이
다. 서모를 시집보내 장례를 치르려고 했다면 재화가 모자랐음을 알 수 있
다. '상사喪事를 이용하여 재산을 늘리지 않는다'는 말은 정말로 바꿀 수 없
다. 옛사람들이 가난을 편안히 여기고 예를 지킨 것이 대체로 이와 같았다.
'子柳', 魯叔仲皮之子, 子碩之兄也. '其', 謂喪事合用之器物也. '何以哉', 言何以爲用乎,
謂無其財也. 鄭云: "'粥'謂嫁之也. 妾賤取之曰'買'." '布', 錢也. '不家於喪', 惡因死者而
爲利也. '班', 猶分也. 不粥庶弟之母者, 義也. 班兄弟之貧者, 仁也. 夫欲[108]粥庶母以治
葬, 則乏於財, 可知矣, 而不家於喪之言, 確然不易. 古人之安貧守禮蓋如此.

1-76[단궁상 79]

군자君子가 말하였다. "남의 군사를 도모하다가 전쟁에 패하면 군

사를 위해 죽는다. 남의 나라를 위해 일을 도모하다가 나라가 위태로워지면 나라를 위해 떠난다."

君子曰: "謀人之軍師, 敗則死之. 謀人之邦邑, 危則亡之."

集說 응씨應氏(응용應鏞)는 말한다. "많은 사람이 죽었다면 의리상 차마 혼자 살 수는 없으니 어찌 죽지 않을 수 있겠는가? 나라가 위태로우면 자신만 홀로 살아남을 수 없으니 어찌 떠나지 않을 수 있겠는가?" 應氏曰: "衆死而義不忍獨生, 焉得而不死? 國危而身不可獨存, 焉得而不亡?"

1-77[단궁상 80]

공숙문자公叔文子가 하구瑕丘에 오를 때 거백옥蘧伯玉이 뒤에서 따랐다. 문자가 "좋구나, 이 언덕이여! 내 죽으면 이곳에 묻히고 싶네"라고 하였다. 거백옥이 "당신이 이곳을 좋아하니, 내가 먼저 가겠습니다"라고 하였다.

公叔文子升於瑕丘, 蘧伯玉從. 文子曰: "樂哉, 斯丘也! 死則我欲葬焉." 蘧伯玉曰: "吾子樂之, 則瑗請前."

集說 두 사람은 모두 위衛나라의 대부이다. '문자文子'는 이름은 발拔이고, '백옥伯玉'은 이름이 원瑗이다. ○ 유씨劉氏는 말한다. "백옥이 먼저 가기를 청한 것은 아마도 처음에는 문자의 뒤를 따라가다가 문자의 말을 듣고, 문자가 다른 사람의 땅을 빼앗아 스스로 죽은 뒤의 계책으로 삼으려 하는 것을 미워하여, 드디어 그것을 비난해서 '당신이 이곳이 좋아하니, 내가 앞

에 가서 당신을 떠나겠습니다[109]'라고 한 것이다. 이는 그 일을 자신이 함께 들고 싶지 않음을 보인 것이니, 풍자하여 가르치는 것에 뛰어난 사람이라고 할 만하다." 二子皆衛大夫. '文子', 名拔, '伯玉', 名瑗. ○ 劉氏曰: "伯玉之請前, 蓋始從行於文子之後, 及聞文子之言, 而惡其將欲奪人之地, 自爲身後計, 遂譏之曰'吾子樂此, 則我請前行, 以去子矣.' 示不欲與聞其事[110], 可謂長於風喩者矣."

1-78[단궁상 81]

변弁 지역 사람으로 어머니가 죽자 어린아이처럼 우는 사람이 있었다. 공자孔子가 말하였다. "슬퍼하는 것이 애절하기는 하지만 그렇게 계속하기는 어렵다. 예禮는 전할 수 있기를 바라며, 이어받아 할 수 있기를 바란다. 따라서 곡을 하고 발을 구르는 것에 절도가 있는 것이다."

弁人有其母死而孺子泣者. 孔子曰: "哀則哀矣, 而難爲繼也. 夫禮爲可傳也, 爲可繼也. 故哭踊有節."

集說 '변弁'은 지명이다. '어린아이처럼 우는 사람'(孺子泣)이란 그 소리가 어린아이처럼 길고 짧음 높고 낮음의 절도가 없다는 것이다. 성인이 예를 제정할 때는 사람들이 전할 수 있고 이어받아서 할 수 있게 하기를 바라기 때문에, 곡을 하는 것과 발을 구르는 것에 모두 절도가 있다. 절도가 없다면 전하고 이어받을 수가 없다. '弁', 地名. '孺子泣'者, 其聲若孺子無長短高下之節也. 聖人制禮, 期於使人可傳可繼, 故哭踊皆有其節. 若無節, 則不可傳而繼矣.

숙손무숙叔孫武叔의 어머니가 죽었다. 소렴小斂이 끝나고 관을 드는
사람들이 시신을 들고 나가 시신이 문을 나가자, 무숙이 단袒을 하
고 또 관冠을 벗어놓고 머리를 묶었다. 자유子游가 "예를 알기는 하
네"라고 비웃었다.

叔孫武叔之母死. 旣小斂, 擧者出, 尸出戶, 袒且投其冠, 括髮.
子游曰: "知禮."

集說 예에, 막 돌아가시면 참최斬衰를 할 사람은 비녀를 꽂고 머리싸개를
하며, 자최齊衰를 할 사람은 흰 관을 쓴다. 소렴이 끝나면 휘장을 거두고,
상주는 방에서 머리를 묶고 단袒을 하며, 부인은 방에서 북상투를 튼다.
'거자출擧者出'은 시신을 들고 나간다는 것이다. 머리를 묶는 것은 소렴을
한 뒤 시신이 당堂을 나가기 전에 한다. 상주는 시신을 받들어야 하므로
단을 하고 머리를 묶는다. 이제 무숙武叔이 시신이 문을 나가기를 기다려
단을 하고 관을 벗어 머리를 묶은 것은 예의 절도를 잃은 것이다. 그러므
로 정현 주에서는 무숙이 예를 안다고 자유가 평가한 말을 '비웃은 것'으로
여겼다. 禮始死, 將斬衰者笄纚, 將齊衰者素冠. 小斂畢而徹帷, 主人括髮·袒于房,
婦人髽于室. '擧者出', 擧尸以出也. 括髮當在小斂之後, 尸出堂之前. 主人爲將奉尸, 故
袒而括髮耳. 今武叔待[111]尸出戶, 然後袒而去冠括髮, 失禮節矣, 故註以子游知禮之言爲
嗤之也.

權近 살피건대, 구설舊說[112]에서는 위 '호戶' 자를 '시尸'로 보고, "거자출
擧者出"을 하나의 구로, "시출호尸出戶"를 하나의 구로 보았다. 나는 "거자출
擧者出"은 시신을 들고 나가는 것이므로 다시 시신이 나간다고 할 필요가

없이 경문의 본래 글자인 '호戶' 자가 되는 것이 옳다고 생각한다. 위에서 말한 '출시出尸'는 시신을 들고 문밖으로 나가는 것이고, 아래서 말한 '출호出戶'는 상주가 문밖으로 나가는 것이다. 시신을 든 사람이 문밖으로 나간 뒤에 상주도 따라서 문 밖으로 나가 단문袒免을 하고 머리를 묶는다. 예에 따르면 상주는 방에서 머리를 묶고 단문을 한다. 이제 문밖에 나가 단문을 하고 머리를 묶는 것은 비례이다. 그 때문에 자유가 "(무숙이) 예를 알기는 하네"라고 하며 비웃었던 것이다. 近按, 舊說以上'尸'作'尸', 以"擧者出"爲句, "尸出戶"爲句. 愚謂擧者出是已擧尸而出, 不必更言尸出也, 當依經本字作'戶'爲是. 上言'出尸'是擧尸而出戶也, 下言'出戶'是主喪者之出戶也. 擧尸者旣出戶之後, 主人亦隨而出戶, 乃袒而括髮也. 禮主人括髮袒于房. 今出戶而袒括髮非禮也. 故子游以爲"知禮"而譏之.

1-80[단궁상 83]

병이 위독해져 군주를 부축하여 옮길 때, 복인卜人의 우두머리가 오른쪽을 부축하고 사인射人의 우두머리가 왼쪽을 부축한다. 군주가 죽으면 이들이 시신을 옮기게 한다.

扶君, 卜人師扶右, 射人師扶左. 君薨, 以是擧.

集說 군주가 병이 심해진 때, 복인僕人[113]의 우두머리가 몸 오른쪽을 부축하고 사인射人[114]의 우두머리가 몸 왼쪽을 부축한다. 이 두 사람은 모두 평일 복식과 자리를 도와서 바르게 하는 사람이므로 군주가 죽어 시신을 옮겨야 할 때에도 여전히 이 사람들을 쓰는 것이다. 君疾時, 僕人之長扶其右體, 射人之長扶其左體. 此二人皆平日贊正服位之人, 故君旣薨遇[115]遷尸, 則仍用此人也.

이모부와 외숙모 두 사람이 서로 상대를 위해 상복喪服을 하는 것
에 대해서 군자는 언급하지 않았다. 혹자는 "한솥밥을 먹는 경우라
면 시마總麻복을 한다"라고 하였다.

從母之夫, 舅之妻, 二夫人相爲服, 君子未之言也. 或曰: "同
爨總."

集說 '종모從母'는 어머니의 여자 형제이다. '구舅'는 어머니의 남자 형제
이다. 이모부는 외숙모에 대해 복이 없는데, 예경禮經에 실려 있지 않으므
로 '군자가 언급하지 않았다'(君子未之言)라고 한 것이다. 당시 우연히 조카가
외가外家에 왔다가, 이 (이모부와 외숙모) 두 사람이 서로 의지하면서 한집
에 살다 한 사람이 죽었는데 상복에 대해 근거할 만한 경문이 없음을 알게
된 일이 있었다. 이에 혹자가 한솥밥을 먹은 사람들끼리는 시마總麻를 한
다는 설을 제시하여 대처하였다. 이 또한 그만둘 수 없는 인정에 근거하여
변례變禮의 대처를 다한 것이다. ○ 혹자가 물었다. "이모부와 외숙모가 서
로를 위해 상복을 하지 않는 것은 왜인가?" 주자朱子가 대답했다. "선왕이
예를 제정함에, 아버지의 친족은 넷이었다. 그러므로 아버지로부터 위로
올라가 족증조부族曾祖父를 위해서 시마를 한다. 고모의 자식, 자매의 자식,
딸의 자식은 모두 아버지로부터 미루어나간다. 어머니의 친족은 셋이니,
어머니의 아버지, 어머니의 어머니, 어머니의 형제로서, 은혜는 외삼촌(어
머니의 형제)에서 그친다. 그러므로 이모부와 외숙모에 대해서는 모두 상복
을 하지 않는데, 미루어 나아가지 못하기 때문이다. 아내의 친족은 둘이니,
아내의 아버지·아내의 어머니다. 얼른 보면 잡박하고 혼란하여 기강이 없
는 듯하지만, 자세히 살펴보면 모두 의리가 있다."[116] '從母', 母之姊妹. '舅',

母之兄弟. 從母夫於舅妻無服, 所以禮經不載, 故曰'君子未之言.' 時偶有甥至外家, 見此二人相依同居者, 有喪而無文可據. 於是或人爲同爨緦之說以處之. 此亦原其情之不可已而極禮之變焉耳. ○ 或問: "從母之夫·舅之妻, 皆無服, 何也?" 朱子曰: "先王制禮, 父族四. 故由父而上, 爲族曾祖父緦麻. 姑之子·姊妹之子·女子子之子, 皆由父而推之也[117]. 母族三, 母之父·母之母·母之兄弟, 恩止於舅. 故從母之夫·舅之妻, 皆不爲服, 推不去故也. 妻族二, 妻之父·妻之母. 乍看似乎雜亂無紀, 子細看, 則皆有義存焉."

權近 살피건대, 앞의 설은 이모부와 외숙모가 서로 복을 함을 말하였고, 뒤의 설은 조카가 이모부와 외숙부를 위해 복을 함을 말하였다. 뒤의 설이 옳은 것에 가깝다. 近按, 前說是言從母之夫與舅之妻相爲服也, 後說是言甥爲從母之夫及舅之妻而服也. 後說近是.

1-82[단궁상 85]

상사喪事에서는 서둘러 나아가 수행하고자 하고, 길사吉事에서는 여유롭게 수행하고자 하고자 한다. 그러므로 상사에서는 다급하더라도 절차를 건너뛰지 않고, 길사에서는 기다리고 있더라도 태만하게 수행하지 않는다. 그러므로 너무 서두르면 거칠고 비루하게 되고, 너무 느리게 하면 소인의 행동이 된다. 군자는 여유롭게 하여 중도中道에 맞게 한다.

喪事欲其縱縱爾, 吉事欲其折折爾. 故喪事雖遽不陵節, 吉事雖止不怠. 故騷騷爾則野, 鼎鼎爾則小人. 君子蓋猶猶爾.

集說 '종종縱縱'은 일에 서둘러 나아가 수행하는 데 이바지하는 모양이다.

'절절折折'은 여유롭게 예에 맞추어 수행하는 모양이다. 상사喪事에서는 상황이 다급하여도 그 절차를 건너뛰어서는 안 된다. 길사吉事에서는 서서 할 일을 기다리는 때가 있어도 태만하게 하는 잘못을 범해서는 안 된다. 매우 바쁘게 행하여 너무 서두르면 비루하여 거칠어지고, 매우 더디게 하여 너무 느리면 곧 소인의 행동방식이 된다. 여유롭게 하여 완급의 중도에 맞게 하는 것이 군자가 예를 행하는 법도이다. '縱縱', 給於趨事之貌. '折折', 從容中禮之貌. 喪事雖是118)急遽, 而不可陵躐其節次. 吉事雖有立而待事之時, 而不可失於怠惰. 若騷騷而太疾, 則鄙野矣, 鼎鼎而大119)舒, 則小人之爲矣. 猶猶而得緩急之中, 君子行禮之道也.

1-83[단궁상 86]

상구喪具의 경우, 군자는 다 갖추어놓는 것을 부끄러워한다. 하루 이틀에 마련할 수 있는 것을 군자는 미리 장만하지 않는다.

喪具, 君子恥具. 一日二日而可爲也者, 君子弗爲也.

集說 '상구喪具'는 관棺과 수의壽衣 종류이다. 군자가 일찍 그것을 만들어 완벽하게 갖추는 것을 부끄러워하는 이유는 그 부모가 장수하시기를 기원하지 않는다는 혐의를 사기 때문이다. 그러나 "60세가 되면 (상례 물품 중) 한 해가 걸리는 것을 마련해둔다. 70세가 되면 한 계절이 걸리는 것을 마련해둔다. 80세가 되면 한 달이 걸리는 것을 마련해둔다. 90세가 되면 이들 마련해둔 물건을 날마다 정돈한다."120) 이렇게 하는 것은 갑작스럽게 변고가 생길까 염려해서이다. 하루 이틀에 변통할 수 있는 것은 군자는 미리 준비하지 않는데, 이것이 이른바 "시신의 의복을 묶는 효포(絞), 홑

이불(給), 이불(衾),121) 시신을 씌우는 주머니(冒)122)는 사망한 뒤에 마련한
다"123)고 하는 것이다. '喪具', 棺衣之屬. 君子恥於早爲之而畢具者, 嫌不以久生期
其親也. 然"六十歲制. 七十時制. 八十月制. 九十日脩." 蓋慮夫倉卒之變也. 一日二日可
辦之物, 則君子不豫爲之, 所謂絞·給·衾·冒, 死而后制"者也.

1-84 [단궁상 87]

『의례』「상복喪服」에서, 형제의 자식에게 자기의 자식과 똑같이 상
복을 하게 한 것은 끌어서 가까이 한 것이다. 형수와 시동생 사이
에 상복이 없는 것은 밀어내 멀리한 것이다. 시집간 고모와 자매에
게 상복을 박하게 하는 것은 나를 대신하여 후하게 대해줄 사람이
있기 때문이다.

「喪服」, 兄弟之子猶子也, 蓋引而進之也. 嫂叔之無服也, 蓋推而
遠之也. 姑姊妹之薄也, 蓋有受我而厚之者也.

集說　방씨方氏는 말한다. "형제의 자식은 다른 부모에서 나왔지만 은의恩
誼상 친할 만하므로 끌어 가까이해서 자식을 위한 상복과 같이 한다. 형수
와 시동생의 관계는 같은 집에 살아도 의리상 혐의를 살 수 있기 때문에
밀어내 멀리하여 서로 상복을 하지 않는다. 시집을 가지 않은 고모와 자매
그리고 조카딸에 대해서는 모두 부장기복不杖期服을 하지만, 시집을 가면
모두 대공大功으로 낮추어 가볍게 하는 것은, 나를 대신하는 사람이 그녀에
게 상복을 함에 무겁게 함이 있기 때문이다. 이는 그 남편들이 그녀들을
맞아서 장기복杖期服으로 후하게 하기 때문에 본종本宗끼리 서로 하는 상복
에서 모두 한 등급을 낮춤을 말한다." 方氏曰: "兄弟之子, 雖異出也, 然在恩爲可

親, 故引而進之, 與子同服. 嫂叔之分, 雖同居也, 然在義爲可嫌, 故推而遠之, 不相爲服. 姑・姊妹在室與兄弟姪, 皆不杖期, 出適則皆降服大功而從輕者, 蓋有受我者服爲之重故也. 言其大受之而服爲之杖期以厚之, 故於本宗相爲皆降一等也."

1-85 [단궁상 88]

(공자는) 상喪을 당한 사람 곁에서 식사를 할 때 배불리 먹지 않았다.

食於有喪者之側, 未嘗飽也.

集說 응씨應氏는 말한다. "'식食' 자 앞에 '공자孔子'라는 글자가 빠진 것으로 의심된다." 應氏曰: "食'字上, 疑脫'孔子'字."

1-86 [단궁상 89]

증자曾子와 객이 문 옆에 서 있는데 제자가 종종걸음으로 나갔다. 증자가 "너는 어디 가려 하는가?" 하고 묻자, "아버지가 돌아가셔서 나가 거리에서 곡하려 합니다"라고 대답하였다. 증자가 "돌아가 네 숙소에서 곡하라"라고 말하였다. 증자는 북쪽을 향하여 조문하였다.

曾子與客立於門側, 其徒趨而出. 曾子曰: "爾將何之?" 曰: "吾父死, 將出哭於巷." 曰: "反哭於爾次." 曾子北面而弔焉.

'기도其徒'는 문하의 제자이다. '차次'는 그 사람이 서 있어야 할 곡위哭位이다. '其徒', 門弟子也. '次', 其人所立之位次也.[124]

1-87[단궁상 90]

공자孔子가 말하였다. "죽은 이에게 가서 전송하는데 죽은 것으로 대하는 것은 어질지 못하니 그렇게 해서는 안 된다. 죽은 이에게 가서 전송하는데 산 것으로 대하는 것은 지혜롭지 못하니 그렇게 해서는 안 된다. 이 때문에 대그릇은 사용할 수 있게 모양을 다 갖추지 않고, 질그릇은 광택을 칠하지 않고, 목기는 아로새기는 문양을 갖추지 않고, 금슬琴瑟은 줄을 걸어놓지만 줄이 평평하지 않고, 생황은 갖추어놓지만 음이 고르지 않고, 종과 경쇠가 있지만 걸어놓는 틀은 없다. 그것을 명기明器라고 부르는 것은 신명神明(파악할 수 없지만 작용이 있는 것)으로 대하는 것이다."

孔子曰: "之死而致死之, 不仁而不可爲也. 之死而致生之, 不知而不可爲也. 是故竹不成用, 瓦不成味, 木不成斲, 琴瑟張而不平, 竽笙備而不和, 有鐘磬而無簨虡. 其曰明器, 神明之也."

유씨劉氏는 말한다. "'지之'는 간다는 뜻이다. '지사之死'는 예로써 죽은 이에게 가서 전송한다는 말이다. 죽은 이에게 가서 죽은 이에 대한 예로써 극진히 대하는 것은 부모를 사랑하는 마음이 없는 것으로 어질지 못한 것이 되기 때문에 행할 수 없는 것이다. 죽은 이에게 가서 살아 있는 이에 대한 예로써 극진히 대하는 것은 이치를 살피는 밝음이 없는 것으로

지혜롭지 못한 것이 되기 때문에 또한 행할 수 없는 것이다. 이것이 선왕
께서 명기明器를 만들어 죽은 이를 전송하는 까닭이다. 대나무 그릇은 끝
을 묶은 띠가 없어 그 사용할 수 있게 모양을 다 갖추지 않고, 질그릇은
거칠고 질박하여 검은색 광택이 나게 칠하는 것을 이루지 않고, 목기는 다
듬지 않아 아로새기는 문양을 갖추지 않고, 금슬은 줄을 걸어두기는 하였
지만 줄이 평평하지 않아 켤 수 없고, 생황은 갖추어놓기는 했지만 음이
고르지 않아 불 수 없다. 종과 경쇠가 있기는 하지만 걸어두는 틀이 없어
서 칠 수 없다. 이 모든 것은 죽은 것으로 여기는 것도 아니고, 또한 살아
있는 것으로 여기는 것도 아니며, 지각이 있음과 지각이 없음의 중간으로
죽은 이를 대하는 것이다. 그 때문에 기물을 갖추기는 했지만 쓸 수는 없
는 것이다. 기물을 갖추었다면 죽은 것으로 여기는 것이 아니고, 쓸 수가
없다면 또한 산 것으로 여기는 것도 아니다. 그것을 명기明器라고 하는 것
은 신명神明(파악할 수 없지만 작용이 있는 것)의 도리로써 그들을 대하기 때문
이다.” 劉氏曰: “‘之’, 往也. ‘之死’, 謂以禮往送於死者也. 往於死者而極以死者之禮待
之, 是無愛親之心, 爲不仁, 故不可行也. 往於死者而極以生者之禮待之, 是無燭理之明,
爲不知, 故亦不可行也. 此所以先王爲明器以送死者. 竹器則無滕緣而不成其用, 瓦器則
麤質而不成其黑光之沫, 木器則樸而不成其雕斲之文, 琴瑟則雖張絃而不平, 不可彈也, 竽
笙雖備具而不和, 不可吹也. 雖有鐘磬而無懸挂之簨虡, 不可擊也. 凡此皆不致死, 亦不致
生, 而以有知無知之間待死者. 故備物而不可用也. 備物則不致死, 不可用則亦不致生. 其
謂之明器者, 蓋以神明之道待之也.”

1-88[단궁상 91]

　유자有子가 증자에게 “벼슬에서 물러난 뒤의 처신에 관해 선생님에

게 들은 것이 있는가?' 하고 묻자, 증자가 "들은 적이 있다. 벼슬에서 물러나면 빨리 가난해지기를 바라고, 죽으면 빨리 썩기를 바란다"고 하였다. "이것은 군자의 말씀이 아니다"라고 하자, 증자가 "내가 선생님에게 들었다"라고 하였다. 유자가 다시 이것은 군자의 말씀이 아니다"라고 하자, 증자가 "내가 자유子游와 함께 들었다"라고 하였다. 유자가 "그렇구나. 그렇다면 선생님께서는 이유가 있어 그렇게 말씀하셨을 것이다"라고 하였다. 증자가 이 말을 자유에게 고하니, 자유가 "대단하다, 유자의 말이 선생님의 말씀과 같은 것이. 예전에 선생님께서 송나라에 계실 때 환퇴桓魋가 친히 석곽石槨을 만들었는데 삼 년이 되어도 일을 마치지 못하는 것을 보셨다. 선생님께서 '이렇게 화려하게 하는 것은 죽어서 빨리 썩는 것보다 못하다'라고 하셨다. 죽어서 빨리 썩고자 한다는 말은 사마司馬 환퇴桓魋를 위해서 말씀하신 것이다."

有子問於曾子曰: "問喪於夫子乎?" 曰: "聞之矣, 喪欲速貧, 死欲速朽." 有子曰: "是非君子之言也", 曾子曰: "參也聞諸夫子也." 有子又曰: "是非君子之言也", 曾子曰: "參也與子游聞之." 有子曰: "然. 然則夫子有爲言之也." 曾子以斯言告於子游, 子游曰: "甚哉, 有子之言似夫子也. 昔者夫子居於宋, 見桓司馬自爲石槨, 三年而不成. 夫子曰, '若是其靡也, 死不如速朽之愈也. 死之欲速朽, 爲桓司馬言之也."

集說 벼슬하다가 지위를 잃는 것을 '상喪'이라 한다. '환사마桓司馬'는 바로 환퇴桓魋다. '미靡'는 사치스럽다는 뜻이다. 仕而失位曰'喪'. '桓司馬', 卽桓魋. '靡', 侈也.

남궁경숙南宮敬叔이 노나라로 돌아왔을 때, 반드시 보물을 싣고 군주를 알현하였다. 공자孔子가 "이처럼 뇌물을 쓰는 것은 벼슬자리를 잃었을 때 빨리 가난해지는 것보다 못하다"라고 하였다. 자리에서 물러나면 빨리 가난해지고자 한다는 말은 경숙을 위해서 하신 것이다.

南宮敬叔反, 必載寶而朝. 夫子曰: "若是其貨也, 喪不如速貧之愈也." 喪之欲速貧, 爲敬叔言之也.

集說 '경숙敬叔'은 노나라 대부 맹희자孟僖子의 아들로, 중손열仲孫閱이다. 지위를 잃고 노나라를 떠났다가 뒤에 돌아올 수 있게 되자, 보물을 싣고 노나라 군주를 알현하였는데, 뇌물을 써서 복위하기를 꾀하려 한 것이다. '敬叔', 魯大夫孟僖子之子, 仲孫閱也. 嘗失位去魯, 後得反, 載寶而朝, 欲行賂以求復位也.

증자曾子가 자유子游의 말을 유자有子에게 하니, 유자가 "그렇다. 나는 진작 선생님의 말이 아니라고 여겼다"라고 하였다. 증자가 "그대가 어떻게 그것을 알았는가?"라고 묻자, 유자가 다음과 같이 말했다. "선생님께서는 중도中都에 계실 때 4촌의 관棺과 5촌의 곽槨에 대한 규정을 만드셨다. 이것으로 빨리 썩기를 바라지 않았다는 것을 알았다. 예전에 선생님께서 노나라 사구司寇의 직위를 잃으시고 초나라로 가려고 할 때, 미리 자하子夏를 보내고 다시 염유冉有를 보내셨다. 이를 통해 빨리 가난해지고 싶어 하지 않으심을 알았다."

曾子以子游之言告於有子, 有子曰: "然. 吾固曰非夫子之言也." 曾子曰: "子何以知之?" 有子曰: "夫子制於中都, 四寸之棺, 五寸 之椁. 以斯知不欲速朽也. 昔者夫子失魯司寇, 將之荊, 蓋先之以 子夏, 又申之以冉有. 以斯知不欲速貧也."

集說 정공定公 9년에 공자는 중도中都의 읍재가 되어 관곽棺槨에 관한 법제를 제정하였다. '네 치', '다섯 치'는 두께에 관한 규정이다. 초나라로 가려고 하면서 먼저 두 사람을 연이어 보낸 것은 대개 초나라에서 벼슬할 수 있는지 여부를 살펴보고 머무를 만한 벼슬자리를 도모하려 한 것이다.

定公九年, 孔子爲中都宰, 制棺椁之法制也. '四寸'·'五寸', 厚薄之度. 將適楚而先使二 子繼往者, 蓋欲觀楚之可仕與否, 而謀其可處之位歟.

權近 살피건대, '위位'란 군주가 주관하는 것으로 도모할 수 없는 것이다. 만일 '할 만한 일을 도모하려던 것'이라고 한다면 괜찮다. 近按, '位'者君之所 司不可謀也. 若曰謀其可居之事, 則可也.

1-91[단궁상 94]

제齊나라 대부大夫인 진장자陳莊子가 죽어 노魯나라에 부고訃告를 하였다. 노나라 사람이 곡하지 말기를 바라므로 목공繆公이 현자縣子를 불러 물었다. 현자가 말하였다. "옛날의 대부는 열 꾸러미의 하찮은 포를 가지고 방문하는 일도 국경을 넘어가서 하지 않았습니다. 그를 위해 곡을 하고 싶어도, 어떻게 곡을 할 수 있겠습니까?"

陳莊子死, 赴於魯. 魯人欲勿哭, 繆公召縣子而問焉. 縣子曰: "古之大夫束脩之問不出竟. 雖欲哭之, 安得而哭之?"

集說 대부가 다른 나라의 군주에게 부고를 할 때는 "군주의 외신外臣인 과대부寡大夫 모가 죽었습니다"라고 한다. '장자莊子'는 제齊나라 대부로 이름은 백伯이다. 제나라는 강성하고 노나라는 약해서 그 부고를 무시할 수 없었다. 현자縣子가 예에 밝다고 이름이 나 있었기 때문에 불러서 물은 것이다. '수脩'는 포이다. 열 꾸러미가 '속束'이다. '문問'은 보낸다는 뜻이다. 신하가 된 사람은 밖으로 교제함이 없으니 군주에게 감히 두 마음을 가지지 않는 것이다. 따라서 열 꾸러미의 포가 하찮은 예물이기는 하지만 또한 그것을 가지고 국경을 넘지 않는다. 大夫訃於他國之君曰: "君之外臣, 寡大夫某死." '莊子', 齊大夫, 名伯. 齊强魯弱, 不容略其赴. 縣子名知禮, 故召問之. '脩', 脯也. 十脡爲'束'. '問', 遺也. 爲人臣者無外交, 不敢貳君也. 故雖束脩微禮, 亦不以出竟.

1-92 [단궁상 95]

(현자가 말하였다.) "그렇지만 지금의 대부大夫는 중원에서 정치를 행하고 교제하니, 곡을 하지 않고자 한들, 어떻게 하지 않을 수 있겠습니까? 게다가 신이 들으니, 곡하는 데에는 두 가지 경우가 있다고 합니다. 사랑해서 곡하는 것과 두려워서 곡하는 것입니다." 목공繆公이 "그렇구나. 그렇다면 어찌해야 좋겠는가?"라고 하자, 현자가 "이성異姓의 사당에서 곡하도록 하십시오"라고 하였다. 그래

서 현씨縣氏의 사당에서 함께 참여하여 곡하였다.

"今之大夫交政於中國, 雖欲勿哭, 焉得而弗哭? 且臣聞之, 哭有
二道. 有愛而哭之, 有畏而哭之." 公曰: "然. 然則如之何而可?"
縣子曰: "請哭諸異姓之廟." 於是與哭諸縣氏.

集說 '중원에서 정치를 행하고 교제한다'(交政於中國)는 것은 당시 군주는
약하고 신하는 강하여 대부가 회맹會盟의 일을 농단하면서 국군들과 서로
교제하였음을 말한다. 여기서 변례變禮가 생겨난 것이다. 사랑하여 곡을
하는 것은 내 마음이 그만둘 수 없는 데에서 나오는 것이요, 두려워서 곡을
하는 것은 상황이 그만둘 수 없는 데에서 나오는 것이다. 백고伯高를 사씨
賜氏의 사당에서 곡한 것[125]은 의리에 따른 것이고, '장자莊子를 현씨縣氏의
사당에서 곡한 것'은 위세에 눌려서 행한 것이다. '交政於中國', 言當時君弱臣
强, 大夫專盟會之事, 以與國君相交接也. 此變禮之由也. 愛之哭出於不能已, 畏之哭出於
不得已. 哭伯高於賜氏, 義之所在也, 哭莊子於縣氏, 勢之所迫也.

1-93 [단궁상 96]

원헌原憲이 증자曾子에게 "하후씨는 명기明器를 사용하였는데, 이는
백성들에게 죽은 이가 지각이 없음을 보인 것이다. 은나라 사람은
제기祭器를 사용하였는데 이는 지각이 있음을 보인 것이다. 주나라
사람은 두 가지를 아울러 썼는데 이는 의심함을 보인 것이다"라고
하였다. 증자가 말하였다. "그렇지 않다! 그렇지가 않다! 명기는 귀
신의 기물이고, 제기는 사람의 기물이다. 옛사람이 어찌 그의 부모

를 완전히 죽은 이로 대하였겠는가?"

仲憲言於曾子曰: "夏后氏用明器, 示民無知也. 殷人用祭器, 示民有知也. 周人兼用之, 示民疑也." 曾子曰: "其不然乎! 其不然乎! 夫明器, 鬼器也, 祭器, 人器也. 夫古之人胡爲而死其親乎?"

集說 '중헌仲憲'은 공자의 제자인 원헌原憲이다. '백성들에게 지각이 없음을 보인다'(示民無知)는 것은 백성들에게 죽은 이가 지각이 없음을 알게 하는 것이다. 지각이 없으므로 쓸 수 없는 기물을 사용하여 전송하고, 지각이 있으므로 사용할 수 있는 제기를 사용하여 전송한다. '의심한다'(疑)는 것은 지각이 있다고 여기지도 않고 지각이 없다고 여기지도 않는 것이다. 그러나 『주례』에 따르면 대부 이상만이 두 가지 기물을 아울러 사용할 수 있고 사士는 오직 귀신에 대한 기물만을 사용할 수 있다. 증자는 그의 말이 잘못이라고 여겨 '그것은 그렇지가 않다!'라고 말하였는데, 두 번 말한 것은 강하게 그렇지 않다고 한 것이다. 명기明器와 제기祭器는 본디 사람의 그릇과 귀신의 그릇이라는 차이가 있지만, 하나라와 은나라에서 쓰인 바가 다른 것은 각각 당시 왕의 제도에 따른 것이요 문질文質의 변화에 따른 것일 뿐, 지각이 있고 없고를 가리키는 것은 아니다. 원헌原憲의 말대로라면 하후씨는 어떻게 차마 그의 부모를 지각이 없는 것으로 대하였겠는가? '仲憲, 孔子弟子原憲也. '示民無知'者, 使民知死者之無知也. 爲其無知, 故以不堪用之器送之, 爲其有知, 故以祭器之可用者送之. '疑'者, 不以爲有知, 亦不以爲無知也. 然『周禮』惟大夫以上得兼用二器, 士惟用鬼器也. 曾子以其言非, 乃曰'其不然乎!', 再言之者, 甚不然之也. 蓋明器祭器, 固是人鬼之不同, 夏殷所用不同者, 各是時王之制, 文質之變耳, 非謂有知無知也. 若如憲言, 則夏后氏何爲而忍以無知待其親乎?

1-94 [단궁상 97]

공숙목公叔木이 동복형제가 죽자 자유子游에게 어떤 상복喪服을 해야 할지를 물었다. 자유가 "대공大功일 것이다"라고 대답했다. 적의狄儀가 동복형제가 죽자 자하에게 물었다. 자하가 "나는 그것에 관해 들은 적이 없다. 노나라 사람은 그 경우 자최齊衰를 하였다"라고 하자, 적의가 자최복으로 거상하였다. 지금의 자최복은 적의의 질문으로 인해서 하게 된 것이다.

公叔木有同母異父之昆弟死, 問於子游. 子游曰: "其大功乎." 狄儀有同母異父之昆弟死, 問於子夏. 子夏曰: "我未之前聞也. 魯人則爲之齊衰", 狄儀行齊衰. 今之齊衰, 狄儀之問也.

集說 '공숙목公叔木'은 위나라 공숙문자公叔文子의 아들이다. 같은 부모에서 태어난 형제들에 대하여 기년복을 하므로, 이 경문의 어머니는 같지만 아버지가 다른 형제들은 낮추어 대공大功을 해야 한다. 예경禮經에 명문 규정이 없으므로 자유子游가 추정하는 말로 대답을 하였다. 노나라 사람들은 자최삼월복齊衰三月服을 행한 지가 오래되었으므로 자하子夏가 그 사실을 들어 적의狄儀의 물음에 답한 것인데, 기록자는 적의의 이 질문으로 인해서 지금은 모두 그렇게 행하고 있다고 말하였다. 이것은 두 사람이 예에 관해 언급한 것이 다름을 기록한 것이다. ○ 정씨鄭氏(정현鄭玄)은 "대공복이 옳다"고 하였다. '公叔木', 衛公叔文子之子. 同父母之兄弟期, 則此同母而異父者, 當降而爲大功也. 禮經無文, 故子游以疑辭答之. 魯人齊衰三月之服行之久矣, 故子夏擧以答狄儀, 而記者云因狄儀此問而今皆行之也. 此記二子言禮之不同. ○ 鄭氏曰: "大功是."

1-95 [단궁상 98]

자사子思의 어머니가 위衛나라에서 죽었다. 유약柳若이 자사에게 "선생은 성인의 후손이십니다. 사방 사람들은 선생이 어떻게 상례를 치르는지 볼 것입니다. 선생께서 어찌 신중하지 않을 수 있겠습니까!"라고 하였다. 자사가 말했다. "내가 어찌 삼가겠는가! 내가 들었는데, 예禮가 있어도 재물이 없으면 군자는 행하지 않고, 예가 있고 재물이 있어도 상황이 안 되면 군자는 행하지 않는다. 내가 어찌 신중하겠는가!"

子思之母死於衛. 柳若謂子思曰: "子聖人之後也. 四方於子乎觀禮. 子蓋愼諸." 子思曰: "吾何愼哉! 吾聞之, 有其禮, 無其財, 君子弗行也, 有其禮, 有其財, 無其時, 君子弗行也. 吾何愼哉!"

集說 '유약柳若'은 위衛나라 사람이다. 백어伯魚가 죽자 그의 아내는 위나라로 시집을 갔다. '그 예가 있다'(有其禮)는 것은 예에 할 수 있는 것임을 가리킨다. 그러나 재물이 없으면 할 수 없다. 예는 상황이 중요하다. 예에 허용되어 있고 재물이 있어도 해서는 안 되는 상황이라면, 또한 그렇게 할 수 없다. '柳若', 衛人. 伯魚卒, 其妻嫁於衛. '有其禮', 謂禮所得爲者. 然無財則不可爲. 禮時爲大. 有禮有財而時不可爲, 則亦不得爲之也.

1-96 [단궁상 99]

현자쇄縣子瑣가 말하였다. "내 들으니, 옛날에는 강복降服126)을 하지 않고 아래위로 각각 친함에 따라서 상복을 하였다. 등백滕伯인

문文이 맹호猛虎를 위해 자최齊衰를 하였는데, 맹호는 등백의 숙부
였다. 맹피孟皮를 위해 자최를 하였는데, 문은 맹피의 숙부였다."
縣子瑣曰: "吾聞之, 古者不降, 上下各以其親. 滕伯文爲孟虎齊
衰, 其叔父也. 爲孟皮齊衰, 其叔父也."

集說 소疏에서 말한다. "'옛날'(古)은 은나라 때이다. 주나라 예에서는 신
분이 높은 사람이 낮은 사람에 대하여 강복降服을 하였고 적자適子가 서자
庶子에 대하여 강복을 하였으며, 오직 정통正統에 대해서만 강복하지 않았
다. 그러나 은나라 이전에는 귀하더라도 신분이 낮은 사람에 대하여 강복
하지 않았다. '아래위가 각각 그 친함으로 상복을 한다'(上下各以其親)는 것은
강복하지 않은 일을 말한다. '위'(上)는 방친旁親으로 족증조族曾祖, 종조從祖
및 백숙부伯叔父의 반열을 가리킨다. '아래'(下)는 종자從子와 종손從孫의 부
류를 가리킨다. 저들이 비록 지위가 낮기는 하지만 자기의 존귀함을 이유
로 낮추지 않고, 여전히 본속本屬의 친족의 경중에 따라서 복하였으므로
'아래위로 각각 그 친함으로 한다'고 말한 것이다. 등滕나라의 백伯으로 이
름이 문文인 사람이 맹호猛虎를 위해 자최복을 하였다는 것은 호虎가 문文
의 숙부였기 때문이다. 또 맹피孟皮를 위해 자최복을 하였다는 것은 문文이
피皮의 숙부였기 때문이다. 이는 등백滕伯이 위로 숙부를 위해서 아래로 형
제의 아들을 위해서 모두 자최복을 하였음을 말한다." 疏曰: "'古'者, 殷時也.
周禮以貴降賤, 以適降庶, 惟不降正耳. 而殷世以上, 雖貴, 不降賤也. '上下各以其親', 不
降之事也. '上', 謂旁親·族曾祖·從祖及伯叔之班. '下', 謂從子·從孫之流. 彼雖賤,
不以己尊降之, 猶各隨本屬之親輕重而服之, 故云'上下各以其親'. 滕國之伯名文, 爲孟虎
著齊衰之服者, 虎是文之叔父也, 又爲孟皮著齊衰之服者, 文是皮之叔父也. 言滕伯上爲叔
父, 下爲兄弟之子, 皆著齊衰也."

1-97[단궁상 100]

후목后木이 말하였다. "상喪에 관하여 내가 현자縣子에게서 '상은 깊이 오래도록 생각하지 않을 수 없다. 관을 구입할 때는 안과 밖이 잘 다듬어진 것으로 한다'라고 들었다. 내가 죽으면 또한 그렇게 하라."

后木曰: "喪, 吾聞諸縣子曰, '夫喪不可不深長思也. 買棺外內易.' 我死則亦然."

集說 '후목后木'은 노나라 효공의 아들 혜백공惠伯鞏의 후손이다. ○ 풍씨馮氏는 말한다. "이 조목은 '깊이 오래도록 생각하지 않을 수 없다'(不可不深長思)는 것에 중심이 있다. 관을 살 때는 관의 안과 밖이 모두 정밀하고 좋아야 한다. 이는 효자가 당연히 해야 할 일이지 부모가 미리 부탁하면서 '내가 죽으면 또한 그렇게 하라'(我死則亦然)고 말할 것이 아니다. 예를 기록하는 사람이 실언을 비난한 것이다." '后木, 魯孝公子惠伯鞏之後. ○ 馮氏曰: "此條重在'不可不深長思'一句. 買棺之時, 外內皆要精好. 此是孝子當爲之事, 非是父母豫所屬託而曰, '我死則亦然.' 記禮者譏失言也."

1-98[단궁상 101]

증자曾子가 말하였다. "시신을 아직 꾸미지 않았으므로 당에 휘장을 치고, 소렴[127]을 마치면 휘장을 거둔다." 중량자仲梁子가 말하였다. "부부가 한창 어지러운 상황이므로 당에 휘장을 치고, 소렴을 마치면 휘장을 거둔다."

曾子曰: "尸未設飾, 故帷堂, 小斂而徹帷." 仲梁子曰: "夫婦方亂, 故帷堂, 小斂而徹帷."

集說 돌아가신 처음에 입고 있던 옷을 벗기고 염금斂衾(소렴 때 사용하는 이불)을 덮고 씻기기를 기다린다. 복復을 한 뒤에 설치楔齒와 철족綴足을 마치면 포와 젓갈을 놓은 전奠[128]을 올린다. 일은 조금 안정되기는 하지만 시신은 여전히 염습을 하지 않은 상태이므로 '아직 꾸미지 않았다'고 한 것이다. 이에 당에 휘장을 치는 것은 사람들이 외설스럽게 여기지 않도록 하려는 것이다. 따라서 소렴을 마치고 휘장을 거둔다. 중량자仲梁子가 '부부가 한창 어지럽다'고 한 것은 곡하는 자리가 아직 정해지지 않았기 때문이다. 두 사람이 각각 예의 의미를 언급한 것이다. 정씨鄭氏(정현鄭玄)는 말한다. "염을 하는 사람은 시신을 이리저리 움직이게 된다. 당에 휘장을 치는 것은 사람들이 외설스럽게 여기기 때문이다. '한창 어지럽다'고 말한 것은 잘못이다. '중량자仲梁子'는 노나라 사람이다." 始死去死衣, 用斂衾覆之, 以俟浴. 旣復之後, 楔齒綴足畢, 具脯醢之奠. 事雖小定, 然尸猶未襲斂也, 故曰"未設飾". 於是設帷於堂者, 不欲人褻之也, 故小斂畢, 乃徹帷. 仲梁子謂"夫婦方亂"者, 以哭位未定也. 二子各言禮意. 鄭云: "斂者動搖尸, 帷堂爲人褻之, 言方亂非也. 仲梁子, 魯人."

1-99[단궁상 102]

소렴小斂의 전奠에 대해, 자유子游는 "동쪽에서 한다"고 하였고, 증자曾子는 "서쪽에서 하는데, 자리를 거둔다"고 하였다. 소렴의 전을 서쪽에서 하는 것은 노나라의 예가 말기에 잘못되었기 때문이다.

小斂之奠, 子游曰: "於東方." 曾子曰: "於西方, 斂斯席矣." 小斂
之奠在西方, 魯禮之末失也.

集說 　소疏에서 말한다. "『의례』에 '소렴小斂의 전奠은 시신의 동쪽에 차린
다'고 하였는데, 전奠에는 자리가 없다. 노나라가 쇠퇴한 말년에는 서쪽에
서 전을 올리고 또 자리를 갖추었다. 증자曾子는 당시에 그와 같이 하는
것을 보고, 장차 예로 삼고자 하였으므로 '서쪽에서 소렴을 한다'고 말한
것이다. '사斯'는 이것이라는 뜻이다. 염을 할 때는 이 자리 위에 전을 차린
다. 따라서 기록자가 바로잡아 '소렴의 전이 서쪽에 있게 된 것은 노나라
사람들이 예를 행함에 말세에 그 의리를 잃었기 때문이다'라고 한 것이다."
疏曰: "『儀禮』'小斂之奠設於東方', 奠又無席. 魯之衰末, 奠於西方, 而又有席. 曾子見時
如此, 將以爲禮, 故云'小斂於西方.' '斯', 此也. 其斂之時, 於此席上而設奠矣. 故記者正
之云, 小斂之奠所以在西方, 是魯人行禮, 末世失其義也."

1-100**[단궁상 103]**

현자縣子가 말했다. "거친 칡베로 상복喪服의 상의를 짓고 가늘고
성긴 베로 상복의 하의를 짓는 것은 옛 제도가 아니다."
縣子曰: "繐衰繸裳, 非古也."

集說 　방씨方氏(방각方慤)는 말한다. "칡의 거칠고 틈이 있는 것을 격絺(거친
칡베)이라 하고, 베 가운데 가늘고 성긴 것을 세繐(가늘면서 성긴 베)라고 한
다. 오복五服은 하나같이 삼으로 만드는데 각각 정해진 규정된 실올의 수
가 있다. 거친 칡베로 상복의 상의를 만들고, 가늘고 성긴 베로 상복의 하

의를 만드는 것은 가볍고 시원한 것을 취하는 것일 뿐이지 옛 제도가 아니다." 方氏曰: "葛之麤而卻者謂之絺, 布之細而疏者謂之繐. 五服一以麻, 各有升數. 若以絺爲衰, 以繐爲裳, 則取其輕凉而已, 非古制也."

두교杜橋의 어머니 상에, 빈궁殯宮129)에 예의 시행을 돕는 사람(相)이 없었다. 당시 사람들은 두교가 예에 거칠고 소략하다고 평가하였다.
杜橋之母之喪, 宮中無相. 以爲沽也.

集說 소疏에서 말한다. "'고沽'는 거칠고 소략하다는 뜻이다. 효자는 부모님이 돌아가시면 슬프고 혼란에 빠져 예절이 있음을 알지 못한다. 따라서 일과 의절에 모두 다른 사람이 돕고 인도해야 한다. 두교杜橋의 어머니가 죽었는데, 빈궁殯宮에 돕는 사람을 세우지 않았다. 때문에 당시 사람들이 '그가 예에 대하여 거칠고 소략했다'라고 여긴 것이다." 疏曰: "沽, 麤略也. 孝子喪親, 悲迷不復自知禮節. 事儀皆須人相導. 而杜橋家母死, 宮中不立相佐. 故時人謂其於禮爲麤略也."

공자孔子가 "막 사망했을 때 고구羔裘와 현관玄冠을 입은 사람은 심의深衣로 갈아입는다"라고 하였다. 고구와 현관을 입고 공지는 조문하지 않았다.

夫子曰: "始死, 羔裘玄冠者, 易之而已." 羔裘玄冠, 夫子不以弔.

集說 小疏에서 말한다. "사망하기 전 위독할 때 돌보는 이는 조복朝服을 하는데, 고구羔裘[130]와 현관玄冠[131]이 바로 조복이다. 사망한 처음에 조복을 벗고 심의深衣[132]를 입는다. 당시에 갈아입지 않는 자가 있었고 또 소렴小斂을 한 뒤에 고구를 하고 조문을 하는 자가 있어, 기록자가 공자가 예를 시행한 일[133]을 인용하여 말한 것이다." 疏曰: "養疾者朝服, 羔裘玄冠卽朝服也. 始死則去朝服著深衣. 時有不易者, 又有小斂後羔裘弔者, 記者因引孔子行禮之事言之."

1-103[단궁상 107]

자유子游가 상례 도구(喪具)에 대해서 묻자, 공자孔子가 "집안의 재정 형편에 맞추어 한다"라고 하였다. 자유가 "재정 형편을 어디에 기준을 둡니까?"라고 묻자 공자가 "형편이 되어도 예의 한도를 지나치지 말아야 한다. 정말 형편이 안 되면 머리와 다리 몸이 드러나지 않게 염을 하여, (빈궁에 모시지 않고) 곧바로 장례를 행하며, 손수 관을 묶어 하관을 하더라도, 어찌 그것을 비난하는 사람이 있겠는가?"라고 하였다.

子游問喪具, 夫子曰: "稱家之有亡." 子游曰: "有亡[134]惡乎齊?"
夫子曰: "有毋過禮. 苟亡矣, 斂首足形, 還葬, 縣棺而封, 人豈有非之者哉?

集說 '상구喪具'는 죽은 이를 전송하는 예물이다. '오호제惡乎齊'란 무엇으로 두텁고 박한 정도를 조절하는 기준으로 삼는가라는 말이다. '예를 지나치지 말라'(毋過禮)는 것은 부유하다고 해서 예의 한도를 넘어 후하게 장사지내서는 안 된다는 것이다. '곧바로 장사지낸다'(還葬)는 것은 염이 끝나면 즉시 장사를 지내고 빈궁殯宮에 모셔 정해진 기간을 기다리지 않음을 가리킨다. '관을 묶어서 하관한다'(縣棺而封)는 것은 손수 줄을 묶어 하관하고 돌이나 비碑와 율綍135)을 설치하지 않는다는 것이다. '사람들이 비난하지 않는다'는 것은 재물이 없으면 예를 갖출 수 없기 때문이다. '喪具', 送終之儀物也. '惡乎齊', 言何以爲厚薄之劑量也. '毋過禮', 不可以富而踰禮厚葬也. '還葬', 謂斂畢卽葬, 不殯而待月日之期也. '縣棺而封', 謂以手縣繩而下之, 不設碑綍也. 人不非之者, 以無財則不可備禮也.

1-104 [단궁상 108]

사사司士인 분賁이 자유子游에게 "침상에서 염습하고자 합니다"라고 고하자, 자유가 "그렇게 하라"라고 대답했다. 현자縣子가 그 말을 듣고는 "거만하구나, 숙씨叔氏여! 제 마음대로 예를 남에게 허락하는구나"라고 하였다.

司士賁告於子游曰: "請襲於牀", 子游曰: "諾." 縣子聞之曰: "汰哉叔氏! 專以禮許人."

集說 '분賣'은 사사司士의 이름이다. 예에 막 사망한 처음에 침상을 치우고 시신을 땅에 내려놓고 복復을 한 뒤에도 살아나지 않으면 시신을 다시 침상에 올린다. '습襲'이란 옷으로 시신을 싸는 것이다. 목욕을 시킨 뒤에 상축商祝이 제복祭服과 단의襐衣를 겹쳐서 침상 위에 펼쳐놓는다. 반함을 한 뒤에 시신을 습의襲衣 위로 옮기고 옷을 입힌다. 침상에서 습을 하는 것이 예이다. 후세에 예가 잘못되어 지면에서 습을 하는데, 이는 시신을 더럽히는 것이다. 사사司士가 예를 알고 자유에게 요청하자 자유가 예에 의거하여 대답하지 않고 '그렇게 하라'고 대답하여 현자縣子의 비난을 산 것이다. '태汏'는 자긍심이 큰 것으로, 예에 관한 일을 자문하는 이가 있으면 예에 근거해서 대답해야 하는데도 자유가 제멋대로 곧장 허락한 것은 마치 예가 자기로부터 나온 것처럼 한 것이다. 이은 자긍심이 지나친 것이다. '숙씨叔氏'는 자유의 자字이다. '賣', 司士之名也. 禮始死廢牀, 而置尸於地, 及復而不生, 則尸復登牀. '襲'者, 斂之以衣也. 沐浴之後, 商祝襲祭服襐衣, 蓋布於牀上也. 飯含之後, 遷尸於襲上而衣之. 襲於牀者, 禮也. 後世禮失而襲於地, 則褻矣. 司士知禮而請於子游, 子游不稱禮而答之以諾, 所以起縣子之譏也. '汏', 矜大也, 言凡有諮問禮事者, 當據禮答之, 子游專輒許諾, 則如禮自己出矣. 是自矜大也. '叔氏', 子游字.

1-105[단궁상 109]

송宋나라 양공襄公이 자기 부인을 장사지낼 때, 초와 젓갈을 백 동이나 사용하였다. 증자曾子가 "이미 명기明器라고 하였는데 또 그것을 채웠구나!"라고 비판하였다.

宋襄公葬其夫人, 醯醢百甕. 曾子曰: "既曰明器矣, 而又實之."

集說 하나라 예는 명기明器만을 사용하여 그 반은 채워두고 반은 비워두었다. 은나라 사람은 제기祭器만을 사용하여 역시 그 반만 채웠다. 주나라 사람은 두 가지를 아울러 사용하였는데 제기는 채워두고 명기는 비워두었다. 夏禮專用明器, 而實其半, 虛其半. 殷人全用祭器, 亦實其半. 周人兼用二器, 則實人器而虛鬼器.

1-106[단궁상 110]

맹헌자孟獻子의 상에 사도司徒가 하사下士를 시켜 사방에서 부의로 들어온 베를 돌려주게 하였다. 공자가 "훌륭하구나!"라고 하였다.

孟獻子之喪, 司徒旅歸四布. 夫子曰: "可也."

集說 소疏에서 말한다. "장례를 마치고 부의賻儀로 들어온 베가 남게 되자 가신인 사도司徒가 주인의 의사를 받들어 하사下士에게 사방에서 주인에게 부의한 천포泉布를 돌려주도록 하였다. 당시 사람들이 모두 탐욕스러웠지만 헌자獻子의 집안에서만 이렇게 할 수 있었으므로 공자가 '훌륭하다'라고 말하였다." 疏曰: "送終旣畢, 賻布有餘, 其家臣司徒, 承主人之意, 使旅下士歸還四方賻主人之泉布. 時人皆貪, 而獻子家獨能如此, 故夫子曰可也.

1-107[단궁상 111]

부의賻儀 목록(賵)을 읽는 것에 대해, 증자曾子가 "옛 제도가 아니다. 이는 두 번 고하는 것이다"라고 하였다.

讀賵, 曾子曰: "非古也, 是再告也."

集說 수레와 말을 부의賻儀로 보내는 것을 '봉賵'이라 하는데, 봉은 상주가 장사지내는 것을 돕는 것이다. 받았으면 보낸 사람의 이름과 물품을 방판方版에 기록한다. 장례 때 상여가 떠날 즈음에 상주의 사史가 이 방판에 기록된 이름과 물품을 읽고자 요청하는데, 대개 관의 동쪽에서 전방 동쪽에 서서 서쪽을 바라보고 읽는다. 옛날에는 영전에 올리기만 하고 읽지는 않았는데 주나라에서는 영전에 올리고 난 뒤 다시 읽었으므로 증자가 두 번 고하는 것이라고 여긴 것이다. 車馬曰'賵', 賵所以助主人之送葬也. 旣受則書其人名與其物於方版. 葬時柩將136)行, 主人之史, 請讀此方版所書之賵, 蓋於柩東, 當前東, 西面而讀之. 古者奠之而不讀, 周則旣奠而又讀焉, 故曾子以爲再告也.

1-108[단궁상 112]

성자고成子高가 병들어 눕자 경유慶遺가 들어가 "당신의 병이 위급하게 되었으니 만일 죽게 된다면 어떻게 하겠는가?" 하고 물었다.
成子高寢疾, 慶遺入請曰: "子之病革矣, 如至乎大137)病, 則如之何?"

集說 '성자고成子高'는 제나라 대부 국백고國伯高의 아버지로 시호는 성成이다. '유遺'는 경봉慶封의 친족이다. '혁革'은 '극亟'과 같은데 급하다는 뜻이다. '대병大病'은 죽음으로 피하는 말이다. '成子高', 齊大夫國伯高父, 謚成也. '遺', 慶封之族. '革與亟同, 急也. '大病', 死也, 諱之之辭.

자고子高가 말했다. "내가 들으니 살아서는 사람에게 도움을 주고 죽어서는 사람에게 피해를 주지 않는다고 한다. 내가 비록 살아서는 사람에게 도움을 주지 못하였지만 죽어서 사람에게 피해를 줄 수 있겠는가? 내가 죽으면 경작하지 않는 땅을 택해서 장사지내도록 하라."

子高曰: "吾聞之也, 生有益於人, 死不害於人. 吾縱生無益於人, 吾可以死害於人乎哉? 我死則擇不食之地而葬我焉."

集說 '불식지지不食之地'는 경작하지 않는 땅을 가리킨다. '不食之地', 謂不耕墾之土.

자하子夏가 공자에게 들었다. "군주의 어머니와 군주의 아내의 상을 치르는 동안 거처하는 것, 말하는 것, 먹고 마시는 것은 화평하고 자신의 뜻에 맞게 한다"라고 하였다.

子夏問諸夫子曰: "居君之母與妻之喪, 居處言語飮食衎爾."

集說 군주의 어머니, 군주의 처는 모두 소군小君이어서 모두 자최부장기복齊衰不杖期服을 하지만, 은혜와 의리는 얇으므로 거상하는 동안 스스로 처신하는 것은 이와 같이 한다. '간이衎爾'는 화평하고 자신의 뜻에 맞는 모양이다. 이 장은 문세로 미루어 보면 '상喪' 자 밑에 '여지하부자왈如之何夫子曰'

이라는 말이 있어야 한다. 구설은 기록자가 생략한 것이라고 하였는데 역시 궐문이 있는 것 같다. 그렇지 않다면 '문問'은 '문聞'이 되어야 한다. 君母·君妻, 雖皆小君, 皆服齊衰不杖期, 然恩義則淺矣, 故居其喪, 則自處如此. '衎爾', 和適之貌. 此章以文勢推之, '喪'下當有'如之何夫子曰'字. 舊說謂記者之略, 亦或闕[138]文歟. 又否則'問'當作'聞'.

1-111[단궁상 115]

먼 곳에서 친구가 이르러 머물 곳이 없자, 공자가 "사는 동안 내 집에 머물고, 죽게 되면 내 집에 빈궁을 차리시오"라고 하였다.
賓客至, 無所館, 夫子曰: "生於我乎館, 死於我乎殯."

集說 살아서 이미 머물게 하였으니, 죽게 되면 빈궁을 차려야 한다. ○ 응씨應氏(응용應鏞)는 말한다. "친구는 의義로써 만나는 관계인데, 빈객이라고 한 것은 그가 먼 곳에서 왔기 때문이다." 生旣館之, 死則當殯. ○ 應氏曰: "朋友以義合, 謂之賓客者, 以其自遠方而來也."

1-112[단궁상 116]

국자고國子高가 말하였다. "매장한다(葬)는 것은 감춘다(藏)는 뜻이다. 감추는 것은 사람들이 보지 못하게 하려는 것이다. 그 때문에 발까지 옷을 덮어 몸을 장식하고, 관으로 수의를 입힌 시신을 두르고, 곽으로 관을 두르고, 흙으로 관을 두른다. 그런데 도리어 흙을

344 | 예기천견록 1

쌓아 봉분을 만들고 나무를 심어 표시하는구나!"

國子高曰: "葬也者, 藏也. 藏也者, 欲人之弗得見也. 是故衣足以
飾身, 棺周於衣, 槨周於棺, 土周於槨. 反壤樹之哉!"

集說 소疏에서 말한다. "자고子高의 생각에는 사람이 죽으면 혐오스럽기
때문에 옷과, 이불 관과 곽을 갖추는데, 깊이 감추어 다른 사람이 알지 못
하게 하려는 것이다. 그런데 지금은 도리어 흙을 쌓아서 봉분을 만들고 나
무를 심어 표시하는구나! 라고 여긴 것이다. 국자의 의도는 검소하게 하는
것에 있고, 주나라 예는 아니다." 疏曰: "子高之意, 人死可惡, 故備飾以衣衾·棺
槨, 欲其深邃, 不使人知. 今乃反更封壤爲墳, 而種樹以標之哉! 國子意在於儉, 非周禮.

1-113 [단궁상 117]

공자孔子의 상喪에, 연燕나라에서 보러 온 사람이 있었는데, 자하子
夏의 집에 머물렀다. 자하가 말하였다. "성인이 다른 사람을 장사
지낸다고 생각하였습니까? 사람들이 성인을 장사지내는 것입니다.
어찌 당신이 볼 것이 있겠습니까?"

孔子之喪, 有自燕來觀者, 舍於子夏氏. 子夏曰: "聖人之葬人與?
人之葬聖人也. 子何觀焉?"

集說 연릉계자延陵季子가 아들을 장사지낼 때 공자가 가서 보았다. 이제
공자의 장례에 연나라 사람이 와서 보는 것도 당연한 것이다. 그러나 자하
子夏의 생각은 성인이 다른 사람을 장사지낼 때는 모든 일이 예에 들어맞
았지만, 사람들이 성인을 장례지낼 때는 모든 일이 반드시 예에 들어맞는

것은 아니기 때문에 '성인이 다른 사람을 장사지낸다고 생각하였습니까? 사람들이 성인을 장사지내는 것입니다. 어찌 당신이 볼 것이 있겠습니까?' 라고 말한 것이다. 대개 겸사謙辭이다. 延陵季子之葬其子, 夫子尚往觀之. 今孔子 之葬, 燕人來觀, 亦其宜也. 然子夏之意, 以爲聖人葬人, 則事皆合禮, 人之葬聖人, 則未 必皆合於禮也, 故語之曰'子以爲聖人之葬人乎? 乃人之葬聖人也. 又何觀焉?' 蓋謙辭也.

1-114 [단궁상 118]

예전에 공자孔子가 "나는 봉분이 당堂과 같은 것을 보았고, 둑과 같은 것을 보았고, 처마를 덮은 것처럼 생긴 것을 보았고, 도끼와 같은 것을 보았다. 나는 도끼와 같은 모양을 따르겠다"라고 하였는데, 이는 마렵봉馬鬣封을 가리키는 것이다. 지금 하루에 판을 세 번 자르면 봉분이 다 완성되니, 거의 선생님의 뜻을 행하는 것이리라.

昔者夫子言之, 曰: "吾見封之若堂者矣, 見若坊者矣, 見若覆夏 屋者矣, 見若斧者矣. 從若斧者焉." 馬鬣封之謂也. 今一日而三 斬板, 而已封, 尙行夫子之志乎哉."

集說 이는 흙을 돋아 봉분을 만드는데 이 같은 네 가지 형태가 있음을 말한다. '봉封'은 흙을 쌓아 봉분을 만드는 것이다. '당과 같다'(若堂)는 것은 당堂이 사방에 기초가 있고 높은 것과 같음을 말한다. '방坊'은 둑이다. '둑과 같다'(若坊)는 것은 상면은 평평하고 측면은 비스듬히 줄어들며 남북으로 긴 것이다. '처마를 덮은 것과 같다'(若覆夏屋)는 것은 측면이 넓고 낮은 것이다. '도끼와 같다'(若斧)는 것은 위가 칼날처럼 좁다는 것이다. 이것을 다른 것과 비교해보면, 위의 세 가지는 모두 노동력이 많이 들고 완성하기

어렵지만, 이것은 검소하고 쉽게 만들 수 있으므로 시속時俗에서는 마렵봉馬鬣封(말갈기 모양의 봉분)이라고 부른다. 말의 갈기 윗부분은 살이 얇은데 봉분의 형태가 그와 유사한 것이다. '오늘 하루'(今一日)라는 것은 오늘 공자의 봉분을 쌓는데 많은 시간이 걸리지 않아, 하루 동안에 세 차례 판板을 잘라 올리자 바로 봉분이 완성되었음을 말한다. 그 방법은 구덩이 양 옆에 판을 기울여 놓고 새끼줄로 판을 묶은 뒤 안에 흙을 부어 다진다. 흙이 판과 평평해지면 판을 묶었던 새끼줄을 자르고, 이 판을 다진 흙 위로 올려놓고 다시 그 안에 흙을 채워 다진다. 이와 같이 하기를 세 번 하면 봉분이 완성되므로 '판을 세 번 자르자 봉분이 다 되었다'(三斬板而已封)고 한 것이다. '상尙'은 거의라는 뜻이다. '호재乎哉'는 추정하는 말인데, 또한 겸손하여 직언하지 않는 것이다. 此言封土有此四者之形. '封', 築土爲墳也. '若堂'者, 如堂之基四方而高也. '坊', 堤也. '若坊'者, 上平旁殺而南北長也. '若覆夏屋'者, 旁廣而卑也. '若斧'者, 上狹如刃. 較之, 上三者皆用功力多而難成, 此則儉而易就, 故俗謂之馬鬣封. 馬鬃鬣之上, 其肉薄, 封形似之也. '今一日'者, 謂今封築孔子之墳, 不假多時, 一日之間, 三次斬板, 卽封畢而已止矣. 其法側板於坎之兩旁, 而用繩以約板, 乃內土於內而築之. 土與板平, 則斬斷約板之繩, 而升此板於所築土之上, 又實土於其中而築之. 如此者三而墳成矣, 故云'三斬板而已封'也. '尙', 庶幾也. '乎哉', 疑辭, 亦謙不敢質言也.

1-115[단궁상 145]

노나라 애공哀公이 공구孔丘의 뇌문誄文에 "하늘이 원로를 남겨두지 않아, 나의 자리를 도와줄 사람이 없도다. 아아 슬프도다, 니보尼父여!"라고 하였다.

> 魯哀公誄孔丘曰: "天不遺耆老, 莫相予位焉. 嗚呼哀哉, 尼父!"

集說 시호를 짓는 자가 먼저 죽은 이가 살았을 때의 행적을 열거하여 기술하는 것을 '뇌誄'라고 한다. 위대한 성인의 행적을 어찌 다 열거할 수 있겠는가? 다만 하늘이 이 노성老成한 사람을 남겨두지 않아 나의 자리를 보좌할 사람이 없다고 말하여 상심하고 애도하는 뜻을 실을 뿐이다. '공구孔丘'라고 칭한 것은 군신 간에 사용하는 말이기 때문이다. 이 경문은 『춘추좌씨전』의 언급과 같지 않다.[139] 作誄者先列其生之實行謂之'誄'. 大聖之行, 豈容盡列? 但言天不留此老成而無有佐我之位者, 以寓其傷悼之意而已耳. 稱孔丘者, 君臣之辭, 此與『左傳』之言不同.

1-116[단궁상 148]

> 벼슬하지 않은 사람은 물건을 마음대로 남에게 보내지 않는다. 남에게 보낼 때에는 아버지나 형의 명령을 칭탁하여 한다.
> 未仕者不敢稅人. 如稅人, 則以父兄之命.

集說 '세인稅人'은 물건을 다른 사람에게 보내는 것이다. 아직 벼슬하지 않은 사람은 자신이 아직 존귀하고 영달하지 않았으므로, 안으로는 집안의 재산을 마음대로 하지 못하며, 밖으로는 사사로이 은혜를 베풀지 못한다. 인정과 의리상 부득이하게 보내주어야 할 경우에는 존자尊者의 명령을 칭탁하여 행한다. '稅人', 以物遺人也. 未仕者身未尊顯, 故內則不可專家財, 外則不可私恩惠也. 或有情義之所不得已而當遺者, 則稱尊者之命而行之.

權近 살피건대, 이 부분 이상은 제자諸子 언행의 득실에 관한 일을 기록한 것이다. 이 부분 이하는 모두 각각 하나의 일이면서 선후의 차례가 있는 것이다. 近按, 此以上汎記諸子言行得失之事者也. 此下則皆各一事而有先後之次者也.

2.

2-1**[단궁상 137]**

천자의 관은 네 겹이다. 물소와 외뿔소 가죽으로 만든 관으로 싸는
데 두께가 3촌이다. 피나무로 만든 이관枾棺이 한 겹이고, 가래나무
로 만든 재관梓棺이 두 겹이다. 네 가지 모두 위아래 사방을 두른다.

天子之棺四重. 水・兕革棺被之, 其厚三寸. 枾棺一, 梓棺二. 四
者皆周.

[단궁상 138]

관을 묶을 때는 세로로 두 갈래 가로로 세 갈래로 하고, 임衽은 묶
을 때마다 하나씩 사용한다.

棺束縮二衡三, 衽每束一.

[단궁상 139]

측백나무로 만든 곽椁은 밑동을 사용하는데 길이가 6척이다.【구본
에는 '不同居者皆弔' 아래 배치되어 있다】

柏椁以端, 長六尺.【舊在'不同居者皆弔'之下】

集說 물소와 외뿔소의 가죽은 습기를 잘 견디므로 몸에 닿는 관을 만든
다. 두 종류의 가죽을 합하여 입힌 것이 한 겹이 된다. 피나무 역시 습기를
잘 견디므로 가죽 다음에 관을 싼다. 바로 앞 장에서 말한 비椑다. 가래나
무 관은 두 가지인데 하나가 속관屬棺이고 다른 하나는 대관大棺이다. 이관
枾棺 밖에 속관이 있고, 속관 밖에 다시 대관이 있다. '네 가지를 모두 두른
다'는 것은 네 겹의 관을 아래 위와 사방으로 모두 둘러싼다는 말이다. 옛

날 관에는 못을 사용하지 않고, 가죽 끈으로 세로로는 두 갈래로 묶고 가로로는 세 갈래로 묶었다. '임衽'은 형태가 지금의 은칙자銀則子와 같이 양 끝이 크고 가운데가 작다. 한대漢代에는 소요小要라고 불렀는데 어떤 재료로 만드는지는 언급하지 않았다. 그 역시 나무로 만들었을 것이다. 옷에서 바느질하여 꿰맨 곳을 '임衽'이라 한다. 소요로 관과 뚜껑이 맞닿아 있는 곳을 연결하고 합하였으므로 또한 임이라고 부른 것이다. 먼저 나무를 깎아 임을 설치한 뒤에 가죽으로 묶었다. 묶는 곳마다 반드시 하나의 임을 사용하므로 '임은 묶을 때마다 하나씩 사용한다'(衽每束一)라고 한 것이다. 천자는 측백나무로 곽을 만든다. '단端'은 밑동과 같은 뜻이다. 곽은 측백나무의 밑동으로 만드는데 길이가 6척이다. 水牛·兕牛之革耐濕, 故以爲親身之棺. 二革合被爲一重. 杝木亦耐濕, 故次於革, 卽前章所謂椑也. 梓木棺二, 一爲屬, 一爲大棺. 杝棺之外有屬棺, 屬棺之外又有大棺. '四者皆周', 言四重之棺, 上下四方悉周帀也. 古者棺不用釘, 惟以皮條, 直束之二道, 橫束之三道. '衽', 形如今之銀則子, 兩端大而中小. 漢時呼爲小要, 不言何物爲之, 其亦木乎. 衣之縫合處曰衽, 以小要連合棺與蓋之際, 故亦名衽. 先鑿木置衽, 然後束以皮, 每束處, 必用一衽, 故云"衽每束一"也. 天子以柏木爲槨. '端', 猶頭也, 用柏木之頭爲之, 其長六尺.

2-2[단궁상 143]

천자의 빈궁을 차릴 때는 용춘龍輴의 사면에 나무를 쌓고 발라 곽으로 삼고, 도끼 문양을 수놓은 관의棺衣를 곽 위에 덮으며, 덮기를 마치면 지붕 아래 네 면에 두르는데 이것이 천자의 예이다. [구본에는 '不以樂食' 아래 배치되어 있다]

天子之殯也, 菆塗龍輴以椁, 加斧于椁上, 畢塗屋, 天子之禮也.
【舊在'不以樂食'之下】

集說 소疏에서 말한다. "'추菆'는 쌓는다는 뜻이다. '쌓고 바른다'(菆塗)는 것은 나무로 관 주위를 싸고 사면을 바르는 것을 말한다. '용춘龍輴'[140]은 빈례殯禮를 행할 때 춘거輴車를 사용하여 관을 싣는데 수레 끌채에 용을 그린다. '곽으로 삼는다'(以椁)는 것은 이 나무를 쌓은 것이 곽의 형태를 본떴기 때문이다. 관을 덮을 옷에 도끼 문양을 수놓는다. 먼저 사면에 목재를 쌓아서 곽 모양을 만들고 윗부분이 관과 가지런하도록 하게 하는데, 상면은 그대로 열어둔다. 이 관의로 곽 위에서 넣어 관을 덮으므로 '곽 위에 도끼 문양의 관의를 덮는다'(加斧于椁上)고 하였다. '필畢'은 다하다의 뜻이다. 도끼 문양의 관의棺衣을 덮는 것이 끝나면, 또 사면에 처마 모양을 만들어 위에서부터 덮어 내려오고, 네 면을 모두 바른다." 疏曰: "菆, 叢也. '菆塗', 謂用木叢棺而四面塗之也. '龍輴', 殯時用輴車載柩, 而畫轅爲龍也. '以椁'者, 此叢木象椁之形也. 繡覆棺之衣爲斧文. 先菆四面爲椁, 使上與棺齊, 而上猶開. 以此棺衣, 從椁上入覆於棺, 故云'加斧于椁上'也. '畢', 盡也. 斧覆旣竟, 又四注爲屋, 以覆於上而下, 四面盡塗之也."

2-3[단궁상 123]

제후가 즉위하면 속관(椑)을 만드는데, 해마다 한 번씩 옻칠을 하고 물건을 넣어둔다.【구본에는 池視重霤 아래 배치되어 있다】
君卽位而爲椑, 歲一漆之, 藏焉.【舊在'池視重霤'之下】

集說 소疏에서 말한다. "군君은 제후이다. 군주는 나이에 상관없이 지체가 높고 물자가 완비되어 있다. 즉위하면 곧바로 시신을 넣어둘 관을 만드는데, 대개 이관柹棺이다. 칠을 하여 견고하게 벽돌처럼 만들므로 비椑라고 부른다. 매년 한 번씩 칠을 하는 것은 아직 완성되지 않은 것처럼 함을 보이는 것이다. '물건을 넣어둔다'(藏焉)는 것은 그 속을 비워두어 마치 급하게 쓰기를 기다림이 있는 것처럼 보이지 않으려고 하는 것이다. 그러므로 물건을 그 속에 보관해둔다. 일설에는 남들에게 보이지 않으려고 하기 때문에 감추어둔다고도 한다." 疏曰: "'君', 諸侯也. 人君無論少長, 體尊物備. 卽位卽造爲親尸之棺, 蓋柹棺也. 漆之堅強甓甓然, 故名椑. 每年一漆, 示如未成也. '藏焉'者, 其中不欲空虛如急有待. 故藏物於中. 一說, 不欲令人見, 故藏之."

權近 살피건대, 이상은 천자와 제후의 관곽 제도의 차이를 말한 것이다. 그러나 관을 묶을 때 가로와 세로로 하는 끈의 수와 묶을 때마다 하나의 임衽을 사용하는 것은 또한 공통된 것이다. 近按, 右言天子諸侯棺槨之異制. 然棺束衡縮之數, 與每束一衽者亦是通禮也歟.

2-4[단궁상 140]

천자가 제후를 위해 곡을 할 때는 작변爵弁에 치의緇衣(검은색의 명주옷)를 입는다.

天子之哭諸侯也, 爵弁絰緇衣.

[단궁상 141]

어떤 이는 말한다. "유사有司를 시켜 곡을 하게 한다."

或曰: "使有司哭之."

[단궁상 142]

제후를 위해 애도하는 기간에, 음악을 연주하면서 식사하지 않는
다.【구본에는 '長六尺' 아래 배치되어 있다】

爲之不以樂食.【舊在'長六尺'之下】

集說　제후가 죽어 천자에게 부고하면 천자가 곡을 한다. 작변[141]과 치의
는 본래 사士의 제복祭服이다. '작변爵弁'은 고깔의 색이 참새의 색깔과 같
다. '치의緇衣'는 명주옷이다. ○ 정씨鄭氏(정현鄭玄)는 말한다. "'질絰' 자는 의
미 없이 사용된 글자이다." 諸侯薨而赴於天子, 天子哭之, 爵弁緇衣, 本士之祭服.
'爵弁', 弁之色如爵也. '緇衣', 絲衣也. ○ 鄭氏曰: "絰, 衍字也.

2-5[단궁상 144]

오직 천자의 상喪에만 동성同姓(동성의 친족), 이성異姓(이성의 친족), 서
성庶姓(친족관계가 없는 경우)을 구별하여 곡위哭位를 설치하고 곡을
함이 있다.【구본에는 '天子之禮也' 아래 배치되어 있다】

唯天子之喪, 有別姓而哭.【舊在'天子之禮也'之下】

集說　제후가 천자를 조근朝覲할 때는 관작이 같으면 그 자리가 동일하다.
이제 상례의 경우는 동성同姓과 이성異姓, 서성庶姓을 분별하여 각각 서로
따라서 곡위哭位를 만들어 곡하게 한다. 諸侯朝覲天子, 爵同則其位同. 今喪禮,
則分別同姓·異姓·庶姓, 使各相從而爲位以哭也.

공公의 상喪에 모든 군주의 명을 받아 임명된 관리(達官)의 우두머리들은 상장喪杖을 한다.【구본에는 「단궁하」 첫머리에 배치되어 있다】

公之喪, 諸達官之長杖.【舊在下篇之初】

集
說 방씨方氏(방각方慤)[142]는 말한다. "군주에게 명命을 받은 자는 그 이름이 군주에게 보고되므로 달관達官이라고 한다. 부府·사史 이하는 모두 그 관직의 우두머리가 자율적으로 임명하므로 '달達'(보고한다)이라고 말할 수 없다. 군주에게 명을 받은 자는 그 은혜가 두터우므로 공공의 상喪에 오직 달관達官으로서의 장長은 상장喪杖을 한다." 方氏曰: "受命於君者, 其名達於上, 故謂之達官. 若府·史而下, 皆長官自辟除, 則不可謂之達矣. 受命於君者, 其恩厚, 故公之喪, 惟達官之長杖."

(국군의 상에서 신하들은) 사士가 모두 들어온 뒤에 아침과 저녁으로 하는 용踊을 한다.【구본에는 '以父兄之命' 아래 배치되어 있다】

士備入而后朝夕踊.【舊在'以父兄之命'之下】

集
說 국군國君의 상喪에 여러 신하들은 아침저녁으로 곡하고 발을 동동 구르는 예가 있다. 곡은 비록 품계에 따라 곡위哭位에 자리하여 행하지만, 용踊은 반드시 서로 맞추어 절도를 이루므로 먼저 하고 나중에 하는 것을 허용하지 않는다. 사士는 지위가 낮아 항상 가장 늦게 들어오게 된다. 사가

모두 들어왔다면 자리에 없는 사람이 없게 된다. 따라서 사가 모두 들어오는 것이 완료된 이후에 용용을 한다. 國君之喪, 諸臣有朝夕哭踊之禮. 哭雖依次居位, 踊必相視爲節, 不容有先後也. 士卑, 其入恒後. 士皆入則無不在者矣. 故擧士入爲畢, 而後踊焉.

²⁻⁸[단궁상 130]

부모의 상에 곡哭은 정해진 때가 없고 공무를 수행하고는 반드시 자신이 돌아왔음을 아시게 한다.【구본에는 '夕奠逮日' 아래 배치되어 있다】

父母之喪, 哭無時, 使必知其反也.【舊在'夕奠逮日'之下】

集說 빈궁을 차리기 전에는 곡하는 소리가 끊이지 않고, 빈궁을 차린 뒤에는 아침저녁으로 곡하는 때가 정해져 있지만, 여막廬幕 중에서는 생각이 나면 곡을 하고, 소상小祥 후에는 슬픔이 이르면 곡하는데, 이것은 모두 곡하는 데 정해진 때가 없는 것이다. '사使'란 군주가 일을 시켜 맡김을 받은 것이다. 소상 뒤에 군주가 일이 있어 일을 맡기면 수행하지 않을 수 없다. 그러나 돌아와서는 반드시 제사를 올려 고함으로써 부모님의 신령에게 자신이 이미 돌아왔음을 알리는데, "외출할 때 반드시 말씀드리고, 돌아와서도 반드시 얼굴을 뵌다"¹⁴³⁾는 의리다. 未殯, 哭不絶聲, 殯後雖有朝夕哭之時, 然廬中思憶則哭, 小祥後哀至則哭, 此皆哭無時也. '使'者, 受君之任使也. 小祥之後, 君有事使之, 不得不行. 然反必祭告, 俾親之神靈知其已反, 亦"出必告, 反必面"之義也.

權近 살펴건대, 효자는 돌아가신 부모님을 살아 계신 듯 섬겨 출입할 때 묘廟에 고하는 것은 종신토록 행해야 할 상례常禮이다. 소상이 끝난 뒤 군

주의 사신이 된 사람만이 그렇게 할 필요는 없다. 게다가 경문經文에는 소상이 끝나 군주의 사신이 되었다는 의미가 보이지 않는다. 그 설은 견강부회인 듯하다. "사필지기반使必知其反"은, 나의 생각에는 곡하고 우는데 정해진 때가 없이 반드시 그 슬픔을 다하는 자에게, 막히면 근본으로 돌아와야 함을 알게 하는 것이 부모에게 호소하는 지극한 정임을 가리키는 것이다.144) 혹자는 곡하고 우는데 때가 없지만 지나치게 몸을 훼손하여 생명을 해쳐서는 안 되므로 돌아갈 줄 알도록 하여 이치에 합당한 곳에서 멈추게 하고 지나치게 슬퍼함에 이르지 않도록 하는 것이라고 하였는데, 또한 통한다. 近按, 孝子事亡如存, 出入告廟, 終身之常禮也. 不必小祥之後爲君使者然后爲然也. 且於經文, 未見有小祥之後爲君所使之意, 其說似乎牽强. "使必知其反"者, 臆謂哭泣無時, 必盡其哀者, 使知窮而反本, 必號父母之至情也. 或曰, 哭泣無時, 不可過毀而滅性, 故使必知其反, 終之當理而不至於過哀也. 亦通.

2-9[단궁하 12]

빈궁을 지키고 있을 때 멀리 다른 나라에 살고 있는 형제의 상을 들으면 측실側室(燕寢의 곁방)에서 곡을 한다. 측실이 없으면 대문 안의 오른편에서 곡을 한다. 같은 나라이면 가서 곡을 한다.【구본에는 「단궁하」 '哭諸異室' 아래 배치되어 있다】

有殯, 聞遠兄弟之喪, 哭于側室. 無側室, 哭于門內之右. 同國, 則往哭之.【舊在下篇'哭諸異室'之下】

 '측실側室'은 연침燕寢의 곁방이다. '側室'者, 燕寢之旁室也.

처의 형제로 장인의 후사가 된 처남이 죽으면, 적실適室(正寢)에서 곡을 하는데, 아들이 (외삼촌의) 상주가 되어, 단袒[145], 문免[146], 곡哭, 용踊을 한다. 남편은 정침으로 들어와 문 오른쪽에서 곡을 하고, 사람을 문밖에 세워두어 조문하러 오는 이에게 사정을 알려주게 하는데, 조문하러 온 자가 죽은 자와 친하게 지내던 사람이면 들어가 곡을 한다. 남편은 자신의 아버지가 살아 계시면, 처의 방에서 (처남을 위해) 곡을 한다. 죽은 처남이 장인의 후사가 아니면, 다른 방에서 곡을 한다.【구본에는 앞의 절 위에 배치되어 있다】

妻之昆弟爲父後者死, 哭之適室, 子爲主, 袒·免·哭·踊. 夫入門右, 使人立於門外, 告來者, 狎則入哭. 父在, 哭於妻之室. 非爲父後者, 哭諸異室.【舊在前節之上】

集說 이것은 처남의 상喪을 듣고도 미처 가서 조문하지 못할 때의 예禮이다. '아버지가 계신다'(父在)고 할 때의 아버지는 자신의 아버지다. '아버지의 후사가 된다'(爲父後)고 할 때의 아버지는 처의 아버지다. 문밖의 사람이 조문하러 온 자를 알린다.[147] 만약 그가 죽은 자와 교유하여 잘 알고 친하게 지내던 사람이라면 곧장 들어가 곡을 하는데, 인정과 의리가 그러하기 때문이다. (소疏에서 말한다.) "아들이 상주가 된다'(子爲主)는 것은 생질이 외삼촌을 위하여 시마복緦麻服을 하기 때문에, 자신의 아들에게 명하여 상주가 되게 하고, 조문을 받고 빈객에게 절하도록 한 것이다. '남편은 문으로 들어와 오른쪽에 위치한다'(夫入門右)는 것은 외삼촌의 상주가 된 아들의 아버지를 가리키는데 곧 처남을 위해 곡하는 자이다." 此聞妻兄弟之喪, 而未

往弔時禮也. '父在', 己之父也. '爲父後', 妻之父也. 門外之人以來弔者告, 若是交游習狎
之人, 則徑入哭之, 情義然也. '子爲主'者, 甥服舅緦, 故命己子爲主, 受弔拜賓也. '夫入
門右'者, 謂此子之父, 卽哭妻兄弟者.

權近 살피건대, 이상은 귀한 자와 천한 자, 친한 이와 그렇지 않은 사람
이 죽었을 때 곡하고 뛰는 예를 언급한 것이다. 近按, 右言貴賤親疎之喪, 哭
踊之禮.

2-11 [단궁상 146]

나라가 큰 현과 읍을 잃으면 공경·대부·사는 모두 엽관厭冠을 하
고 태묘太廟에서 삼 일 동안 곡을 하며, 군주는 정식定食에 음악을
연주하지 않는다. 혹자는 "정식은 하지만 토지 신에게 곡을 한다"
라고 하였다.【구본에는 '哀哉尼父' 아래에 배치되어 있다】

國亡大縣邑, 公卿大夫士皆厭冠, 哭於大廟三日, 君不擧. 或曰:
"君擧, 而哭於后土."【舊在'哀哉尼父'之下】

集說 '엽관厭冠'은 상례喪禮의 관이다. 정식定食에 음악으로 식사를 돕는
것이 '거擧'이다. '후토后土'는 토지신(社)이다. ○ 응씨應氏는 말한다. "'태묘
太廟에서 곡을 한다'(哭於大廟)는 것은 조종祖宗이 세운 공업을 훼손시킨 것을
가슴 아파하는 것이요, '후토后土에 곡한다'(哭於后土)는 것은 전지와 국토가
줄어들고 깎인 것에 대해 가슴 아파하는 것이다. '불거不擧'는 스스로 줄이
는 것이다. '군주가 정식을 한다'고 말하는 것은 틀린 것이다." '厭冠', 喪冠
也. 盛饌而以樂侑食曰'擧'. '后土', 社也. ○ 應氏曰: "哭於大廟'者, 傷祖宗基業之虧損,
'哭於后土'者, 傷土地封疆之朘削也. '不擧', 自貶損也. 曰君擧者, 非也."

權近 　살펴건대, 이 부분은 위에서 '곡읍하는 예'에 관해 언급한 것을 계기로 같은 종류를 덧붙인 것인데, 역시 천자 제후의 통례이지 국군에만 해당하는 것이 아니다. 近按, 此因上言哭泣之禮而類付之, 亦天子諸侯之通禮, 非但國君而已.

2-12[단궁상 147]

공자는 곡을 하는 장소가 아닌 곳에서 곡하는 사람들을 싫어하였다.【구본에는 위 문장과 연결되어 있다】

孔子惡野哭者.【舊聯上文】

集說 　"알고 지내는 사이라면 나는 들에서 곡을 하겠다"[148]라고 공자가 말한 적이 있다. 대개 알고 지내던 사람에 대해 곡을 할 때는 반드시 곡위를 설치하고 휘장을 쳐서 예를 갖추었던 것이다. 여기서 싫어한 이유는 교郊와 야野의 경계, 도로 사이 등 곡할 장소가 아닌 곳에서 곡을 하는 것이고, 또한 창졸간에 행하여 사람들을 의심하고 놀라게 하므로 싫어한 것이다. "所知吾哭諸野", 夫子嘗言之矣. 蓋哭其所知, 必設位而帷之, 以成禮, 此所惡者, 或郊野之際, 道路之間, 哭非其地, 又且倉卒行之, 使人疑駭, 故惡之也.

[단궁상 104]

자포子蒲가 죽자 곡을 하는 사람들이 자포의 이름인 멸滅을 불렀다. 자고子皐가 "이처럼 천박한가!"라고 하자 곡하는 사람들이 고쳤다.

【구본에는 '繐裳非古也'의 아래에 배치되어 있다】

子蒲卒, 哭者呼滅. 子皐曰: "若是野哉!" 哭者改之.【舊在繐裳非古也
之下】

集說 '멸滅'은 자포子蒲의 이름이다. 복復을 할 때는 이름을 부르지만 곡에
서야 어찌 이름을 부를 수 있겠는가? '천박하다'(野哉)는 것은 비루하고 거칠
어 예에 통하지 못했음을 말한다. '滅', 子蒲之名也. 復則呼名, 哭豈可呼名也? '野
哉', 言其鄙野而不達於禮也.

權近 살피건대, 이상은 곡읍을 하면서 예에 실수한 것을 언급한 것이다.
近按, 右言哭泣之失禮.

2-13[단궁상 126]

천자와 제후가 죽으면 소침小寢, 대침大寢, 소조小祖, 대조大祖, 고문
庫門, 사교四郊에서 복復을 한다.【구본에는 '命赴者' 아래 배치되어 있다】

君復於小寢, 大寢, 小祖, 大祖, 庫門, 四郊.【舊在'命赴者'下】

集說 천자의 성곽문을 '고문皐門'이라 한다. 『예기』「명당위明堂位」(14)에
"노나라의 고문庫門이 바로 천자의 고문皐門이다"라고 하였는데, 이 고문庫
門이 성곽문이다. ○ 소疏에서 말한다. "'군君'은 천자와 제후이다. 앞을 묘
廟라 하고 뒤를 침寢이라 한다. 실室에 동서로 행랑이 있는 것을 묘廟라 하
고, 동서로 행랑 없이 실室만 있는 것을 침寢이라 한다. '소침小寢은 고조高
祖 이하의 침인데 천자와 제후가 같다. '대침大寢은 천자의 시조始祖의 침이

고, 제후의 태조太祖의 침이다. '소조小祖'는 고조 이하의 묘廟인데, 천자와
제후가 동일하다. '대조大祖'는 천자의 시조묘始祖廟이고, 제후의 태조묘太
祖廟이다." 天子之郭門曰'皐門'. 「明堂位」言'魯之庫門卽天子皐門', 是庫門者郭門也.
○ 疏曰: "'君', 王侯也. 前曰廟, 後曰寢, 室有東西廂曰廟, 無東西廂有室曰寢. '小寢'者,
高祖以下寢也, 王·侯同. '大寢', 天子始祖之寢, 諸侯太祖之寢也. '小祖'者, 高祖以下廟
也, 王·侯同. '大祖'者, 天子始祖之廟, 諸侯太祖之廟也.

2-14[단궁상 124]

복복復(魂靈을 부르는 일), 설치楔齒(뿔 수저로 치아를 받쳐놓는 일), 철족綴足
(燕几로 발이 뒤틀리지 않도록 묶는 일), 반함飯含(쌀이나 조개를 입안에 채우
는 일), 설식設飾(시신을 수습하고 염하는 일), 유당帷堂(당 위에 휘장을 치는
일)은 동시에 한다.

復, 楔齒, 綴足, 飯, 設飾, 帷堂並作.

[단궁상 125]

부형父兄이 부고訃告하는 사람에게 명령한다.【구본에는 '漆之藏焉' 아래
배치되어 있다】

父兄命赴者.【舊在'漆之藏焉'之下】

集說 사망한 처음에 복복復을 한 뒤 뿔 수저를 사용하여 시신의 치아를 받
쳐 열려 있도록 함으로써 반함飯含을 할 때 닫혀 있지 않게 한다. 또 연궤燕
几를 이용하여 시신의 양쪽 발을 묶어 곧게 함으로써 신발을 신길 때 뒤틀
리지 않도록 한다. '반飯'이란 쌀과 조개를 시신의 입안에 채우는 것이다.
'설식設飾'은 시신을 수습하고 염을 하는 것이다. '유당帷堂'은 당 위에 휘장

을 치는 것이다. '작作'은 일으켜 한다는 뜻이다. 복復에서 당 위에 휘장을 치기까지 여섯 가지 일은 한꺼번에 하므로 '동시에 한다'(並作)고 하였다. ○ 소疏에서 말한다. "살아 있을 때 다른 사람과 면식이 있는 사람이 이제 죽으면 그 집안에서 사람을 보내 부고訃告해야 한다. 『의례』「사상례士喪禮」에 '상주가 몸소 부고하는 사람에게 명령하지만, 대부 이상이라면 부형父兄이 명령한다'라고 하였다." 始死招魂之後, 用角柶拄尸之齒令開, 得飯含時不閉, 又用燕几拘綴尸之兩足令直, 使著屨時不辟戾也. '飯'者, 實米與貝于尸口中也. '設飾', 尸襲斂也. '帷堂', 堂上設帷也. '作', 起爲也. 復至帷堂六事, 一時並起, 故云'並作'也. ○ 疏曰: "生時與他人有恩識者, 今死則其家宜使人往相赴告. 「士喪禮」: '孝子自命赴者, 若大夫以上, 則父兄命之也.'"

2-15[단궁상 127]

상喪에 전奠을 수건을 벗겨놓지 않고 덮어둔다면, 제육祭肉이 있는 경우이다. 【구본에는 '庫門四郊' 아래 배치되어 있다】

喪不剝奠也與, 祭肉也與. 【舊在'庫門四郊'之下】

集說 '박剝'이란 수건으로 덮지 않는다는 뜻이다. 포와 젓갈 등의 제수는 먼지로 더럽혀지는 것을 꺼리지 않으므로 수건으로 덮지 않아도 된다. 무릇 덮는 것은 반드시 제육祭肉이 있는 것이다. '剝'者, 不巾覆也. 脯醢之奠不惡塵埃, 故可無巾覆. 凡覆之者, 必其有祭肉者也.

權近 살피건대, 두 개의 '야여也與' 가운데 위의 것은 가설적인 질문이고 아래 것은 답이다. 이를 통해 사망한 초기에 포와 젓갈 등의 제수는 수건으로 덮지 않음을 분명히 한 것이다. 近按, 兩'也與'者, 上設問而下答辭也. 以明

始死脯醢之奠, 不用巾覆也.

2-16[단궁상 128]

빈례殯禮를 행하고 열흘이 되면, 곽槨과 명기明器를 만들 목재를 늘
어놓고 말린다.

旣殯旬, 而布材與明器.

[단궁상 129]

아침에 올리는 전奠은 해가 뜨면 올리고, 저녁에 올리는 전奠은 해
가 미처 떨어지기 전에 올린다.【구본에는 위 문장과 연결되어 있다】

朝奠日出, 夕奠逮日.【舊聯上文】

集說 '재材'는 곽槨을 짤 목재이다. '넌다'(布)는 것은 나누어 늘어놓고 햇
볕에 쬐어 말리는 것이다. 빈궁을 차리고 열흘이 되면 곧 이 일을 처리한
다. '태일逮日'은 해가 아직 떨어지기 전에 미쳐서임을 말한다. '材', 爲槨之木
也. '布'者, 分列而暴乾之也. 殯後旬日, 卽治此事. '逮日', 及日之未落也.

2-17[단궁상 151]

군주가 사士의 상喪에 장막(帟)을 내려주는 일이 있다.【구본에는 「단
궁하」 끝에 배치되어 있다】

君於士有賜帟.【舊在上篇之末】

'역帟'은 천막 가운데 작은 것으로 빈궁殯宮(시신을 안치한 곳) 위에 쳐서 먼지를 막는 데 사용한다. 대부 이상은 담당한 관원이 그것을 제공한다. 사士는 지위가 낮아 또한 스스로 마련할 수 없으므로 군주가 사의 빈궁에 작은 천막을 하사하는 것이다. '帟', 幕之小者, 置之殯上, 以承塵也. 大夫以上則有司供之. 士卑又不得自爲, 故君於士之殯, 以帟賜之也.

2-18[단궁상 120]

새로 난 과일과 곡식을 올릴 때는 삭전朔奠의 의식儀式과 같이 한다.
【구본에는 '不葛帶' 아래 배치되어 있다】

有薦新, 如朔奠.【舊在'不葛帶'之下】

'삭전朔奠'이란 매달 초하루에 올리는 전奠이다. 장사를 지내기 전에 대부大夫 이상은 초하루와 그믐에 모두 전을 올리지만 사士는 초하루에만 올린다. 계절에 수확한 새로운 과일과 새로 익은 곡식을 수확해서 올릴 때는 그 예가 삭전 때의 의식과 같다. '朔奠'者, 月朔之奠也. 未葬之時, 大夫以上, 朔望皆有奠, 士則朔而已. 如得時新之味, 或五穀新熟而薦之, 則其禮亦如朔奠之儀也.

2-19[단궁상 122]

상여喪輿의 지池(빗물받이 장식)는 살았을 때 집에 있었던 빗물받이(重霤) 수에 준하게 설치한다.【구본에는 '以其服除' 아래 배치되어 있다】

池視重霤.【舊在'以其服除'之下】

集說 疏에서 말한다. "'지池'는 상여의 빗물받이다. '중류重霤'는 가옥의 빗물받이다. 나무로 만들어 집의 처마에 받쳐놓으면 빗물이 이 나무 가운데로 흘러들어갔다가 다시 나무속에서 땅으로 흘러간다. 그러므로 '중류重霤(재차 흘러가는 것)라고 한다. 천자의 가옥은 사방에 행랑이 있고, 사면에 모두 빗물받이가 있다. 제후는 행랑이 네 개이지만 후면의 빗물받이는 없고, 대부는 앞뒤 두면에 있으며, 사는 오직 하나가 전면에 있다. 살아 있을 때 가옥에 빗물받이가 있으므로 죽었을 때 상여에도 궁실을 본떠 빗물받이를 설치하여 수레덮개의 밑 즉 수레의 휘장 위를 가린다. 대나무를 엮어서 만드는데 형태는 광주리와 같고 푸른색 베로 입혀 수레덮개에 잇댄다. 지池라고 부르는 것은 빗물받이를 본떴기 때문이다. 지를 설치하는 면수는 살아 있을 때 빗물받이를 설치하는 수에 준한다. 疏曰: "'池'者, 柳車之池也. '重霤'者, 屋之承霤也. 以木爲之, 承於屋簷, 水霤入此木中, 又從木中而霤於地. 故云'重霤'也. 天子之屋四注, 四面皆有重霤. 諸侯四注而重霤去後, 大夫惟前後二, 士惟一在前. 生時屋有重霤, 故死時柳車, 亦象宮室而設池於車, 覆鼈甲之下, 牆帷之上. 蓋織竹爲之, 形如籠, 衣以靑布, 以承鼈甲. 名之曰池, 以象重霤也. 方面之數, 各視生時重霤.

2-20[단궁상 121]

장례葬禮를 마치면, 각자 자기가 하는 상복喪服에 따라, 벗거나 바꾸어 입는다.【구본에는 위 구절 위에 배치되어 있다】

旣葬, 各以其服除.【舊在上句之上】

集說　3개월 만에 장례葬禮를 행하고, 장사를 지내고는 우제虞祭를 지내고, 우제를 지낸 뒤 졸곡卒哭을 한다. 혈연적 관계(親)가 무거워 최복과 질대를 바꾸어야 할 사람은 바꾼다. 복을 벗어야 할 사람은 곧 스스로 벗고, 상주가 졸곡제를 지내고 바꾸어 입는 것을 기다리지 않는다. 三月而葬, 葬而虞, 虞而卒哭. 親重而當變麻衰者變之. 其當除者卽自除之, 不俟主人卒哭之變也.

2-21[단궁상 119]

부인은 칡베로 만든 요대腰帶를 하지 않는다.【구본에는 '之志乎哉' 아래 배치되어 있다】

婦人不葛帶.【舊在'之志乎哉'之下】

集說　『의례』「사상례士喪禮」에 "부인의 요질要絰은 숫마로 만들며 삼의 뿌리 부분을 묶는다"라고 하였다. 졸곡卒哭에, 남자는 마대麻帶를 제거하고 칡베로 만든 대를 착용하며 수질首絰은 바꾸지 않는다. 부인은 칡베로 수질을 만들어 머리에 쓰고 있는 마질과 바꾸지만 마대는 바꾸지 않는다. 이것이 '칡베로 요질을 하지 않는다'(不葛帶)는 것이다. 연제練祭를 지내면 남자는 수질을 벗고 부인은 요대를 벗는데, 부인은 머리가 가볍고 허리가 중요하기 때문이다. 『禮』: "婦人之帶, 牡麻結本." 卒哭, 丈夫去麻帶服葛帶, 而首絰不變, 婦人以葛爲首絰, 以易去首之麻絰, 而麻帶不變. 所謂'不葛帶'也. 旣練, 則男子除絰, 婦人除帶, 婦人輕首重要故也.

權近　살피건대, 매장을 마치고 곡을 마치면 남자는 마대麻帶를 제거하고 갈대葛帶를 착용하지만 수질首絰은 바꾸지 않는다. 부인은 갈포로 수질을 만들어 머리에 착용한 마질을 대신하지만 마대는 바꾸지 않는다. 이것이

"매장을 마치면 자기가 입고 있는 상복喪服에 따라 그것을 벗거나 가벼운 것으로 바꾸어 입는다. 부인은 칡베로 만든 요대腰帶를 하지 않는다"는 것이다. 그 순서가 이와 같아야 하는데, 구본에서는 앞 절의 위에 있어 그 차례를 잃었다. 近按, 旣葬卒哭, 男子除去麻帶服葛帶, 而首経不變. 婦人以葛爲首経, 以除首之麻経, 而麻帶不變. 此所謂"旣葬, 各以其服除, 而婦人不葛帶也". 其序當如此, 舊在前節之上, 失其次矣.

2-22 [단궁상 131]

소상小祥에는 누인 명주로 만든 중의中衣를 입는데, 황색으로 안감을 대고 옅은 분홍색 비단(纁)으로 깃과 가선을 장식한다.

練, 練衣, 黃裏纁緣.

[단궁상 132]

(소상 때) 칡베로 만든 요질要絰을 하고 승구繩屨를 신는데 신코 장식(絇)은 없다.

葛要経, 繩屨無絇.

[단궁상 133]

뿔로 만든 귀마개(瑱)를 한다.

角瑱.

[단궁상 134]

사슴가죽 갖옷(鹿裘)은 옷의 폭을 넓게 하고 길게 하며 소매부리를 단다. 소매부리를 하였으니 갖옷 위에 석의裼衣를 입어도 된다.【구

鹿裘衡長袪, 袪. 褻之可也.【舊在'使必知其反也'之下】

集說 소소疏에서 말한다. "'연련練'은 소상小祥이다. 소상에는 누인 명주로 만든 관(練冠)과 중의中衣를 착용하므로 연련練이라고 한다. '연의練衣'는 누인 명주로 중의를 만든 것이고, '황리黃裏'는 황색 천으로 중의의 안감을 댄 것이다. 정복正服은 바꿀 수 없다. 중의는 정복이 아니고 최복에 받쳐서 입는 것일 뿐이다. '전縓'은 엷은 분홍색 비단이다. '연緣'은 중의의 깃과 소매의 가선을 가리킨다. 소상小祥에 남자는 머리에 썼던 마질麻絰(삼베로 만든 수질)을 제거하고 허리의 갈질葛絰만을 남겨두므로 '칡베로 만든 요질을 한다'(葛要絰)고 하였다. '승구繩屨'란 부모가 막 돌아가시면 관구菅屨(띠풀로 만든 엄짚신)를 하다가 졸곡卒哭에는 자최齊衰의 괴표구繐蒯藨屨149)로 바꾸고, 소상小祥에는 대공大功의 승마구繩麻屨(삼끈으로 만든 신)로 바꾼 것이다.150) '무구無絇'는 신발 코 장식이 없는 것을 가리킨다. '진瑱'151)은 귀마개이다. 길례吉禮를 치를 때 군주와 대부 그리고 사가 모두 사용하는데, 귀를 가리는 것이다. 군주는 옥으로 만든다. 사망한 처음에는 장식품을 제거하므로 귀마개가 없지만, 소상小祥 뒤에는 약간의 장식을 하므로 뿔을 사용하여 만든다. 겨울에는 길사와 흉사에 입는 옷 모두에 갖옷이 포함된다. 길사의 경우 지위의 높고 낮음에 따라 차이가 있지만, 상사일 때는 사슴가죽으로 갖옷을 만들었다. 소상小祥 이전에는 갖옷이 좁고 소매가 짧으며 또 소매부리가 없다. 소상小祥에는 조금 장식을 하므로 다시 가로로 폭이 크고 길며 소매부리가 있는 것으로 바꾸어 입는다. '석의'(褻)는 갖옷 위에 입는 옷으로 길사吉事에는 모두 입는다. 상喪이 난 뒤에는 흉사로 질質(문식하지 않는 것)을 위주로 하여 석의褻衣를 입지 않는다. 소상 뒤에는 조금씩 길吉로 나아가므

로 석의 裼衣를 덧입어도 된다. 疏曰:"'練', 小祥也. 小祥而著練冠·練中衣, 故曰練也. '練衣'者, 以練爲中衣, '黃裏'者, 黃爲中衣裏也. 正服不可變. 中衣非正服, 但承衰而已. '䋏', 淺絳色. '緣', 謂中衣領及裹之緣也." 小祥男子去首之麻絰, 惟餘要葛也, 故曰'葛要絰'. '繩屨'者, 父母初喪菅屨, 卒哭受齊衰前蒯藨屨, 小祥受大功繩麻屨也. '無絇', 謂無屨頭飾也. '瑱', 充耳也. 吉時, 君大夫士皆有之, 所以掩於耳. 君用玉爲之. 初喪去飾, 故無瑱, 小祥後微飾, 故用角爲之也. 冬時吉凶衣裏皆有裘, 吉則貴賤有異, 喪則同用鹿皮爲之. 小祥之前, 裘狹而短袂, 又無袪. 小祥稍飾, 則更易作橫廣大者, 又長之, 又設其袪也. '裼'者, 裘上之衣, 吉時皆有. 喪後凶質, 未有裼衣. 小祥後漸向吉, 故加裼可也.

2-23 [단궁상 150]

대상大祥을 지내고 호관縞冠을 쓴다. 이달에 담제禫祭를 지내고, 달을 넘겨서 음악을 쓴다.【구본에는 '朝夕踊' 아래 배치되어 있다】

祥而縞. 是月禫, 徙月樂.【舊在'朝夕踊'之下】

集說 소疏에서 말한다. "'상祥'은 대상大祥이다. '호縞'는 호관을 가리키는데 대상을 지내는 날에 착용한다." 疏曰:"'祥', 大祥也. '縞', 謂縞冠, 大祥日著之."

權近 살피건대, "이달에 담제를 지낸다"는 것은 "이 날 곡을 한다"는 것과 같은 것으로 담제를 지내는 달을 가리키지 대상제를 지내는 달을 가리키는 것이 아니다.¹⁵²⁾ 그 때문에 "상이호祥而縞"가 하나의 구이고, "시월담사월악是月禫徙月樂"이 다시 별도로 하나의 구이다. ○ 이상 한 장은 돌아가신 초기에 거행하는 복復(초혼)으로부터 빈을 하고 매장을 하고 상제를 지내고 담제를 지내기까지 신분의 상하에 관계없이 통용되는 예이다. 예경의 옛 문장은 그 차례에 잘못이 많아, 이제 일의 선후를 근거로 차례를 세워서

시종과 절목이 조금 완비되고 문장을 이루게 하였다. 近按, "是月禫"者猶言"是
日哭", 指禫月而言, 非謂祥月而禫也. 故"祥而縞"是一句, "是月禫徙月樂"又別是一句也.
○ 右一章自始死之復, 至於殯・葬・祥・禫, 上下通行之禮. 經之舊文多失其次, 今以
事之先後而次之, 終始節目稍爲完備而成章也.

1 檀弓上 : 『예기천견록』에는 '檀弓'으로 되어 있으나 『예기집설대전』에 따라 바꾼다.

2 선유는 ~ 하였다 : 선유는 송나라의 학자인 劉彛(1017~1089)로, 자는 執中이고 福州 사람이다. 胡瑗에게 從學했으며, 『七經中議』, 『明善集』 등을 저술하였다. 長樂 劉氏로 불리기도 한다. 『송사』 卷334 「劉彛傳」 참조. 해당 내용은 『예기집설대전』에 인용되어 있다.

3 증삼은 노둔하다 : 이 말은 『논어』 「先進」에 나온다.

4 삼성의 공부 : 증자는 매일 세 가지, 즉 남을 위해 일을 도모할 때 진심을 다했는가, 친구와 교제할 때 신실하였는가, 스승으로부터 배운 것을 제대로 익혔는가를 반성하였다고 한다. 관련 내용은 『논어』 「學而」에 보인다.

5 일관에 ~ 가르침 : 해당 내용은 『논어』 「里仁」에 보인다.

6 【분장】 : 본 편의 章 표시는 권근의 按說에 기초해 역자가 편의상 붙인 것이다.

7 문 : 冠을 대신하는 것으로 한 치 넓이의 베를 목 가운데서 앞으로 둘러 이마 위에서 교차시키고 다시 조금 물려 상투에 감는 것이다. 『의례』「士喪禮」 "주인은 삼끈으로 상투를 묶고(括髮), 왼팔의 겉옷을 벗어서 속옷을 드러내며(袒), 衆主人은 방에서 免을 한다"(主人髺髮袒, 衆主人免于房)에 대한 정현 주에 "여기서는 삼베로 만드는데 모양은 지금의 幓頭(머리를 묶는 두건)를 착용한 것과 같다. 목 가운데서 앞으로 둘러 이마 위에서 교차시키고 조금 물려 상투에 감는다"(此用麻布爲之, 狀如今之著幓頭矣. 自項中而前, 交於額上, 郤繞紒也)라고 되어 있다.

8 之 : 『예기집설대전』에는 없다.

9 武王之兄也. 腯, 微子之適孫也 : 『예기집설대전』에는 없다.

10 속이지 ~ 간한다 : 『논어』 「憲問」에 보인다.

11 아버지의 ~ 않는다 : 이 말은 「檀弓上」(1-58)에 나온다.

12 阿容 : 『예기천견록』에는 同容으로 되어 있으나 『예기집설대전』에 따라 바꾼다.

13 묘를 허문 것 : 夷는 평탄하게 한다는 뜻으로 봉분을 허물어 평탄하게 하고 시신은 다른 곳으로 옮기지 않은 것을 말한다.

14 쫓겨난 어머니를 ~ 뿐이다 : 『의례』 「喪服」, '齊衰杖期章'에 "쫓겨난 처의 아들이 어머니를 위해 자최장기로 복을 한다. 傳에 말한다. '쫓겨난 처의 아들이 어머니를 위해 기년의 복을 한다면, 외할아버지와 외할머니에 대해서는 복을 하지 않는 것이다. 옛 기록(傳)에 친족관계를 끊으면 방친을 위해서는 복을 하지 않지만 정통의 친에 대해서만은 계속해서 이어진다고 하였다. 쫓겨난 처의 아들이 아버지의 후사가 되었다면 쫓겨난 어머니를 위해 복을 하지 않는다'"(出妻之子爲母. 傳曰, '出妻之子爲母期, 則爲外祖母無服. 傳曰, 絶族無施服, 親者屬. 出妻之子爲父後者, 則爲出母無服')라고 하였다.

15 상례의 ~ 낫다 : 이 말은 『논어』, 「八佾」에서 인용한 것이다.

16 耶 :『예기집설대전』에는 '耶'로 되어 있다.

17 빈례 : 관에 넣은 시신을 장례를 치르기 전까지 구덩이(肂)에 임시로 안치하는 것을 말한다. 대렴에 이어서 같이 시행한다. 구덩이는 堂의 서쪽 계단 위에 마련한다.『三禮辭典』, 113쪽, '大斂' 항목; 1199쪽, '殯' 항목 참조.

18 유 : 관의 장식은 상하 두 부분으로 나뉘는데, 윗부분을 '柳'(구거의 윗덮개)라 하고 아랫부분을 '牆'(구거의 옆 덮개)이라고 한다. '柳'는 관의 위를 덮는 木框으로서 그 형상이 자라의 등껍데기와 같다. '유' 위에 베로 덮은 것을 '荒'이라고 하고, '荒' 위에 黼, 黻, 火 등의 문양을 그려 넣으며, 그 꼭대기를 '齊'라고 하는데 五采와 五貝를 장식한다. '柳'의 아랫부분은 앞·좌·우 3면에 '池'가 있다. '池'는 대나무로 만드는데, 지붕의 처마와 같은 것이다. '池'의 아래에, 관의 앞 및 양 곁에 있는 것을 '牆'이라고 하는데, '장'은 베로 만든 '帷'로 덮는다. 뒷부분에는 '振容'이 있는데, 비단으로 만들며, '幡'과 같다. '柳'는 '簍'로 쓰는 경우도 있다. '柳'는 또한 관 장식의 총칭으로도 사용된다.『三禮辭典』, 826쪽 참조.

柳車   棺飾
『三禮圖』(宋 聶崇義)   『欽定禮記義疏』(淸)

19 삽 : 喪轝와 棺을 가리기 위하여 사용하는 나무로 만든 부채 모양의 장식이다. 黻翣('己' 자가 등지고 있는 문양을 그려 넣은 나무로 만든 부채 모양의 장식), 雲翣(구름의 문양을 그려 넣은 나무로 만든 부채 모양의 장식), 黼翣(도끼 문양을 그려 넣은 나무로 만든 부채 모양의 장식)의 구별이 있다. 「喪大記」(86) "黼翣이 둘이고, 黻翣이 둘이고, 구름을 그려 넣은 畫翣이 둘인데, 모두 홀 모양의 옥(圭)을 떠받들고 있다"(黼翣二, 黻翣二, 畫翣二, 皆戴圭)고 한 것에 대해 陳澔는 "翣은 모양이 부채와 비슷한데, 나무로 만든다. (장례의 의절에서 수레가 발인하여 장지로 가는) 도중에는 수레를 가리고, 관을 椁에 넣었을 때에는 곽을 가린다. 2개는 흑백의 도끼 문양을 그려 넣고, 2개는 '己' 자가 등지고 있는 문양을 그려 넣고, 2개는 구름의 문양(雲氣)을 그려 넣는다"(翣, 形似扇, 木爲之. 在路則障車, 入椁則障柩. 二畫黼, 二畫黻, 二畫雲氣)라고 하였다.

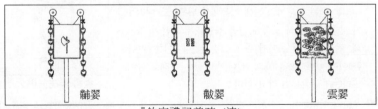

黼翣   黻翣   雲翣
『欽定禮記義疏』(淸)

20 빈례에서 상여를 ~ 하는데 :『예기정의』「雜記上」의 정현주에 "輤은 관을 싣고 빈궁으로 옮기는 상여의 덮개휘장이다. 輤은 그 명칭을 '시신과 가까이 한다'(襯)는 뜻과 '꼭두서니'(蒨)라는 두 뜻에서 취한 것이다. 발음은 '蒨斾'의 '蒨'으로 읽는다. '襯'은 棺이요, '꼭두서니'(蒨)는 붉은색으로 물들이는 풀이다. 장지로 옮길 때 관을 실은 상여의 장식을 '柳'(상여의 덮개장식)라고 한다"(輤, 載柩將殯之車飾也. 輤取名於襯與蒨. 讀如蒨斾之蒨. 襯, 棺也, 蒨, 染赤色者也. 將葬, 載柩之車飾曰'柳')라고 하였다.

21 공자가 ~ 죽었다 :『孔子家語』권39,「本姓解」에 나오는 말이다.

22 告 :『예기집설대전』에는 '告' 뒤에 '之'가 있다.

23 輤, 葬引飾棺以 :『예기천견록』에는 없으나『예기집설대전』에 따라 넣는다.

24 必 :『예기집설대전』에는 빠져 있다.

25 태묘에 ~ 물었다 : 이 말은『논어』「八佾」에 나온다.

26 墳 :『예기천견록』에는 質로 되어 있으나『예기집설대전』에 따라 바꾼다.

27 공회의 난 : 공회는 衛나라의 대부이다. 위나라 靈公의 아들인 蒯聵가 어머니인 南子를 살해하려다 실패하고 추방되었다. 영공이 죽자 위나라에서는 괴외의 아들 輒을 임금으로 세웠다. 晉나라에 망명해 있던 괴외는 조씨의 도움을 얻어 還國하려 하였으나 輒은 군사를 동원하여 부자간에 공방전을 벌였다. 그 4년 뒤 괴외는 위나라의 권신 孔悝의 도움으로 첩을 몰아내고 드디어 임금이 되었다. 이 사람이 바로 위나라 壯公이다.『사기』「衛康叔世家」참조.

28 빈례 : 관에 넣은 시신을 葬禮를 치르기 전까지 구덩이(肂)에 임시로 안치하는 것을 殯禮고 한다. 대렴에 이어서 같이 시행한다. 시신을 안치한 곳을 殯宮이라고 하는데, 주나라에서는 堂의 서쪽 계단 위에 설치하였다.『三禮辭典』, 113쪽, '大斂' 항목; 1199쪽, '殯' 항목 참조.

29 관끈장식 : '緌'는 관의 끈이 아래로 늘어뜨려진 부분을 가리킨다.『예기정의』「內則」의 鄭玄 注에 "'緌'는 관끈의 장식이다"('緌', 纓之飾也)라고 한 것에 대해 공영달은 "관끈을 묶고 턱 아래로 내려서 관을 고정시키면, 묶은 나머지는 흩어져 아래로 늘어뜨려지는데, 이것을 '緌'라고 한다"(結纓領下, 以固冠, 結之餘者, 散而下垂, 謂之'緌')고 하였다. 緇布冠의 제도를 보면, 관의 테두리가 있는데 이를 '武'라고 하고, 武 위에 정수리를 덮는 부분이 있는데 앞쪽에서 뒤쪽으로 머리를 가로지른다. 武의 양측에 관을 묶는 2개의 끈이 있는데, 턱 아래에서 묶어서 관을 고정시킨다. 이를 纓(관끈)이라 한다. 纓을 묶고 난 나머지 끈은 아래로 늘어뜨리는데, 이를 '緌'라고 한다.

『儀禮譯注』(楊天宇)

30 주나라 사람들은 ~ 설치하였다 : 공영달의 소에 "유우씨 때는 瓦棺뿐이었고, 하후씨는 외관의 밖 사방에 구운 벽돌을 쌓았고, 은나라 때는 외관을 재관으로 바꾸고 다시 나무

로 된 곽으로 즐주를 바꾸었으며, 주나라 사람은 관과 곽을 사용하고 다시 곽의 곁에 유와 삽선을 설치하는 것으로 바꾸었다"(有虞氏唯有瓦棺, 夏後氏瓦棺之外加聖周, 殷則梓棺替瓦棺, 又有木爲槨替聖周, 周人棺槨, 又更於槨傍置柳 · 置翣扇)라고 하였다.

31 유의 : 柳와 같다. 「檀弓上」(1-6), '柳' 항목 참조.

32 氏 : 『예기천견록』에는 없으나 『예기집설대전』에 따라 넣는다.

33 申 : 『예기천견록』에는 '由'로 되어 있으나 『예기집설대전』에 따라 바꾼다.

34 伯氏, 其字也 : 『예기집설대전』에는 없다.

35 辭 : 『예기집설대전』에는 '辭' 뒤에 '猶'가 있다.

36 亡 : 『예기천견록』에는 '占'으로 되어 있으나 『예기집설대전』에 따라 바꾼다.

37 久 : 『예기천견록』에는 '必'로 되어 있으나 『예기집설대전』에 따라 바꾼다.

38 月 : 『예기집설대전』에는 '日'로 되어 있다.

39 뇌문을 지어 애도하였다 : 주석에 따르면, 사자의 공로를 드러내 애도하는 글을 誄라고 하고, 뇌문을 지어 애도할 때, 그 뇌문의 내용에 근거하여 시호를 내려준다. 따라서 뇌문을 지어 애도하였다는 말은 사자의 공로를 뇌문을 지어 드러내 애도하고 시호를 내려주었다는 뜻을 함축한다.

40 魯地 : 『예기집설대전』에는 '魯地' 뒤에 '戰在莊公十年'이 있다.

41 卜人 : 春官 宗伯에 소속되어 大卜과 卜師가 龜卜의 일을 행하는 것을 돕는 中士 혹은 下士를 가리킨다. 여기서는 '卜'자가 '僕'자여야 한다는 鄭玄註에 따라 해석하였다.

42 악정 : 樂官의 우두머리를 총칭하는 말이다. 『예기정의』「왕제」의 "樂正은 네 가지 학술(術)을 높여서, 네 가지 교육을 진작시키는데, 先王의 『詩』, 『書』, 『禮』, 『樂』에 따라 교육시켜 사士를 양성한다"(樂正崇四術, 立四敎, 順先王『詩』·『書』·『禮』·『樂』, 以造士)에 대한 정현 주에 "樂正은 악관의 우두머리로 국자의 교육을 관장한다"(樂正, 樂官之長, 掌國子之敎)라고 하였다.

43 소상 : 練祭라고도 한다. 죽은 지 만 1년째(기년상의 경우는 11개월째)에 지내는 제사로 누인 상복(練服)으로 갈아입고 야채와 과일을 먹을 수 있다.

44 대상 : 죽은 지 만 2년째(기년상의 경우는 13개월째)에 지내는 제사로 슬픔이 북받칠 때 곡을 하기는 하지만 아침저녁의 정해진 곡이 없고 고기를 먹을 수 있다.

45 地 : 『예기집설대전』에는 '地' 뒤에 '也'가 있다.

46 북상투 : '髽'의 의미에 대하여, ① 馬融은 "베를 구부려 수건을 만들고, 높이 4촌으로 하여 이마 위에 쓴다"고 하였다. ② 賈公彦은 "북상투에는 두 가지가 있다. 하나는 成服하기 전에 하는 북상투로서 『의례』「士喪禮」에서 말한 것이 그것이다. 참최의 상에는 마로 북상투를 만들고, 자최의 상에는 베로 북상투를 만든다. 다른 하나는 성복 후에 하는 북상투로서, 이 경문에 대한 정현 주가 그것이다"라고 하였다. ③ 공영달은 『예기』「상복소기」의 소에서 "북상투의 형태는 다양하여 麻髽 · 布髽 · 露紒 등이 있다. 부인의 마좌는 남자의 括髮에 대응한다. 남자가 어머니를 위해 免을 할 때에 부인은 포좌

를 사용하고, 또 성복한 후에는 露紒의 髽를 한다"고 하여 북상투에 3가지 형태가 있음을 설명하고 "정확하게 말하면 두 가지 북상투인데, 첫째는 참최의 마좌이고, 둘째는 자최의 포좌이다. 이 두 가지 모두 露紒라고도 칭한다"고 하였다. 『儀禮正義』, 1375쪽 참조.

47 狐 : 저본에는 '臺'로 되어 있으나 『춘추』에 따라 바로잡았다.

48 머리를 묶은 뒤 드리운 머리끈 : '總'의 의미다. ① 정현 주에서는 "머리카락을 묶는 것"(束髮)이라고 하였고, 『예기』「內則」 공영달의 소에서는 "누인 비단(練繒)을 찢어서 만든다"고 하였다. 胡培翬는 "吉禮에는 비단으로 머리끈(總)을 만들고, 喪禮에는 베로 머리끈을 만든다. 『예기』「증자문」에 '딸은 복장을 바꾸어 베로 만든 심의를 입고, 흰 생명주로 만든 머리끈을 하고 분상한다'(女改服, 布深衣, 縞總以趨喪)고 한 것은 親迎할 때 아내가 될 사람이 도중에 사위의 부모가 죽은 경우 입는 복장이다. 그러나 「상복」의 이 경문 규정은 집에 있을 때의 成服이므로 비단으로 하지 않고 베를 사용하는 것이다"라고 하였다. 『예기』「檀弓上」에 "노나라 부인들이 북상투(髽)를 하고 조문하였다"(魯婦人之髽而弔也)고 한 것에 대해 정현은 "부인이 조문을 할 때에는 素로 만든 머리끈을 한다"고 하였다. 黃榦은 이 '素'가 비단인지 베인지 상세하지 않다고 하였다. 胡培翬는 베로 만든 머리끈(布總)은 참최 이하의 머리끈이고, 조문할 때의 복장에는 생명주로 만든 머리끈(縞總)을 써야 한다고 해석하였다. ② 程瑤田은 "『예기』「內則」에서 말한 빗(櫛)·머리싸개(縱)·비녀(笄)·머리끈(總)의 순서에 따르면, 빗질을 한(櫛) 후에 머리카락을 감싸고(縱), 머리카락을 감싼 후에 비녀를 꽂으니(笄), 비녀를 꽂으면 머리카락을 묶는 일(紒)이 완성된다. 이에 머리띠(帕)로 묶은 머리카락을 둘러싸고, 그 끝을 맺어서 아래로 드리워 휘날리지 않도록 한다. 그러므로 이것을 總이라고 한다. 그러나 북상투를 할 때에는 반드시 머리싸개를 제거한다. 머리싸개는 머리카락을 묶는 것이다. 머리싸개를 제거하면 묶은 머리카락이 노출된다. 머리끈은 베로 만든 것을 사용한다"고 하였다. 『儀禮正義』, 1374 참조.

49 며느리가 ~ 하는데 : 『의례』「喪服」, '齊衰不杖期' 조목에 나온다.

50 大 : 『예기집설대전』에는 '太'로 되어 있다.

51 大 : 『예기집설대전』에는 '太'로 되어 있다.

52 중월이담 : 『의례』「士虞禮」에 보인다.

53 부모의 ~ 벗었으므로 : 「雜記下」(2-38)에 "부모의 喪에 대해서는 기간이 지나서 상복을 벗고, 형제의 상에 대해서는 기간이 지나기 전에 벗는다"(親喪外除, 兄弟之喪內除)라고 하였다.

54 也 : 『예기집설대전』에는 '也' 뒤에 '一說比及也'가 있다.

55 달을 넘긴 열흘 뒤 : 공영달 소에 "대상은 흉사이므로 제사일을 遠日을 사용한다. 그러므로 대상을 지내고 열흘이 되면 달을 넘길 수 있다. 만일 제사일을 점쳐서 길하지 않으면 近日을 사용한다. 그러면 대상을 지내고 열흘이 되어도 笙을 연주하면서 노래

하는 것이 소리를 이루지 못한다. 아직 달을 넘기지 못하였기 **때문이다**(祥是凶事, 用遠日. 故十日得踰月. 若其卜遠不吉, 則用近日. 雖祥後十日, 亦不成笙歌. 以其未踰月也)라고 하였다.

56 대상을 ~ 없고 : 『大戴禮記』「喪服變除禮」에 보인다.

57 누이지 ~ 두른다 : 「玉藻」(7-3)에 보인다.

58 識 : 『예기집설대전』에는 '護'로 되어 있다.

59 전쟁에서 ~ 아니다 : 「祭義」(4-2)에 보인다.

60 군자는 ~ 않는다 : 『맹자』「盡心上」에 보인다.

61 배를 ~ 않는다 : 「祭義」(4-7)에 나온다.

62 이치를 ~ 있다 : 『二程遺書』권1, 「端伯傳師說」에 나오는 말이다.

63 陳氏曰 : 『예기집설대전』에는 愚聞, 先儒言으로 되어 있다.

64 백어는 ~ 없다 : 쫓겨난 어머니에 대해 자식은 자최기년복을 하지만, 자식이 아버지를 계승하여 후계자가 될 사람인 경우에는 복이 없다. 『의례』「喪服」 '齊衰期年服'조항에 자세하다.

65 명조에서 죽었다 : 『맹자』「離婁下」에 보인다.

66 『서경』의 "승하하시어 ~ 한다 : 인용문은 『書集傳』「舜典」에 보인다. 九嶷은 湖南省 永州 寧遠縣에 있는 九嶷山을 가리킨다.

67 嶷 : 『예기천견록』에는 '疑'로 되어 있으나 『예기집설대전』에 따라 바꾼다.

68 순수를 하다가 죽었다 : 「祭法」(2-16)의 "舜勤衆事而野死"에 대한 진호의 주에 나온다.

69 구설 : 정현 주를 가리킨다.

70 죽어서 ~ 걱정한다 : 『논어』「衛靈公」에 나온다.

71 盛 : 『예기집설대전』에는 '成'으로 되어 있다.

72 막 돌아가셨을 때 올리는 전 : 상례에서 虞祭 이전에 사자에게 올리는 喪祭를 奠이라고 부른다. 祭는 귀신에게 올리는 제사를 의미하고, 奠은 정식 제사에 비하여 간략하게 줄여서 행하는 것을 말한다. 막 사망하였을 때 전을 올리고 이를 始死奠이라고 부른다. 葬禮를 치르기 전에는 살아 계실 때의 도리로 死者를 대하기 때문에 虞祭 이전에는 祭가 아닌 奠을 올린다. 奠은 尸가 없고 祭饌을 지면에 진설한다. 해당 부분, 공영달 소 참조.

73 儀 : 『예기집설대전』에는 '儀' 뒤에 '而'가 있다.

74 醬 : 『예기집설대전』에는 '漿'으로 되어 있다.

75 "부축을 받아서 ~ 경우" : 「喪服四制」(6)에 나오는 말이다. "백관이 갖추어져 있고 백물이 구비되어서 명령을 하지 않아도 喪事가 행해질 수 있는 천자와 제후의 경우는 남의 부축을 받으면서 일어난다. 명령을 내려야 상사가 행해지는 대부와 사의 경우는 지팡이를 짚고서 일어난다. 자신이 직접 일을 집행해야 이루어지는 서인의 경우는 얼굴에

때가 끼게 할 뿐이다."(百官備, 百物具, 不言而事行者, 扶而起. 言而后事行者, 杖而起. 身自執事而后行者, 面垢而已)

76 上 : 『예기집설대전』에는 '上' 뒤에 '則'이 있다.

77 貸 : 『예기집설대전』에 '貨로 되어 있다. 본 경문의 정현주와 『陳氏禮記集說』(사고전서본) 원문에 의거하여 '貸'로 고친다.

78 서로 공경하는 ~ 사이 : 관련 내용은 『예기정의』「雜記下」의 정현 주에 보인다.

79 '상유질'은 ~ 것이다 : 거상 중에 질병이 생길 경우 술을 마시고 고기를 먹도록 허용하는 것과 관련해서는 「曲禮上」(전-3-2), 「雜記下」(2-19), 「雜記下」(2-21) 등에 기록되어 있다.

80 치재 : 제사하기 3일 전 또는 1일 전부터 실내에 머무르면서 제사를 올리는 대상에 대하여 거처하던 곳, 말씀하던 모습, 즐기던 것, 지향하던 것, 좋아하던 음식 등 생전의 모습을 상기하면서 마음과 거동을 정결하게 유지하는 것을 말한다. 「祭義」(1-2)에 "안으로 마음을 삼가고 밖으로 거동을 조심한다. 재계하는 기간에는 부모가 거처하시던 바를 생각하고 웃고 말씀하시던 것을 생각하고 뜻을 두고 의향하시던 바를 생각하고 좋아하시던 음악을 생각하고 즐기시던 음식을 생각한다. 그렇게 3일을 재계하면, 곧 재계하며 생각하였던 대상을 본다"(致齊於內, 散齊於外. 齊之日, 思其居處, 思其笑語, 思其志意, 思其所樂, 思其所嗜. 齊三日, 乃見其所爲齊者)에 대해 鄭玄은 "致齊는 이 다섯 가지를 생각하는 것이다. '散齊'는 7일 동안 말을 타지 않고, 음악을 연주하지 않고, 조문을 하지 않는 것이다"(致齊, 思此五者也. '散齊', 七日不御·不樂·不弔耳)라고 하였다.

81 之 : 『예기집설대전』에는 없다.

82 뒷장 : 아래 「檀弓上」(1-61)을 말한다.

83 관덮개 : 柩衣라고도 한다. 대부 이상이 사용하는 관의 덮개장식으로 누이지 않은 흰 비단을 지붕 모양으로 만들어 관을 덮는다. 『예기정의』「喪大記」의 "누이지 않은 흰 비단으로 褚를 설치한다"(素錦褚)에 대하여 鄭玄은 "大夫 이상의 喪에서 褚로 棺身을 덮고 그 위에 帷와 荒을 설치한다"(大夫以上有褚以襯覆棺, 乃加帷荒於其上)라고 하였다. 공영달은 소에서 "素錦은 흰 비단이다. 褚는 '지붕'(屋)이다. 荒 아래에 흰 비단을 사용하여 지붕을 만든다. 葬禮에서 장지로 가는 도중에 宮室을 형상한 것이다. 그러므로 『예기』「雜記上」(2)에 '누이지 않은 흰 비단으로 지붕을 설치하고 출발한다'고 하였는데 곧 褚가 그것이다"(素錦, 白錦也. '褚', 屋也. 於荒下又用白錦以爲屋也. 葬在路象宮室也. 故「雜記」云'素錦以爲屋而行', 即褚是也)라고 하였다.

84 '차라리 검소한 ~ 낫다 : 이 말은 『논어』「八佾」에 보인다.

85 조전 : 발인하기 전날 해가 기울 때 올리는 喪祭로 祖廟의 中庭에서 지낸다. 祖는 출발의 시작을 뜻한다. 살아 있을 때도 길을 떠날 일이 있으면 술을 마시고 전별하는 예가 있는데 이를 '祖'라고 한다. 그 때문에 死者가 길을 떠나려고 할 때 奠을 진설하는 것 또한 조라고 한다. 『漢書』「臨江王傳」의 注에 "黃帝의 아들인 累祖가 먼 곳으로 유람하기를 좋아하다가 길에서 죽었으므로 후세 사람들이 그를 제사지내면서 行神으로 삼았

다. '祖'라는 것은 길을 떠나는 사람을 전송하면서 지내는 제사이다"라고 하였다. 『儀禮』「旣夕禮」注에 "장차 길을 떠나면서 술을 마시는 것을 '祖'라고 하는데, '祖'는 시작의 뜻이다"라고 하였고, 이에 대한 疏에 "살펴보건대, 『시경』에 이르기를, '한후가 나가 路祭를 지내니, 나가서 도 땅에 유숙하도다. 현보가 나아가 전송하니, 청주가 백 동이로다'(韓侯出祖, 出宿于屠. 顯父薦之, 淸酒百壺)라고 하였으며, 또 이르기를, '자 땅에 나가 유숙하고, 예 땅에서 전별주를 마시도다'(出宿于沘 飮餞于禰)하였는데, 여기서는 모두 장차 길을 떠날 적에 술을 마시는 것을 '조'라고 하였다. 그런데 이곳 「기석례」에서는 죽은 자가 장차 길을 떠나는 것도 '조'라고 하였다. 이는 처음 길을 떠나는 것이기 때문에 '조'라고 한 것이다"라고 하였다.

86 견전 : 葬奠이라고도 한다. 널을 구거에 싣고 장지로 떠나기 전에 지내는 喪祭로 『주례』疏에 "장지로 갈 때, 조묘의 뜰에서 遣奠을 크게 차리고 사자를 전송한다"(將葬, 於祖廟之庭, 設大遣奠, 遣送死者)라고 하였다. 祖奠과 遣奠은 모두 祖廟의 뜰에서 지낸다.

87 죽은 ~ 섬기듯이 : 본 인용은 「中庸」(19)에 나온다.

88 乎 : 『예기집설대전』에는 '疏謂其見主人榮已, 不欲指其錯失, 而給說答從者, 此以衆人之心窺大賢也'가 '乎'와 '事' 사이에 삽입되어 있다.

89 반함 : 생쌀과 조개 등을 死者의 입에 넣어 아름답게 장식하는 의절이다.

90 소렴 : 상례의 둘째 날에 방에서 死者에게 옷과 이불을 덮어주는 절차로, 수의 19벌을 입히고 絞(수의를 묶는 끈)로 묶는다.

91 대렴 : 사망한 지 삼 일째에 동쪽 계단 위쪽에서 死者에게 다시 壽衣를 입히고 이불을 덮어 殯禮를 준비하는 절차로, 30벌의 수의를 입힌 뒤 絞(수의를 묶는 끈)로 묶는다.

92 中 : 『예기집설대전』에는 '中' 뒤에 '也'가 있다.

93 階 : 『예기집설대전』에는 '牖'로 되어 있다.

94 離 : 『예기천견록』에는 '难'으로 되어 있으나 『예기집설대전』에 따라 바꾼다.

95 석의를 감추고 : 『예기정의』「玉藻」에 "(석의를 입지 않고) 갓옷을 겉으로 드러낸 채 공문을 들어가지 못하고, 갓옷에 덧입어 석의를 감추고(襲裘) 공문에 들어가지 못한다"라고 하였다. 이에 대하여 정현은 "표구는 갓옷을 겉에 드러내는 것이다. 갓옷을 입을 때는 반드시 석의를 입어야 한다"(表裘, 外衣也. 衣裘必當裼也)라고 하였고, 공영달은 "갓옷 위에는 석의가 있고, 석의 위에는 습의가 있으며, 습의 위에 정복을 입는다"(裘上有裼衣, 裼衣之上有襲衣, 襲衣之上有正服)라고 하였다. 이에 따르면 갓옷 위에 반드시 입어야 하는 裼衣를 입고 그 위에 다시 襲衣를 덧입는 것이다.

96 석의를 드러내어 : 겨울철에는 속옷 위에 '갓옷'(裘 : 모피옷)을 입고, 갓옷 위에 裼衣(中衣라고도 함)를 입고, 裼衣 위에 또 皮弁服 등 '겉옷'(上衣)을 입는데, 禮를 행할 때에는 겉옷의 왼쪽 소매를 걷어 올려서 그 裼衣를 드러나게 한다. 이렇게 하는 것을 '裼'이라고 한다. 『예기정의』「玉藻」에 "군주는 여우의 흰 모피로 지은 갓옷(狐白裘)을 입고, 그 위에 비단으로 지은 옷(錦衣)을 裼衣로 덧입는다"(君衣狐白裘, 錦衣以裼之)라고 한

것에 대해 鄭玄은 "군주가 여우의 흰 모피로 지은 갖옷을 입는 경우에는 흰 비단으로 옷을 만들어 갖옷을 덮어 裼이 될 수 있게 한다. 袒(왼쪽 소매를 걷어 올리는 것)을 하여 옷이 드러나는 것을 '裼', '裼裘'라고 한다. 반드시 갖옷을 덮어 가리는 것은 갖옷이 속옷이기 때문이다. 『詩』에 '비단으로 웃옷을 만들어 絅衣(홑 비단 웃옷)를 삼고, 비단으로 치마를 만들어 絅裳(홑 비단 치마)으로 삼네'라고 하였다. 그렇다면 비단옷에 다시 겉옷이 있음이 분명하다. 천자는 여우 흰 털로 지은 겉옷에 피변복을 하는 듯하다. 무릇 裼衣는 갖옷의 색과 같게 한다"(君衣狐白毛之裘, 則以素錦爲衣覆之, 使可裼也. 袒而有衣曰'裼'. 必覆之者, 裘襲也. 『詩』云'衣錦絅衣, 裳錦絅裳'. 然則錦衣復有上衣, 明矣. 天子狐白之上衣, 皮弁服與. 凡裼衣象裘色也)라고 하였다. 또 같은 『예기정의』「玉藻」에 "갖옷에 裼衣를 입는 것은 (석의의) 아름다움을 드러내기 위한 것이다. 조문을 할 때에는 裼衣 위에 갖옷을 습의로 껴입음은 문식을 다하지 않는 것이다. 군주가 있는 곳이라면 석의를 덧입어 문식을 다한다"(裘之裼也, 見美也. 弔則襲, 不盡飾也. 君在則裼, 盡飾也)라고 한 것에 대해 鄭玄은 "군자가 일을 할 때, 아름다움을 드러내는 것으로 공경함을 나타낸다. 喪事는 아름다움을 드러내는 일이 아니다"(君子於事以見美爲敬. 喪非所以見美)라고 하였다. '襲'은 곧 袒을 하지 않아 裼衣를 드러내지 않는 것을 말하는데, 문식으로 공경을 표현하기 부족한 아주 성대한 예를 행할 때는 문식을 위주로 하지 않기 때문에 襲을 하는 것으로 공경을 삼는다. 『예기정의』「玉藻」에 "의복에서 석의 위에 습의를 입는 것은 석의의 아름다움을 가리기 위한 것이다. 이 때문에 尸는 석의 위에 襲衣를 입고, 옥과 거북을 잡을 때 습의를 겹쳐 입는다. 신하가 일이 없을 때에도 (군주의 처소에서) 석의를 입는 것은 감히 (석의의 아름다움을) 가리지 않는 것이다"(服之襲也, 充美也. 是故尸襲, 執玉龜襲. 無事則裼, 弗敢充也)라고 하였다.

97 왼쪽 소매를 걷고 : 겉옷의 왼 소매만을 벗고 속옷과 中衣를 남기는 것을 袒이라 하고, 속옷인 갖옷 위에 중의로 裼衣를 입고 다시 겉옷을 입었을 때 겉옷의 왼 소매를 벗어 석의가 드러나도록 하는 것이 裼이며, 왼 소매의 중의와 속옷을 모두 벗어 팔뚝이 드러나도록 하는 것을 肉袒이라고 한다. 袒도 하지 않고 裼도 하지 않는 것이 襲이다. 다시 말하면 속옷과 중의와 겉옷을 모두 입은 상태 그대로 두는 것이 襲이다. 『三禮辭典』, 688쪽 참조.

98 者 : 『예기집설대전』에는 '若'으로 되어 있다.

99 지나친 ~ 경우 : 이 말은 「檀弓上」(1-41)에 나온다.

100 모자라는 ~ 경우 : 이 말은 「檀弓上」(1-41)에 나온다.

101 司 : 『예기천견록』에는 '同'으로 되어 있으나 『예기집설대전』에 따라 바꾼다.

102 단궁이 ~ 한 것 : 관련 내용은 「檀弓上」(1-1) 참조.

103 종종걸음 : 『爾雅』에서는 時(室內의 걸음) → 行(堂上의 걸음) → 步(堂下의 걸음) → 趨(門外의 빠른 걸음) → 走(中庭의 달려가는 걸음) → 奔(大路의 뛰는 걸음)의 순서로 느린 걸음부터 빠른 걸음을 표기하고 있다.(『爾雅』「釋宮」"室中謂之時. 堂上謂

之行, 堂下謂之步. 門外謂之趨, 中庭謂之走, 大路謂之奔")

104 『의례』의 ~ 종류이다 : 본 인용은 『朱子語類』卷87에 보인다.

105 아궁이를 헐어 : 죽은 뒤에는 다시 먹고 마실 일이 없음을 보이는 것이다.

106 행단 : 출행하기 전에 길신에게 제사하기 위해 임시로 설치한 단을 말한다.

107 공자에게 ~ 것이다 : 이 부분은 공영달 疏에 나오지 않고 정현 주에 나오는데, 집설에서 여기에 붙여 놓은 것이다.

108 欲 : 『예기집설대전』에는 '以'로 되어 있다.

109 당신을 떠나겠습니다 : 손희단의 『禮記集解』와 楊天宇의 『禮記譯註』에서는 '請前'을 '먼저 죽겠습니다'의 뜻으로 풀이하였다. 곧 먼저 죽어 그곳에 묻혀서 文子가 묻히지 못하게 하겠다는 취지로 완곡하게 문자의 의도를 비판한 말로 해석하였다.

110 事 : 『예기집설대전』에는 '事' 뒤에 '也'가 있다.

111 待 : 『예기천견록』에는 '侍'로 되어 있으나 『예기집설대전』에 따라 바꾼다.

112 구설 : 鄭玄과 陳澔의 설을 가리킨다.

113 복인 : 春官 宗伯에 소속되어 大卜과 卜師가 龜卜의 일을 행하는 것을 돕는 中士 혹은 下士를 가리킨다. 여기서는 '卜' 자가 '僕' 자여야 한다는 鄭玄註에 따라 해석하였다.

114 사인 : 射禮를 주관하는 관직으로 三公孤·卿大夫의 朝位를 아울러 관장한다. 下大夫로 夏官 司馬에 소속된다. 射人師, 大射正, 司射라고 부르기도 한다. 관련 내용은 『주례』「夏官·射人」에 자세하다.

115 遇 : 『예기천견록』에는 '愚'로 되어 있다.

116 선왕이 예를 ~ 있다 : 본 인용은 『朱子語類』卷87, 「小戴禮記」에 보인다.

117 也 : 『예기천견록』에는 '出'로 되어 있으나 『예기집설대전』에 따라 바꾼다.

118 是 : 『예기집설대전』에는 없다.

119 大 : 『예기집설대전』에는 '太'로 되어 있다.

120 60세가 ~ 정돈한다 : 이 말은 「王制」(5-18)에 보인다.

121 시신의 의복을 묶는 효포·홑이불·이불 :

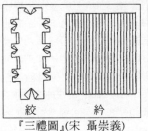

絞   給
『三禮圖』(宋 聶崇義)

給
『欽定禮記義疏』(淸)

衾
『三禮圖』(宋 聶崇義)

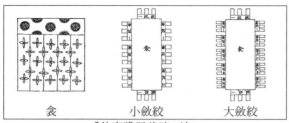

『欽定禮記義疏』(淸)

122 시신을 씌우는 주머니 : 襲을 한 뒤 시신의 형체가 드러나지 않도록 상체와 하체를 감싸는 주머니로, 상체를 감싸는 부분을 質, 하체를 감싸는 부분을 殺라고 한다.

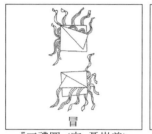

『三禮圖』(宋 聶崇義)　　　　『欽定禮記義疏』(淸)

123 시신의 ~ 마련한다 : 이 말은 「王制」(5-18)에 보인다.

124 其人所立之位次也 : 『예기집설대전』에는 其人所寓之館舍也로 되어 있다. 권근이 단주석으로 보인다.

125 백고를 ~ 곡한 것 : 관련 내용은 「檀弓上」(2-12)에 보인다.

126 강복 : 순수한 혈연관계에 따른 복을 '바른 복'(正服) 또는 親服이라 한다. 正服 즉 親服을 높여 하는 것을 加服이라 하고, 낮추어 하는 것을 降服이라 한다.

127 소렴 : 사망한 지 둘째 날에 방에서 死者에게 옷과 이불을 덮어주는 절차이다. 수의 19벌을 입히고 絞(수의를 묶는 끈)로 묶는다. 『의례』「士喪禮」에 "다음날 즉 사망한 지 둘째 날에 房에다 小斂에 필요한 의복 등의 물건을 진설하는데, 진설할 때 옷깃이 남쪽을 향하게 하고, 먼저 사용하는 의복을 서쪽 윗자리에 놓는다. 의복은 먼저 서쪽에서 동쪽으로 가면서 늘어놓고, 동쪽 끝에 이르면 다시 꺾어서 서쪽으로 가면서 늘어놓는다.(縮) 수의를 묶는 끈(絞)은 가로로 3폭, 세로로 1폭을 늘어놓는데, 끈의 너비는 전체 폭 즉 2척이 되게 하고 끈의 끝부분을 3가닥으로 갈라놓는다. 이불은 겉은 검은색이고 안쪽은 붉은색이며, 이불 끝에 있는 술, 즉 위와 아래를 구별하기 위한 표식을 하지 않는다. 祭服이 그 다음에 놓이고, 잡옷(散衣)이 또 그 다음에 놓이는데, 제복과 잡옷을 모두 합해서 19벌이 된다. 여러 사람들이 기증한 襚衣를 다음에 진설하는데, 전부 사용할 필요는 없다"(厥明, 陳衣于房, 南領, 西上. 縮. 絞橫三, 縮一, 廣終幅, 析其末. 緇衾, 頳裏, 無紞. 祭服次, 散衣次, 凡有十九稱. 陳衣繼之, 不必盡用)라고 하였다.

128 전 : 虞祭 이전의 喪祭이다. 이때는 尸가 없이 祭饌을 땅에 내려놓기 때문에 붙인 이름이다. 「檀弓下」(2-8)의 "奠을 올릴 때 素器(문식을 가하지 않고 평소 쓰던 기물)를 사용하는 것은 살아 있는 자가 꾸밀 겨를이 없이 애통해하는 마음을 가지고 있기 때문이다"(奠以素器, 以生者有哀素之心也)에 대해 공영달의 소에는 "奠은 始死로부터 매장 때까지의 제사 이름이다. 그때는 尸가 없이 땅에 祭饌을 내려놓기 때문에 奠이라고 한다"('奠', 謂始死至葬之時祭名. 以其時無尸奠置於地, 故謂之奠也)라고 하였다.

129 빈궁 : 원문은 '宮'인데, 여기서는 대렴 뒤에 葬禮를 행할 때까지 시신을 모신 殯宮을 가리킨다. 고대에 시신은 사자가 살았던 正寢의 堂과 서쪽 계단 사이에 구덩이를 파고 장례를 행할 때까지 임시로 안치한다. 따라서 殯宮은 시신이 안치되어 있는 곳 또는 넓게 생전의 正寢을 가리킨다. 『三禮辭典』, '殯' 항목 참조.

130 고구 :

羔裘

『禮書』(宋 陳祥道)

131 현관 : 검은색 비단으로 만든 관으로 威貌라고 불리기도 한다. 士와 大夫가 평상시 쓰고 다니는 관으로 周代에서부터 사용되기 시작하였다. 威貌는 용모를 안정시킨다는 뜻을 갖고 있다. 『의례』 「士冠禮」의 "주인은 현관과 조복 차림을 한다"(主人玄冠朝服)에 대한 정현 주 및 『三禮辭典』, 303쪽, '玄冠' 항목 참조.

132 심의 :

深衣

『禮書』(宋 陳祥道)

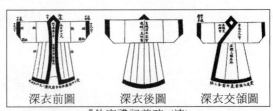

深衣前圖　　深衣後圖　　深衣交領圖

『欽定禮記義疏』(淸)

133 공자가 예를 시행한 일 : 『논어』 「鄕黨」에 나온다.

134 亡 : 『예기천견록』에는 '無'로 되어 있으나 『예기집설대전』에 따라 바꾼다.

135 비와 율 : 하관하는 기구를 말한다. 하관할 때 관을 내리기 위해 설치하는 나무로 된 틀을 碑, 豐碑라고 하고, 줄을 綍이라고 한다. 신분에 따라 규모가 달랐다. 자세한 내용은 『예기정의』 「단궁하」 정현 주 참조.

136 將 : 『예기천견록』에는 '賻'로 되어 있으나 『예기집설대전』에 따라 바꾼다.

137 大 : 『예기천견록』에는 '太'로 되어 있으나 『예기집설대전』에 따라 바꾼다.

138 闕 : 『예기천견록』에는 '開'로 되어 있으나 『예기집설대전』에 따라 바꾼다.

139 『춘추좌씨전』의 ~ 않다 : 관련 내용은 『春秋左傳』, 哀公 16년 조에 보인다.

140 용춘 : 朝廟(死者가 사당에 모신 선조들의 신령을 알현하는 의식)를 하기 위해 관을 옮길 때 사용하는 사면을 두른 수레로 천자의 경우는 끌채에 용을 그리므로 용춘이라고 한다. 『의례』「旣夕禮」의 "軼軸(관굄차)을 사용하여 널(柩)을 祖廟로 옮긴다"(遷於祖, 用軸)고 한 것에 대한 정현 주에 "'軸'은 관굄차(軼軸)이다. 축의 형상은 굴림바퀴(轉轔)와 같은데 양쪽 끝부분을 깎아 軹(굴대)를 만든다. 軼의 형상은 긴 침상과 같은데 桯(몸체의 양쪽 횡목)에 구멍을 뚫고 앞뒤에 쇠를 붙여 굴대(軹)를 연결한다. 대부와 제후 이상은 사면을 둘러치는데 그것을 輤이라고 한다. 천자는 거기에 龍을 그려 넣는다"('軸', 軼軸也. 軸狀如轉轔, 刻兩頭爲軹. 軼狀如長牀, 穿桯, 前後著金而關軹焉. 大夫諸侯以上, 有四周, 謂之輤. 天子畵之以龍)라고 하였다.

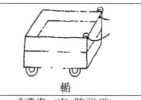

龍輤　　　　　　　　　　　輤
『三禮圖』(宋 聶崇義)　　『禮書』(宋 陳祥道)

141 작변 : 爵弁은 冕의 다음 등급에 해당하는 冠이다.

爵弁　　　　　　　　　　爵弁
『三禮圖』(宋 聶崇義)　　『禮書』(宋 陳祥道)

142 방씨 : 衛湜의 『예기집설』에 方慤의 말로 인용되어 있다.

143 외출할 ~ 된다 : 이 말은 「曲禮上」(전-3-5)에 나온다.

144 곡하고 우는데 ~ 것이다 : 권근에 따르면 본문은 "근본으로 돌아와야 함을 알게 하는 것이다"로 해석된다.

145 단 : 웃옷의 왼쪽 소매만 벗고 그 안에 입은 속옷은 그대로 입고 있는 것을 袒이라고 한다. 겨울에 裘(갖옷)를 입은 위에 다시 裼衣(갖옷 위에 입는 속옷으로 체의라고도 발음한다)를 입고 그 위에 웃옷을 입는데 이때 웃옷의 왼쪽 소매를 벗어 裼衣를 드러낸 것을 裼이라고 한다. 왼쪽 소매를 전부 벗어 어깨의 맨살을 드러낸 것을 肉袒이라고 하며 이것은 형벌을 받기 위한 경우에 주로 한다. 『三禮辭典』, 688쪽 참조.

146 문 : 冠을 대신하는 것으로, 한 치 넓이의 베를 목 중앙에서 이마 앞에서 교차시키고 다시 뒤로 감아 상투에 묶는 것이다. 『三禮辭典』, 384쪽 참조.

147 문밖의 ~ 알린다 : 『예기주소』의 疏에서는 조문하러 온 사람에게 알린다고 하였다.

148 알고 지내는 ~ 하겠다 : 이 말은 「檀弓上」(1-44)에 나온다.

149 괴표구 : 郝敬은 "'蒯'와 '剃'는 모두 풀인데, '菅'보다 조금 가늘다"('蒯'·'剃', 皆草, 而較細於'菅')라고 하였다. '蒯'(물고랭이)는 '剃'(황모)의 일종으로 물가에서 자라는데, 높이가 4척 정도이고, 줄기로 자리, 새끼, 신발 등을 만든다. '剃'도 풀이름으로, 물가에서 자란다. 『儀禮正義』, 1385쪽 참조.

150 관구 :

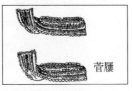

菅屨　　『欽定禮記義疏』(淸)

151 진 : 귀마개로 보통은 玉이나 象牙로 만든다.

瑱　　『欽定禮記義疏』(淸)

152 담제를 지내는 ~ 아니다 : 이 부분은 삼년상이 25개월에 끝난다는 王肅의 주장에 대한 권근의 반론에 해당한다. 왕숙은 25개월이 되는 달에 대상제를 지내고 그 달에 담제를 행하고 26개월이 되는 달에 樂을 행한다고 여겼다. 왕숙은 "대상제를 지내는데 호관을 쓰고, 이 달에 담제를 지내고, 다음 달에 樂을 행한다"라고 한 말이 위 경문에서 "魯나라 사람이 아침에 대상제를 지내고 저녁에 노래를 하자, 공자가 '달을 넘겨서 하면 좋다'라고 하였다"는 말과 더불어 모두 대상제를 지낸 다음 달에 樂을 행함을 뜻한다고 보았고, 또한 「間傳」(5)에서 "三年喪은 25개월에 마친다"라고 하였음을 들었다. 왕숙은 『의례』 「士虞禮」의 "中月而禪"의 '中'은 대상제를 지내는 달 '안'에서라는 뜻으로, 『尙書』의 "문왕이 천명을 받아 몸 가운데에서 나라를 누렸다"(文王中身享國)의 '中身'이 '몸 가운데에서'의 뜻인 것과 같다고 보았다. 『춘추좌씨전』, 文公 2년 조에 "겨울에 공자가 드디어 제나라로 가서 納幣를 행하였다"라고 하였다. 僖公의 喪이 이때 이르러 26개월이 되었는데, 左氏는 "납폐를 행한 것은 禮에 맞다"라고 하였으므로, 王肅은 25개월에 담제를 지내 상복을 벗고 상례를 마친다고 여겼다. 반면, 정현은 "中月而禪"의 '中'을 '사이를 둔다'는 뜻으로 풀이하고, 대상을 마친 뒤 한 달의 사이를 두어 담제를 지낸 뒤, 곧 27개월 만에 상복을 벗는 것으로 보았다. 권근은 이 정현의 설에 따라, "이달 담제를 지낸다"는 이 달이 대상제를 지내는 그 달이 아니라, 담제를 지낸 달을 가리킨다고 보았다. 그 논거로 권근은 『논어』 「술이」의 "이날 곡을 하면 노래하지 않았다"라는 말을 들은 것이다.

1.[1]

[1-1][단궁하 1]

군주의 적자가 장상長殤[2]으로 사망하면, 견거遣車[3]를 3대 사용한다. 공公의 서자가 장상으로 사망하면, 견거를 1대 사용한다. 대부의 적자가 장상으로 사망하면, 견거를 1대 사용한다.

君之適長殤, 車三乘. 公之庶長殤, 車一乘. 大夫之適長殤, 車一乘.

集說 이 경문은 상상殤의 장례葬禮에서 사용하는 견거遣車의 예禮를 말한 것이다. '군君'은 국군國君을 말하며, 또 혹 토지를 가진 대부도 통용하여 군君이라고 칭하기도 한다. '공公'[4]은 오직 오등제후五等諸侯(公·侯·伯·子·男)만을 말한다. 16세에서 19세까지가 장상長殤이다. 이 상상殤에 대해 장례를 행할 때 상구喪柩가 조묘祖廟를 알현하고 장지로 떠나기 전에 견전遣奠[5]을 진설하여 전奠을 올린다. 희생의 몸체를 나누고 잘라 싸서 이 수레에 실어 죽은 자를 전송하므로 견거遣車라고 부른다. 수레의 규모는 매우 작

다. 곽준 안의 네 귀퉁이에 놓기 때문에 크게 만들어놓을 수가 없다. 『의례』에 "중상中殤은 위(上 長殤)를 따른다"⁶⁾고 하였다. 군주의 적자가 장상長殤에 해당하여 견거가 3대이면 중상中殤도 3대이며, 하상下殤은 1대이다. 공公의 서자가 장상長殤에 해당하여 견거가 1대면 중상도 1대이며, 하상은 견거가 없다. 대부의 적자가 장상에 해당하여 견거가 1대면 중상도 1대이며, 하상과 서자의 상殤에는 또한 견거가 없다. 此言送殤遣車之禮. '君', 謂國君, 亦或有地大夫, 通得稱君也. '公', 專言五等諸侯也. 十六至十九爲長殤. 葬此殤時, 柩朝廟畢, 將行, 設遣奠以奠之. 牲體分折包裹, 用此車載之, 以遣送死者, 故名遣車. 車制甚小. 以置之樟內四隅, 不容大爲之也. 『禮』"中殤從上." 君適長三乘, 則中亦三乘, 下則一乘也. 公庶長一乘, 則中亦一乘, 下則無也. 大夫適長一乘, 則中亦一乘, 下殤及庶殤, 竝無也.

₁₋₂[단궁하 3]

군주가 대부의 상에 대하여, 장례葬禮를 치르려 할 때 빈궁殯宮에서 조문하는 경우, 상여가 나서면 (상주가 붙잡고 울부짖는데) 군주가 상여를 끌도록 명하고, 상여꾼은 세 걸음을 걷고서 멈춘다. 이렇게 하기를 세 차례 하고, (상여가 출발하면) 군주는 떠난다. 상여가 조묘祖廟를 알현할 때 (군주가 조문하는 경우에도) 또한 그렇게 한다. 죽은 이가 평소 빈객을 맞이하던 처소에서 상주가 슬픔을 표할 때 (군주가 조문하는 경우에도) 또한 그렇게 한다.【구본에는 '達官之長杖' 아래 배치되어 있다】

君於大夫, 將葬, 弔於宮, 及出, 命引之, 三步則止. 如是者三, 君

退. 朝亦如之. 哀次亦如之.【舊在‘達官之長杖’之下】

集説 ‘궁에서 조문한다’(弔於宮)는 것은 빈궁殯宮에서 한다는 것이다. ‘출出’은 상여가 이미 나섰다는 것이다. 상주가 상여를 붙잡고 울부짖으며 차마 떠나보내지 못하면, 군주가 상여를 끌고 가라고 명하여 상주의 뜻을 빼앗는다. 상여꾼은 세 걸음을 걷고 곧 멈추는데, 군주가 다시 끌라고 명령한다. 이렇게 하기를 세 차례 하고 상여가 드디어 출발하면, 군주는 곧 떠난다. 군주가 조문오는 때가 항상 빈궁에 있을 때일 수 없다. 혹 널이 조묘祖廟를 알현하는 때이더라도 또한 그렇게 하며, 혹 이미 대문을 나가 평소 빈객을 접대하던 처소에 이르러 상주가 슬퍼하면서 잠시 상여를 멈추고 있을 때도 또한 그렇게 한다. ‘弔於宮’, 於其殯宮也. ‘出’, 柩已行也. 孝子攀號不忍, 君命引之, 奪其情也. 引者三步卽止, 君又命引之. 如是者三, 柩車遂行, 君卽退去. 君來時, 不必恒在殯宮. 或當柩朝廟之時, 亦如之, 或已出大門, 至平日待賓客次舍之處, 孝子哀而暫停柩車, 則亦如之.

1-9[단궁하 8]

신하[7]의 상喪에 공公이 조문하면, 반드시 답례가 있어야 한다. (만약 상주의 후사나 친족이 없으면) 붕우 및 같은 주州 또는 같은 마을 사람 혹은 청지기를 보내도 된다. 조문하러 왔을 때 하는 말은 “우리 임금께서 일을 돕고자 합니다”라고 한다. 상주는 “수고롭게 직접 외주셨군요”라고 한다.【구본에는 ‘皆執紼’ 아래 배치되어 있다】

喪, 公弔之, 必有拜者. 雖朋友·州里·舍人可也. 弔曰: “寡君承

事." 主人曰: "臨."【舊在'皆執綍'之下】

集說 이 경문은 국군이 자기 신하의 상喪에 조문하는 경우를 말한다. 국
군이 조문한 뒤에 상주는 몸소 가서 답례해야 한다. 상가에 만약 상주의
후사가 없으면 반드시 그 다음 가까운 친족을 보내서 답례하게 한다. 또
가까운 친족이 없으면 죽은 사람의 붕우 및 같은 주州 또는 같은 마을 사람
혹은 상가의 청지기를 보내서 답례하는 것도 가능하다. '우리 임금께서 일
을 돕고자 합니다'(寡君承事)라는 것은 상사喪事를 도우러 왔다는 것이다. 이
것은 임금이 빈擯에게 말한 것으로, 명령을 전달해서 상주에게 들여보내는
말이다. '상주가 「수고롭게 직접 와주셨군요」라고 말한다'(主人曰臨)는 것은
수고롭게 직접 와준 무거운 은혜에 감사하는 것이다. 此謂國君弔其諸臣之喪.
弔後, 主人當親往拜謝. 喪家若無主後, 必使以次疏親往拜. 若又無疏親, 則死者之朋友及
同州・同里及喪家典舍之人往拜, 亦可也. '寡君承事', 言來承助喪事. 此君語擯者, 傳命
以入之辭. '主人曰臨'者, 謝辱臨之重也.

1-4[단궁하 9]

임금이 길에서 상여를 만나면 반드시 사람을 시켜 조문한다.

君遇柩於路, 必使人弔之.

[단궁하 10]

대부의 상喪에 서자庶子는 조문을 받지 못한다.【구본에는 위 문장과 연
결되어 있다】

大夫之喪, 庶子不受弔.【舊聯上文】

[단궁하 6]

대부가 사士를 조문하는데 상주가 일이 있을 때 도착하면 빈擯이 (조문객에게 상주가 일이 있음을) 알린다. 조문을 하였으면 그날은 음악을 연주하지 않는다. 【구본에는 '倚其門而歌' 아래 배치되어 있다】

大夫弔, 當事而至, 則辭焉. 弔於人, 是日不樂. 【舊在'倚其門而歌' 之下】

集說 '대부가 조문한다'(大夫弔)는 것은 사士에게 조문하는 것이다. 대부가 비록 존귀하지만 주인이 소렴小斂 · 대렴大斂이나 빈殯 등의 일이 있을 때 도착하면 빈擯이 조문객에게 주인이 일이 있음을 알린다. '사辭'는 알린다는 뜻이다. 만약 일에 임하지 않을 때면 상주는 당堂을 내려와 조문객을 맞이한다. 부인에게는 바깥일이 없다. 그러므로 국경을 넘어 조문하지 않는다. '그날은 음악을 연주하지 않는다'(是日不樂), '술을 마시지 않고 고기를 먹지 않는다'(不飮酒食肉)는 것은 모두 남은 슬픔이 아직 다 사라지지 않았기 때문이다. '大夫弔', 弔於士也. 大夫雖尊, 然當主人有小斂 · 大斂或殯之事而至, 則擯[8] 者以其事告之. '辭猶告也. 若非當事之時, 則孝子下堂迎之. '是日不樂', 餘哀未忘也.

1-5[단궁하 4]

나이 오십에 수레가 없는 자는 국경을 넘어 조문하지 않는다. 【구본 에는 '哀次亦如之' 아래 배치되어 있다】

五十無車者, 不越疆而弔人. 【舊在'哀次亦如之'之下】

[단궁하 6]

부인은 국경을 넘어서 조문하지 않는다. 조문을 한 날은 술을 마시지 않고 고기를 먹지 않는다.【구본에는 '是日不樂' 아래 배치되어 있다】

婦人不越疆而弔人. 行弔之日, 不飮酒食肉焉.【舊在'是日不樂'之下】

權近 　살피건대, 앞에서 '조문을 하였으면 그 날은 음악을 연주하지 않는다'라고 한 것은 국군과 대부의 일을 말한 것이다. 아래에서 '조문을 한 날은 술을 마시지 않고 고기를 먹지 않는다'라고 한 것은 수레가 없는 자와 부인의 일을 말한 것이다. 천한 자는 악기를 갖추어 음악을 연주할 수 없다. 다만 술을 마시지 않고 고기를 먹지 않을 수 있을 뿐이다. 近按, 上曰'弔於人, 是日不樂', 是言君大夫之事也. 下曰'行弔之日, 不飮酒食肉', 是言無車者與婦人之事也. 賤者不能擧樂. 但不飮酒食肉而已.

1-6[단궁상 135]

빈궁殯宮을 지키고 있을 때, 멀리 사는 형제의 상을 들으면, 시마복緦麻服을 하는 정도의 사이라도 반드시 문상을 가지만, 형제가 아니라면 가까이 있어도 가지 않는다.

有殯, 聞遠兄弟之喪, 雖緦, 必往, 非兄弟, 雖隣不往.

[단궁상 136]

알고 지내던 사람이 죽으면, 그의 형제들이 함께 살지 않았더라도 모두 가서 조문한다.【구본에는 「단궁상」 '袪裼之可也' 아래 배치되어 있다】

所識, 其兄弟不同居者皆弔.【舊在上篇'祛裼之可也'之下】

集說 삼년상에 빈궁殯宮을 지키고 있을 때는 조문弔問을 나갈 수 없다. 그러나 형제에 대해서는 은의恩義가 있기 때문에 시마복緦麻服을 하는 형제로서 분가하여 먼 곳에 살고 있는 경우라도 그가 죽으면 가서 곡한다. 형제가 아니라면 가까운 곳이라도 가지 않는다. (풍씨馮氏가 말한다.9)) "죽은 이가 나와 알고 지내던 사람이라면 그의 형제들이 죽은 이와 같이 살지 않더라도 나는 모두 조문해야 하니, 서로 왕래하던 인정과 의리를 이루기 위해서이다." 三年之喪, 在殯, 不得出弔. 然於兄弟, 則恩義存焉, 故雖緦服兄弟之異居而遠者, 亦當往哭其喪. 若非兄弟, 則雖近不往. "死者旣吾之所知識, 則其兄弟雖與死者不同居, 我皆當弔之, 所以成往來之情義也."

權近 살피건대, 위에서 '빈궁을 지키고 있을 때, 형제가 아니라면 가까이 있어도 가지 않는다'고 하고, 아래에서 '알고 지내던 사람이 죽으면, 그의 형제들이 함께 살지 않았더라도 일일이 조문한다'고 하였으니 아래 절은 빈궁을 지키고 있을 때가 아니다. 近按, 上言'有殯, 非兄弟, 雖鄰不往', 下言'所識, 其兄弟不同居者皆弔', 則下節是非有殯之時也.

1-7[단궁하 7]

장례葬禮에 조문하는 자는 반드시 인引(상여끈)을 잡는다. 인引을 잡지 않고 상여를 따르던 자들도 하관할 때에는 모두 불紼(관끈)을 잡는다.【구본에는 '飮酒食肉焉' 아래 배치되어 있다】

弔於葬者必執引. 若從柩, 及壙, 皆執紼.【舊在'飮酒食肉焉'之下】

'인引'은 상여를 끄는 줄이다. '불紼'은 관을 당기는 끈이다. (소疏에
서 말한다.10)) "'인引'이란 길고 먼 것의 이름이다. 그러므로 상여에 있다.
상여는 멀리 가는 것이다. '불紼'은 들어 올린다는 의미다. 그러므로 관에
있다. 관은 들어 올리는 것이지 멀리 가는 것이 아니다." '引', 引柩車之索也.
'紼', 引棺索也. "引'者, 長遠之名, 故在車, 車行遠也. '紼'是撥擧之義, 故在棺, 棺惟撥
擧, 不長遠也."

살피건대, 위의 '군주는 대부에 대하여 장사葬事를 치르려 할 때 조
문한다' 이하는 조문을 행하는 예를 말한 것이다. 구본은 잘못된 차서가
많아 '나이 오십에 수레가 없는 자는 국경을 넘어 조문하지 않는다'의 아래
와 '대부가 사士를 조문하는데'의 위에 '계무자季武子가 앓아누웠다'부터 '증
점曾點이 계무자의 문에 기대어 노래하였다'까지의 두 절이 그 사이에 섞여
들어 있는데 이제 갈래에 따라 그것을 나누고 또 존비尊卑의 순서에 의거
하여 배열하였다. 近按, 右自'君於大夫, 將葬, 弔'以下, 是言行弔之禮. 舊經多失次,
而'五十無車, 不越疆而弔人'之下, '大夫弔'之上, 有'季武子寢疾'至'曾點倚其門而歌'二節
雜入其中, 今以類而分之, 又以尊卑之序而次之.

1-8[단궁하 14]

유약有若의 상에 도공悼公이 조문하자, 자유子游가 빈擯으로 도우면
서 왼쪽에 위치하였다.【구본에는 '我弔也與哉' 아래 배치되어 있다】
有若之喪, 悼公弔焉, 子游擯, 由左.【舊在'我弔也與哉'之下】

'도공悼公'은 노나라 임금으로 애공哀公의 아들이다. '빈擯'은 예에 관
련된 일을 돕는 것이다. 서 있을 때는 오른쪽을 높인다. 자유子游가 도공의

왼쪽에 있으면 도공은 오른쪽에 있게 되어 존귀하게 된다. 「소의少儀」(4-7)에 "군주의 명령을 다른 사람에게 전달할 때는 군주의 오른쪽으로부터 전달한다"라고 한 것은 임금의 명령을 전할 경우는 명령이 존귀하기 때문에 전하는 자가 오른쪽에 위치한다는 말이다. 당시 상례喪禮를 돕는 자들 또한 대부분 오른쪽에 위치했으므로 자유가 그것을 바로잡은 것이다. '悼公', 魯君, 哀公之子. '擯', 贊相禮事也. 立者尊右. 子游由公之左, 則公在右爲尊矣. 「少儀」云"詔辭自右"者, 謂傳君之詔命, 則詔命爲尊, 故傳者居右. 時相喪禮者, 亦多由右, 故子游正之也.

진晉나라 헌공獻公의 상喪이 나자, 진秦나라 목공穆公이 사람을 시켜 공자 중이重耳에게 조문하였다. 그리고 다음과 같이 말하였다. "과인이 듣기에 나라를 잃는 것도 항상 이러한 때에 있고, 나라를 얻는 것도 항상 이러한 때에 있습니다. 그대가 비록 엄숙한 상중에 있으나, 지위를 잃은 상태가 오래가서도 안 되고, 때를 놓쳐서도 안 됩니다. 유자孺子는 도모하시오!"

晉獻公之喪, 秦穆公使人弔公子重耳. 且曰: "寡人聞之, 亡國恒於斯, 得國恒於斯. 雖吾子儼然在憂服之中, 喪亦不可久也, 時亦不可失也. 孺子其圖之!"

集說 진晉나라 헌공獻公이 죽었을 때, 중이重耳는 난을 피해 적狄 땅에 있었으므로 목공穆公이 사람을 시켜 그에게 조문한 것이다. 조문하는 것은 정상적인 예(正禮)이므로 '그리고 다음과 같이 말했다'(且曰)로 아래의 말을

이끌어낸 것이다. '과인이 들었다'(寡人聞之)는 것은 이 사신이 목공의 말을 전한 것이다. '항상 이러한 때에 있다'(恒於斯)는 것은 항상 생사生死가 바뀌는 이러한 때에 있음을 말한 것이다. '엄숙한'(儼然)이라는 것은 몸가짐을 단정하게 지키는 모습이다. '상喪'은 지위를 잃는 것이다. '지위를 잃은 상태가 오래가서는 안 된다'(喪不可久)와 '때를 놓쳐서는 안 된다'(時不可失)는 것은 분상하러 귀국하여 왕위 계승을 도모하도록 권한 것이다. 그러므로 '유자孺子는 도모하시오'(孺子其圖之)라고 말한 것이다. 이때 진秦나라는 이미 그를 들여보낼 뜻을 가지고 있었다. 獻公薨時, 重耳避難在狄, 故穆公使人往弔之. 弔爲正禮, 故以'且曰'起下辭. '寡人聞之'者, 此使者傳穆公之言也. '恒於斯', 言常在此死生交代之際也. '儼然', 端靜持守之貌[11]. '喪', 失位也. '喪不可久'・'時不可失'者, 勉其奔喪反國, 以謀襲位. 故言'孺子其圖之'也. 此時秦已有納之之志矣.

1-10[단궁하 17]

구범舅犯에게 알리자 구범이 말하였다. "유자는 사양하십시오. 지위를 잃고 망명해 있는 사람은 보배 삼을 만한 것이 없으니 인애로움과 부모를 그리워하는 것을 보배로 여기는 것입니다. 아버지의 죽음이 어떤 일입니까? 그런데 또 그것을 이용해서 이익을 삼는다면 천하에 그 누가 변호해줄 수 있겠습니까? 유자는 사양하십시오."
以告舅犯, 舅犯曰: "孺子其辭焉! 喪人無寶, 仁親以爲寶. 父死之謂何? 又因以爲利, 而天下其孰能說之? 孺子其辭焉!"

集說 '구범舅犯'은 중이重耳의 외삼촌 호언狐偃이며, 자字는 자범子犯이다. 공자 중이가 사자使者의 말을 듣고서 들어가 자범에게 알리자, 자범은 다음

과 같이 말하였다. "마땅히 사양하고 받지 않음이 옳다. 지위를 잃고 나라를 떠난 사람은 보배로 여길 것이 없고, 오직 인애仁愛와 사친思親 어버이를 그리워함이 그 보배이다. 아버지의 죽음, 이것이 어떤 일인가? 바로 재난 중에서도 큰일이다. 어찌 또 이 재난을 이용해서 나라로 되돌아가는 기회로 삼을 수 있겠는가? 천하의 사람들 가운데 그 누가 나의 죄 없음을 해명해줄 수 있겠는가? 이것이 귀국하도록 권하는 말을 받아들여서는 안 되는 까닭이다." '舅犯', 重耳舅狐偃, 字子犯也. 公子旣聞使者之言, 入以告之子犯. 犯言當辭而不受可也. 失位去國之人, 無以爲寶, 惟仁愛思親乃其實也. 父死謂是何事? 正是凶禍大事. 豈可又因此凶禍以爲反國之利? 而天下之人, 孰能解說我爲無罪乎? 此所以不當受其相勉反國之命也.

1-11[단궁하 18]

공자 중이重耳가 사자에게 말하였다. "임금께서 고맙게도 망명한 신하인 중이에게 조문해주셨습니다. 저는 지위를 잃고 아버지가 죽었는데도 곡하고 울부짖는 상주의 자리에 참여하지 못하여 임금께 걱정을 끼쳐드렸습니다. 아버지의 죽음이 어떤 것입니까? 감히 다른 마음을 가져서 임금의 뜻을 욕되게 할 수 있겠습니까?" 머리를 땅에 찧기만 하고 절은 하지 않았으며, 곡을 하고 일어났다. 일어나서는 사사로운 대화를 하지 않았다.

公子重耳對客曰: "君惠弔亡臣重耳. 身喪父死, 不得與於哭泣之哀, 以爲君憂. 父死之謂何? 或敢有他志以辱君義?" 稽顙而不拜, 哭而起. 起而不私.

集說 공자 중이重耳가 자범子犯의 말을 듣고, 나와서 손님에게 답한 것이다. '망명한 신하 중이에게 조문하여 주셨다'(惠弔亡臣重耳)는 것은 와서 조문해준 것에 사례한 것이다. '곡하고 울부짖는 상주의 자리에 참여하지 못했다'(不得與哭泣之哀)는 것은 도망 나와 외국에 머무르고 있어서 상주의 자리(喪次)에 있을 수 없음을 말한 것이다. '임금께 걱정을 끼쳐드렸습니다'(以爲君憂)는 것은 임금에게 나를 걱정하도록 만들었다는 것이다. '다른 마음'(他志)은 지위를 차지하려는 뜻을 말한다. '임금의 뜻을 욕되게 한다'(辱君義)는 것은 임금이 조문한 뜻을 욕되게 한다는 것이다. '사사로이 하지 않았다'(不私)는 것은 다시 사자使者와 더불어 사사로운 말을 하지 않았다는 것이다.

公子旣聞子犯之言, 乃出而答客. '惠弔亡臣重耳', 謝其來弔也. '不得與哭泣之哀', 言出亡在外, 不得居喪次也. '以爲君憂'者, 致君憂慮我也. '他志'謂求位之志. '辱君義'者, 辱君惠弔之義也. '不私', 不再與使者私言也.

1-12[단궁하 19]

자현子顯이 목공穆公에게 복명하였다. 목공이 말하였다. "어질도다, 공자 중이重耳여! 머리를 찧기만 하고 배례를 하지 않은 것은 아직 후사가 되지 않았기 때문에 배례를 마치지 않은 것이다. 곡을 하고 일어선 것은 아버지를 사랑함이요, 일어나서 사사로이 말하지 않는 것은 이익을 멀리한 것이다."【晉獻公之喪에서부터 여기까지의 내용이 구본에는 '故爲之服' 아래 배치되어 있다】

子顯以致命於穆公. 穆公曰: "仁夫, 公子重耳! 夫稽顙而不拜, 則未爲後也, 故不成拜. 哭而起, 則愛父也. 起而不私, 則遠利也."

集說 정현 주에서는 『국어』를 통해 사신이 공자 집繁이며 자字가 자현子 鞸임을 알았기 때문에12) 현顯을 현鞸으로 읽은 것이다. 상례喪禮에서는 먼저 머리를 땅에 찧은 뒤에 배례하는 것을 ‘성배成拜(배례를 이룬다)라고 하는데, 후사가 된 자만이 성배를 하는 것은 조문하는 예의 무거운 은혜에 사례하는 것이다. 지금 공자는 후사가 되지 않았기 때문에 성배하지 못한 것이다. ‘아버지를 사랑한다’(愛父)는 것은 아버지의 죽음을 애통해한다는 말과 같다. ‘사사로이 사자와 더불어 말하지 않는다’는 것은 귀국할 뜻이 없는 것이고 이익을 멀리하는 것이다. ‘아버지를 사랑한다’, ‘이익을 멀리한다’(遠利)는 것은 모두 어진 자의 일이다. 그러므로 ‘어질도다, 공자 중이여!’라고 칭송한 것이다. 鄭註用『國語』, 知使者爲公子縶, 字子鞸, 故讀顯爲鞸也. 喪禮先稽顙後拜謂之成拜, 爲後者成拜, 所以謝弔禮之重. 今公子以未爲後, 故不成拜也. ‘愛父’猶言哀痛其父也. 不私與使者言, 是無反國之意, 是遠利也. ‘愛父’・‘遠利’, 皆仁者之事, 故稱之曰‘仁夫, 公子重耳!’

¹⁻¹³[단궁하 13]

자장이 죽자, 증자가 모친상 중임에도 자최복을 입은 채로 가서 곡을 하였다. 어떤 사람이 “자최복을 입고는 조문하지 않는 법이다”라고 하였다. 증자는 “내가 조문한 것이겠는가?”라고 하였다.【구본에는 ‘同國則往哭之’ 아래 배치되어 있다】

子張死, 曾子有母之喪, 齊衰而往哭之. 或曰: “齊衰不以弔.” 曾

子曰: "我弔也與哉?"【舊在'同國則往哭之'之下】

集說 모친상의 상복을 입은 채로 붕우의 상에 곡을 하였으니 예를 벗어 남이 매우 심한 것이어서 어떤 사람이 제지한 것이다. 그러나 증자의 뜻은 '내가 자장의 죽음에 어찌 보통의 예대로 조문만 할 뿐이겠는가?'라는 것이다. 지금 이 뜻을 살펴보면, 다만 붕우의 의리가 융성하고 두터워 가서 곡을 하지 않을 수 없고 또 상복을 벗고 갈 수도 없으므로, 가서 곡만 하고 조문하지 않았으니 예이다. 그러므로 '내가 조문한 것이겠는가?'라고 말하였다. ○ 유씨劉氏는 말한다. "증자가 일찍이 물었다. '삼년상 중에 조문하러 갈 수 있습니까?' 공자가 대답하였다. '삼년상 중에 연제를 지낼 때까지는 여러 사람과 함께 서지 않고 여럿이 함께 가지 않는다. 군자는 예로써 정情을 문식하니 삼년상 중에 조문하고 곡하는 것은 또한 허식이 아니겠는가?' 이미 이러한 가르침을 받았을 터인데, 또 모친상 중에 있으면서 벗에게 조문하였다니, 반드시 그렇지는 않았을 것이다. 무릇 경전에서 증자가 예를 그르친 일을 말한 것을 다 믿을 수는 없음은 여기서도 알 수 있다."

以喪母之服, 而哭朋友之喪, 蹠禮已甚, 故或人止之. 而曾子之意, 則曰'我於子張之死, 豈常禮之弔而已哉?' 今詳此意, 但以友義隆厚, 不容不往哭之, 又不可釋服而往, 但往哭而不行弔, 禮耳. 故曰, '我弔也與哉?' ○ 劉氏曰: "曾子嘗問, '三年之喪, 弔乎?' 夫子曰, '三年之喪, 練不群立, 不旅行. 君子禮以節情, 三年之喪而弔哭, 不亦虛乎?' 旣聞此矣, 而又以母喪弔友, 必不然也. 凡經中言曾子失禮之事, 不可盡信, 此亦可見."

1-14[단궁하 5]

계무자季武子가 앓아누웠다. 교고蟜固가 자최복齊衰服을 벗지 않은 채 들어와 병문안을 하고 말하였다. "이 예가 사라지려고 합니다. 사士는 오직 공문公門에서만 자최복을 벗습니다." 계무자가 말하였다. "또한 훌륭하지 않은가! 군자만이 미세한 것을 밝힌다." 계무자가 죽자 증점曾點은 계무자의 문에 기대어 노래하였다.【구본에는 '不越疆而弔人' 아래 배치되어 있다】

季武子寢疾. 蟜固不說齊衰而入見, 曰: "斯道也將亡矣. 士唯公門說齊衰." 武子曰: "不亦善乎! 君子表微." 及其喪也, 曾點倚其門而歌.【舊在'不越疆而弔人'之下】

集說 '계무자季武子'는 노나라 대부 계손숙季孫夙이다. '교고蟜固'는 사람의 성명이다. '증점曾點'은 자字가 석晳이며, 증삼曾參의 아버지다. 계무자가 앓아누워 있을 때 교고가 마침 자최상을 치르고 있었는데 흉복을 입은 채로 병문안을 한 뒤 말하였다. "대부의 문에서는 흉복을 벗어서는 안 되고, 오직 군주의 문에서만 벗습니다. 이 예가 사라지려고 합니다. 제가 흉복을 입고 온 것은 사라지려는 이 예를 보존하기 위함입니다." 계무자가 훌륭하게 여기면서 현저하게 예에서 어긋난 경우는 사람들이 모두 알 수 있으나, 미세하게 예에서 어긋날 경우에는 오직 군자만이 드러내어 밝힐 수 있다고 말하였다. 계무자는 정권을 장악하여 사람들이 높이고 두려워하는 대상이었고 교고가 그렇게 한 것은 당시 사람들의 시각을 바꾸고자 한 것이다. 예에 근거하여 행하였기 때문에 계무자가 비록 유감으로 여길 수는 있었어도 죄를 줄 수는 없었다. '문에 기대어 노래한다'(倚門而歌)는 것은 예가 아니다. 그 또한 광狂13)의 한 모습이다. 기록한 자는 교고가 예를 살린 것을 칭찬하고 증점이 예를 폐한 것을 기롱한 것인 듯하다. '季武子', 魯大夫季孫夙也. '蟜固', 人姓名. '點', 字晳14), 曾子父也. 武子寢疾之時, 蟜固適有齊衰之服, 遂衣凶

服而問疾, 且曰: "大夫之門, 不當釋凶服, 惟君門乃說耳. 此禮將亡. 我之凶服以來, 欲以救此將亡之禮也." 武子善之, 言失禮之顯著者, 人皆可知, 若失禮之微細者, 惟君子乃能表明之也. 武子執政, 人所尊畏, 固之爲此, 欲以易時人之觀瞻. 據禮而行, 武子雖憾, 不得而罪之也. 若'倚門而歌', 則非禮矣. 其亦狂之一端歟. 記者蓋善蟜固之存禮, 譏曾點之廢禮也.

權近 살피건대, 이 경문은 위에서 조문을 행하는 예를 말한 것에 인하여 귀천에 따라 조문을 행하는 데 득실이 있음을 덧붙인 것이다. 近按, 此因上言行弔之禮, 而附以貴賤行弔之有得失者也.

2.

상례喪禮는 슬픔이 지극한 것이지만, 슬픔을 표현하는 데에 절도를 두는 것은 감정의 변화에 따라서 예를 변경하는 것이다. 군자는 낳아준 분의 마음을 생각한다.【구본에는 '哭穆伯始也' 아래 배치되어 있다】

喪禮, 哀戚之至也, 節哀, 順變也. 君子念始之者也.【舊在'哭穆伯始也'之下】

集說 상주의 슬픔은 천성의 지극함에서 나오는 것이니 어찌 막을 수 있겠는가? 성인이 예禮를 제정하여 그 슬퍼함에 절도를 둔 것은 대개 감정의 변화에 따라서 변경하는 것이다. 상주의 슬픈 감정에 따라 점점 변경하여 경감시키는 것을 말한다. '시始'는 낳아준다는 뜻이다. 나를 낳아준 자는 부모이니, 훼손하여 생명을 상하는 것은 나를 낳아준 자를 생각하지 않는 것이다. 孝子之哀, 發於天性之極至, 豈可止遏? 聖人制禮, 以節其哀, 蓋順以變之也. 言順孝子之哀情, 以漸變而輕減也. '始'猶生也. 生我者父母也, 毀而滅性, 是不念生我者矣.

權近 살피건대, 군자는 부모가 나를 낳아준 은혜를 생각하며 그 슬픔의 지나침을 스스로 알지 못한다. 그러므로 반드시 예를 제정하여 슬퍼함에 절도를 두고 지나치지 못하도록 한 것이다. 近按, 君子念父母生我之恩, 而不自知其哀戚之至. 故必爲禮, 以節其哀, 而不使之過也.

복復[15]은 사랑하는 마음을 다하는 도리로, 이때에도 회생하기를 기도하는 마음을 가지고 있는 것이다. 어두운 곳으로부터 돌아오기를 바라는 것은 귀신에게 구하는 도리다. 북쪽을 향하는 것은 어두운 곳에서 구한다는 뜻이다.【구본에는 위 문장과 연결되어 있다】
復, 盡愛[16]之道也, 有禱祠之心焉. 望反諸幽, 求諸鬼神之道也. 北面, 求諸幽之義也.【舊聯上文】

集說 오사五祀[17]에 기도를 행하고도 회생回生시킬 수 없으면 다시 복復을 하는데, 이는 부모를 사랑하는 마음을 다하는 것으로, 회생하기를 기도하는 마음은 복을 할 때에도 여전히 남아 있다. '망반저유望反諸幽'는 어두운 곳으로부터 돌아오기를 바라는 것이다. 귀신은 어두운 곳에 거처하는데 북쪽이 어두운 방향이다. 그러므로 어두운 곳에 거처하는 귀신에게 구할 경우는 반드시 북쪽을 향한다. 行禱五祀, 而不能回其生, 又爲之復, 是盡其愛親之道, 而禱祠之心, 猶未忘於復之時也. '望反諸幽', 望其自幽而反也. 鬼神處幽暗, 北乃幽陰之方. 故求諸鬼神之幽者, 必向北也.

웃옷을 벗어 어깨를 드러내고(袒) 머리를 묶는(括髮) 것은 모습을 변화시키는 것이다. 분해하는 것은 애통해하는 감정이 변한 것이다. 문식을 제거하는 것은 아름다움을 제거하는 것이다. 어깨를 드러내고 머리를 묶는 것은 문식을 제거하는 방식 중에 심한 것이다. 어깨를 드러내는 경우가 있고 옷을 도로 입는(襲) 경우가 있는 것은 슬픔에 절도와 문식을 가한 것이다.【구본에는 '爲之節文也' 아래 배치되어 있다】

袒·括髮, 變也. 慍, 哀之變也. 去飾, 去美也. 袒·括髮, 去飾之甚也. 有所袒有所襲, 哀之節也.【舊在'爲之節文也'之下】

集說 疏에서 말한다. "웃옷을 벗어 어깨를 드러내고(袒衣) 머리를 묶는 (括髮) 것은 모습을 변화시키는 것이다. 슬퍼하다 분해하는 것은 애통해하는 감정이 변한 것이다. 평소 길吉할 때 하는 옷의 문식을 제거하는 것은 그 화려하고 아름다운 것을 제거하는 것이다. 문식을 제거함에 비록 여러 방식이 있지만 오직 어깨를 드러내고 머리를 묶는 것(袒而括髮)이 또 문식을 제거하는 방식 중에 가장 심한 것이다. 이치로 보면 늘 어깨를 드러내고 (袒) 있어야 마땅한데, 어찌하여 어깨를 드러낼 때가 있고 옷을 도로 입을 (襲) 때가 있는가? 대개 슬픔이 심하면 어깨를 드러내고 슬픔이 가벼우면 옷을 도로 입으니 슬퍼함에 한계와 절도가 있는 것이다." 疏曰: "袒衣括髮, 形貌之變也. 悲哀慍恚, 哀情之變也. 去其尋常吉時之服飾, 是去其華美也. 去飾雖多端, 惟袒而括髮, 又去飾之中最甚者也. 理應常袒, 何以有袒時·有襲時? 蓋哀甚則袒, 哀輕則襲, 哀之限節也."

權近 살피건대, 구설舊說(공영달의 소)에서는 "어깨를 드러내고 머리를 묶는 것은 모양을 변화시키는 것이다. 슬퍼하다 분해하는 것은 애통해하는 감정이 변한 것이다"라고 하여 '온慍' 한 자를 구절로 삼아 '단괄발袒括髮'과 함께 두 가지의 일로 삼은 듯하다. 내 생각에는 '온애지변慍哀之變' 네 글자는 곧 '단괄발변야袒括髮變也'의 '변變' 자 한 글자를 풀이한 것이지 두 가지

일이 있는 것이 아닌 듯하다.[18] 그 내용은 어깨를 드러내고 머리를 묶어서 모양을 변화시키는 것은 분하고 애통한 감정의 변화에 말미암은 것으로, 감정이 안에서 변하면 따라서 모양 역시 밖에서 변함을 말한 것이다. 近按, 舊說"袒括髮, 形貌之變也. 悲哀慍恚, 哀情之變也", 似以'慍'之一字爲句, 而與'袒括髮'爲兩事也. 愚恐'慍哀之變'四字, 卽釋'袒括髮變也'之一'變'字, 非有二也. 言袒括髮而變其形貌者, 是由慍哀之情之變也, 情變於內, 故形亦變於外也.

2-4[단궁하 28]

가슴을 치고 발을 구르는 것(辟踊)은 슬픔이 지극한 것을 나타낸다. 횟수를 둔 것은 그것에 절도와 문식(節文)을 가한 것이다.【구본에는 '敬之心也' 아래 배치되어 있다】

辟踊, 哀之至也. 有算, 爲之節文也.【舊在'敬之心也'之下】

集說 소疏에서 말한다. "가슴을 치는 것이 '벽辟'이고 발을 구르는 것이 '용踊'인데, 이는 애통함이 지극한 것이다. 만약 한도를 정하지 않으면 생명을 상할 염려가 있으므로 횟수를 두어 기준과 절도를 세웠다. 한 번의 용踊에 발을 세 번 구르니, 세 번의 용踊에 아홉 번 발을 구르는 것이 하나의 단위가 된다. 사士는 3일에 세 차례의 용踊을 하고, 대부는 4일에 다섯 번의 용을 하며, 제후는 6일에 일곱 번의 용을 하고, 천자는 8일에 아홉 번의 용을 한다. 그러므로 '절도와 문식을 가하였다'(節文)고 말한 것이다." 疏曰: "撫心爲'辟', 跳躍爲'踊', 是哀痛之至極. 若不裁限, 恐傷其性, 故有算以爲之準節. 每一踊三跳, 三踊[19]九跳爲一節. 士三日有三次踊, 大夫四日五踊, 諸侯六日七踊, 天子八日九踊. 故云爲之'節文'也."

2-5[단궁하 23]

배례하는 것(拜)과 이마를 지면에 대는 것(稽顙)은 슬픔이 지극히 통렬하기 때문이다. 이마를 지면에 대는 것이 더욱 애통한 것이다.
【구본에는 '幽之義也' 아래 배치되어 있다】

拜·稽顙, 哀戚之至隱也. 稽顙, 隱之甚也.【舊在'幽之義也'之下】

集說　'은隱'은 애통함이다. '계상稽顙'은 이마를 지면에 대며 예용禮容(예의 바른 차림새)을 갖추지 않는 것이다. '배례하는 것'과 '이마를 대는 것'으로 말하면 모두 지극히 애통한 것이지만, '이마를 대는 것'이 애통함이 더욱 심한 것이다. '隱', 痛也. '稽顙'者, 以頭觸地, 無復禮容. 就拜與稽顙言之, 皆爲至痛, 而稽顙則尤其痛之甚者也.

2-6[단궁하 31]

죽을 먹는 동안에 주인·주부·우두머리 집사가 병이 나면 임금이 명령하여 거친 밥을 먹게 한다.【구본에는 '啗而葬' 아래 배치되어 있다】

歠, 主人·主婦·室老, 爲其病也, 君命食之也.【舊在'啗而葬'之下】

集說　소疏에서 말한다. "부모상을 당하여 죽을 먹을 때이다. '주인主人'은 죽은 자의 아들이다. '주부主婦'는 죽은 자의 아내이며, 죽은 자의 아내가 없을 경우에는 주인의 아내를 가리킨다. '실노室老'는 집안의 우두머리 집사이다. 이 세 사람은 모두 대부 집안의 귀한 자이다. 그들이 죽을 먹다가 병들어 곤란하게 되었기 때문에 임금이 반드시 명령하여 거친 밥을 먹도록

하는 것이다." 疏曰: "親喪歠粥之時. '主人', 亡者之子. '主婦', 亡者之妻, 無則主人之妻也.20) '室老', 家之長相. 此三人並是大夫之家貴者. 爲其歠粥病困之, 故君必21)命之食疏飯也.

2-7[단궁하 24]

반함飯含에는 쌀과 조개를 사용하는데 차마 입을 비워두지 못하기 때문이다. 이것은 음식을 드리는 도(食道)로써 하는 것이 아니고, 아름다운 물건을 넣는 형식을 사용하는 것이다.

飯用米·貝, 弗忍虛也. 不以食道, 用美焉爾.

集說 쌀과 조개를 죽은 자의 입안에 넣는 것은 차마 그 입을 비워두지 못하기 때문이다. 이것은 음식을 드리는 도(食道)로써 하는 것이 아니고, 다만 이 아름답고 깨끗한 물건으로 입에 넣는 형식을 취하는 것이다. 實米與貝于死者口中, 不忍其口之虛也. 此不是用飲食之道, 但用此美潔之物, 以實之焉爾.

權近 살피건대 위에서 '임금이 명령하여 거친 밥을 먹게 한다'고 한 것은 살아 있는 자에게 밥을 먹게 하는 것을 말하고, '반함飯含에 쌀과 조개를 사용한다'는 것은 죽은 자에게 반함하는 것이다. 近按, 上言'君命食之', 生者之食也. '飯用米貝', 死者之含也.

2-8[단궁하 25]

명銘은 죽은 자의 성명을 적은 깃발이다. 죽은 자는 구별이 되지 않기 때문에 깃발로 표지한 것이다. 그를 사랑하므로 이름을 기록하고, 그를 존경하므로 도리를 다하는 것이다.

銘, 明旌也. 以死者爲不可別已, 故以其旗識之. 愛之, 斯錄之矣, 敬之, 斯盡其道焉耳.

[단궁하 26]

중重에는 신주의 도道가 있다. 은나라에서는 신주를 만들면 중重을 빈묘殯廟에 묶어 매달아놓으며, 주나라에서는 신주를 만들면 중重을 철거하여 매장한다.

重, 主道也. 殷主綴重焉, 周主重徹焉.

[단궁하 27]

전奠을 올릴 때 소기素器(文飾을 가하지 않은 기물)를 사용하는 것은 살아 있는 자가 애통해하는 마음을 가지고 있기 때문이다. 오직 제사의 예禮에서 주인은 자신의 마음을 다하여 문식한다. 어찌 귀신이 흠향하는 것을 알아서 그렇게 한 것이겠는가? 또한 주인이 재계하고 공경하는 마음을 가지고 있기 때문인 것이다.【'飯用米貝'부터 여기까지 구본에는 '隱之甚也' 아래 배치되어 있다】

奠以素器, 以生者有哀素之心也. 唯祭祀之禮, 主人自盡焉爾. 豈知神之所饗? 亦以主人有齊敬之心也.【自'飯用米貝'以下至此, 舊在'隱之甚也'之下】

集說 『의례』 「사상례士喪禮」에 따르면 명정(銘)[22]은 '모씨모지구某氏某之柩(아무개 씨 아무개의 널)[23]'라고 쓰고, 처음에는 서쪽 계단 위의 처마 밑에 두었다가 중重을 다 만들면 중이 있는 곳에다 두며, 빈궁을 마련하고 흙칠

(塗)을 마치면 비로소 사감埃坎24)의 동쪽에 세운다. 소疏에서 말한다. "사土의 명정은 길이가 3자이고, 대부는 5자이며, 제후는 7자이고, 천자는 9자이다. 명命을 받지 못한 사土는 검은 베(緇)로 만들되 길이가 반폭半幅이며, 정말程末25)은 길이가 종폭終幅이고 너비가 3촌이다. 반폭은 1척이고 종폭은 2척이니 총 길이가 3척이다." 대저 사랑하므로 그 이름을 기록하고, 존경하므로 그 도리를 다하는 것이니, 사랑(愛)이라 말하고 존경(敬)이라 말한 것이 빈 말이 아니다. 『의례』「사상례」 정현 주에 "사土의 중重26)은 나무로 만들며 길이가 3척이다"27)라고 하였다. 사망한 초기에 곧 중重을 만들어 신神이 의지하게 한다. 비록 신주神主가 아니지만 신주의 뜻이 있다. 그러므로 '신주의 도'(主道)라고 한 것이다. 은나라 예에서는 처음 빈궁을 차릴 때 중重을 빈묘殯廟의 뜰에 두었다가, 우제虞祭를 지내기 위해 신주가 만들어지면 이 중重을 묶어 처음 죽었을 때 차렸던 빈묘에 걸어둔다. 주나라 사람들은 우제虞祭를 지내면서 신주를 만들면 중重을 철거하여 매장하였다. ○ 정씨鄭氏(정현鄭玄)는 말한다. "애소哀素는 애통해함에 문식할 겨를이 없음을 말한다. 무릇 기물器物에 문식이 없는 것을 '소素'라고 한다. 애통해함에 문식하지 않은 것을 쓰고 공경함에 문식한 것을 사용하니, 예禮는 사람의 마음에서 나올 뿐이다." ○ 방씨方氏는 말한다. "「사상례土喪禮」에 소조素俎(문식하지 않은 희생제기)가 있고, 「사우례土虞禮」에 소궤素几(상례에 쓰이는 흰색의 안석)가 있는데 모두 애통해함에 문식을 가하지 않기 때문이다. 상례와 장례는 흉례凶禮이기 때문에 이와 같은 것이다. 길례吉禮인 제사에 이르면 반드시 자신의 마음을 다하여 문식을 한다. 그러므로 '오직 제사의 예에서는 상주는 자신의 마음을 다할 뿐이다'(唯祭祀之禮, 主人自盡焉爾)라고 한 것이다. 그러나 주인이 자신의 마음을 다하는 것 또한 어찌 귀신이 흠향하는 것이 반드시 이것에 있음을 알아서 그렇게 하는 것이겠는가? 또한 자신의 마음을 표현하는 것일 뿐이다."「土喪禮」銘曰'某氏某之柩', 初置于簷下西階

上, 及爲重畢, 則置於重. 殯而卒塗, 始樹於堓坎之東. 疏云, "士長三尺, 大夫五尺, 諸侯七尺, 天子九尺. 若不命之士, 則以緇, 長半幅, 䞓末, 長終幅, 廣三寸, 半幅一尺也, 終幅二尺也, 是總長三尺." 夫愛之而錄其名, 敬之而盡其道, 曰愛曰敬, 非虛文也. 『禮』註云: "士重木長三尺." 始死作重以依神. 雖非主而有主之道. 故曰'主道'也. 殷禮始殯時, 置重于殯廟之庭, 曁成虞主, 則綴此重而懸於新死者所殯之廟. 周人虞而作主, 則徹重而埋之也. ○ 鄭氏曰: "'哀素', 言哀痛無飾也. 凡物無飾曰'素'. 哀則以素, 敬則以飾, 禮由人心而已." ○ 方氏曰: 「士喪禮」有素組, 「士虞禮」有素几, 皆其哀而不文故也. 喪葬凶禮, 故若是. 至於祭祀之吉禮, 則必自盡以致其文焉. 故曰, '唯祭祀之禮, 主人自盡焉爾.' 然主人之自盡, 亦豈知神之所享必在於此乎? 且以表其齊敬之[28]心而已[29]."

2-9[단궁하 44]

상례에서 널을 받들어 선조의 사당(祖廟)에 알현시키는 것은 죽은 자의 효심을 따르는 것이다. 거처를 떠나는 것을 슬퍼하므로 선조의 사당에 이르러 알현시킨 후에 길을 떠난다. 은나라의 예는 사당에 알현시키고 나서 사당에 빈궁을 차린다. 주나라의 예는 사당에 알현시키고 나서 이어서 장례葬禮를 치른다.【구본에는 '所難言也' 아래 배치되어 있다】

喪之朝也, 順死者之孝心也. 其哀離其室也, 故至於祖考之廟而后行. 殷朝而殯於祖. 周朝而遂葬.【舊在'所難言也'之下】

集說 자식이 어버이를 섬김에 "외출할 때는 반드시 말씀드리고 돌아와서도 반드시 얼굴을 뵌다."[30] 이제 장례葬禮를 치르려고 할 때 널을 받들어 조묘祖廟에 알현시키는 것은 본디 죽은 자의 효심을 따르기 위한 것이다.

그러나 죽은 자의 마음을 살펴보건대, 또한 거처하던 곳을 떠나 영원히 땅속에 버려지는 것을 반드시 스스로 슬퍼할 것이요, 또한 선조의 사당에 이르러 결별하려고 할 것이다. 은나라는 질質을 숭상하였고 귀신을 존경하지만 멀리하였다. 그러므로 대렴大斂 후에 곧 널을 받들어 선조의 사당에 알현시키고 드디어 사당에 빈궁을 차린다. 주나라 사람은 정침正寢에 빈궁을 차리고, 장례를 치를 때가 되면 사당에 알현시킨다. 子之事親, '出必告, 反必面.' 今將葬而奉柩以朝祖, 固爲順死者之孝心. 然求之死者之心, 亦必自哀其違離寢處之居而永棄泉壤之下, 亦欲至祖考之廟而訣別也. 殷尙質, 敬鬼神而遠之. 故大斂之後, 卽奉柩朝祖而遂殯於廟. 周人則殯於寢, 及葬則朝廟也.

2-10[단궁하 30]

소변素弁(흰 명주로 만든 변)에 칡으로 만든 환질環絰(수질)을 두르고 장례葬禮를 지내는 것은 신神과 접하는 도리다. 공경하는 마음이 있기 때문이다. 주나라 사람들은 변弁을 쓰고 장사를 지냈고, 은나라 사람들은 후帽를 쓰고 장사지냈다.【구본에는 '哀之節也' 아래 배치되어 있다】

弁絰葛而葬, 與神交之道也. 有敬心焉. 周人弁而葬, 殷人帽而葬.【舊在'哀之節也'之下】

集說 상중에 있을 때는 관冠과 복服 모두 완전한 흉복凶服으로 한다. 장례葬禮를 지내 나의 부모가 신체를 땅속에 의탁할 때에 이르면, 마땅히 예를 갖추어 공경하는 마음으로 산천의 신神과 접해야 한다. 이때 흰 명주로 변弁을 만드는데 작변爵弁의 형식과 같게 하고, 칡으로 환질環絰을 만들어 머리에 쓰고서 장례를 치른다. 감히 완전한 흉복으로 신神과 교제하지 못하

는 것은 공경함을 보이는 것이다. 그러므로 '공경하는 마음이 있기 때문이다'(有敬心焉)라고 하였다. 居喪時, 冠服皆純凶. 至葬而吾親託體地中, 則當以禮敬之心, 接於山川之神也. 於是, 以絹素爲弁, 如爵弁之制, 以葛爲環絰在首, 以送葬. 不敢以純凶之服交神者, 示敬也. 故曰: '有敬心焉.'

2-11[단궁하 35]

국도國都의 북쪽에 장례지내고 사자死者의 머리를 북쪽 방향으로 두는 것은 삼대三代가 통용한 예로서, 어두운 곳으로 가는 것이기 때문이다.

葬於北方, 北首, 三代之達禮也, 之幽之故也.

[단궁하 36]

하관下棺을 마치면 상주는 죽은 자에게 폐백을 드리고(贈), 축관祝官은 먼저 돌아와 우제虞祭의 시를 (빈궁으로) 나아가게 한다.【구본에는 '吾從周' 아래 배치되어 있다】

旣封, 主人贈, 而祝宿虞尸.【舊在'吾從周'之下】

集說 '북방北方'은 국도國都의 북쪽이다. 빈궁을 차릴 때도 계속 머리를 남쪽 방향으로 두는 것은 어버이를 차마 귀신으로 대할 수 없어서이다. 매장을 하면 주검과 관련된 일을 마치게 되므로 매장하면서 머리를 북쪽 방향으로 두는데, 하·은·주 삼대가 모두 이 예를 통용하였다. 남쪽 방향은 밝고 북쪽 방향은 어두우니, '어두운 곳으로 간다'(之幽)는 것은 '머리를 북쪽 방향에 둔다'(北首)는 뜻을 풀이한 것이다. 상여의 행렬이 성문에 이르면, 공公은 재부宰夫를 시켜서 검은색과 옅은 진홍색의 비단 열 단(玄纁束)[31]을

보낸다. 하관下棺을 마치면 (상주는) 이 현훈을 묘소의 들(野)에서 죽은 자에게 드린다. 이때 축관祝官은 먼저 돌아와 우제虞祭[32)의 시동을 나아가게한다. '숙宿'은 숙肅으로 읽으니, 나아가게 한다는 뜻이다. '우虞'는 안정시킨다는 뜻과 같다. 장례를 마치고 혼령을 맞이하여 돌아와 그날로 빈궁에서제사를 지내 안정시키는 것이다. (죽은 자가) 남자면 남자가 시동이 되고,여자면 여자가 시동이 된다. '시尸'라는 말은 주主로 삼는다는 뜻이다. 어버이의 모습을 볼 수 없어 마음을 메어둘 곳이 없기 때문에, 시동을 세우고그에게 죽은 자의 옷을 입혀 상주의 마음을 거기에 두게 하는 것이다. 담제禫祭[33) 이전에는 죽은 자의 성별에 따라 서로 다른 시동과 안석(几)을 사용하고, 묘묘廟에서 제사를 지내게 되면 여자 시동은 쓰지 않으며 안석도 또한 마찬가지다. '北方', 國之北也. 殯猶南首, 未忍以鬼神待其親也. 葬則終死事矣, 故葬而北首, 三代通用此禮也. 南方昭明, 北方幽暗, '之幽'釋所以'北首'之義. 柩行至城門, 公使宰夫贈玄纁束. 既窆則用此玄纁贈死者於墓之野. 此時, 祝先歸而肅虞祭之尸矣. '宿'讀爲肅, 進也. '虞'猶安也. 葬畢, 迎精而反, 日中祭之於殯宮, 以安之也. 男則男子爲尸, 女則女子爲尸. '尸'之爲言主也. 不見親之形容, 心無所係, 故立尸而使之著死者之服, 所以使孝子之心主於此也. 禫祭以前, 男女異尸異几, 祭於廟, 則無女尸, 而几亦同矣.

2-12 [단궁하 33]

반곡反哭 때 조문하는 것은 (상주의) 애통함이 지극하기 때문이다.
돌아와 보니 안 계시고 잃은 것이어서, 이에 애통함이 심한 것이다.
反哭之弔也, 哀之至也. 反而亡焉, 失之矣, 於是爲甚.

[단궁하 32]

반곡反哭을 할 때 당堂에 오르는 것은 (돌아간 어버이가) 예를 행하던 곳으로 되돌아가는 것이다. 주부가 실室에 들어가는 것은 (돌아간 어버이가) 음식을 대접하고 공양하던 곳으로 되돌아가는 것이다.
反哭升堂, 反諸其所作也. 主婦入于室, 反諸其所養也.

[단궁하 34]

은나라의 예는 하관下棺이 끝나면 조문하고, 주나라의 예는 반곡反哭 후에 조문한다. 공자는 "은나라의 예가 너무 질박하므로 나는 주나라의 예를 따르겠다"고 하였다.【구본에는 '君命食之也' 아래 배치되어 있다】

殷旣封而弔, 周反哭而弔. 孔子曰: "殷已愨, 吾從周."【舊在'君命食之也'之下】

集說 이 경문의 당堂과 실室은 모두 묘廟 안에 있는 것을 말한다. 하관下棺을 마치고 돌아와 조묘祖廟에서 반곡反哭34)을 한다. 사당이 둘인 경우에는 조묘에서 먼저 하고 녜묘禰廟에서 뒤에 한다. '소작所作'이란 (죽은 자가) 평소에 제사와 관례 및 혼례 등의 예를 행하던 곳이다. '소양所養'이란 음식을 대접하고 봉양하던 곳이다. 손님으로서 조문하는 자가 서쪽 계단으로 올라와 '어찌된 일입니까?'라고 말하면, 주인은 절하고 이마를 지면에 댄다. 이때에 부모는 이미 안 계시고 잃었으니, 다시는 자기 부모를 볼 수 없어 애통함이 이에 심하게 된 것이다. 손님이 조문을 마치고 나가면, 주인은 대문 밖에서 전송하고 이어서 빈궁으로 가는데, 곧 이전에 빈궁을 차렸던 정침正寢의 당堂이다. 은나라의 예에서는 하관下棺이 끝나면 손님이 묘소로 나아가 상주에게 조문한다. 주나라의 예는 상주가 반곡反哭하기를 기

다린 뒤에 조문한다. 공자가 '은나라의 예는 너무 질박하다'고 한 것은 대개 어버이가 흙 속에 있는 것이 본디 슬퍼할 만한 것이지만, 평소 거처하시던 곳에서 어버이를 찾다가 찾지 못하자 그 슬픔이 더욱 심해지는 것만 못하기 때문이다. 그러므로 묘소에서 조문하는 것은 집에서 조문함이 인정과 문식文飾을 아울러 다하게 되는 것만 못하니 따라서 주나라의 예를 따르고자 한 것이다. 此堂與室, 皆謂廟中也. 卒窆而歸, 乃反哭於祖廟, 其二廟者, 則先祖後禰. '所作'者, 平生祭祀冠昏所行禮之處也. '所養'者, 所饋食供養之處也. 賓之弔者, 升自西階, 曰, '如之何?' 主人拜稽顙. 當此之時, 亡矣失矣, 不可復見吾親矣, 哀痛於是爲甚也. 賓弔畢而出, 主人送于門外, 遂適殯宮, 即先時所殯正寢之堂也. 殷之禮, 窆畢, 賓就墓所弔主人. 周禮則俟主人反哭而後弔. 孔子謂殷禮大35)質愨者, 蓋親之在土, 固爲可哀, 不若求親於平生居止之所而不得, 其哀爲尤甚也. 故弔於墓者, 不如弔於家者之情文爲兼盡, 故欲從周也.

2-13[단궁하 37]

반곡反哭을 하고 나서 주인은 유사와 함께 우제虞祭에 쓸 희생을 살펴본다. 유사가 안석(几)과 자리(筵)를 가지고 묘의 왼쪽에 전奠을 베풀어놓고, 돌아와 (당일) 정오에 우제를 지낸다.

旣反哭, 主人與有司視虞牲, 有司以几筵舍奠於墓左, 反, 日中而虞.

[단궁하 38]

장례葬禮를 치른 날 우제虞祭를 지내는 것은 차마 하루라도 (혼령이) 돌아갈 곳이 없게 할 수 없기 때문이다.

葬日虞, 弗忍一日離也.

[단궁하 39]

이날 우제虞祭로 전奠을 바꾼다. 졸곡卒哭을 '성사成事'(제사가 성립됨)라고 한다.

是日也, 以虞易奠. 卒哭曰'成事'.

[단궁하 40]

이날 길제吉祭로 상제喪祭를 바꾼다. 다음날 할아버지의 사당에 부제祔祭를 지낸다.

是日也, 以吉祭易喪祭. 明日, 祔于祖父.

[단궁하 41]

변례變禮로 길제吉祭에 나아갈 때는 부제祔祭에 이르기까지 반드시 이날36)에 제사를 이어서 지낸다. 차마 하루라도 의지할 곳이 없게 할 수 없기 때문이다.

其變而之吉祭也, 比至於祔, 必於是日也接, 不忍一日末有所歸也.

[단궁하 42]

은나라에서는 연제練祭37)를 지내고 부제祔祭를 지냈고, 주나라에서는 졸곡卒哭을 하고 부제를 지냈다. 공자는 은나라의 예를 칭찬하였다.【구본에는 '祝宿虞尸' 아래 배치되어 있다】

殷練而祔, 周卒哭而祔, 孔子善殷.【舊在'祝宿虞尸'之下】

集說 사례士禮에서 우제의 희생은 특시特豕(돼지 1마리)다. '안석'(几)은 신神이 의지하도록 하는 것이다. '연筵'은 신神을 앉히는 자리로 자리가 펼쳐진 것을 연筵이라고 한다. 상주는 먼저 돌아와 희생을 살피고, 별도로 유사를

시켜 전奠을 베풀어 지신地神을 예우케 하는데 어버이가 몸을 이곳에 의탁하였기 때문이다. '사舍'는 석釋으로 읽는다. '전奠'은 놓는다는 뜻으로 이 제찬祭饌을 베풀어놓는다는 것이다. 묘도墓道는 남쪽을 향하는 것이므로 동쪽을 왼쪽으로 삼는다. 이 유사가 돌아오기를 기다려 (당일) 정오에 우제를 지낸다. '차마 하루라도 (혼령이) 돌아갈 곳이 없게 할 수 없다'는 것은 "차마 혼령이 돌아갈 곳이 없게 할 수 없기 때문이다." 시사始死·소렴小斂·대렴大斂·조석朝夕·삭월朔月·조조朝祖·봉견贈遣 등에서는 모두 상전喪奠을 올린다. 이날 비로소 우제虞祭로 상전을 대신하므로 '우제로 전奠을 바꾼다'(以虞易奠)고 한 것이다. '졸곡卒哭을 성사成事라고 한다'(卒哭曰成事)는 것은 축문에서 "상주 아무개는 일이 이루어졌음을 아룁니다"(哀薦成事)라고 했고, 제사는 길吉로 성립되는데 졸곡하고 지내는 제사가 길제吉祭이기 때문이다. '길제吉祭'는 졸곡제卒哭祭이다. '상제喪祭'는 우제虞祭이다. 졸곡은 우제 뒤에 한다. 그러므로 '길제로 상제를 바꾼다'고 한 것이다. '부祔'라는 말은 덧붙인다(附)는 뜻이다. 부제祔祭38)란 조상들에게는 다른 묘廟로 옮겨야 함을 알리고, 이번에 죽은 자에게는 이 묘廟로 들어가야 함을 알리는 것이다. 앞의 경문에서 말한 것은 모두 정상적인 예(正禮)에 의거한 것이다. 이 경문에서 '변變'이라 말한 것은 정상적인 예를 바꾼 것이기 때문이다. 바꾸게 된 것은 다른 사정이 있어서 장례 기일이 되기 전에 바로 장사를 치렀기 때문이다. 『효경孝經』 「상친喪親」장章에 "종묘를 만들어 귀신으로 제향祭享한다"고 하였다. 공자가 은나라 부제의 예를 칭찬한 것은 어버이를 귀신으로 대우하는 것을 서두르지 않았기 때문이다. 土之禮, 虞牲特豕. '几', 所以依神. '筵', 坐神之席也, 席敷陳曰筵. 孝子先反而視牲, 別令有司釋奠, 以禮地神, 爲親之託體於此也. '舍'讀爲釋, '奠'者置也, 釋置此祭饌也. 墓道向南, 以東爲左. 待此有司之反, 即於日中時虞祭也. '弗忍一日離,'39) "不40)忍其無所歸." 始死·小斂·大斂·朝夕·朔月·朝祖·贈遣之類, 皆喪奠也. 此日以虞祭代去喪奠, 故曰'以虞易奠'也.

'卒哭曰成事'者, 蓋祝辭曰'哀薦成事'也, 祭以吉爲成, 卒哭之祭, 乃吉祭故也. '吉祭', 卒哭之祭也. '喪祭', 虞祭也. 卒哭在虞之後, 故云'以吉祭易喪祭'也. '祔'之爲言附也. 祔祭者, 告其祖父, 以當遷他廟, 而告新死者, 以當入此廟也. '明日'者, 卒哭之次日也. 孫必祔祖者, 昭穆之位同, 所謂以其班也. 上文所言, 皆據正禮, 此言'變'者, 以其變易常禮也. 所以有變者, 以有他故, 未及葬期而卽葬也. 『孝經』曰: "爲之宗廟, 以鬼享之." 孔子善殷之祔者, 以不急於鬼其親也.

살피건대, 진씨陳氏는 "변례變禮로 길제吉祭에 나아간다"는 것에 대하여, 앞의 경문에서 말한 것은 모두 정상적인 예(正禮)에 의거한 것이다. 이 경문에서 '변變'이라 말한 것은 정상적인 예를 바꾼 것이기 때문이다. 바꾸게 된 것은 다른 사정이 있어서 장례 기일이 되기 전에 바로 장사를 치렀기 때문이다'라고 하였다. 내 생각에는 이 경문에서 이른바 '변變'이라 말한 것은 '상변常變'이라고 할 때의 '변'이 아니라 상전喪奠의 흉례로부터 변하여 졸곡卒哭과 부祔의 길제吉祭에 이른다는 것이다. 곧 위 문장에서 말한 것을 가리켜 그 의미를 펼친 것으로 차이가 있는 것이 아니다. 近按, 陳氏曰: "其變而之吉祭者, 上文所言, 皆據正禮. 此言變者, 變易常禮也. 所以有變者, 以有他故, 未及葬期而卽葬也." 愚謂此所謂變者, 非常變之變, 是自喪奠之凶禮, 變而至於卒哭與祔之吉祭也. 卽指上文所言, 而申其說, 非有異也.

이상의 한 장 역시 처음 상喪이 났을 때의 복復에서부터 말을 하여 졸곡卒哭과 연제練祭 및 부제의 일에 이르고 있다. 그러나 상편의 마지막 부분 "군복소침君復小寢" 이하부터 하나의 장이 그 일을 기록하는 것이기 때문에 그 말이 간략하고 간절하였다. 이 하나의 장은 그 이치를 말하는 것이기 때문에 그 뜻이 정밀하고 깊다. 이 장의 경문은 또한 차서를 잃은 부분이 많다. 이제 다시 선후를 고려하여 차서를 바로잡았다. 右一章亦自始喪之復而言, 至於卒哭·練·祔之事. 但上篇之末, 自"君復小寢"以下一章, 是記其事, 故其言簡而切. 此一章是說其理, 故其義精而深. 此章經文, 亦多失次, 今又以先後而爲之次.

3.

제나라가 왕희王姬의 상喪을 알리자, 노나라 장공莊公이 그녀를 위해 대공복大功服을 하였다. 어떤 사람은 "노나라를 혼주婚主로 하여 시집갔기 때문에 그녀에게 자매의 복을 한 것이다"라고 하였고, 어떤 사람은 "외조모이기 때문에 그녀에게 복을 한 것이다"라고 하였다.【구본에는 '子游撥由左' 아래 배치되어 있다】

齊穀王姬之喪, 魯莊公爲之大功. 或曰: "由魯嫁, 故爲之服姊妹之服". 或曰: "外祖母也, 故爲之服."【舊在'子游撥由左'之下】

集說 '곡穀'은 '곡告'으로 읽는다. 제나라 양공襄公의 부인 왕희王姬가 죽은 것은 노나라 장공莊公 2년의 일이다. 노나라에 부고하자, 애초에 노나라를 통해 시집갔기 때문에 노나라 임금이 그녀에게 출가한 자매를 위해 하는 대공복大功服을 하였으니, 예禮이다. 어떤 사람은 이 왕희가 장공의 외숙모임을 알지 못하고 외조모라고 하였으며, 또 외조모에게 입는 복이 소공小功임을 알지 못하고 대공을 외조모에 대한 복이라고 하였으니, 그 또한 망령된 것이다. '穀讀爲告. 齊襄公夫人王姬卒, 在魯莊之二年. 赴告於魯, 其初由魯而嫁, 故魯君爲之服出嫁姊妹大功之服, 禮也. 或人旣不知此王姬乃莊公舅之妻, 而以爲外祖母, 又不知外祖母服小功, 而以大功爲外祖母之服, 其亦妄矣.

權近 살피건대, 이 경문 이하에서 길례와 흉례의 득실에 관한 일을 범범하게 기록한 것은 모두 차서가 없다. 모두 구본의 순서에 따른다. 近按, 此以下汎記吉凶之禮得失之事, 皆無次序, 並從舊文之先後.

빈궁에 휘장을 하는 것은 옛 법도가 아니다. 경강敬姜이 목백穆伯에게 곡을 하면서부터 시작되었다. 【구본에는 '不私則遠利也' 아래 배치되어 있다】

帷殯, 非古也. 自敬姜之哭穆伯始也. 【舊在'不私則遠利也'之下】

集說 『예』에 따르면 아침저녁으로 빈궁에서 곡을 할 때 반드시 그 휘장을 걷는다.[41] 경강敬姜이 남편 목백穆伯의 빈궁에서 곡을 할 때 혐의를 피하여 휘장을 다시 걷지 않았다. 이때 이후로 사람들이 모두 그것을 모방하였으므로 기록한 자가 '옛 법도가 아니다'(非古也)라고 한 것이다. '목백穆伯'은 노나라 대부인 계도자季悼子의 아들 공보정公甫靖이다. 『禮』, 朝夕哭殯之時, 必褰開其帷. 敬姜哭其夫穆伯之殯, 乃以避嫌而不復褰帷. 自此以後, 人皆傚之, 故記者云, '非古也'. '穆伯', 魯大夫季悼子之子公甫靖也.

임금이 신하의 상喪에 임할 때 무관巫官은 복숭아나무를 잡고, 축관은 갈대로 만든 빗자루를 잡고, 소신小臣은 창을 잡으니, 꺼리는 바가 있기 때문에 살아 있는 자를 대하는 것과 달리하는 것이다. 상례喪禮에 죽은 자를 꺼리는 이치가 있으나, 그것은 선왕이 말하기 어려워한 바이다. 【구본에는 '孔子善殷' 아래 배치되어 있다】

君臨臣喪, 以巫祝桃茢執戈, 惡之也, 所以異於生也. 喪有死之道

焉, 先王之所難言也. 【舊在'孔子善殷'之下】

集說 복숭아의 성질은 악을 물리치니 귀신이 두려워한다. '열초'는 초추苕
帚(갈대로 만든 비)이니, 더러움을 제거하는 것이다. 무관巫官이 복숭아나무를
잡고, 축관祝官이 빗자루를 잡고, 소신小臣이 창을 잡는 것은 대개 사람들이
꺼리는 흉하고 사악한 기운이 있기 때문에 이 세 가지 물건으로 물리치는
것이다. 사람이 죽으면 꺼리게 되므로 상례喪禮에 참으로 죽은 자를 꺼리
는 이치가 있는데 선왕이 차마 말하지 않은 것이다. 桃性辟惡, 鬼神畏之. '苅',
苕帚也, 所以除穢. 巫執桃, 祝執苅, 小臣執戈, 蓋爲其有凶邪之氣可惡, 故以此三物, 辟
祓之也. 人死, 斯惡之矣, 故喪禮實有惡死之道焉, 先王之所不忍言也.

3-4 [단궁하 45]

공자가 "명기明器를 만든 자는 상喪을 치르는 도리를 아는구나! 기
물器物을 갖추어놓았으나 사용할 수는 없다"라고 하였다. 【구본에는
'周朝而遂葬' 아래 배치되어 있다. 이 장 이하는 모두 구본의 차서를 따른다】
孔子謂爲明器者, 知喪道矣, 備物而不可用也.' 【舊在'周朝而遂葬'之
下, 此下並從舊文之次】

集說 이 경문은 공자가 하나라의 예에 명기明器를 사용하여 장례를 치른
것을 칭찬한 것이다.[42] 此孔子善夏之用明器從葬.

"슬프도다! 죽은 자에게 살아 있는 사람이 쓰는 기물器物을 사용하는 것은 순장殉葬하는 것에 가깝지 않은가!"

'哀哉! 死者而用生者之器也, 不殆於用殉乎哉!'

集說 이 경문은 공자가 은나라 사람들이 제기祭器를 사용하여 장례를 치르는 것을 비난한 것이다. 산 사람을 시신과 함께 묻는 것을 '순殉'이라고 한다. '태殆'는 가깝다는 뜻이다. 산 자의 기물器物을 사용하는 것은 산 사람을 쓰는 것과 가깝다는 것이다. 此孔子非殷人用祭器從葬. 以人從死曰'殉'. '殆', 幾也. 用其器則近於用人.

명기明器라고 한 것은 귀신(神明)으로 대하기 때문이다. 도거塗車와 추령芻靈은 예로부터 있었으니, 명기의 의미를 가지고 있다. 공자가 '추령을 만든 자는 선하다'고 하고 '용俑을 만든 자는 어질지 못하다'고 하였는데, 살아 있는 사람을 사용하는 것과 흡사하기 때문이 아니겠는가!

其曰明器, 神明之也. 塗車·芻靈, 自古有之, 明器之道也. 孔子謂爲芻靈者善, 謂爲俑者不仁, 不殆於用人乎哉!

集說 '명기明器'라고 일컬은 것은 귀신(神明)의 도리로 대하는 것이다. '도거塗車'43)는 진흙으로 만든 수레이다. 풀을 엮어서 인형을 만들어 죽은 자

를 호위하게 하는 것을 '추령芻靈'이라 하는데, 사람 모양과 대략 비슷할 뿐으로 또한 명기明器의 종류이다. 중고中古 시대에 나무로 된 인형을 만들어 '용俑'이라고 하였는데 얼굴과 눈을 갖추고 기관으로 작동하여 사람과 아주 흡사하였다. 그러므로 공자가 그 어질지 못함을 미워하였는데, 말단으로 흐르면 반드시 사람을 순장殉葬하는 일이 생겨날 것임을 알았기 때문이다.

謂之'明器'者, 是以神明之道待之也. '塗車', 以泥爲車也. 束草爲人形, 以爲死者之從衛, 謂之'芻靈', 略似人形而已, 亦明器之類也. 中古爲木偶人, 謂之'俑', 則有面目機發而太似人矣. 故孔子惡其不仁, 知末流必有以人殉葬者.

3-7 [단궁하 48]

목공穆公이 자사子思에게 물었다. "옛 임금을 위하여 돌아와 상복을 입는 것이 고례古禮입니까?" 자사가 대답하였다. "옛날의 군자는 예로써 사람을 등용하고 예로써 사람을 물러나게 하였습니다. 그러므로 옛 임금을 위해 돌아와 상복을 입는 예가 있었던 것입니다. 지금의 군자는 사람을 등용할 때는 마치 무릎 위에 올려놓듯이 하고, 사람을 퇴진시킬 때는 마치 연못에 던지듯이 합니다. 외적의 우두머리가 되어 쳐들어오지 않는 것만도 또한 다행이 아니겠습니까? 그런데 또 어찌 돌아와 상복을 입는 예가 있을 수 있겠습니까?"

穆公問於子思曰: "爲舊君反服, 古與?" 子思曰: "古之君子, 進人以禮, 退人以禮, 故有舊君反服之禮也. 今之君子, 進人若將加諸膝, 退人若將隊諸淵, 毋爲戎首, 不亦善乎? 又何反服之禮之有?"

'연못에 던진다'(隊諸淵)는 것은 죽을 곳에 둔다는 말이다. '융수戎首'
는 난을 일으키는 외적의 우두머리가 된다는 것이다. '隊諸淵, 言置之死地也.
'戎首', 爲寇亂之首也.

³⁻⁸[단궁하 49]

도공悼公의 상喪이 나자 계소자季昭子가 맹경자孟敬子에게 물었다.
"임금의 상喪에는 무엇을 먹습니까?" 맹경자가 대답하였다. "죽을
먹는 것이 천하의 공통된 예입니다.

悼公之喪, 季昭子問於孟敬子曰: "爲君何食?" 敬子曰: "食粥, 天
下之達禮也."

[단궁하 50]

우리 세 가문이 공실公室에 거처하면서도 신하의 예로써 임금을 섬
기지 않았던 것은 사방에서 모두 알고 있습니다. 억지로 죽을 먹으
면서 수척한 모습을 하는 것은 내가 비록 할 수 있지만, 사람들에
게 참된 마음에서 수척하게 된 것이 아니라고 의심하게 만드는 것
이 아니겠습니까? 나는 밥을 먹겠습니다."

吾三臣者之不能居公室也, 四方莫不聞矣. 勉而爲瘠, 則吾能, 毋
乃使人疑夫不以情居瘠者乎哉! 我則食食."

'삼신三臣'은 중손씨仲孫氏·숙손씨叔孫氏·계손씨季孫氏 세 가문이다.
맹경자孟敬子가 "우리 세 가문이 공실公室에 거처하면서도 신하의 예로써
임금을 섬기지 않았던 것은 사방에서 모두 알고 있다. 상사喪事에 억지로
죽을 먹으면서 수척한 모습을 하는 것은 내가 비록 할 수 있지만, 그러나
어찌 사람들에게 내가 슬퍼하는 참된 마음에서 이렇게 수척하게 된 것이

아니라고 의심하게 만드는 것이 아니겠는가? 예를 위반하고 밥을 먹는 것만 못하다'라고 말한 것이다. ○ 응씨應氏는 말한다. "계소자季昭子의 물음에는 군자가 허물을 보완하는 마음이 들어 있으나 맹경자孟敬子의 대답은 '소인이 아무 꺼려함이 없는 것[44]'이라고 말할 수 있다." '三臣', 仲孫·叔孫·季孫之三家也. 敬子言'我三家不能居公室而以臣禮事君者, 四方皆知之矣. 勉强食粥而爲毁瘠之貌, 我雖能之, 然豈不使人疑我非以哀戚之眞情而處此瘠乎? 不若違禮而食食也.' ○ 應氏曰: "季子之問, 有君子補過之心, 而孟氏之對, 可謂'小人之無忌憚者'矣."

3-9 [단궁하 51]

위衛나라 사도경자司徒敬子가 죽자 자하子夏가 조문을 하였는데 상주가 아직 소렴小斂을 하기 전임에도 질経(首経과 腰経)을 하고 갔다. 자유子游도 조문을 하였는데 상주가 소렴을 마치기를 기다렸다가 나가서 질経을 하고 돌아와 곡哭을 하였다. 자하가 물었다. "그렇게 한 것이 근거가 있습니까?" 자유가 대답하였다. "선생님에게 들었는데, 상주가 상복으로 바꾸어 입기 전에는 조문을 하는 자가 질経을 두르지 않습니다."

衛司徒敬子死, 子夏弔焉, 主人未小斂, 経而往. 子游弔焉, 主人既小斂, 子游出経, 反哭. 子夏曰: "聞之也與?" 曰: "聞諸夫子, 主人未改服, 則不経."

集說 '사도司徒'는 관직을 성씨로 삼은 것이다. 소렴小斂을 하기 전에는 상주가 아직 상복으로 바꾸어 입지 않았으므로 조문하는 자는 질経을 하지 않는다. 자하子夏가 질経을 하고 가서 조문한 것은 비례非禮이다. 그때 자유

子游 또한 조문하였는데, 상주가 소렴을 하고 상복으로 바꾸어 입을 때까지 기다렸다가 나가서 질経을 하고 돌아와 곡을 하였으니 예에 맞는 것이다.

'司徒', 以官爲氏也. 主人未小斂, 則未改服, 故弔者不経. 子夏経而往弔, 非也. 其時子游亦弔, 俟其小斂後改服, 乃出而加経, 反哭之, 則中於禮矣.

3-10 [단궁하 52]

증자曾子가 말하였다. "안자晏子는 예를 안다고 할 만하다. 공경하는 마음을 가지고 있기 때문이다." 유약有若이 말하였다. "안자晏子는 한 벌의 여우갖옷(狐裘)을 삼십 년이나 입었고, 어버이의 장례에 견거遺車를 일승一乘만 사용했으며, 장지에 이르러서도 하관下棺이 끝나자 곧바로 돌아왔다."

曾子曰: "晏子可謂知禮也已. 恭敬之有焉." 有若曰: "晏子一狐裘三十年, 遣車一乘, 及墓而反."

'안자晏子'는 제나라 대부이다. 안자가 예를 안다고 증자曾子가 칭찬한 것은 예는 공경을 근본으로 삼는다는 뜻이다. 유약有若의 말은 다음과 같은 뜻이다. 여우갖옷(狐裘)은 가볍고 새것을 귀하게 여기는데 삼십 년이 되어도 바꾸지 않은 것은 자신에게 검소한 것이며, 견거遺車를 일승一乘만 사용한 것은 어버이에게 검소한 것이다. 예에 따르면 하관下棺한 후에 손님에게 절하고 전송하는 등의 예가 있는데, 안자가 하관을 마치고 곧 돌아온 것은 손님에게 검소한 것이다. 이 세 가지는 모두 검소함 때문에 예를 그르친 것이다. '晏子', 齊大夫. 曾子稱其知禮, 謂禮以恭敬爲本也. 有若之言, 則曰'狐裘貴在輕新, 乃三十年而不易, 是儉於己也. 遣車一乘, 儉其親也. 禮, 窆後有拜賓·送賓

等禮, 晏子辭訖即還, 儉於賓也. 此三者, 皆以其儉而失禮者也.'

3-11[단궁하 53]

(유약이 말하였다.) "국군國君은 희생犧牲이 일곱 포包이고 견거遣車
가 칠승七乘이며, 대부는 희생이 다섯 포이고 견거가 오승五乘이다.
안자晏子가 어찌 예를 안다고 하겠는가?"

"國君七个, 遣車七乘. 大夫五个, 遣車五乘. 晏子焉知禮?"

集說 견거遣車의 수는 천자가 구승九乘이고, 제후는 칠승七乘이며, 대부는
오승五乘이다. 천자의 사士는 삼승三乘이고 제후의 사士는 견거가 없다. 대
부 이상은 모두 태뢰太牢를 쓰고, 사士는 소뢰少牢를 쓴다. '개个'는 싼다(包)
는 뜻이다. 무릇 희생을 쌀 때는 모두 하체下體를 취한다. 매 하나의 희생
에서 세 개의 부위(體)를 취하니 앞다리에서는 비臂(앞다리 윗부분)와 노臑(앞
다리 아랫부분)를 잘라 취하고 뒷다리에서는 격骼(중간 부위)을 잘라 취한다.
소뢰에는 희생 둘을 쓰므로 여섯 덩이를 나누어 세 개个로 만든다. 태뢰에
는 희생 셋을 쓰므로 아홉 덩이가 된다. 대부는 아홉 덩이를 나누어 열다
섯 단段을 만드는데 세 단段이 한 포包가 되므로 모두 다섯 포包이다. 제후
는 나누어 스물하나의 단段을 만들므로 모두 일곱 포包가 된다. 천자는 나
누어 스물일곱 단段을 만들므로 모두 아홉 포包가 된다. 견거 일승一乘마다
한 포包씩 싣는다. 遣車之數, 天子九乘, 諸侯七乘, 大夫五乘, 天子之士三乘, 諸侯之
士, 無遣車也. 大夫以上, 皆太牢, 士少牢. '个', 包也. 凡包牲, 皆取下體, 每一牲取三體,
前脛折取臂·臑, 後脛折取骼. 少牢二牲, 則六體分爲三个. 太牢三牲, 則九體, 大夫九體
分爲十五段, 三段爲一包, 凡五包. 諸侯分爲二十一段, 凡七包. 天子分爲二十七段, 凡九

단궁하 | **429**

包. 每遣車一乘, 則載一包也.

증자曾子가 말하였다. "나라에 도道가 없으면 군자는 예를 다 갖추는 것을 부끄럽게 여긴다. 나라의 풍속이 사치스러우면 검소함으로 보여주고, 나라의 풍속이 지나치게 검약하면 예를 갖추는 것으로 보여준다."

曾子曰: "國無道, 君子恥盈禮焉. 國奢則示之以儉, 國儉則示之以禮."

集說 증자曾子는 권도權道를 주장하였고 유자有子는 상도常道를 주장하였다. 그래서 양쪽의 주장이 합치하지 않은 것이다. 曾子主權, 有子主經, 是以二端之論不合.

국소자國昭子의 어머니가 죽자 국소자가 자장子張에게 물었다. "장례葬禮를 치를 때 묘소에 도착하면 남자와 부인은 어느 곳에 위치해야 합니까?" 자장이 대답하였다. "사도경자司徒敬子의 상이 났을 때 공자께서 도왔는데 남자들은 서쪽을 향하고 부인들은 동쪽을 향하였습니다."

國昭子之母死, 問於子張曰: "葬及墓, 男子·婦人安位?" 子張曰: "司徒敬子之喪, 夫子相, 男子西鄕, 婦人東鄕."

集說 '국소자國昭子'는 제나라 대부이다. 그의 어머니의 장례를 치를 때 자장子張이 예의 집행을 도왔으므로 그에게 물었던 것이다. '선생님'(夫子)은 공자를 가리킨다. 상주 집안의 남자들은 모두 서쪽을 향하고 부인들은 모두 동쪽을 향하며, 남자 손님들은 여러 상주들의 남쪽에 자리하고 여자 손님들은 여러 부인들의 남쪽에 자리하는 것이 예이다. '國昭子', 齊大夫. 葬其母, 以子張相禮, 故問之. '夫子', 孔子也. 主人家男子皆西向, 婦人皆東向, 而男賓在衆主人之南, 女賓在衆婦之南, 禮也.

3-14[단궁하 56]

국소자國昭子가 말하였다. "허! 그만하시오!" 또 말하였다. "내가 상례를 행하는 것을 다들 볼 것이오. 당신이 전담하여 손님들은 손님의 자리에 있게 하고 상주들은 상주의 자리에 있게 하는 것이 좋겠소." 부인들은 남자들을 따라 모두 서쪽을 향하였다.

曰: "噫! 毋!" 曰: "我喪也斯沾. 爾專之, 賓爲賓焉, 主爲主焉." 婦人從男子皆西鄕.

集說 국소자國昭子가 자장子張의 말을 듣고 탄식하면서 제지하고 다음과 같이 말하였다. "나는 대부이다. 제나라의 이름난 가문으로 이제 상례를 행하게 되니 사람들이 반드시 모두 와서 주시할 것이다. 마땅히 고쳐서 사람들에게 보여주어야 하지, 어찌 한결같이 낡은 예를 따르겠는가? 당신이

그 일을 전적으로 주관하여 손님들은 손님대로 손님 자리에 있게 하고 상주는 상주대로 상주 자리에 있게 하는 것이 좋겠다." 이에 국소자 가문의 부인들은 남자들과 더불어 상주 위치에 함께 자리하여 서쪽을 향하고, 여자 손님들 또한 남자 손님들과 더불어 손님 위치에 함께 자리하여 동쪽을 향하였다. '사斯'는 모두(盡)의 뜻이다. '첨沾'은 점覘으로 읽어야 한다. 이 경문은 예를 변경시킨 것을 기록한 것이다. 昭子聞子張之言, 歎息而止之, 言'我爲大夫, 齊之顯家, 今行喪禮, 人必盡來覘視, 當有所更改以示人, 豈宜一循舊禮? 爾當專主其事, 使賓自爲賓, 主自爲主, 可也.' 於是, 昭子家婦人, 皆⁴⁵⁾與男子同居主位而西向⁴⁶⁾, 而女賓亦與男賓同居賓位而東向⁴⁷⁾矣. 斯, 盡也. 沾讀爲覘. 此記禮之變.

3-15[단궁하 57]

남편 목백穆伯의 상喪이 나자 경강敬姜은 낮에만 곡哭을 하였다. 아들 문백文伯의 상이 나자 밤낮으로 곡을 하였다. 공자가 "예를 아는구나!"라고 하였다.

穆伯之喪, 敬姜畫哭. 文伯之喪, 畫夜哭. 孔子曰: "知禮矣."

集說 남편에 대해서는 예로써 곡을 하고 아들에 대해서는 정情으로 곡을 하여 절도에 맞았으므로 공자가 아름답게 여긴 것이다. 哭夫以禮, 哭子以情, 中節矣, 故孔子美之.

3-16[단궁하 58]

문백文伯의 상喪이 나자 경강敬姜은 문백의 침상에 기대어 곡哭을 하지 않고 말하였다. "지난날 내가 이 아들을 기르면서 나는 그가 장차 현인이 될 것이라고 여겼다. 그래서 일찍이 공실公室에 함께 나아가 그의 행실을 살피지 않았다. 이제 그가 죽자 붕우와 여러 신하 중에 눈물을 흘리는 자가 없는데, 처와 첩은 모두 목 놓아 곡哭을 하여 목소리를 잃었다. 이 아들은 예에 소홀함이 많았던 것이 틀림없다."

文伯之喪, 敬姜據其牀而不哭, 曰: "昔者吾有斯子也, 吾以將爲賢人也. 吾未嘗以就公室. 今及其死也, 朋友·諸臣未有出涕者, 而內人皆行哭失聲. 斯子也, 必多曠於禮矣夫."

集說 현인이라면 반드시 예를 알 것이라고 여겼다. 그러므로 '무릇 내가 평소 공실公室에 출입할 때, 함께 있으면서 그의 행실을 살피지 않았다'는 것은 대개 그가 현명하여 예를 알 것이라고 믿었기 때문이다. 그의 죽음에 이르러 그가 예에 소홀하였음을 알게 되었으므로 한탄한 것이다. ○ 정씨鄭氏(정현鄭玄)는 말한다. "계씨季氏가 노나라의 종경宗卿48)이니 경강敬姜은 회견會見의 예49)를 가지고 있었다." 以爲賢人必知禮矣. 故'凡我平日出入公室, 未嘗與俱而觀其所行,' 蓋信其賢而知禮也. 至死而覺其曠禮, 故歎恨之. ○ 鄭氏曰: "季氏, 魯之宗卿, 敬姜有會見之禮."

3-17[단궁하 59]

계강자季康子의 어머니가 죽자 (염습을 하려고) 안에 입히는 옷을 펼쳐놓았다. 경강敬姜이 말하였다. "며느리는 꾸미지 않은 채 감히 시부모를 뵈지 못한다. 사방에서 손님이 오는데 안에 입히는 옷을 어찌하여 여기에 펼쳐놓는가?" 치울 것을 명하였다.

季康子之母死, 陳褻衣. 敬姜曰: "婦人不飾, 不敢見舅姑. 將有四方之賓來, 褻衣何爲陳於斯?" 命徹之.

集說 '경강敬姜'은 계강자季康子의 종조모從祖母이다. ○ 응씨應氏는 말한다. "경강이 법도에 빈틈없었음을 보여주는 말이다." '敬姜', 康子之從祖母也. ○ 應氏曰: "敬姜森然法度之語."

3-18 [단궁하 60]

유자有子와 자유子游가 함께 서서 어린아이가 울부짖으며 그리워하는 것을 보았다. 유자가 자유에게 말하였다. "나는 상례의 용踊에 (왜 절도를 두는지) 항상 의문이어서 그것을 없애려고 한 지 오래이다. 슬픈 마음이 이 용踊에 담긴 것도 바로 (어린아이가 울부짖으며 그리워하는) 이것이다."

有子與子游立, 見孺子慕者. 有子謂子游曰: "予壹不知夫喪之踊也, 予欲去之久矣. 情在於斯, 其是也夫."

集說 유자有子의 말은 다음과 같다. "상례에 용踊이 있는데, 나는 평소 그것을 왜 하는지 알지 못했다." '일壹'이란 줄곧(專一)이란 뜻으로 평소(常)의 의미와 같다. "나는 오래전부터 그것을 없애려고 하였다. 지금 어린아이가 이처럼 울부짖으며 그리워하는 것을 보니, 슬픈 마음이 이 용踊에 담긴 것

또한 이 어린아이가 그리워하는 것과 같은 것이다." 有子言喪禮之有踊, 我常不
知其何爲而然.' '壹者, 專一之義, 猶常也.' '我久欲除去之矣. 今見孺子之號慕若此, 則哀
情之在於此踊, 亦如此孺子之慕也夫.

權近 살피건대, 진호의 설은 '어사於斯'의 '사斯'를 이 용踊으로 여기고 '기
시其是'의 '시是'를 이 유자孺子로 여기고 있는데, 두 가지 모두 틀렸다고 본
다. 내 생각에는 '사斯'는 유자孺子가 그리워하는 것(孺子慕)을 지적하여 말한
것이고, '시是'는 '예에 합당하면 옳다'(得禮爲是)50)고 할 때의 옳음(是)을 말한
것으로 대개 상례의 용踊에 절도가 있음을 가리킨다. '어린 아이가 그리워
한다'는 것은 슬픔이 지나쳐 절도가 없는 것이다. 그러므로 상편 「곡례상曲
禮上」(10-24)에서 공자는 "슬퍼하는 것이 애절하기는 하지만 그렇게 계속하
기는 어렵다"고 하였다. 이것은 벽용辟踊에 절도가 있는 것과 상반된다. 유
자有子의 뜻은 상례喪禮에서는 간이하게 하기보다는 차라리 슬퍼하는 것이
낫다51)라고 여긴 것이다. 그러므로 어린아이가 그리워하는 것을 보고 '슬
퍼하는 감정은 바로 이 어린아이의 그리워함에 있지 용踊에 있는 것이 아
니다. 이것은 참으로 슬픔이 지극한 것이요 예에도 옳다'는 뜻으로 말한
것이다. 대개 이 어린아이의 그리움을 옳게 여겨 따르고자 하였고 용踊을
그르게 여겨 제거하고자 하였다. 그러므로 자유子游는 예에 마땅히 품절이
있어야 한다고 말하여 답변한 것이다. 近按, 陳說以'於斯'之'斯'爲此踊, '其是'之
'是'爲此孺子, 而以二者皆爲非也. 愚恐'斯'指孺子慕而言, '是'卽得禮爲是'之是, 蓋喪之
踊有節者也. '孺子慕'者, 哀之過而無節者也. 故上篇孔子以爲"哀則哀矣, 而難爲繼"也.
是與辟踊之有節者, 相反也. 有子之意以爲喪與其易, 寧戚. 故見孺子慕者而曰, 哀戚之
情, 只在於此孺子之慕, 而不在於踊. 此誠哀戚之至而於禮爲是也. 夫蓋以此孺子慕者爲
是, 而欲從之, 以踊爲非, 而欲去之也. 故子游言禮之所當有品節者, 以答之也.

자유子游가 말하였다. "예에는 정情을 줄이는 것이 있고, 일부러 흥기시키는 물건을 두는 것이 있다. 감정대로 곧바로 행하는 것은 오랑캐의 방식이다. 예의 도道는 그와 같지 않다."

子游曰: "禮有微情者, 有以故興物者. 有直情而徑行者, 戎狄之道也. 禮道則不然."

集說 자유의 말은 다음과 같다. 선왕이 예를 제정할 때 현명한 자는 지나친 것을 줄여 따르게 하고, 불초한 자는 발돋움하여 예에 미치게 하였다. 현명한 자는 정情에 지나칠 우려가 있기 때문에 곡용哭踊의 절도節度를 수립하여 그 정情을 줄이게 한 것이다. 그러므로 '예에는 정을 줄이는 것이 있다'(禮有微情者)고 한 것이다. '미微'는 줄이다(殺)의 뜻이다. 불초한 자는 정에 미치지 못할 염려가 있기 때문에 정을 흥기시키는 최질衰絰을 만들어, 상복을 보고 슬픔을 생각하게 한 것이다. 그러므로 '일부러 정을 흥기시키는 물건을 두는 것이 있다'(有以故興物者)라고 한 것이다. 이 두 경우는 모두 예를 제정한 자가 사람의 마음을 참작하여 만든 것이다. 만약 자신의 감정을 그대로 펼치고 곧바로 행하여 혹 슬퍼하거나 혹 슬퍼하지 않으면서 제멋대로 굴며 절제가 없으면 이것은 오랑캐의 방식이다. 중국의 예의의 도道는 그와 같지 않다. 子游言先王制禮, 使賢者俯而就之, 不肖者企而及之. 慮賢者之過於情也, 故立爲哭踊之節, 所以殺其情, 故曰'禮有微情者.' '微'猶殺也. 慮不肖者之不及情也, 故爲之興起衰絰之物, 使之睹服思哀, 故曰'有以故興物者'. 此二者, 皆制禮者酌人情而爲之也. 若直肆己情, 徑率行之, 或哀或不哀, 慢52)無制節, 則是戎狄之道矣. 中國禮義之道, 則不如是也.'

"사람이 기쁘면 가슴이 차오르고, 가슴이 차오르면 노래를 하게 되고, 노래를 하면 몸을 흔들게 되고, 몸을 흔들면 춤을 추게 되고, 춤을 추면 성내게 된다. 성내면 걱정하게 되고, 걱정하면 탄식하게 되고, 탄식하면 가슴을 치게 되고, 가슴을 치면 발을 구르게 된다. 이것들을 품절品節하는 것, 이것을 예라고 일컫는다."

"人喜則斯陶, 陶斯咏, 咏斯猶, 猶斯舞, 舞斯慍, 慍斯戚, 戚斯歎, 歎斯辟, 辟斯踊矣. 品節斯, 斯之謂禮."

集說 　이 경문은 즐거움(樂)이 극에 달하면 슬픔(哀)이 생기는 실정에 대해 말한 것이다. 다만 '춤추면 성냄이 생긴다'(舞斯慍)는 한 구절은 끝내 의심스럽다. 지금은 疏에 의거한다. 유씨劉氏(유창劉敞)는 '요사무猶斯舞' 아래에 '의矣' 한 자를 첨가하고 '무사온舞斯慍' 세 자를 삭제하였는데, 지금 감히 그것을 따르지 않겠다. ○ 疏에서 말한다. "'희喜'는 바깥 대상이 마음에 와 닿는 것을 일컫는다. '사斯'는 어조사이다. '도陶'는 울도鬱陶로 마음이 처음에 기쁘지만 아직 바깥으로 펼치지 않은 상태를 뜻한다. 울도의 마음이 바깥으로 펼쳐지면 읊조리거나 노래하게 된다. 읊조리거나 노래하는 것으로 충분치 않으면, 차츰 몸을 흔들기에 이르고 춤을 추는데 이르러 발을 구르고 손을 너울대니 즐거움이 극에 달한 것이다. 바깥 대상이 마음에 거슬리는 것을 '성냄'(慍)이라 한다. 무릇 기쁨(喜)과 성냄(怒)이 서로 짝이 되고 슬픔(哀)과 즐거움(樂)이 서로 낳으니, 만약 춤에 절도가 없으면 몸이 피로하고 싫증과 권태로움이 생겨 동작이 마음과 어긋나 성냄이 생긴다. 성냄의 발생은 춤이 극도에 이른 것으로부터 말미암는 것이다. 그러므로 「곡례상」(2)에 '즐거움을 끝까지 추구해서도 안 된다'고 한 것이다. 이 경문은 모

두 아홉 구절인데 전반부와 후반부의 각 네 구절은 슬픔과 즐거움이 서로 짝이 되고 있으며, 중간의 '춤추면 이에 성냄이 생긴다'(舞斯慍)는 한 구절은 슬픔과 즐거움이 상생相生하는 것이다. '성내면 이에 걱정하게 된다'(慍斯戚)는 것은 성냄이 일어나 마음을 건드리면, 분한 나머지 바뀌어 걱정이 되고 걱정이 더 깊어지면 그로 인해 탄식이 나오고 한탄하는 것으로 풀리지 않으면 드디어 가슴을 치게 된다. 가슴을 처도 풀리지 않으면 발을 구르고(跳踊) 분격奮擊하게 되니 또한 슬픔이 극도에 달한 것이다. 그러므로 오랑캐들은 예가 없어 아침에 빈례賓禮를 하고도 저녁에 노래 부르며, 어린아이들은 감정에 따라 금방 울고 금방 웃는다. 이제 이 두 가지 길을 '품절品節하여 용踊과 무舞에 도수度數를 두게 한다면 오래 지속할 수 있으므로 '이것을 예라고 일컫는다'고 한 것이다. '품品'은 단계(階格)를 두는 것이고, '절節'은 억제하고 끊는 것(制斷)이다." ○ 손씨孫氏는 말한다. "마땅히 '사람이 기쁘면 가슴이 뛰고, 가슴이 뛰면 노래하고, 노래하면 몸을 흔들고, 몸을 흔들면 춤추고, 춤추면 뛰게 된다. 사람이 슬프면 성내게 되고, 성내면 걱정하게 되며, 걱정하면 탄식하고, 탄식하면 가슴을 치고, 가슴을 치면 뛰게 된다'(人喜則斯陶, 陶斯咏, 咏斯猶, 猶斯舞, 舞斯蹈矣. 人悲則斯慍, 慍斯戚, 戚斯歎, 歎斯辟, 辟斯踊矣)라고 고쳐야 한다. 대개 기쁨(喜)부터 뛰는 것(蹈)까지 모두 여섯 번 변하고, 슬픔(悲)부터 뛰는 것(踊)까지 여섯 번 변한다. 이것이 이른바 어린아이가 울부짖고 그리워하는 그대로의 감정(直情)이다. 춤추고 뛰며 가슴을 치고 뛰는 것은 모두 이 감정에 근본 하고 있으며, 성인이 이에 그것의 절도를 제정한 것이다." 此言樂極生哀之情. ○ 疏曰: "'喜'者, 外境會心之謂. '斯', 語助也. '陶'謂鬱陶, 心初悦而未暢之意. 鬱陶之情暢, 則口歌咏之也. 咏歌不足, 漸至動搖身體, 乃至起舞, 足蹈手揚, 樂之極也. 外境違心之謂慍'. 凡喜怒相對, 哀樂相生, 若舞無節, 形疲厭倦, 事與心違, 所以怒生. 慍怒之生, 由於舞極, 故「曲禮」云, '樂不可極也.' 此凡九句, 首末各四句, 是哀樂相對, 中間'舞斯慍'一句, 是哀樂相生. '慍斯戚'者, 怒來觸心,

憤恚之餘, 轉爲憂戚, 憂戚轉深, 因發歎息, 歎恨不泄, 遂至撫心, 撫心不泄, 乃至跳踊奮擊, 亦哀之極也. 故夷狄無禮, 朝殯夕歌, 童兒任情, 俄啼歘笑. 今若品節此二塗, 使踊舞有數, 則能久長, 故云'斯之謂禮.' '品', 階格也. '節', 制斷也." ○ 孫氏曰: "當作‘人喜則斯陶, 陶斯咏, 咏斯猶, 猶斯舞, 舞斯蹈矣. 人悲則斯慍, 慍斯戚, 戚斯歎, 歎斯辟, 辟斯踊矣.' 蓋自喜至蹈, 凡六變, 自悲至踊, 亦六變. 此所謂孺子慕者之直情也. 舞蹈辟踊, 皆本此情, 聖人於是爲之節."

3-21[단궁하 63]

"사람이 죽으면 그를 꺼리게 되며, 무능하다고 여겨 등지게 된다. 그러므로 효絞·금衾을 제정하고 류蔞·삽翣을 설치한 것은 사람들로 하여금 꺼리지 않도록 하기 위함이다."

"人死, 斯惡之矣, 無能也, 斯倍之矣. 是故制絞·衾, 設蔞·翣, 爲使人勿惡也."

집설(集說) 죽었다고 여겨 꺼리고, 무능하다고 여겨 등지는 것은 아마도 아주 오랜 옛 시대 예가 없을 때, 사람들 가운데 이와 같이 하는 이가 많았던 것이다. 이에 성인이 예를 제정한 처음의 뜻을 거슬러 올라가 찾아보면 다만 사람들로 하여금 꺼리지 않게 하고 등지지 않도록 하기 위함일 뿐이었다. 효포(絞)와 이불(衾)로 시신을 꾸미고53) 류蔞와 삽翣으로 관을 장식하면,54) 죽은 자에게서 꺼릴 만한 것을 보지 못한다. 以其死而惡之, 以其無能而倍之, 恐太古無禮之時, 人多如此. 於是, 推原聖人所以制禮之初意, 止爲使人勿惡勿倍而已. 絞衾以飾其禮55), 蔞翣以飾其棺, 則不見死者之可惡也56).

"사망한 초기에 포脯(말린 고기)[57]와 해醢(젓갈)로 전을 올리고, 매장하러 갈 때 견전遣奠을 올리고 나서 보내며, 매장을 마친 후에는 우제虞祭를 지내 음식을 올린다. 흠향하는 것을 본 적은 없으나, 상고시대 이래 그것을 폐한 경우는 없으니 사람들로 하여금 배반하지 못하도록 하기 위함이다. 그러므로 그대가 예에서 흠잡는 것은 또한 예의 흠이 아니다."

"始死, 脯醢之奠. 將行, 遣而行之. 旣葬而食之. 未有見其饗之者也. 自上世以來, 未之有舍也, 爲使人勿倍也. 故子之所刺於禮者, 亦非禮之訾也."

集說 사망한 초기에 곧 포脯와 해醢로 전奠을 올리고, 매장을 하러 갈 때는 희생을 싸서 견전遣奠을 올리며, 매장을 끝낸 후에는 우제虞祭의 음식을 올리지만, 어찌 일찍이 죽은 자가 그것을 흠향하는 것을 본 적이 있는가? 그러나 상고시대에 예를 제정한 이래 그것을 폐하고 하지 않았다는 것을 듣지 못하였으니, 이것을 하는 것은 근본에 보답하고 처음으로 되돌아간다는 생각을 스스로 그만둘 수 없기 때문이다. 어찌 다시 배반할 뜻을 가지겠는가? 선왕이 예를 제정함에 그 깊은 뜻이 대개 이와 같다. 지금 그대가 상례의 용踊의 절차를 트집 잡아 없애려고 하는 것은 또한 예에 하자가 있기 때문이라고 여기기에는 부족하다. 始死, 即爲脯醢之奠. 將葬則有包裹牲體之遣, 旣葬則有虞祭之食. 何嘗見死者享之乎? 然自上世制禮以來, 未聞有舍而不爲者, 爲此則報本反始之思, 自不能已矣. 豈復有倍之之意乎? 先王制禮, 其深意蓋如此. 今子刺喪之踊而欲去之者, 亦不足以爲禮之疵病也.

權近 살피건대, 곡용哭踊의 절도는 성인이 그 중용을 취해 만든 것이다. 예부터 현자는 항상 적었고 불초자는 항상 많았다. 만약 예제로써 품절하는 것이 없다면 슬픈 감정이 마치 어린아이가 그리워하는 것과 같은 자가 있을 것인데 비록 지나치지만 오히려 가하다. 불초하여 슬픔을 잊는 경우는 악이 되고 배반이 되어 인간의 도리가 멸하게 된다. 그러므로 성인이 제정하여 예에 품절을 두어 현자로 하여금 지나치지 않도록 하고 불초자로 하여금 분발하여 미치도록 하였다. 그러므로 그 슬픔의 감정에 따라 용踊을 하되 절도에 맞게 하였다. 지금 유자有子가 비록 그것을 헐뜯고 없애고자 하지만 헐뜯고 훼손할 수 있는 예가 아니다. 近按, 哭踊之節, 聖人所以爲之中制也. 自古賢者恒少, 不肖者恒多. 苟無禮制以爲之節, 則有哀情若孺子慕者, 雖過而猶可也. 不肖而忘哀者, 則斯惡斯倍, 而人理滅矣. 故聖人制爲禮節, 使賢者不敢過, 不肖者企而及. 故因其哀戚之情, 而爲踊以節之. 今有子雖刺而欲去之, 然非禮之所可訾毁者也.

3-23[단궁하 65]

오나라가 진陳나라를 침범하여 사당의 나무(祀)를 베고 역병에 걸린 사람까지 죽였다. 군대가 되돌아서 국경을 나갈 때 진나라 태재 비嚭가 오나라 군대로 사신을 갔다. 부차夫差가 행인 의儀에게 말하였다. "이 사람은 말을 잘한다고 하는데 어찌 시험하여 묻지 않는가? 군대가 출전함에는 반드시 명분이 있는 것인데, 사람들이 이번의 출병을 칭하기를 무엇이라 일컫는가?"

吳侵陳, 斬祀殺厲. 師還出竟, 陳大宰嚭使於師, 夫差謂行人儀曰: "是夫也多言, 盍嘗問焉? 師必有名, 人之稱斯師也者, 則謂之何?"

노나라 애공哀公 원년, 오나라 군대가 진陳나라를 침범했다. '참사斬祀'는 사당의 제사지내는 나무를 벤 것이다. '살려殺厲'는 역병에 걸린 사람을 죽인 것이다. '태재大宰'와 '행인行人'은 모두 관직명이다. '부차夫差'는 오나라 임금의 이름이다. '시부是夫'는 이 사람이라는 말로서 비噽를 가리킨다. '다언多言'은 말을 잘한다는 뜻이다. '합盍'은 어찌 ~않는가(何不)의 뜻이다. '상嘗'은 시험 삼아(試)의 뜻이다. '군대를 출전함에는 반드시 명분이 있다'(師必有名)는 것은 군대를 보내 정벌하는 것은 반드시 그 나라의 죄를 가지고 우리가 출병하는 명분으로 내세운다는 말이다. 지금 사람들이 우리의 이 출병을 칭하여 어떠한 명분에서라고 일컫는가? 魯哀公元年, 吳師侵陳. '斬祀', 伐祠祀之木也. '殺厲', 殺疫病之人也. '太[58]宰'·'行人', 皆官名. '夫差', 吳子名. '是夫'猶言此人, 指噽也. '多言'猶能言也. '盍', 何不也. '嘗', 試也. '師必有名'者, 言出師伐人, 必得彼國之罪, 以顯我出師之名也. 今衆人稱我此師, 謂之何名乎?

[단궁하 66]

태재 비噽가 대답하였다. "옛날의 정벌자는 사당의 나무를 베지 않고, 역병에 걸린 자를 죽이지 않았으며, 반백의 노인을 포로로 잡지 않았습니다. 지금 이 군대는 역병에 걸린 자를 죽였습니까? 혹 역병에 걸린 자까지 죽인 군대라 일컫지 않겠습니까?" 부차가 물었다. "너희 땅을 돌려주고 너희 백성을 돌려보내면 무엇이라 일컫겠는가?" 태재 비가 대답하였다. "임금께서 우리나라의 죄를 토벌하고 또 긍휼히 여겨 풀어주시니, 출병에 명분이 없다고 하겠습니까?" 大宰噽曰: "古之侵伐者, 不斬祀, 不殺厲, 不獲二毛. 今斯師也,

殺厲與? 其不謂之殺厲之師與?" 曰: "反爾地, 歸爾子, 則謂之何?"
曰: "君王討敝邑之罪, 又矜而赦之, 師與有無名乎?"

集說 '이모二毛'는 머리털이 반백斑白인 사람이다. '자子'는 붙잡힌 신민臣民이다. 침략한 땅을 돌려주고 포로로 잡은 백성을 풀어준 것은 긍휼이 여겨 풀어준 것이다. 어찌 또 명분 없는 군대라고 논할 수 있겠는가? 이 경문은 비嚭가 외교 사령辭令에 뛰어났기 때문에 패망의 화에서 나라를 구할 수 있었음을 말한 것이다. ○ 석량왕씨石梁王氏는 말한다. "이때 오나라에도 태재 비嚭가 있었는데 어찌된 것인가?" '二毛', 斑白之人也. '子'謂所獲臣民也. 還其侵略之地, 縱其俘獲之民, 是矜而赦之矣. 豈可又以無名之師議之乎? 此言嚭善於辭令, 故能救敗亡之禍. ○ 石梁王氏曰: "是時, 吳亦有大宰嚭, 如何?"

3-24[단궁하 67]

안정顔丁은 거상居喪을 잘하였다. 돌아가신 초기에는 황망하여 아무리 찾아도 찾지 못하는 듯하였고, 빈례殯禮를 하고 나서는 아득하여 쫓아가도 미치지 못하는 듯하였으며, 매장을 하고 나서는 슬픔에 겨워 어버이가 되돌아옴에 만나지 못하는 듯이 하면서 기다렸다. 顔丁善居喪. 始死, 皇皇焉如有求而弗得. 及殯, 望望焉如有從而弗及. 旣葬, 慨焉如不及其反而息.

集說 '안정顔丁'은 노나라 사람이다. '황황皇皇'은 서서棲棲[59]와 같은 뜻이다. '망망望望'은 가버리고 돌아보지 않는 모습이다. '개愾'는 감정이 슬프다는 뜻이다. 막 돌아가셨을 때에는 모습을 볼 수 있고 빈례殯禮를 하고 나서

는 널(柩)을 볼 수 있으나 매장하고 나면 보이는 것이 없다. '마치 따라가지만 미치지 못하는 것처럼'(如有從而弗及)은 마치 미칠 수 있는 곳이 있는 것처럼 한다는 것이다. 매장 뒤에는 다시는 따라가는 바가 있는 것처럼 하지 못하므로 단지 '어버이가 되돌아옴에 만나지 못하는 듯이 한다'(如不及其反)고 말한 것이다. 또 '이식而息'에서 '식息'은 기다린다는 뜻으로, 차마 어버이를 완전히 잊을 수 없어서 가다가 멈추다가 하면서 어버이가 되돌아오기를 기다리는 것이다. 대개 매장하면 가서 되돌아오지 않지만, 효자는 혼령(精)을 맞이하여 돌아올 때 여전히 마치 되돌아올 것으로 생각되는 바가 있는 것처럼 한다. '顔丁', 魯人. '皇皇'猶栖栖[60]也. '望望', 往而不顧之貌. '慨', 感悵之意. 始死, 形可見也, 旣殯, 柩可見也, 葬則無所見矣. '如有從而弗及', 似有可及之處也. 葬後則不復如有所從矣, 故但言'如不及其反'. 又云'而息'者, '息'猶待也. 不忍失[61]忘其親, 猶且行且止, 以待其親之反也. 蓋葬者往而不反, 然孝子於迎精而反之時, 猶如有所疑也.

3-25[단궁하 68]

자장子張이 물었다. "『서경』에 '고종高宗이 삼 년 동안 명령을 하지 않다가 명령을 내리자 기뻐하였다'라고 하였는데, 그런 일이 있습니까?" 중니仲尼가 말하였다. "어찌 그렇지 않을 리가 있겠는가? 옛날에 천자가 죽으면 왕세자는 삼 년간 총재冢宰에게 명령을 받았다."
子張問曰: "『書』云, '高宗三年不言, 言乃讙.' 有諸?" 仲尼曰: "胡爲其不然也? 古者天子崩, 王世子聽於冢[62]宰三年."

集說 '말을 하자 기뻐하였다'(言乃讙)는 것은 명령을 반포하자 인심이 기뻐하였다는 것이다. '言乃讙者, 命令所布, 人心喜悅[63]也.

지도자知悼子가 죽었는데 아직 장례를 치르지 않은 상태에서 평공
平公이 술을 마시는데 사광師曠과 이조李調가 모시고 음악을 연주하
였다. 두괴杜蕢가 바깥으로부터 와서 음악소리를 듣고 말하였다.
"어디에서 나는 소리인가?" 대답하였다. "정침正寢에서입니다." 두
괴가 정침으로 들어가 계단을 거쳐 올라가 술을 따르며 말하였다.
"사광은 이것을 마셔라." 또 술을 따르며 말하였다. "이조는 이것을
마셔라." 또 술을 따라 당상에서 북면하고 앉아 그것을 마시고, 내
려와 종종걸음으로 나갔다.

知悼子卒, 未葬. 平公飮酒, 師曠·李調侍, 鼓鐘. 杜蕢自外來, 聞
鐘聲, 曰: "安在?" 曰: "在寢." 杜蕢入寢, 歷階而升, 酌, 曰: "曠飮
斯." 又酌, 曰: "調飮斯." 又酌, 堂上北面坐飮之. 降, 趨而出.

集說 '지도자知悼子'는 진나라 대부로 이름이 앵罃이다. '평공平公'은 진후
晉侯 표彪이다. 무릇 석 잔을 따른 것은 이미 두 사람에게 벌주로 주고 또
스스로 벌주로 마신 것이다. '知悼子', 晉大夫, 名罃. '平公', 晉侯彪也. 凡三酌者,
旣罰二子, 又自罰也.

평공이 불러 나아오게 하고 말하였다. "괴야, 전에는 네 마음속에
나를 개발시킬 것이 있을 것으로 생각하여 그래서 너와 더불어 말

하지 않았다. 네가 사광에게 벌주를 마시게 한 것은 무엇 때문인
가?" 두괴가 말하였다. "자묘일子卯日에는 음악을 연주하지 않습니
다. 지도자知悼子의 널이 빈궁(堂)에 있는데 이는 자묘일보다 더 중
합니다. 사광은 태사인데 알리지 않았으므로 그래서 벌주를 먹인
것입니다."

平公呼而進之曰: "蕢, 曩者爾心或開予, 是以不與爾言. 爾飮曠
何也?" 曰: "子卯不樂, 知悼子在堂, 斯其爲子卯也大矣. 曠也大
師也, 不以詔, 是以飮之也."

集說 다음과 같이 말한 것이다. 네가 처음 들어오자 나는 네가 반드시
간쟁할 것이 있어 나를 개발해줄 것으로 생각하였다. 그래서 나는 먼저 너
와 말을 하지 않은 것인데, 석 잔을 따른 후 끝내 말하지 않고 나갔다. 네
가 사광에게 마시게 한 것은 무슨 뜻이냐? 두괴의 말은 다음과 같다. 걸桀은
을묘일에 죽었고, 주紂는 갑자일에 죽었으므로 질일疾日이라고 합니다. 그
러므로 임금은 음악을 연주하지 않습니다. '당에 있다'(在堂)는 것은 빈궁에
있다는 뜻이다. 하물며 임금이 경·대부에 대해 장례 때가 되면 고기를 먹
지 않으며, 졸곡 때에 이르면 음악을 연주하지 않는 법인데, 지도자知悼子
가 빈궁에 있는데 음악을 연주하고 연회를 베풀어 술을 마실 수 있습니까?
걸주桀紂는 다른 시대의 임금이고, 지도자는 한 몸인 신하입니다. 그러므로
자묘일子卯日보다 중합니다. '조詔'는 알린다는 뜻으로 알리지 않은 죄를 벌
한 것이다. 言爾之初入, 我意爾必有所諫敎, 開發於我, 我是以不先與爾言, 乃三酌之
後, 竟不言而出, 爾之飮曠, 何說也? 蕢言桀以乙卯日死, 紂以甲子日死, 謂之疾日, 故君
不擧樂. '在堂', 在殯也. 況君於卿大夫, 比葬不食肉, 比卒哭不擧樂, 悼子在殯, 而可作樂
燕飮乎? 桀紂異代之君, 悼子同體之臣, 故以爲大於子卯也. '詔', 告也, 罰其不告之罪也.

"네가 조調에게 벌주를 먹인 것은 무엇 때문인가?" 두괴가 말했다.
"조調는 임금이 총애하는 신하입니다. 마시고 먹는 것을 탐하여 임
금의 과실過失을 잊었으므로 그래서 벌주를 마시게 한 것입니다."
"爾飮調何也?" 曰: "調也, 君之褻臣也, 爲一飮一食, 忘64)君之疾,
是以飮之也."

集說 근습近習의 신하로서 한 번 마시고 한 번 먹는 것을 탐하여 임금이
예를 어긴 과실을 잊었으므로 벌을 준 것이라는 말이다. 言65)爲近習之臣, 貪
於一飮一食, 而忘君違禮之疾, 故罰之也.

3-29[단궁하 72]

"네가 벌주를 마신 것은 무엇 때문인가?" 대답하였다. "저는 재부宰
夫입니다. 칼과 숟가락을 바치는 일이 아닌데, 또 감히 (임금의 잘
못을) 막는 것을 담당하는 일에 관여하였습니다. 그래서 벌주를 마
신 것입니다."
"爾飮何也?" 曰: "蕢也, 宰夫也. 非刀匕是共, 又敢與知防, 是以
飮之也."

集說 '비非'는 불不과 같다. '재부宰夫'는 직무가 칼과 숟가락 등 주방일이
다. 지금 칼과 숟가락을 바치는 직무에 전일하지 않고 감히 간쟁하고 막는
일을 담당하는 것에 관여하였으니 이는 직관을 침범한 것이므로 스스로 벌

을 준 것이다. '非'猶不也. '宰夫', 職任66)刀匕, 今乃不專供刀匕之職, 而敢與知諫爭防閑之事, 是侵官矣, 故自罰也.

평공이 말하였다. "과인 또한 잘못이 있으니 잔을 따라서 과인에게 마시게 하라." 두괴가 씻고서 치(鱓)를 들었다. 공이 시신(侍臣)에게 말했다. "만약 내가 죽더라도 반드시 이 잔을 없애지 말라." 오늘에 이르기까지 헌(獻)을 마친 다음 이 치(鱓)를 드는데 이를 두거(杜擧)라고 일컫는다.

平公曰: "寡人亦有過焉, 酌而飲寡人." 杜蕡洗而揚鱓. 公謂侍者曰: "如我死, 則必無廢斯爵也." 至于今, 旣畢獻, 斯揚鱓, 謂之杜擧.

集說 '양치(揚鱓)'는 치(鱓)67)를 드는 것으로 대야에 씻고 나서 든 것은 깨끗하게 하여 공경함을 표한 것이다. 평공(平公)이 스스로 잘못을 알고 두괴에게 명하여 잔을 따르게 한 후에 또 이 잔으로 후세의 경계를 삼으려 하였으므로 기록한 자가 '오늘날까지 진나라에서 연례(燕禮)를 마칠 때는 반드시 이 치(鱓)를 드는데 이를 두거(杜擧)라고 일컫는다'고 하였다. 이 치(鱓)는 곧 전에 두괴가 들었던 것임을 말한다. 『춘추전』에는 '도괴(屠蒯)'라고 되어 있으며, 문장도 같지 않다. '揚鱓', 擧鱓也, 盥洗而後擧, 致潔敬也. 平公自知其過, 旣命蕡以酌, 又欲以此爵爲後世戒, 故記者云, '至今晉國行燕禮之終, 必擧此鱓, 謂之杜擧'者. 言此鱓, 乃昔者杜蕡所擧也. 『春秋傳』作'屠蒯', 文亦不同.

3-31[단궁하 74]

공숙문자公叔文子가 죽자, 그의 아들 수戍가 임금에게 시호를 청하면서 말했다. "날짜가 정해져 있어서 장례를 치러야 할 것 같습니다. 그 이름을 바꾸어 줄 시호를 청합니다."

公叔文子卒, 其子戍請諡於君, 曰: "日月有時, 將葬矣. 請所以易其名者."

集說 '문자文子'는 위衛나라 대부로, 이름은 발拔이다. '임금'(君)은 영공靈公을 말한다. 대부와 사는 3개월 만에 장례를 치른다. '때가 있다'(有時)는 것은 정해진 날수가 있다는 말과 같다. 죽으면 그 이름을 피한다. 따라서 시호를 내리는 것은 그 이름을 대신하기 위해서이다. '文子68)', 衛大夫, 名拔. '君', 靈公也. 大夫士三月而葬. '有時'猶言有數也. 死則諱其名, 故爲之諡所以代其名也.

3-32[단궁하 75]

임금이 말하였다. "옛날 위衛나라에 기근이 들었을 때, 그대 아버지는 죽을 만들어 나라 안의 굶주린 자들에게 나누어 주었으니 이 또한 혜惠(은혜)가 아니겠는가? 옛날 위나라에 난이 일어났을 때, 그대의 아버지는 목숨을 걸고 과인을 호위하였으니 또한 정貞이 아니겠는가? 그대의 아버지는 위나라의 정사를 맡았을 때, 그 높고 낮음의 차등과 많고 적음의 절도를 옛 법도에 따라 닦고 거행했으며, 사방 이웃나라와 외교를 잘해서 위나라의 사직이 욕되지 않게 하

였으니 또한 문文이 아니겠는가? 그러므로 그대의 아버지 시호를
정혜문자貞惠文子로 한다."

君曰: "昔者衛國凶饑, 夫子爲粥與國之餓者, 是不亦惠乎? 昔者
衛國有難, 夫子以其死衛寡人, 不亦貞乎? 夫子聽衛國之政, 修
其班制, 以與四鄰交, 衛國之社稷不辱, 不亦文乎? 故謂夫子貞
惠文子."

集說 노나라 소공 20년에 도적이 위나라 군주(衛靈公)의 형 집縶을 죽였다.
당시 제표齊豹가 난을 일으키자, 영공은 사조死鳥 땅으로 갔다. 이것이 위
나라의 난(衛國之難)이라는 것이다. '반班'은 높고 낮음의 차등이고, '제制'는
많고 적음의 절도로서, 옛 법도를 따라 그것을 닦아서 거행했다. 선후를
따지면 '혜惠'가 앞에 오고, 대소를 논하면 '정貞'이 더 중요하므로 '혜정惠貞'
이라 하지 않고, '정혜貞惠'라고 한 것이다. 이 세 글자(貞 · 惠 · 文)가 시호가
되는데 단지 '문자文子'라고 칭한 것에 대해서, 정현은 "문文이 그것을 겸할
수 있기 때문이다"라고 하였다. 魯昭公二十年盜殺衛侯之兄縶, 時齊豹作亂, 公如
死鳥, 此衛國之難也. '班'者, 尊卑之次, '制'者, 多寡之節, 因舊典而脩擧之也. 據先後則
'惠'在前, 論小大則'貞'爲重, 故不曰'惠貞', 而曰'貞惠'也. 此三字爲謚而惟稱'文子'者, 鄭
云"文足以兼之."

3-33[단궁하 76]

석태중石駘仲이 죽었을 때, 적자適子가 없고 서자庶子 6인만 있어서
후계자로 삼을 자를 점쳤다. (점치는 사람이) "목욕을 하고 옥을

차면 길조를 얻는다'라고 말하자, 5인이 모두 목욕을 하고 옥을 찼다. 석기자石祁子는 "누가 부모의 상을 집행하면서 목욕을 하고 옥을 찬단 말인가?"라고 말하고, 목욕을 하지도 옥도 차지도 않았다. 석기자에게 길조가 나오자, 위衛나라 사람들은 거북이가 예禮를 안다고 생각했다.

石駘仲卒, 無適子, 有庶子六人, 卜所以爲後者, 曰: "沐浴佩玉則兆", 五人者皆沐浴佩玉. 石祁子曰: "孰有執親之喪, 而沐浴佩玉者乎?" 不沐浴佩玉. 石祁子兆, 衛人以龜爲有知也.

集說 '태중駘仲'은 위衛나라 대부이다. '목욕을 하고 옥을 차면 길조를 얻는다'(沐浴佩玉則兆)고 한 것은 점을 치는 사람의 말이다. ○ 방씨方氏(방각方慤)는 말한다. "점괘에는 또한 흉조가 있지만, 점복은 길조를 구하는 것을 위주로 하기 때문에 경문에서 '조兆'라는 글자로 길조吉兆를 표현했다." 駘仲', 衛大夫. 曰'沐浴佩玉則兆', 卜人之言也. ○ 方氏曰: "兆亦有凶, 卜者, 以求吉爲主, 故經以'兆'言吉也."

3-34[단궁하 77]

진자거陳子車가 위衛나라에서 죽자, 그의 처는 가대부家大夫와 함께 순장할 것을 모의하였다. 순장할 사람을 의논하여 정한 뒤에 진자강陳子亢이 오자, "남편이 병이 들었을 때 아랫사람에게 봉양을 받지 못하여 순장할 것을 청합니다"라고 고하였다.

陳子車死於衛, 其妻與其家大夫謀以殉葬. 定而后陳子亢至, 以告, 曰: "夫子疾, 莫養於下, 請以殉葬."

集說 '자거子車'는 제齊나라의 대부이며, '자강子亢'은 그의 형제로서 곧 공자의 제자 자금子禽이다. 자거는 병들었을 때 집을 떠나 있었기 때문에 집안 식구들이 그에게 봉양을 다할 수 없었으므로 '아랫사람에게 봉양 받을 수 없었다'(莫養於下)고 한 것이다. 그리하여 사람을 죽여서 순장하려고 하였다. '정定'은 이미 죽일 사람을 의논하여 정했다는 뜻이다. '子車', 齊大夫, '子亢', 其兄弟, 卽孔子弟子子禽也. 疾時, 不在家, 家人不得以致其養, 故云'莫養於下'也, 於是欲殺人以殉葬. '定'謂已議定所殺之人也.

3-35 [단궁하 78]

자강子亢이 말했다. "순장하는 것은 예가 아닙니다. 그렇기는 하지만 그(자거)가 병들었을 때 봉양해야 할 사람은 바로 처와 가재家宰(가대부)가 아니었겠습니까? 순장을 그만둘 수 있다면 나는 그만두고 싶습니다만, 그만둘 수 없다면 두 분으로 순장하는 것이 바람직하다고 생각합니다." 이에 끝내 순장을 하지 않았다.

檀弓下 78] 子亢曰: "以殉葬, 非禮也, 雖然, 則彼疾當養者, 孰若妻與宰? 得已則吾欲已, 不得已則吾欲以二子者之爲之也." 於是弗果用.

集說 '재宰'는 곧 가대부家大夫이다. '이자二子'는 처와 재를 말한다. 자강이 만일 '예가 아니다'(非禮)라고만 말했다면 반드시 중지시키지는 못했을

것이다. 그런데 봉양해야 할 사람이 당연히 순장되어야 한다고 말했기 때문에 중지하기를 요구하지 않고도 저절로 중지될 수 있었다. '宰', 卽家大夫也. '二子'謂妻與宰也. 子亢若但言'非禮', 未必能止之, 今以當養者爲當殉, 則不期其止而自止矣.

權近 살피건대, "아랫사람에게 봉양을 받지 못한다"(莫養於下)는 말은 병들었을 때 가속들이 봉양을 하지 못하였음을 일컫는 것이 아니다. 아마도 지하에서 봉양할 수 없음을 일컫는 것이다.[69] 近按, "莫養於下"者, 非謂疾時家人不得以致其養也. 蓋謂無能致養於地下也與.

3-36 [단궁하 79]

자로가 말하였다. "슬프다, 가난이여! 살아 계실 때는 봉양할 수 없고, 돌아가실 때는 예를 갖출 수가 없다." 공자가 말하였다. "콩을 씹고 물을 마시게 하더라도 부모님이 그 기쁨을 다할 수 있다면 이를 효孝라고 한다. 단지 머리와 발만 염斂해서 형체가 밖으로 드러나지 않을 정도만 하고, 급히 매장을 하여 곽椁조차 없더라도 집안의 재산에 걸맞게 한다면, 이를 예禮라고 한다."

子路曰: "傷哉, 貧也! 生無以爲養, 死無以爲禮也." 孔子曰: "啜菽飮水, 盡其歡, 斯之謂孝. 斂首足形, 還葬而無椁, 稱其財, 斯之謂禮."

集說 세상에는 삼생三牲(소·양·돼지)으로 봉양을 하면서도 부모를 즐겁게 할 수 없는 자가 있고, 또한 후장厚葬으로 남들이 보기에 아름답게 하면서도 예의 규정을 넘어서는 죄에 빠지고 있음을 알지 못하는 자도 있다.

이것을 알면 효와 예를 극진히 할 수 있는 것인데, 또 어찌 가난을 슬퍼할
필요가 있겠는가? '선장還葬'은 설명이 상편70)에 보인다. 世固有三牲之養, 而
不能歡者, 亦有厚葬以爲觀美, 而不知陷於僭禮之罪者, 知此則孝與禮可得而盡矣, 又何必
傷其貧乎? '還葬', 說見上篇.

3-37 [단궁하 80]

위衛나라 헌공獻公이 망명생활을 하다가 위나라로 돌아올 때, 근교
에 이르러 망명길을 따라 나선 자들에게 읍을 나누어준 뒤에 도성
으로 들어가려고 하였다. 유장柳莊이 말하였다. "만일 모두 나라에
머물러 사직을 지켰다면 누가 말고삐를 잡고 망명길을 따랐겠습니
까? 만일 모두 망명길을 따랐다면 누가 사직을 지켰겠습니까? 임금
께서 귀국하시는데 사사로운 마음을 보이시는 것은 잘못된 일이
아니겠습니까?" 끝내 나누어주지 않았다.

衛獻公出奔, 反於衛, 及郊, 將班邑於從者而后入. 柳莊曰: "如皆
守社稷, 則孰執羈靮而從? 如皆從, 則孰守社稷? 君反其國而有私
也, 毋乃不可乎?" 弗果班.

集說　헌공은 노나라 양공 14년에 제나라로 망명하였다가 26년에 위나라
로 돌아왔다.71) '기羈'는 말에 매는 고삐고, '적靮'은 말의 입에 물리는 재
갈이다. 유장의 뜻은 위나라에 머물러 있던 자나 헌공을 따라 망명길을 떠
난 자나 똑같이 나라를 위한 것이었기 때문에 따라나선 자(從者)에게만 상
을 내려 사사로운 은혜를 보여서는 안 된다는 것이다. 獻公以魯襄十四年奔齊,
二十六年歸衛. '羈所以絡馬, '靮所以轡馬. 莊之意謂居者行者均之爲國, 不當獨賞從者

以示私恩.

위衛나라에 유장柳莊이라는 태사大史가 있었는데 병으로 누웠다. (그 집안사람들이 이를 헌공에게 알리자) 헌공獻公은 "만약 병이 위독해지면 제사지내는 도중이라도 반드시 알리도록 하라"고 말하였다. (과연 제사 도중에 유장이 죽자) 공은 머리가 바닥에 닿도록 하여 두 번 배례를 하고(再拜稽首)72) 시尸(제사 때 신을 대행하는 사람)에게 청하여 말하였다. "유장이라는 신하는 과인만의 신하가 아니라 사직의 신하입니다. 그가 죽었다고 하니 조문하러 가기를 청합니다." 제복祭服도 벗지 않은 채 달려가 조문을 하고, 마침내 제복을 벗어 수의襚衣를 삼게 하였다. 그리고는 구씨裘氏와 현반씨縣潘氏의 두 읍을 준다는 글을 써서 관 안에 넣고 "만세의 자손에 이르기까지 이 약속을 바꾸지 않을 것이다"라고 하였다.

衛有大史曰柳莊, 寢疾. 公曰: "若疾革, 雖當祭必告." 公再拜稽首, 請於尸曰: "有臣柳莊也者, 非寡人之臣, 社稷之臣也. 聞之死, 請往." 不釋服而往, 遂以襚之, 與之邑裘氏與縣潘氏, 書而納諸棺, 曰: "世世萬子孫毋變也."

集說 의복을 죽은 이에게 주는 것을 '수襚'라고 한다. '구裘'와 '현반縣潘'은 두 읍의 이름이다. '만자손萬子孫'은 유장의 후세를 말한다. 유장이 병으로 눕자 헌공이 그 집안사람에게 '만약 병이 위독해졌을 때 내가 비록 제사를

지내고 있더라도 반드시 와서 고하라'고 명하였다. 유장이 죽음에 이르렀을 때 과연 헌공이 제사를 지내고 있는 중이어서 드디어 제복을 벗지 않은 채 달려갔다. 이어 제복을 벗어 수의襚衣로 삼게 하고 또 두 읍을 하사하였다. 이는 비록 제후가 현자를 높이는 뜻을 보여주는 것이지만, 제사일을 마치지도 않았고 제후의 명복命服을 대부에게 주었으며 읍을 봉해준다는 증서를 써서 관에 넣은 것은 모두 예가 아니다. 以衣服贈死者曰'襚'. '裵'·'縣潘', 二邑名. '萬子孫'謂莊之後世也. 莊之疾, 公嘗命其家, 若當疾亟之時, 我雖在祭事, 亦必入告. 及其死也, 果當公行事之際, 遂不釋祭服而往, 因釋以襚之, 又賜之二邑. 此雖見國君尊賢之意, 然棄祭事而不終, 以諸侯之命服而襚大夫, 書封邑之券而納諸棺, 皆非禮矣.

3-39 [단궁하 82]

진간석陳乾昔이 병으로 누었는데, 그의 형제들을 모아놓고 자기 아들인 존기尊己에게 명하였다. "만일 내가 죽거든 반드시 나의 관을 크게 만들어 내 두 첩이 관 안에서 나를 껴안을 수 있도록 하라." 진간석이 죽자 그의 아들은 "순장하는 것은 예가 아니다. 더구나 관을 함께할 수 있겠는가?" 하고 끝내 두 첩을 죽이지 않았다. 陳乾昔寢疾, 屬其兄弟而命其子尊己, 曰: "如我死, 則必大爲我棺, 使吾二婢子夾我." 陳乾昔死, 其子曰: "以殉葬, 非禮也. 況又同棺乎?" 弗果殺.

集說 '촉屬'은 『주례』에서 '촉민독법屬民讀法(백성을 모아놓고 법을 읽는다)[73]이라고 했을 때의 '촉屬'과 같은 것으로, 합한다(合), 모은다(聚)의 뜻과 같다.

경문을 기록한 자가 올바름을 지키고 그 아버지의 잘못된 명령에 따르지 않은 존기를 칭찬한 말이다. '屬'如『周禮』'屬民讀法'之'屬', 猶合也, 聚也. 記者善尊己守正而不從其父之亂命.

3-40[단궁하 83]

중수仲遂가 제齊나라의 수垂 땅에서 죽었는데, 노魯나라 선공宣公은 임오일壬午日에도 여전히 역제繹祭[74]를 지내면서 만무萬舞를 추게 하고 약무籥舞만을 없앴다. 공자는 "예가 아니다. 경卿이 죽으면 역제를 지내지 않는 것이다"라고 하였다.

仲遂卒于垂, 壬午猶繹, 萬入去籥. 仲尼曰: "非禮也. 卿卒不繹."

集說 '중수仲遂'는 노나라 장공莊公의 아들인 동문양중東門襄仲으로, 노나라의 경卿이다. '수垂'는 제나라의 지명이다. 종묘에 제사지낸 이튿날에 또 제례祭禮를 베풀어 전날의 제사를 계속하는 것을 '역제繹祭'라 하는데, 은나라 때에는 '융제肜祭'라고 하였다. 임오일壬午日에 역제를 지냈다고 했으므로 정식 제사(正祭)는 신사일辛巳日이 된다. '만무萬舞'는 방패를 잡고서 춤을 추는 것이고, '약무籥舞'는 피리를 불면서 춤을 추는 것이다. '만무를 추게 하고 약무만을 없앴다'(萬入去籥)는 것은 이 역제를 지낼 때 중수가 죽었기 때문에 단지 소리가 없는 간무干舞(萬舞)만 추게 하고, 소리가 있는 약무를 없애 사용하지 않았다는 뜻이다. ○ 진씨陳氏(진상도陳祥道)는 말한다. "춘추의 법에 제사지낼 때 경卿이 죽으면 음악을 사용하지 않고 이튿날 역제도 지내지 않는다. 그러므로 숙궁叔弓이 죽었을 때 노나라 소공昭公이 음악을 중지하고 제사를 마친 것에 대해 군자는 예禮라고 하였고,[75] 중수가 죽었

을 때 선공宣公이 여전히 역제를 지내면서 만무를 추게 하고 약무만 없앤 것에 대해 성인은 예가 아니라고 하였다." '仲遂', 魯莊公子東門襄仲也, 爲魯卿. '垂', 齊地名. 祭宗廟之明日, 又設祭禮以尋繹昨日之祭, 謂之'繹', 殷謂之'肜'. 言壬午, 則正祭辛巳日也. '萬舞', 執干以舞也, '籥舞', 吹籥以舞也. '萬入去籥'者, 言此繹祭時, 以仲遂之卒, 但用無聲之干舞以入, 去有聲之籥舞而不用也. ○ 陳氏曰: "春秋之法, 當祭而卿卒則不用樂, 明日則不繹, 故叔弓之卒, 昭公去樂卒事, 君子以爲禮, 仲遂之卒, 宣公猶繹而萬入去籥, 聖人以爲非禮."

3-41 [단궁하 84]

계강자季康子의 어머니가 죽었을 때 공수약公輸若은 아직 어렸다. 내관(棺)을 외관(椁) 속에 내려놓으려(斂) 할 때, 공수반公輸般이 기계로 하관할 것을 청하자, 그의 말에 따르려고 하였다. 공견가公肩假는 "안 된다. 노나라에는 고유한 예속禮俗이 있다.

季康子之母死, 公輸若方小. 斂, 般請以機封, 將從之, 公肩假曰: "不可, 夫魯有初.

集說 '공수公輸'는 씨이고 '약若'은 이름으로서, 당시 관직이 장사匠師였다. '방소方小'는 나이가 아직 어리다는 뜻이다. '염斂'은 내관(棺)을 외관(椁) 속에 내려놓는 것이다. '반般'은 공수약의 일족으로, 평소 솜씨가 많았다. 공수약이 염하는 일을 관장하는데 나이가 어리다는 것을 알고 그를 대신하여 자신의 솜씨를 시험하고자 하였다. '기폄機窆'은 기관이 움직이는 기계로 하관하고, 비碑와 율縴을 사용하지 않는다는 뜻이다. '노유초魯有初'는 노나라에 고유한 예속禮俗이 있다는 말이다. '公輸', 氏, '若', 名, 爲匠師. '方小', 年

尙幼也. '斂', 下棺於槨也. '般', 若之族, 素多技巧, 見若掌斂事而年幼, 欲代之而試用其
巧技也. '機窆', 謂以機關轉動之器下棺, 不用碑與綍也. '魯有初', 言魯國自有故事也.

공실公室은 풍비豐碑에 준해서 하고, 삼가三家는 환영桓楹에 준해서
한다.

公室視豐碑, 三家視桓楹.

集說 '풍비豐碑'76)는 천자의 제도이고, '환영桓楹'은 제후의 제도이다. ○ 소
疏에서 말한다. "무릇 '시視'라고 말한 것은 비슷하게 견준다는 말이다. '풍
豐'은 크다는 뜻이다. 풍비는 큰 나무로 비碑를 만들어 그 비 가운데 나무를
뚫어서 구멍을 내고 그 빈 공간에 녹로鹿盧를 붙이는데, 녹로의 양 머리끝
이 각각 비목碑木으로 들어간다. 줄의 한 끝으로 관의 밧줄에 연결하고, 다
른 한 끝으로 녹로를 감는다. 다 감았으면 사람들이 각각 비를 등에 지고
줄의 끝을 어깨에 메고, 북소리를 들으면서 조금씩 뒤로 물러나면서 관을
내린다. '환영桓楹'은 비碑와 비슷하지 않고, 형태가 큰 기둥과 같을 뿐이지
만, 통틀어서 말하면 또한 '비碑'라고 한다. 『설문해자說文解字』에 '환은 우
정표郵亭表'라고 하였다. 오늘날의 다리 곁에 세워둔 이정표 기둥과 같은
것이다. 제후는 비가 두 개인데 두 기둥이 하나의 비가 되어 녹로를 설치
하므로 정현이 '네 곳에 세운다'(四植)고 한 것이다." '豐碑', 天子之制, '桓楹',
諸侯之制. ○ 疏曰: "凡言'視'者, 比擬之辭. '豐', 大也, 謂用大木爲碑, 穿鑿去碑中之木,
使之空, 於空閒著鹿盧, 兩頭各入碑木. 以綍之一頭係棺緘, 以一頭繞鹿盧. 旣訖, 而人各
背碑負綍末頭, 聽鼓聲, 以漸却行而下之也. '桓楹'不似碑, 形如大楹耳, 通而言之, 亦曰

‘碑’. 『說文』‘桓, 郵亭表也.’ 如今之橋旁表柱也. 諸侯二碑, 兩柱爲一碑而施鹿盧, 故鄭云 ‘四植’也.”

3-43 [단궁하 86]

반般이여, 너는 남의 어머니를 가지고 너의 기교를 시험하려고 하니 어찌 부득이하여 그렇게 하는 것이겠는가? 너의 기교를 시험하지 않으면 너에게 괴로운 일이 생긴단 말인가? 아아!” 사람들이 끝내 공수반의 말을 따르지 않았다.

般, 爾以人之母嘗巧, 則豈不得以? 其母以嘗巧者乎, 則病者乎? 噫!” 弗果從

集說 疏에서 말한다. “‘상嘗’은 시험한다는 뜻이다. 공견가公肩假가 ‘네가 남의 어머니를 가지고 자신의 기교를 시험하려고 하는데, 누가 너에게 강제로 핍박해서 이렇게 하도록 시킨 사람이 있는가? 어찌 부득이한 일이겠는가?’라고 하였다. 또 공수반公輸般에게 ‘남의 어머니를 가지고 자기의 기교를 시험하지 않는다고 너에게 괴로운 일이겠는가?’라고 하였다. 기교를 시험할 수 없다고 어찌 너에게 괴로운 바가 있느냐는 뜻이다. 공견가는 말이 끝나자 곧 다시 ‘아!’ 하는 소리를 내며 탄식했다. 그리하여 뭇사람들이 드디어 중지하였다.” ○ 일설에는 ‘즉기부득이기무이상교자호則豈不得以其母以嘗巧者乎’까지 한 구절로 보기도 한다. ‘네가 남의 어머니를 가지고 기교를 시험하면서 마땅히 행해야 할 예를 폐기하고 있으니, 또한 어찌 스스로 자기 어머니를 가지고 기교를 시험하면서 예를 폐기하지 않을 수 있겠는가? 그렇게 되면 네 마음에 또한 괴로워서 불안한 바가 있을 것이다’라는 뜻이

된다. 대체로 그로 하여금 마음속에 돌이켜 반성하고 자기의 마음으로 타인의 마음을 헤아려서 그것이 잘못된 것임을 알도록 한 것이다. ○ 응씨應氏는 말한다. "주나라가 쇠퇴하고 예가 무너져서 제후들이 천자를 참람하였기 때문에 공실公室(제후)에서 하관할 때 풍비豐碑에 준해서 했다. 대부가 제후를 참람하였기 때문에 삼가三家(노나라의 계손씨·중손씨·숙손씨의 세 대부)에서 하관할 때 환영桓楹에 준해서 했다. 그 침체가 계속된 폐단이 본디 유래가 있는 것이다." 疏曰: "'嘗', 試也, 言'爾欲以人母嘗試己之巧事, 誰有强逼於爾而爲此乎? 豈不得休已者哉!' 又語之云, '其無以人母嘗試己巧, 則於爾病者乎?', 言不得嘗巧, 豈於爾有所病? 假言畢, 乃更'噎'而傷歎77), 於是衆人遂止." ○ 一說'則豈不得以其毋以嘗巧者乎'作一句, 言'爾以他人母試巧, 而廢其當用之禮, 則亦豈不得自以己母試巧, 而不用禮乎? 則於爾心, 亦有所病而不安乎!' 蓋使之反求諸心, 以己度人, 而知其不可也. ○ 應氏曰: "周衰禮廢, 而諸侯僭天子, 故公室之窆棺視豐碑, 大夫僭諸侯, 故三家之窆棺視桓楹, 其陵替承襲之弊, 有自來矣."

3-44 [단궁하 87]

낭郞에서 전쟁을 할 때, 공숙우인公叔禺人이 지팡이에 의지한 채 보保라는 성으로 들어가려는 자가 휴식을 취하고 있는 것을 보고 말하였다. "요역에 동원시키는 것이 비록 고통스럽고, 세금을 바치게 하는 것이 비록 과중하지만, (윗사람이 마음을 합쳐 적을 막아내면 오히려 책임을 면할 수 있다.) 그런데 지금 경·대부는 대책을 꾀하지 못하고 사士는 난에 목숨을 바치려 하지 않으니, 잘못된 일이다. 내 이미 이런 말을 했으니 실천하지 않을 수 있겠는가?" 이윽고 이웃마을의 왕기汪踦라는 어린아이와 함께 전쟁터에 가서 죽었다. 노나라 사람이 어린 왕기를 상殤의 예禮[78]로 장례를 치르고 싶지 않아서 공자에게 물었다. 공자는 다음과 같이 말했다. "방패와 창을 잡고 사직을 호위하였으니, 비록 상의 예로 장례를 치르지 않고자 하더라도 또한 옳지 않겠는가?"

戰于郞, 公叔禺人遇負杖入保者息, 曰: "使之雖病也, 任之雖重也, 君子不能爲謀也, 士弗能死也, 不可, 我則旣言矣." 與其鄰重汪踦往, 皆死焉. 魯人欲勿殤重汪踦, 問於仲尼. 仲尼曰: "能執干戈以衛社稷, 雖欲勿殤也, 不亦可乎?"

集說 '낭에서 전쟁을 했다'(戰于郞)는 것은 노나라 애공哀公 11년에 제齊나라가 노魯나라를 공격한 일을 말한다. '우인禺人'은 소공昭公의 아들 공위公爲다. 노나라 사람으로 제나라 군대를 피해서 현읍에 있는 보保라는 작은 성에 들어가려던 자가 피곤한 나머지 지팡이에 의지한 채 도중에서 쉬고 있는 것을 보았다. 우인禺人이 이에 탄식하며 말하였다. "번잡한 요역도 비록 견뎌낼 수 없고, 빡빡한 세금도 비록 지나치게 많지만, 윗사람이 마음을 합쳐 외적을 막아낸다면 오히려 책임을 다할 수 있는 것이다. 그런데 지금 경과 대부는 대책을 도모하지 않고, 사는 몸을 바쳐 난에서 죽지도 않으니 어찌 신하가 임금을 섬기는 도리겠는가? 매우 잘못된 것이다. 내가 이미 이런 말을 했으니 나의 말을 실천하지 않을 수 있겠는가?" 이에 이웃마을의 어린 왕기汪踦라는 자와 함께 가서 싸우다 적에게 죽임을 당했다. 노나라 사람은 왕기에게 성인成人의 행동이 있다고 생각하여 성인의 상례로 장례를 지내고자 하였는데, 공자는 그 권례權禮의 합당함을 칭찬하였다. '戰于郞', 魯哀公十一年, 齊伐魯也. '禺人', 昭公子公爲也. 遇魯人之避齊師而入保城邑者, 疲

倦之餘, 負其杖而息于塗, 禺人乃歎之曰: "徭役之煩, 雖不能堪也, 稅斂之數, 雖過於厚也, 若上之人協心, 以禦寇難, 猶可塞責也, 今卿大夫不能畫謀策, 士不能捐身以死難, 豈人臣事君之道哉? 甚不可也. 我旣出此言矣, 可不思踐吾言乎?" 於是與其鄰之童子汪踦者, 皆往鬪而死於敵. 魯人以踦有成人之行, 欲以成人之喪禮葬之, 而孔子善其權禮之當也.

3-45[단궁하 88]

자로子路가 노나라를 떠날 때 안연顔淵에게 "어떻게 나를 송별하겠는가?"라고 말했다. 안연이 대답했다. "내가 듣건대, 나라를 떠날 때는 조상의 묘에 곡을 한 후에 떠나고, 나라로 돌아와서는 곡은 하지 않고 성묘만 하고 들어간다고 하였다." 안연이 자로에게 "어떻게 나를 편안하게 해주겠는가?"라고 말했다. 자로가 대답했다. "내 듣건대, 남의 묘를 지나면 식례式禮를 하고, 사당을 지나면 수레에서 내린다고 하였다."

子路去魯, 謂顔淵曰: "何以贈我?" 曰: "吾聞之也, 去國則哭于墓而后行, 反其國, 不哭, 展墓而入." 謂子路曰: "何以處我?" 子路曰: "吾聞之也, 過墓則式, 過祀則下."

集說 '묘에 곡을 한다'(哭墓)는 것은 묘에 상주가 없게 됨을 슬퍼하는 것이다. 차마 무덤에 상주가 없어서는 안 되기 때문에 반드시 나라로 돌아올 기약을 한다. 그러므로 떠나는 자를 위해 그렇게 말하는 것이다. 묘와 사당은 사람들이 소홀히 하기 쉬운 것인데, 거기에 공경을 바칠 수 있다면 어딜 가든 나의 공경을 쓰지 않음이 없고, 공경하면 어딜 가든 편안하지 않음이 없으므로 머무는 자를 위해 그렇게 말하는 것이다. ○ 방씨方氏(방각

方愨)79)는 말한다. "무릇 사물이 펼쳐지면 살펴볼 수 있다. 그러므로 살피는 것을 '전展'이라 한다." 哭墓, 哀墓之無主也. 不忍丘壟之無主, 則必有返國之期, 故爲行者言之. 墓與祀, 人所易忽也, 而能加之敬, 則無往而不用吾敬矣, 敬則無適而不安, 故爲居者言之也. ○ 方氏曰: "凡物展之則可省而視, 故省謂之'展'."

3-46[단궁하 89]

초나라의 공윤工尹 상양商陽이 진기질陳棄疾과 함께 오나라 군대를 추격하여 따라잡았다. 진기질이 공윤 상양에게 "왕의 일이므로, 그대는 활을 잡아도 괜찮소"라고 하자 상양이 활을 잡았다. 진기질이 "그대는 쏘시오!"라고 하자 상양이 활을 쏘아서 한 사람을 꼬꾸라뜨리고는 활을 활집에 넣었다. 또다시 따라잡자 다시 쏘라고 고하였고, 또 두 사람을 고꾸라뜨렸다. 한 사람을 고꾸라뜨릴 때마다 자기 눈을 가리고 수레를 멈추게 하고는 말하였다. "나는 조회朝會 때에 앉지도 못하고, 연례燕禮 때에 참여하지도 못하는 사람이다. 세 사람을 죽인 것만으로도 돌아가 보고하기에 충분하다." 공자가 말하였다. "사람을 죽이는 가운데에도 또한 예가 있는 것이다." 工尹商陽與陳棄疾追吳師, 及之. 陳棄疾謂工尹商陽曰: "王事也, 子手弓而可." 手弓. "子射諸!" 射之, 斃一人, 韔弓. 又及, 謂之, 又斃二人. 每斃一人, 揜其目, 止其御曰: "朝不坐, 燕不與, 殺三人, 亦足以反命矣." 孔子曰: "殺人之中, 又有禮焉."

集説 '공윤工尹'은 초나라 관직명이다. 오나라의 군사를 추격한 일은 『좌

전』노나라 소공 12년 조에 실려 있다. '자수궁이가子手弓而可'까지가 구句가 되는데, 상양으로 하여금 활을 잡도록 하였다는 뜻이다. '수궁手弓'은 상양 商陽이 손으로 활을 잡은 것이다. '창韔'은 활집이다. '위지謂之'는 다시 활을 쏘라고 고한 것이다. 눈을 가리고 차마 보지 못하고 수레를 멈추게 하여 차마 말을 달리지 못하게 한 것은 측은해하는 마음(惻隱之心)이 있었기 때문이다. 상양이 스스로 지위가 낮고 갖추어야 할 예가 가볍다고 말하였으니, 이 정도로만 해도 또한 책임을 다하였다고 칭할 수 있다. 공자가 예가 있다고 말한 것은 패배한 군사는 본래 곤궁하기 쉬운 법인데 상양이 함부로 죽이는 마음을 절제할 수 있었기 때문이다. 이는 어진 마음과 예절이 함께 행해진 것이다. 임금을 섬기는 예가 단지 여기에서 머문다는 것이 아니라, 다만 패배자를 추적하는 데 있어서 훌륭한 점을 취한 것이며, 또한 적을 앞에 두고 결정을 내리지 못하여 차마 사람을 죽이지 못했음을 말하는 것도 아니다. '工尹', 楚官名. 追吳師事, 在魯昭公十二年. '子手弓而可', 爲句, 使之執弓也. '手弓', 商陽之弓在手也. '韔', 弓衣也. '謂之', 再告之也. 掩目而不忍視, 止御而不忍驅, 有惻隱之心焉. 商陽自言位卑禮薄, 如此, 亦可以稱塞矣. 孔子謂其有禮, 以敗北之師, 本易窮, 而商陽乃能節制其縱殺之心, 是仁意與禮節並行, 非事君之禮, 止於是也, 特取其善於追敗者, 亦非謂臨敵未決, 而不忍殺人也.

3-47[단궁하 90]

제후가 진秦나라를 정벌하였는데 조曹나라 선공宣公이 회맹 중에 죽었다. 제후들이 반함飯含을 하겠다고 청하자, 제후들에게 염습斂襲까지 하게 하였다.

諸侯伐秦, 曹桓公卒于會. 諸侯請含, 使之襲

集說　조백曹伯의 죽음은 노나라 성공成公 13년의 일이다. 습襲은 천한 자의 일이다. 제후가 그것을 따른 것은 예를 알지 못하는 것이다. 曹伯之卒, 魯成公十三年也. 襲, 賤者之事, 諸侯從之, 不知禮也.

3-48[단궁하 91]

노나라 양공襄公이 형荊 땅으로 조회를 갔는데, 초나라 강왕康王이 죽었다. 형인이 양공에게 "반드시 염습해주시기를 청합니다"라고 하였다. 노나라 사람은 "예가 아니다"라고 하였다. 형인이 강제로 시키자, 무巫가 먼저 관에 붙어 있는 나쁜 기운을 털어 내고 염습을 하였다. 형인이 후회하였다.

襄公朝于荊, 康王卒. 荊人曰: "必請襲." 魯人曰: "非禮也." 荊人強之, 巫先拂柩, 荊人悔之.

集說　'형荊'은 『서경』「우공禹貢」에 보이는 주州 이름으로서, 초가 나라를 세웠을 때의 본래 호칭이다. 노나라 희공僖公 원년에 처음으로 초라고 칭했다. 노나라 양공은 즉위 28년에 초나라로 조회를 가다가 마침 초나라 군주인 소昭의 상을 만났다. 노나라 사람은 염습을 해주는 것이 예가 아님을 알았지만 거스를 수가 없었다. 그리하여 군주가 신하의 상에 임하는 예로 먼저 하게 하였다. 형 땅 사람이 그 잘못을 깨닫고 후회하게 되었지만 이미 어쩔 수 없었다. 이는 양공이 권변權變을 마땅하게 사용하여 부끄러움

을 씻은 것이다. '荊', 「禹貢」 州名, 楚立國之本號, 魯僖公元年, 始稱楚. 魯襄公以二十八世⁸⁰⁾朝楚, 適遭楚子昭之喪. 魯人知襲之非禮, 而不能違, 於是以君臨臣喪之禮先之, 及其覺之而悔, 已無及矣. 此其適權變之宜, 足以雪恥.

3-49[단궁하 92]

등滕나라 성공成公의 상에 노魯나라 소공昭公이 자숙경숙子叔敬叔을 보내 조문을 하고 위로의 글을 바치게 하였는데, 이때 자복혜백子服惠伯을 부사副使로 삼았다. 등나라의 근교에 도착하자, 경숙은 의백懿伯(혜백의 숙부)을 살해한 일 때문에 혜백의 원한으로 보복을 당할까 두려워하여 도성에 들어가지 않았다. 혜백이 말하였다. "이 사행使行은 임금의 명입니다. 숙부의 사사로운 원한 때문에 공적인 일을 해쳐서는 안 됩니다." 그제야 들어갔다.

滕成公之喪, 使子叔敬叔弔, 進書, 子服惠伯爲介. 及郊, 爲懿伯之忌不入. 惠伯曰: "政也, 不可以叔父之私不將公事." 遂入.

集說 '기忌'의 글자를 기일忌日의 뜻으로 보고, 의백은 경숙敬叔의 종조부인데 마침 등나라 교에 이르러 이날을 만났기 때문에 발걸음을 늦추고 다음날에 들어가려고 했기 때문에 혜백이 예로써 깨우치며 '공적인 일에는 공적인 이익만 있고 사적인 기일은 생각하지 않는다'고 말하고 먼저 들어갔고 숙궁도 드디어 들어갔다. '忌'字只是'忌日', 懿伯是敬叔從祖, 適及滕郊, 而遇此日, 故欲緩至次日乃入, 故惠伯以禮曉之曰'公事有公利無私忌', 乃先入而叔弓亦遂入焉.

3-50[단궁하 93]

노나라 애공哀公이 사람을 시켜서 궤상蕢尚을 조문하게 하였는데, 도중에 그를 만났다. 궤상은 길을 치워 궁실宮室의 자리를 그리고 거기서 조문을 받았다.

哀公使人弔蕢尚, 遇諸道, 辟於路, 畫宮而受弔焉.

集說 '애공哀公은 노나라 임금이다. '벽어로辟於路'에서 '벽辟'은 '벽闢'의 발음으로 읽는다. 도로를 치우고 궁실宮室의 자리를 그려서 조문을 받는다는 뜻이다. '哀公', 魯君. '辟於路', '辟讀爲闢', 謂除闢道路, 以畫宮室之位, 而受弔也.

權近 살피건대 '벽辟'은 마땅히 '피避'로 읽어야 한다. 대개 도로를 차지하고 조문을 받을 수 없으므로 도로 곁으로 피하여 들어가 조문을 받은 것이다. 近按, '辟'當讀爲'避'. 蓋不可當路而受弔, 故避入路旁而受弔也歟.

3-51[단궁하 94]

증자曾子가 말하였다. "궤상은 기량杞梁의 처가 예를 알았던 것만 못하다. 제나라 장공莊公이 좁은 길목으로 들어가 거나라를 습격했을 때, 기량이 그곳에서 죽었다. 기량의 처는 길에서 관을 맞이하여 슬프게 곡을 하였다."

曾子曰: "蕢尚不如杞梁之妻之知禮也. 齊莊公襲莒于奪, 杞梁死焉. 其妻迎其柩於路而哭之哀."

集 노나라 양공 23년에 제나라 군주가 거莒나라를 습격했다. '습격'(襲)

說 이란 날랜 병사를 이끌고 대비하지 못한 적군을 덮쳐서 공격하는 것이다. 『춘추』에 "기식杞殖과 화환華還이 무장병을 싣고 밤에 저우且于(거나라의 읍명)의 좁은 길목으로 들어갔다"[81]라고 하였다. '저우且于'는 거나라의 읍명이다. '태隧'는 좁은 길이다. 정현은 "혹은 '태兌'라고도 한다"고 하였다. 그러므로 '奪'은 '태兌'로 읽는다. '량梁'은 바로 '식殖'이다. 전사하였기 때문에 처가 그의 관을 맞이하였다. 魯襄公二十三年, 齊侯襲莒, '襲'者, 以輕兵掩其不備而攻之也. 『左傳』言"杞[82]殖・華還載甲夜入且于之隧." '且于', 莒邑名. '隧', 狹路也. 鄭云"或爲兌", 故讀奪爲兌'. '梁'卽'殖'. 以戰死, 故妻迎其柩.

3-52[단궁하 95]

제나라 장공이 사람을 시켜 조문하자 기량의 처가 대답하였다. "임금의 신하(곧 기량)에게 죄가 있다면 시조市朝에 죽인 시신을 걸어두고, 처와 첩도 구속해야 할 것입니다. 임금의 신하에게 죄가 없다면 선인先人(기량)의 집이 있으니, 임금께서는 명을 욕되게 하지 마소서."

莊公使人弔之, 對曰: "君之臣不免於罪, 則將肆諸市朝而妻妾執. 君之臣免於罪, 則有先人之敝廬在, 君無所辱命."

集說 '사肆'는 시신을 걸어두어 사람들에게 보여주는 것이다. '처첩집妻妾執'은 처첩을 구속하여 붙잡는다는 뜻이다. 『좌전』에 "제나라 군주가 그 집으로 가서 조문하였다"[83]고 하였다. '肆', 陳尸也. '妻妾執', 拘執其妻妾也. 『左傳』言"齊侯弔諸其室."

노나라 애공의 어린 아들 돈蕁의 상에, 애공은 발撥을 설치하고자
하여 유약有若에게 물었다. 유약은 "그렇게 할 수 있습니다. 임금의
세 신하(三臣)도 오히려 그것을 설치하고 있습니다"라고 말하였다.
이에 안류顔柳가 말하였다. "천자는 춘거輴車에 용의 무늬를 그려
넣고, 나무를 쌓아서 덧널(椁 외관)처럼 만들고 그 위에 수레덮개를
두릅니다. 제후는 춘거를 사용하고 수레덮개를 설치하며, 우심揄沈
때문에 발撥을 설치합니다. 세 신하는 춘거를 없앴지만 발을 설치
하고 있습니다. 이는 예에 맞지 않는 것을 도적질하는 것입니다.
그런데 임금께서는 어디에서 그것을 배웠습니까?"

孺子蕁之喪, 哀公欲設撥, 問於有若. 有若曰: "其可也. 君之三臣
猶設之." 顔柳曰: "天子龍輴而椁幬, 諸侯輴而設幬, 爲揄沈, 故
設撥. 三臣者廢輴而設撥, 竊禮之不中者也, 而君何學焉?"

集說 '돈蕁'은 애공의 어린 아들이다. 구설(정현 주)에는 발撥을 불紼이라고
하였는데 옳은지 틀린지 모르겠다. '세 신하'(三臣)는 노나라의 세 대부(三家
仲孫氏·叔孫氏·季孫氏)이다. 안류顔柳는 말한다. "천자의 빈례殯禮는 춘거輴車
에 관을 싣고, 수레 끌채에 용의 무늬를 그려 넣는다. '곽도椁幬'는 나무를
쌓아서 덧널(椁 외관)의 형태를 만들어 관을 덮는 것이다. 앞에서 '도끼 문양
을 수놓은 관의棺衣를 곽 위에 덮는다'(加斧于椁上)[84]고 한 것이 이것이다. 제
후는 춘거를 사용하고 수레덮개를 설치한다. 그렇다면 춘거는 있지만 용의
무늬는 그려 넣지 않고, 수레덮개는 있지만 덧널의 형태는 없는 것이다.
'우심揄沈'은 물로 느릅나무의 흰 껍질에서 나오는 즙을 섞어서 땅에 뿌리

는 것이다. 수레를 끌 때 뻑뻑하지 않게 하려는 것이다. 이제 세 대부(三家)는 춘거를 없애 사용하지 않으면서도 여전히 발撥을 설치하고 있다. 이는 한갓 예를 도적질하는 죄만 있을 뿐, 예법에 맞게 사용하는 실질은 없는 것이다." ○ 방씨方氏(방각方慤)[85]는 말한다. "춘거가 무겁기 때문에 우심楡沈을 하여 원활하게 하고, 우심이 흩어지게 하기 위해 발을 설치하여 당긴다. 춘거가 없으면 우심을 쓸 필요가 없고, 우심을 쓸 필요가 없으면 발을 사용할 필요가 없다. 세 신하는 이미 춘거를 없애야 함을 알면서도 발을 설치할 필요가 없음을 모른다. 이는 예를 도적질하여 예법에 맞지 않는 것이다. 발撥은 비록 경문에 나타나지 않지만, 문맥을 가지고 생각해본다면 우심楡沈이다. 그러므로 '발을 설치한다'(設撥)는 것은 손으로 우심을 휘저어 길에다 뿌리는 것이다. 선유先儒(정현)가 불綍로 이해한 것은 잘못이다." '轜', 哀公之少子. 舊說以撥爲綍, 未知是否. '三臣', 魯之三家也. 顔柳言, 天子之殯, 用輴車載柩, 而畫轅爲龍. '椁幬'者叢木[86]爲椁形, 而覆幬其上, 前言'加斧于椁上', 是也. 諸侯輴而設幬, 則有輴而無龍, 有幬而無椁也. '楡沈', 以水浸楡白皮之汁, 以播地, 取其引車不澁滯也. 今三家廢輴不用, 而猶設撥, 是徒有竊禮之罪, 而非有中用之實者也. ○ 方氏曰: "爲輴之重也, 故爲楡沈以滑之, 欲楡沈之散也, 故設撥以發之, 無輴則無所用沈, 無所用沈, 則無所用撥. 三臣旣知輴之可廢, 而不知撥之不必設, 是竊禮之不中者也. 撥雖無所經見, 然以文考之, 爲楡沈, 故設撥則是以手撥楡沈而洒[87]於道也. 先儒以爲綍失之矣."

權近 살피건대, 방씨方氏가 발撥을 불綍이 아니라고 하고 우심楡沈을 도로에 뿌리는 것이라고 한 것이 옳다. 그러나 손으로 그것을 뿌린다(撥)고 하면 발을 설치한다(設)는 의미가 들어맞지 않는 듯하다. 대개 발撥은 필시 우심楡沈을 뿌리는(發散) 기구일 것이다. 그러므로 설치한다고 한 것이다. 만약 단지 손으로 뿌린다면 설치한다고 한 것에 합당하지 않다. 불綍은 귀천에 관계없이 누구나 사용한다. 발撥이 불綍이 아님은 의심할 바 없다. 近

按, 方氏以撥爲非綍, 而散楡沈於道者, 得矣. 然謂以手撥之, 則於設撥之意, 恐未合. 蓋撥必是發散楡沈之器也. 故謂之設. 若但以手撥之, 則不當謂之設也. 綍則無貴賤, 皆用之. 撥之非綍, 無疑矣.

3-54[단궁하 97]

도공悼公의 어머니가 죽자, 애공哀公은 그녀를 위해 자최복齊衰服을 하였다. 유약有若이 말하였다. "첩을 위해 자최복을 하는 것이 예禮 입니까?" 애공이 말하였다. "내가 그쳐야 한단 말인가? 노나라 사람들은 그녀를 나의 처라고 여긴다."

悼公之母死, 哀公爲之齊衰. 有若曰: "爲妾齊衰, 禮與?" 公曰: "吾得已乎哉? 魯人以妻我."

集說 '이처아以妻我'는 나의 처로 여긴다는 뜻이다. 이는 애공이 정에 빠진 일과 잘못을 꾸민 말이다. ○ 소疏에서 말한다. "천자와 제후는 방친의 기년복 이하를 끊기 때문에 첩에 대해 복을 하지 않는다. 대부만은 귀첩貴妾을 위해서 시마복을 한다." '以妻我', 以爲我妻也. 此哀公溺情之擧·文過之辭. ○ 疏曰: "天子·諸侯絶旁期, 於妾無服, 惟大夫爲貴妾緦."

3-55[단궁하 98]

계자고季子皐가 자신의 처를 매장할 때 남의 밭을 침범하였다. 신상申祥이 아뢰었다. "보상해주십시오." 자고가 말하였다. "맹손씨孟孫

氏가 이 일로 나를 죄주지 않고, 벗들이 이 일로 나를 버리지 않을 것이다. 나는 이곳에서 읍재邑宰가 되었는데, 길을 사들여 매장한다면 후에 전례가 되어 계속 이런 식으로 하기가 어려울 것이다."

季子皐葬其妻, 犯人之禾. 申祥以告, 曰: "請庚之." 子皐曰: "孟氏不以是罪予, 朋友不以是棄予, 以吾爲邑長於斯也, 買道而葬, 後難繼也."

集說 유씨劉氏는 말한다. "'계자고季子皐'는 공자의 제자 고시高柴이다. 공자는 일찍이 '고시는 우직하다'[88]고 하였다. 『공자가어孔子家語』에서 칭한 바[89]를 살펴보고, 또 이 『예기』에 기록된 '삼 년 동안 피가 나는 것처럼 눈물을 흘렸다'[90] 및 '성成 땅 사람이 그를 위해 상복을 입었다'[91]는 일을 가지고 살펴본다면, 그가 어질다는 것을 알 수 있다. 처를 매장할 때 남의 밭을 침범한 이 일도 성成 땅의 읍재가 되었을 때의 일인데, 그런 일이 실제 있었던 것인지 어떤지 알 수 없다. 그러나 '맹손씨가 이 일로 나를 죄주지 않고, 벗들이 이 일로 나를 버리지 않을 것이다'고 한 것은 남의 밭을 침범한 잘못은 사소한 것이고 길을 사들여 매장하는 해는 크기 때문이다. 왜인가? 자기를 읍재로 삼았는데도 길을 사들여 매장하게 한다면, 후에 반드시 전례가 되어 계속해서 이렇게 하기 어려울 것이기 때문이다. 이 또한 우직해서 생각을 지나치게 한 하나의 사례이다. 그러나 진실한 마음에서 나온 것이지 잘못을 꾸미는 말은 아니었다. 정현 주에서 '총애를 믿고 백성을 학대한 것이다'고 하고, 방씨가 또한 불인不仁·불서不恕의 설로 덧붙인 것은 너무 심하다. 어찌 자고처럼 어진 사람이 이렇게 하였겠는가?" 劉氏曰: "'季子皐', 孔子弟子高柴也. 夫子嘗曰'柴也, 愚'. 觀『家語』所稱, 及此經所記'泣血三年' 及'成人爲衰'之事, 觀之, 賢可知矣. 此葬妻犯禾, 亦爲成宰時事, 有無, 固不可知. 然曰

'孟氏不以是罪予, 朋友不以是棄予'者, 以犯禾之失小而買道之害大也, 何也? 以我爲邑宰, 尙買道而葬, 則後必爲例而難乎爲繼者矣. 此亦愚而過慮之一端, 然出於誠心, 非文飾之辭也. 鄭註謂'其恃寵虐民', 而方氏又加以不仁·不恕之說, 則甚矣, 豈有賢如子皐而有是哉?'

살펴건대, 이 경문은 고시高柴의 일이 아니다. 『공자가어』(「弟子行」)에 기록된 것을 보건대, "한창 자라날 때는 식물을 꺾지 않았다"라고 하였는데, 어찌 남의 땅을 범했겠는가? "계칩에는 생물을 죽이지 않았다"고 하였는데 어찌 백성에게 포학하였겠는가? "어려움을 피하고 상도를 행하며, 지름길을 가지 않고 쉬운 길을 가지 않았는데" 어찌 아내를 장사지내면서 남의 토지를 범하였겠는가? 이것은 고시의 일이 아님이 분명하다. 또한 경문에서 이른바 '맹손씨孟孫氏가 이 일로 나를 죄주지 않고, 벗들이 이 일로 나를 버리지 않을 것'이라고 한 것은 참으로 사악함에 빠져 부끄러움을 모르는 말이다. 옛날의 어리석은 자는 우직하였는데, 어찌 영광과 욕됨 및 비난과 칭찬을 계산하는 마음이 있어 거짓되고 굽혀져 곧지 않음이 이와 같겠는가? 더구나 이곳의 읍장이 되어 길을 사서 장례하면 후에 계속하기 어렵다고 한다면, 이곳의 읍민이 되어 땅을 범하여 도를 어긴 자는 계속할 수 있다는 것인가? 유씨劉氏가 말한 "남의 밭을 침범한 잘못은 사소한 것이고 길을 사들여 매장하는 해는 크다"는 것은 무엇인가? 정씨鄭氏와 방씨方氏의 설이 참으로 옳다. 고시의 일이 아니고 기록한 자의 잘못이라고 한다면 가하지만, 고시의 일이라고 하면서 그 단점을 도를 어기면서 변호하는 것은 허물이다. 近按, 此非高柴之事也. 以『家語』所記觀之, 則"方長不折", 豈犯人禾? "啓蟄不殺", 豈忍虐民? "避難而行尙, 且不徑不寶", 豈其葬妻而犯人之田乎? 此非高柴之事, 明矣. 且所謂孟氏不以罪, 朋友不以棄者, 誠諂邪無耻者之言. 古之愚也直, 豈有計其榮辱毁譽之心, 而汚曲不直如此哉? 抑爲邑長於斯, 而買道而葬, 後難繼也, 則爲邑民於

斯, 犯其禾而不庚者, 爲可繼耶? 劉氏謂 "犯禾之失小, 而買道之害大"者, 何哉? 鄭氏·方
氏之說, 誠是矣. 謂非高柴之事, 而記者之誤, 則可, 謂爲高柴之事, 而違護其短, 則過矣.

3-56[단궁하 99]

벼슬을 하면서도 아직 봉록을 받지 않는 자에게 군주가 음식을 대
접하는 것을 '헌獻'이라고 하고, 사신으로 가서는 자기 군주를 '과군
寡君'이라고 칭한다. 그 나라를 떠난 뒤에 군주가 죽으면 그를 위해
복을 하지 않는다.

仕而未有祿者, 君有饋焉曰'獻', 使焉曰'寡君'. 違而君薨, 弗爲
服也.

集說 방씨方氏는 말한다. "탕湯임금이 이윤伊尹에 대해서 배운 후에 신하
로 삼았다. 배울 때에는 손님으로 예우하고 신하로 여기지 않았다. 이것이
이른바 '벼슬을 하지만 아직 봉록을 받지 않는 자'라는 것이다. 맹자가 제
나라에 있을 때가 그런 경우이다. 단지 손님으로 예우하고 신하로 여기지
않기 때문에 음식을 줄 때 '하사한다'(賜)고 말하지 않고 '올린다'(獻)고 하며,
명을 가지고 사신으로 가면 '군君'이라고 하지 않고 '과군寡君'이라고 한다.
'헌獻'은 윗사람에게 올린다는 말이고, '과寡'는 스스로 겸손히 하는 말이기
때문이다. 주인과 손님의 도리만 있고 군신의 예는 없기 때문에 떠난 뒤에
군주가 죽으면 그를 위해 복을 하지 않는 것이다. '떠난다'(違)라고 말했으
므로, 그 나라에 있을 때는 복을 한다는 뜻이 된다." 方氏曰: "湯之於伊尹, 學
焉而後臣之, 方其學也, 賓之而弗臣, 此所謂'仕而未有祿者', 若孟子之在齊, 是也. 惟其
賓之而弗臣, 故有饋焉, 不曰'賜', 而曰'獻'. 將命之使, 不曰'君', 而曰'寡君'. 蓋獻爲貢

上之辭, 而'寡'則自謙之辭故也. 以其有賓主之道, 而無君臣之禮, 故違而君薨, 弗爲服也. 其曰'違', 則居其國之時, 固服之矣."

³⁻⁵⁷[단궁하 100]

우제虞祭에 시尸를 세우고, 안석(几)과 자리(筵)를 설치한다.

虞而立尸, 有几·筵.

集說 매장하기 이전에는 살아 있는 자의 예로 섬기고, 매장을 하면 부모의 형체가 이미 묻혔으므로 우제 때는 시尸를 세워 귀신을 형상한다. '연筵'은 자리(席)이다. 대렴大斂의 전奠에는 자리는 있지만 안석은 없고, 우제를 지낼 때는 안석을 설치하여 자리와 서로 짝하게 한다. 未葬之前, 事以生者之禮, 葬則親形已藏, 故虞祭則立尸以象神也. '筵', 席也. 大斂之奠, 雖有席而無几, 此時則設几與筵相配也.

³⁻⁵⁸[단궁하 101]

졸곡제卒哭祭에 이름을 피휘 하는 것은 살아 있는 사람으로 섬기는 일이 끝나고 귀신으로 섬기는 일이 시작되기 때문이다.

卒哭而諱, 生事畢而鬼事始已.

集說 졸곡제에 그 이름을 피휘 하는 것은 살아 있는 사람을 섬기는 예가 이미 끝나고 귀신을 섬기는 일이 시작되기 때문이다. '이已'는 어조사이다.

卒哭而諱其名, 蓋事生之禮已畢, 事鬼之事始矣. '已', 語辭.

졸곡제를 마치고 나서 재부宰夫는 목탁을 들고 궁에서 "오래된 휘諱를 버리고, 새로 들어온 이름을 피휘 하라"라고 명한다. 침문寢門에서 고문庫門으로 들어온다.92)

旣卒哭, 宰夫執木鐸以命于宮, 曰: "舍故而諱新." 自寢門至于庫門.

集說 『주례』에 따르면 대상大喪·소상小喪에 재부가 그 계령戒令을 관장한다.93) 그러므로 졸곡제를 지낸 뒤에 재부宰夫로 하여금 금구목설金口木舌(금으로 된 주둥이에 나무 혀)의 목탁을 들고 그것을 흔들면서 궁에 명령하게 한다. 그 명령하는 말에 "오래된 휘諱를 버리고 새로 들어온 이름을 피휘 하라"라고 한다. '오래된 휘'(故)는 고조의 아버지로서 천묘遷廟해야 할 자를 말한다. 휘가 많아지면 피휘 하기 어려우므로 오래된 휘를 버리고 새로 죽은 자의 이름을 피휘 하게 한다. 친족관계(親)가 다했기 때문에 피휘 하지 않을 수 있는 것이다. '고문庫門'은 바깥에서 들어올 때 첫 번째 문으로 '고문皐門'이라고도 한다. 『周禮』大喪·小喪, 宰夫掌其戒令, 故卒哭後使宰夫執金口木舌之鐸, 振之以命令于宮也. 其令之之辭, 曰: "舍故而諱新." '故'謂高祖之父當遷者. 諱多則難避, 故使之舍舊諱, 而諱新死者之名也. 以其親盡, 故可不諱. '庫門', 自外入之第一門, 亦曰'皐門'.

두 글자의 이름은 양쪽 모두를 피휘 하지는 않는다. 공자의 어머니
는 이름이 징재徵在인데, '재'를 말하면 '징'을 칭하지 않았고, '징'을
말하면 '재'를 칭하지 않았다.

二名不偏諱. 夫子之母名徵在, 言在不稱徵, 言徵不稱在.

集說 '이명二名'은 두 글자로 이름을 지은 것이다. 이 경문은 피휘 하는 예
를 기록한 것이다. '二名', 二字爲名也. 此記避諱之禮.

군대가 패배를 하면 소복을 입고 고문庫門 밖에서 곡을 하며, 부거
赴車에는 갑옷을 넣는 전대와 활집을 싣지 않는다.

軍有憂則素服, 哭于庫門之外, 赴車不載櫜·韔.

集說 '고櫜'는 갑옷을 넣는 전대이고, '창韔'은 활집이다. 갑옷을 전대에 넣
지 않고, 활을 활집에 넣지 않는 것은 다시 쓰겠다는 의지를 보이는 것이
다. ○ 방씨方氏(방각方慤)는 말한다. "전쟁에서 이기고 돌아오는 것을 '개愷'
(즐겁다)라 한다. 그렇다면 패하고 돌아오는 것을 '우憂'(슬프다)라고 하는 것이
마땅하다. '소복을 입고 곡한다'(素服哭)는 것은 상례로 처리하는 것이다. 반
드시 고문 밖에서 하는 것은 종묘에 가깝기 때문이다. 군대가 출정할 때 조
상에게 명을 받는데, 공이 없다면 조상의 명에 욕이 된다. '부거赴車'는 자
기 나라로 달려가 알리는 수레이다. 무릇 상喪을 알리는 것을 '부赴'라고 하

니 패배를 알리는 것으로 수레의 이름을 삼은 것은 소복을 입는 뜻과 같다."

'囊', 甲衣. '韔', 弓衣. 甲不入囊, 弓不入韔, 示再用也. ○ 方氏曰: "戰勝而還謂之愷,
則敗謂之憂, 宜矣. '素服哭', 以喪禮處之也. 必於庫門之外者, 以近廟也. 師出受命于祖,
無功則於祖命辱矣. '赴車', 告赴於國之車. 凡告喪曰'赴', 車以告敗爲名, 與素服同義."

3-62 [단궁하 105]

종묘에 불이 나면 3일 동안 곡을 하므로 『춘추』에 "신궁新宮에 불이
나자, 또한 3일 동안 곡을 하였다"고 한 것이다.

有焚其先人之室, 則三日哭. 故曰: "新宮火, 亦三日哭."

集說 '선조의 방'(先人之室)은 종묘를 말한다. 노나라 성공成公 3년에 선공
宣公 성공의 아버지의 사당에 화재가 일어났다. 신주가 처음 들어왔기 때
문에 '신궁新宮'(새로 들어온 사당)이라 한 것이다. 『춘추』에 "2월 갑자甲子에
신궁에 불이 났다. 3일 동안 곡을 하였다"고 썼다. 주에서는 "예禮를 얻었
음을 기록한 것이다"라고 하였다. 경문에서 '그러므로 말하였다'(故曰)고 한
것은 『춘추』의 글을 말한다. '先人之室', 宗廟也. 魯成公三年, 焚宣公之廟. 神主初
入, 故曰'新宮'. 『春秋』書"二月甲子, 新宮災, 三日哭." 註云: "書其得禮." 此言'故曰'者,
謂『春秋』文也.

3-63 [단궁하 106]

공자가 태산 곁을 지날 때, 어떤 부인이 무덤에서 곡을 하며 슬퍼

하고 있었다. 공자는 식례式禮를 하고 그 소리를 경청하고는 자로子路를 시켜 묻게 하였다. "그대가 곡하는 소리를 들으니, 줄곧 거듭된 슬픔이 있었던 사람 같습니다." (부인이) 이에 말하였다. "그렇습니다. 옛날에 저희 시아버님이 호랑이에게 물려 죽었는데 우리 남편도 호랑이에게 물려 죽었고 이제 또 우리 아들이 호랑이에게 물려 죽었습니다." 공자가 말하였다. "어째서 이곳을 떠나지 않습니까?" (부인이 말하였다) "이곳은 가혹한 정치가 없기 때문입니다." 공자가 말하였다. "얘들아, 기억해두어라! 가혹한 정치는 호랑이보다 사납다."

孔子過泰山側, 有婦人哭於墓者而哀. 夫子式而聽之, 使子路問之, 曰: "子之哭也, 壹似重有憂者." 而曰: "然. 昔者吾舅死於虎, 吾夫又死焉, 今吾子又死焉." 夫子曰: "何爲不去也?" 曰: "無苛政." 夫子曰: "小子識之, 苛政猛於虎也."

集說 곡하는 소리를 듣고 식례式禮94)를 하고 경청한 것이다. "자최복을 입은 자를 만나면 비록 친한 사이라도 반드시 몸가짐을 변화시킨다"95)는 뜻과 같다. 성인의 공경하는 마음이 발동하는 것은 그렇게 되기를 기약하지 않아도 저절로 그렇게 되는 것이 있다. '일사중유우壹似重有憂'는 매우 거듭되는 근심과 고통이 있던 자인 듯하다라는 말이다. '이왈而曰'은 내왈乃曰의 뜻이다. 호랑이가 사람을 죽이는 것은 피할 수 없는 창졸간에 벌어진다. 가혹한 정치의 해는 비록 죽음에 이르지는 않지만 아침저녁으로 근심하는 고통이 있어서 오히려 빨리 죽는 편이 낫다. 이것이 호랑이보다 사나운 까닭이다. 남의 윗사람이 된 자가 이 점을 몰라서야 되겠는가? 聞其哭, 式而聽之, 與'見齊衰者雖狎必變'之意同. 聖人敬心之所發, 蓋有不期然而然者. '一96)似重有憂

者, 言甚似重疊有憂苦者也. '而曰', 乃曰也. 虎之殺人, 出於倉卒之不免, 苛政之害, 雖未至死, 而朝夕有愁思之苦, 不如速死之爲愈, 此所以猛於虎也. 爲人上者, 可不知此哉?

3-64 [단궁하 107]

노魯나라 사람 가운데 주풍周豐이라는 자가 있었다. 애공哀公이 폐백을 들고 그를 만나고자 청하자 주풍은 "불가합니다"라고 하였다. 애공은 "나는 직접 가는 것을 그만두겠다"라고 말하고, 사람을 시켜 물었다. "유우씨有虞氏(순임금)는 백성에게 믿으라고 명을 내리지도 않았는데 백성이 믿었습니다. 하우씨夏后氏(우임금)는 백성에게 공경하라고 명을 내리지도 않았는데 백성들은 그를 공경하였습니다. 어떻게 명을 내리면 백성들에게 이러한 믿음과 공경을 얻을 수 있겠습니까?" 주풍이 대답하였다. "폐허가 된 무덤에서는 백성에게 슬퍼하라고 명을 내리지 않아도 백성이 슬퍼합니다. 사직과 종묘에서는 백성에게 공경하라고 명을 내리지 않아도 백성이 공경합니다. 은나라가 훈시(誓)97)를 하였지만 백성이 이반하기 시작하였고 주나라가 회맹(會)을 하였지만 백성이 의심하기 시작했습니다. 예의와 충신과 성실한 마음으로 임하지 않으면 비록 백성의 마음을 굳게 묶으려고 해도 백성이 흩어지지 않겠습니까?"

魯人有周豐也者. 哀公執摯請見之, 而曰: "不可." 公曰: "我其已夫", 使人問焉, 曰: "有虞氏未施信於民, 而民信之. 夏后氏未施敬於民, 而民敬之. 何施而得斯於民也?" 對曰: "墟墓之間, 未施哀於民而民哀, 社稷宗廟之中, 未施敬於民而民敬. 殷人作誓而民始畔, 周人作會而民始疑. 苟無禮義·忠信·誠慤之心以涖之, 雖固結之, 民其不解乎?'

集說 주풍周豐은 반드시 현자이면서 은자일 것이므로 애공이 자신을 낮추어서 그를 만나고자 한 것이다. 이에 '불가하다'(不可)고 말한 것은 옛날에 신하가 되지 않으면 만나지 않았기 때문에 감히 임금이 찾아와서 만나는 것을 감당하지 못했던 것이다. '아기이부我其已夫'의 '이已'는 그친다(止)는 뜻이므로 주풍이 원하지 않는 바를 강요하지 않겠다는 말이다. 목적의식을 가지고 단결시키는 것은 목적의식 없이 감동시키고 믿게 하는 것보다 못하니, 그 말이 매우 옳다. 다만 대우大禹가 묘苗 땅을 정벌할 때 이미 군사를 모아놓고 훈시한 적이 있기 때문에 훈시(誓)는 은나라에서 시작된 것이 아니다. 우禹임금이 도산塗山에서 제후들을 회맹하였으니, 회맹(會) 또한 주나라에서 시작된 것이 아니다. 이 경문은 '훈시했지만 이반하고 회맹했지만 의심한다'(誓之而畔·會之而疑)는 것이 은나라와 주나라에서 시작되었음을 말한 것이다. 周豐, 必賢而隱者, 故哀公屈己見之, 乃曰'不可'者, 蓋古者不爲臣不見, 故不敢當君之臨見也. '我其已夫', '已', 止也, 不强其所不願也. 有心之固結, 不若無心之感孚, 其言甚正. 但大禹征苗, 已嘗誓師, 誓非始於殷也. 禹會諸侯於塗山, 會亦不始於周也. 此言'誓之而畔·會之而疑', 則始於殷·周耳.

3-65[단궁하 108]

상례를 치르더라도 집안이 망하는 근심이 생기지 않도록 하고, 슬픔으로 수척해지더라도 몸이 위태롭게 되지 않도록 한다. 상례를 치르더라도 집안이 망하는 근심이 생기지 않도록 하는 것은 집안이 망하면 사당도 없어지기 때문이다. 슬픔으로 수척해지더라도 몸이 위태롭게 되지 않도록 하는 것은 몸이 위태로우면 후손이 끊기기 때문이다.

喪不慮居, 毁不危身. 喪不慮居, 爲無廟也. 毁不危身, 爲無後也.

集說 유씨劉氏는 말한다. "상례喪禮는 집안 형편에 걸맞게 하는 것이지 억지로 후장厚葬을 하여 집안을 망치는 염려를 초래해서는 안 된다. 집안이 망하면 종묘만 홀로 보존될 수는 없기 때문이다. 슬픔으로 몸이 수척해지더라도 목숨을 잃는 데까지 이르지 않게 해야지 지나치게 슬퍼하여 몸을 망치는 위험을 초래해서는 안 된다. 죽은 자 때문에 산 자를 해치면, 군자는 그것을 '자손이 없게 된다'(無子)고 말한다. 이 두 가지는 모두 현자가 예에 지나치는 것을 막는 것이다." 劉氏曰: "喪禮, 稱家之有無, 不可勉爲厚葬, 而致有敗家之慮, 家廢則宗廟不能以獨存矣. 毁不滅性, 不可過爲哀毁, 而致有亡身之危, 以死傷生, 則君子謂之'無子'矣. 此二者皆所以防賢者之過禮."

3-66 [단궁하 109]

연릉계자延陵季子가 제齊나라에 갔는데, 돌아올 때 그의 큰아들이 죽자 영嬴과 박博 땅 사이에 묻었다. 공자는 "연릉계자는 오나라에서 예에 익숙한 인물이다"라 하고, 그곳으로 가서 장사지내는 것을 보았다.

延陵季子適齊, 於其反也, 其長子死, 葬於嬴·博之間. 孔子曰: "延陵季子, 吳之習於禮者也", 往而觀其葬焉.

集說 오나라 공자 찰은 나라를 사양하고 연릉에 거처하였으므로 '연릉계자延陵季子'라고 한다. '영嬴'과 '박博'은 제나라의 두 읍의 이름이다. 吳公子札讓國, 而居延陵, 故曰'延陵季子'. '嬴'·'博', 齊二邑名.

3-67[단궁하 110]

그 무덤의 구덩이(坎)는 샘에 이르지 않을 정도로 깊이가 적당하였고, 그 염斂은 당시 입던 옷으로 하였다. 매장하고 나서 봉분을 하였는데, 가로와 세로는 구덩이를 가릴 만하고 그 높이는 기댈 수 있을 정도였다. 봉분한 뒤에 왼쪽 어깨를 드러내 보였고(左祖), 오른쪽으로 그 봉분을 돌면서 세 번 울부짖으며 "뼈와 살이 흙으로 돌아가는 것은 명命이로다! 하지만 혼기魂氣는 가지 않는 곳이 없다, 가지 않는 곳이 없다"라고 하고 나서 드디어 떠났다. 공자는 "연릉계자는 예에 부합하는 듯하구나!"라고 하였다.

其坎深不至於泉, 其斂以時服, 旣葬而封, 廣輪揜坎, 其高可隱也. 旣封, 左袒, 右還其封, 且號者三. 曰: "骨肉歸復于土, 命也! 若魂氣則無不之也, 無不之也." 而遂行. 孔子曰: "延陵季子之於禮也, 其合矣乎!"

集說 '샘에 이르지 않았다'(不至於泉)는 것은 깊이가 마땅함을 얻었음을 말한다. '시복時服'은 죽을 때의 추위나 더위에 따라 입던 옷을 말한다. '봉封'은 흙을 쌓아 봉분(墳)을 만드는 것이다. 가로를 '광廣'이라 하고, 세로를 '륜輪'이라 한다. (봉분의 크기는) 아래로는 겨우 무덤의 구덩이를 덮을 만하고 위로는 겨우 기댈 수 있을 정도에 이르렀으니, 모두 검소한 규모이다. '왼쪽 어깨를 드러낸다'(左袒)는 것은 양陽(魂)이 변화했음을 보여주는 것이고, '오른쪽으로 돈다'(右還)는 것은 음陰(魄)이 돌아갔음을 보여주는 것이다. '뼈와 살(骨肉)이 흙으로 돌아간다'는 것은 음陰이 내려가는 것이고, '혼기魂氣는 가지 않는 곳이 없다'는 것은 양陽이 올라가는 것이다. 음과 양은 기다. 명命은 음과 양의 기가 모여 있는 것이다. 계자가 '뼈와 살이 흙으로 돌아가는 것을 명으로 여긴다'(骨肉歸復于土爲命)는 것은 정기精氣는 사물이 되어 끝이 있기 때문이다. '혼기魂氣는 가지 않는 곳이 없다'(魂氣則無不之)고 한 것은 유혼遊魂은 변화하는데 방향이 없기 때문이다.[98] 오래 살고 일찍 죽는 것은 태어난 처음에 결정된 것이기 때문에 명命이라고 말할 수 있다. 혼기는 죽은 뒤에 흩어지는 것이기 때문에 명이라고 말할 수 없다. 두 번 '가지 않는 곳이 없다'(無不之)고 말한 것은 이별을 아파하는 지극한 정으로 그 혼이 자기를 따라 돌아오기를 바라는 것이다. 여행 중에 치르는 장례 절차에 적당했을 뿐 아니라 또 유명의 원리에도 통달했으니, 공자가 훌륭하게 여긴 것도 당연하다. 그러나 의문하는 말을 하고 단정하는 말을 하지 않았던 것은 계자가 때에 따라 알맞게 처리하는 도가 그 형편의 유무에 걸맞게 하고 모두 예에 의거하지는 않았기 때문일 것이다. 그러므로 공자가 곧바로 '계자는 예에 대해서 부합하였다'라고 말하지 않고, 반드시 '기호其乎'(아마도 ~일 것이다) 두 글자를 덧붙여서 사람들로 하여금 말을 통해서 본뜻을 터득하게 하였다. 읽는 사람들은 자세하게 음미해야 한다. '不至於

泉', 謂得淺深之宜也. '時服', 隨死時之寒暑所衣也. '封', 築土爲墳也. 橫曰'廣', 直曰
'輪'. 下則僅足以揜坎, 上則纔至於可隱, 皆儉制也. '左袒', 以示陽之變, '右還', 以示陰
之歸. '骨肉之歸土', 陰之降也, '魂氣之無不之', 陽之外[99]也. 陰陽, 氣也, 命者, 氣之所
鍾也. 季子, 以骨肉歸復于土爲命者, 此精氣爲物之有盡, 謂魂氣則無不之者, 此遊魂爲變
之無方也. 壽夭得於有生之初, 可以言命, 魂氣散於旣死之後, 不可以言命也. 再言'無不
之'也者, 愍傷離訣之至情, 而冀其魂之隨己以歸也. 不惟適旅葬之節, 而又且通幽明之故,
宜夫子之善之也. 然爲疑辭, 而不爲決辭者, 蓋季子乃隨時處中之道, 稱其有無, 而不盡拘
乎禮者也. 故夫子不直曰'季子之於禮也合矣', 而必加'其乎'二字, 使人由辭以得意也. 讀
者詳之.

3-68 [단궁하 111]

주루邾婁[100] 고공考公의 상에, 서徐나라 임금이 용거容居를 보내 조
문하고 함含의 예를 행하게 하였다. 용거가 말하였다. "저희 임금
께서 저에게 무릎을 꿇고 함의 예를 행하여 후옥侯玉을 바치게 하
였습니다. 저에게 함의 예를 행하게 해주십시오."

邾婁考公之喪, 徐君使容居來弔含. 曰: "寡君使容居坐含, 進侯
玉. 其使容居以含."

고공考公의 상에 서徐나라의 임금이 신하 용거容居라는 자를 보내어
조문하고 또 함含[101]에 쓸 주옥珠玉[102]을 바치게 하였다. 용거가 자기 임
금의 명을 전하면서 "우리 임금께서 저에게 직접 무릎을 꿇고 함含의 예를
행하도록 하여 주邾의 임금께 후옥侯玉을 올리도록 하였습니다"라고 하였
다. '후옥侯玉'은 서나라가 스스로를 천자에 비견하고, 주의 임금을 자기의

제후로 삼은 것이니, 제후에게 옥을 올린다는 말이다. '기사용거이함其使容居以含'은 용거가 즉시 함의 예를 행할 수 있도록 요구한 것이다. 考公之喪, 徐國君使其臣容居者來弔, 且致珠玉之含, 言"寡君使我親坐而行含, 以進侯玉於邾君." '侯玉'者, 徐自擬天子, 以邾君爲己之諸侯, 言進侯氏以玉也. '其使容居以含'者, 容居求卽行含禮也.

주邾나라의 유사有司가 말했다. "제후의 나라에서 황공하게 우리나라에 오실 경우, 신하가 오시어 그 예가 간소하면 신하의 간소한 예를 행하고, 임금께서 오시어 그 예가 광대하면 임금의 광대한 예를 행하였습니다. 신하의 간소한 예와 임금의 광대한 예가 뒤섞인 적은 아직 없었습니다."

有司曰: "諸侯之來辱敝邑者, 易則易, 于則于. 易于雜者, 未之有也."

集說 주邾의 유사가 그것을 거부한 것은 다음과 같은 이유 때문이다. 제후의 나라에서 황공하게도 주邾나라에 왔을 때, 신하가 와서 그 일이 간소한 경우는 신하의 간소한 예를 행하고, 임금이 와서 그 일이 광대하면 임금의 광대한 예를 행했다. '우于'는 '우迂'와 같으니, 넓고 멀다(廣遠)는 뜻이 있다. 이제 신하가 와서 임금의 예를 행하려고 하니 이는 신하의 예와 임금의 예가 서로 뒤섞이는 것이다. 우리나라에는 이러한 경우가 없었다. 邾之有司拒之, 言諸侯之辱來邾國者, 人臣來而其事簡易, 則行人臣簡易之禮, 人君來而其事廣大, 則行人君廣大之禮. '于', 猶迂也, 有廣遠之意. 今人臣來而欲行人君之禮, 是易·于

相雜矣, 我國未有此也.

용거가 대답하였다. "제가 듣건대, 신하가 임금을 섬길 때 그 임금의 말을 감히 잊지 않으며, 자손이 선조를 섬길 때 또한 선조의 일을 감히 저버리지 않는다고 하였습니다. 옛날 우리 선군 구왕駒王께서 서쪽으로 토벌하여 황하를 건넜을 때 이 왕王이라는 칭호를 쓰지 않았던 곳이 없었습니다. 저는 어리석은 사람이지만 감히 선조를 잊지 못하겠습니다."

容居對曰: "容居聞之, 事君不敢忘其君, 亦不敢遺其祖. 昔我先君駒王西討, 濟於河, 無所不用斯言也. 容居, 魯人也, 不敢忘其祖."

集說 용거가 또 대답하여 말하였다. "임금을 섬기는 자는 감히 그 임금을 잊지 않는다. 내가 이와 같이 명을 받들었으니, 이제 행하지 않는다면 이는 우리 임금을 잊는 것이다. 사람의 자손이 되어서는 마땅히 선조의 가르침을 지켜야 한다. 그러므로 또한 감히 우리 선조를 저버리지 못하겠다." '용거'(居)는 서나라의 공족이다. 또 말하였다. "옛날 우리의 선군 구왕駒王이 황하를 건너 서쪽으로 토벌할 때, 이 왕王이라고 칭하는 말을 사용하지 않은 곳이 없었다." 스스로 그 영토가 광대하여 오래전부터 이미 왕자의 예를 행했음을 말하는 것이다. 또 스스로 "나는 속이는 사람이 아니라 바로 어리석고 미련한 사람이다. 이 때문에 우리 선조를 감히 잊지 못하겠다"라고 말하였다. 주나라 사람이 자기 말을 믿어주기를 바라는 것이다. 이 경

문은 서徐나라의 임금과 신하가 참람되었음을 드러내고, 또 주邾의 유사가 끝내 당시의 참람됨을 바로잡을 수 없었음을 밝힌 것이다. 容居又答言‘事君[103]不敢忘其君, 我奉命如此, 今不能行, 是忘吾君也, 爲[104]子孫, 當守先世之訓, 故亦不敢遺吾祖也.’ ‘居’, 蓋徐之公族耳. 且言‘昔者, 我之先君駒王濟河而西討, 無一處不用此稱王之言.’ 自言其疆土廣大, 久已行王者之禮也. 又自言‘我非譎詐者, 乃魯鈍之人, 是以不敢忘吾祖’, 欲邾人之信其言也. 此著徐國君臣之僭, 且明邾有司不能終正當時之僭也.

3-71**[단궁하 114]**

자사子思의 어머니가 위衛나라에서 죽자 자사에게 부고하였고 자사는 사당에서 곡을 하였다. 문인들이 찾아와서 말하였다. "서씨庶氏의 어머니가 죽었는데 어째서 공씨孔氏의 사당에서 곡을 하십니까?" 자사는 "내가 잘못했다, 내가 잘못했다!"고 하고, 마침내 다른 방에서 곡을 하였다.

子思之母死於衛, 赴於子思, 子思哭於廟. 門人至, 曰: "庶氏之母死, 何爲哭於孔氏之廟乎?" 子思曰: "吾過矣, 吾過矣." 遂哭於他室.

集說 백어伯魚(공자의 아들이자 자사의 아버지)가 죽자 그 처는 위衛나라의 서씨庶氏에게 개가하였다. 개가한 어머니는 사당과 종족의 관계를 끊으므로 사당에서 곡을 할 수 없다. 伯魚卒, 其妻嫁於衛之庶氏. 嫁母與廟絶族, 故不得哭之於廟.

천자가 죽은 지 3일이 지나 축祝이 먼저 상장喪杖을 잡는다. 5일이
지나 대부와 사가 상장을 잡는다. 7일이 지나 기내의 백성 및 서인
으로서 관에 있는 자가 상복을 입는다. 3개월이 지나 제후의 대부
가 상복을 입는다.

天子崩三日, 祝先服. 五日, 官長服, 七日, 國中男女服, 三月, 天
下服.

集說 疏에서 말한다. "축祝은 대축大祝[105]과 상축商祝[106]이다. '복服'은
상장喪杖을 짚는 것이다. 이는 상복의 제도이므로 상장을 복이라고 부른
것이다. 축은 반함과 염을 돕기 때문에 먼저 피곤해지므로 먼저 상장을 잡
는다. 그러므로 상주도 3일에 상장을 잡는다. '관장官長'은 대부와 사를 말
한다. 피곤함이 축보다 뒤에 오므로 5일에 상장을 짚는다. '국중의 남녀'(國
中男女)는 기내의 백성과 서인으로서 관직에 있는 자를 가리키는데 자최삼
월복을 하고 벗는다. 반드시 7일을 기다리는 것은 천자는 7일에 빈을 하고
빈을 한 뒤에 사왕이 성복成服[107]을 하기 때문에 백성이 그때 성복할 수
있는 것이다. '3개월에 천하 사람이 복을 한다'(三月天下服)는 것은 제후의 대
부가 왕을 위해 세최복繐衰服을 하는 것[108]을 말하니, 장례를 치른 뒤에 벗
는다. 가까운 곳에 있는 제후의 대부는 3개월을 기다리지 않는데, 여기서
는 먼 곳에 있는 제후의 대부에 의거해서 말한 것이다. 어떻게 혹 상장을
짚거나 혹 상복을 입거나 하는 것을 알 수 있는가? 「상대기喪大記」(22)와
「상복사제喪服四制」에 설명되어 있기 때문이다. 그러나 「상복사제」(6)에는 '7
일 만에 사에게 지팡이를 준다'고 하였는데, 이 경문에서는 '5일에 사士에
게 상장을 준다'고 하였다. 이에 대해 최씨崔氏(崔靈恩)는 '이 경문은 조정의

사土에 의거해서 말한 것이고, 「상복사제」는 읍재의 사土를 말한 것이다'라
고 하였다." 疏曰: "祝, 大祝·商祝也. '服', 服杖也. 是喪服之數, 故呼杖爲服. 祝佐含
斂先病, 故先杖也. 故子亦三日而杖. '官長', 大夫·士也. 病在祝後, 故五日. '國中男
女', 謂畿內民及庶人在官者, 服齊衰三月而除. 必待七日者, 天子七日而殯, 殯後嗣王成
服, 故民得成服也. '三月天下服'者, 謂諸侯之大夫爲王繐衰, 旣葬而除. 近者亦不待三月,
今據遠者爲言耳. 何以知其或杖服或衰服? 按, 「喪大記」及「喪服四制」云云. 然「四制」
云, '七日授士杖', 此云'五日士杖'者. 崔氏云'此據朝廷之士, 「四制」言邑宰之士也.'"

3-73[단궁하 116]

우인虞人이 모든 현의 사당에 있는 나무를 바치는데, 관곽을 만들
수 있는 것을 베어서 바친다. 나무가 이르지 않는 경우는, 그 사당
을 없애고 그 사람의 목을 벤다.

虞人致百祀之木, 可以爲棺槨者斬之. 不至者, 廢其祀, 刎其人.

集說 '우인虞人'은 산림과 천택을 관장하는 관리다. 천자의 내관(棺)은 4중
으로 되어 있고 외관(槨)으로 두르니 또한 어찌 많은 나무로 만들겠는가?
기내畿內에 있는 모든 현의 사당에서 그 쓸 수 있는 나무를 모두 베어 바친
다면 너무 많은 것이 아니겠는가? 기내의 좋은 목재가 본래 부족하지 않을
것인데, 어찌 유독 사당에서만 나무를 베는가? '그 사당을 없애고, 그 사람
의 목을 벤다'(廢其祀刎其人)는 것 또한 어찌하여 법이 그리 준엄한가? 예제가
이와 같지만, 그 내용을 자세히 알 수 없다. 어떤 사람은 "반드시 우인에게
나무를 바치도록 명을 내리고, 명을 따르지 않은 뒤에 나라에서 정해진 형
벌을 내린다. 우인이 한 사람이 아니니, 반드시 모두에게 명을 내리지는

않는다"고 하였다. '虞人', 掌山澤之官也. 天子之棺, 四重而椁[109]周焉, 亦奚以多木爲哉? 畿內百縣之祀, 其木可用者, 悉斬而致之, 無乃太多乎? 畿內之美材, 固不乏矣, 奚獨於祠祀斬之乎? '廢其祀刎其人', 又何法之峻乎? 禮制若此, 未詳其說. 一云: "必命虞人致木, 不用命者, 然後國有常刑. 虞人非一, 未必盡命之也."

[3-74] **[단궁하 117]**

제齊나라에 큰 기근이 들었다. 검오黔敖는 길에서 음식을 만들어 굶주리는 자를 기다렸다가 먹여주었다. 어떤 굶주린 자가 소매로 얼굴을 가리고 발은 절뚝거리며 머리는 푹 숙인 채 기가 죽어서 왔다. 검오는 왼손으로 음식을 받들고 오른손으로 음료수를 집어 들고는 "어이, 와서 먹어!"라고 하였다. 굶주린 자는 눈을 치켜세워 노려보면서 말했다. "나는 '어이, 와서 먹어' 하면서 주는 음식은 먹지 않아서 이 지경에 이르렀소." 검오가 그에게 나아가 사죄했지만 끝내 먹지 않고 죽었다. 증자가 이 소식을 듣고 말하였다. "하찮은 고집이다! '어이, 와서 먹어!' 하면서 주면 거절할 수 있지만, 사과하면 먹을 수 있는 것이다."

齊大饑, 黔敖爲食於路, 以待餓者而食之. 有餓者蒙袂輯屨, 貿貿然來. 黔敖左奉食, 右執飮, 曰: "嗟! 來食!" 揚其目而視之, 曰: "予唯不食嗟來之食, 以至於斯也." 從而謝焉, 終不食而死. 曾子聞之, 曰: "微與! 其嗟也可去, 其謝也可食."

集說 '몽메蒙袂'는 옷소매로 얼굴을 가린다는 뜻이다. '집구輯屨'는 그 발을

모아 오므린다는 뜻으로, 피곤하고 지쳐서 걸음이 절뚝거리는 것을 말한다. '무무賿賿'는 머리를 숙이고 기가 죽은 모습이다. '어이, 와서 먹어'(嗟來食)라는 말은 탄식하고 불쌍하게 여겨 와서 먹게 하는 것이다. '종從'은 나아간다(就)는 뜻이다. '미여微與'는 하찮은 일과 말단적인 절개라는 뜻과 같으니, '어이, 와'(嗟來)라고 하는 말은 비록 공경스럽지 않지만 그러나 또한 큰 잘못은 아니므로 '어이, 와서 먹어'라고 할 때는 비록 거절할 수 있지만 사과하면 먹을 수 있다는 말이다. '蒙袂', 以袂蒙面也. '輯屨', 輯斂其足, 言困憊而行蹇也. '賿賿', 垂頭喪氣之貌. '嗟來食', 歎閔之而使來食也. '從', 就也. '微與110)', 猶言細故末節, 謂嗟來之言, 雖不敬, 然亦非大過, 故其嗟雖可去, 而謝焉則可食矣.

3-75[단궁하 118]

주루邾婁의 정공定公 때에 자기 아버지를 시해한 자가 있었다. 유사가 그 사실을 보고하자, 정공은 두려워하여 자리를 찾지 못하고 말했다. "이는 과인의 죄다." 또 말하였다. "과인은 일찍이 이런 옥사를 다스리는 법을 배웠다. 신하가 임금을 시해하면 모든 신하가 죽이고 용서하지 않는다. 자식이 아버지를 시해하면 집에 있는 모든 사람이 죽이고 용서하지 않는다. 그 사람을 죽이고 그 집을 헐며, 그 집을 파서 연못으로 만든다. 임금은 한 달이 지난 뒤에야 술을 마신다."

邾婁定公之時, 有弑其父者. 有司以告, 公瞿然失席, 曰: "是寡人之罪也." 曰: "寡人嘗學斷斯獄矣. 臣弑君, 凡在官者, 殺無赦. 子弑父, 凡在宮者, 殺無赦. 殺其人, 壞其室, 汚其宮而豬焉. 蓋君蹢月而后擧爵."

'구연瞿然'은 놀라고 괴이하게 여기는 모습이다. '관에 있는 자'(在官者)는 여러 신하를 말한다. '집에 있는 자'(在宮者)는 집안사람을 말한다. 천하 사람이 미워하는 것은 이러한 것보다 큰 것이 없다. 이 때문에 사람들이 모두 죽일 수 있고, 용서해주는 이치가 없다. 다만 아버지에게 이런 죄가 있으면 자식은 죽일 수 없다. 임금이 술을 마시지 않는 것은 인륜이 크게 무너졌기 때문이니, 또한 교화를 밝히지 못해서 초래된 것이다. 그러므로 가슴 아파하면서 스스로 자책하는 것이다. ○ 소疏에서 말한다. "저猪는 물이 모이는 곳의 명칭이다." '瞿然', 驚怪之貌. '在官'者, 諸臣也. '在宮'者, 家人也. 天下之惡, 無大於此者. 是以人皆得以誅之, 無赦之之理. 惟父有此罪, 則子不可討之也. 君不擧爵, 以人倫大變, 亦敎化不明所致, 故傷悼而自貶耳. ○ 疏曰: "'猪'是水聚之名."

3-76[단궁하 119]

진晉나라의 헌문자獻文子가 집을 완성하자, 진나라의 대부가 예를 갖추어 가서 축하했다. 장로長老가 말하였다. "아름답구나, 거대한 곳간이여! 아름답구나, 수많은 집들이여! 여기서 음악을 연주하여 제사하고, 여기서 곡을 하여 상례를 치르고, 여기서 나라의 빈객과 종족을 모아 연회를 베풀겠구나!" 헌문자가 말했다. "내가 여기서 음악을 연주하여 제사하고, 여기서 곡을 하여 상례를 치르고, 여기서 나라의 빈객과 종족을 모아 연회를 베풀 수 있다면, (형벌을 면하여) 몸을 온전히 해서 구원九原의 묘지에서 조상을 뵐 수 있을 것이다." 북쪽을 향해 머리가 바닥에 닿도록 하여 두 번 배례를 하였다. 예를 아는 군자는 '장로는 칭송을 잘하고, 헌문자는 기도를 잘한다'고 말하였다.

晉獻文子成室, 晉大夫發焉. 張老曰: "美哉輪焉! 美哉奐焉! 歌於斯, 哭於斯, 聚國族於斯." 文子曰: "武也得歌於斯, 哭於斯, 聚國族於斯, 是全要領以從先大夫於九京也." 北面再拜稽首. 君子謂之'善頌善禱.'

集說 '진헌晉獻'을 구설에서는 "진나라 임금이 술을 따라준 것으로 축하하는 것을 말한다"고 하였다. 그러나 임금이 신하에게 하사하는데 어찌 '바친다'(獻)라고 말할 수 있겠는가? '헌문獻文' 두 글자는 모두 조무의 시호로서, 정혜문자貞惠文子와 같은 경우이다. 여러 대부가 예를 갖추고 가서 축하했는데, 기록하는 자는 장로의 말을 기술했다. '륜輪'은 둥근 곳간(輪囷)으로, 높고 거대함을 뜻한다. '환奐'은 집이 빛나고 화려한 것으로, 많음을 뜻한다. '가歌'는 제사에 음악을 연주하는 것이다. '곡哭'은 상례에 곡을 하는 것이다. '취국족聚國族'은 연회에 나라의 빈객을 모으고 종족을 모은다는 뜻이다. '송頌'이란 그 일을 칭찬하고 그 복을 축원하는 것이다. '도禱'란 화를 면하도록 기도하는 것이다. 장로의 말은 송을 잘한 것이고, 무자의 대답은 기도를 잘한 것이다. ○ 정씨鄭氏(정현鄭玄)는 말한다. "진나라의 경과 대부의 묘지는 구원九原에 있다." ○ 소疏에서 말한다. "'령領'은 목이다. 옛날에 죄가 무거우면 허리를 베고, 죄가 가벼우면 목을 베는 형벌을 가했다. '선대부先大夫'는 문자의 조상이다." '晉獻', 舊說謂'晉君獻之, 謂賀也.' 然君有賜於臣,

豈得言'獻'? 疑'獻文'二字, 皆趙武諡, 如貞惠文子之類. 諸大夫發禮往賀, 記者因述張老之言. '輪', 輪囷, 高大也. '奐', 奐爛, 衆多也. '歌', 祭祀作樂也. '哭', 死喪哭泣也. 聚國族, 燕集國賓聚會宗族也. '頌'者, 美其事, 而祝其福. '禱'者, 祈以免禍也. 張老之言, 善於頌, 武子所答, 善於禱也. ○ 鄭氏曰: "晉卿·大夫之墓地, 在九原." ○ 疏曰: "領, 頸也. 古者, 罪重腰斬, 罪輕頸刑. '先大夫', 文子父祖也."

3-77[단궁하 120]

공자가 기르던 개가 죽자, 자공에게 그것을 묻으라고 하면서 말하였다. "내가 듣건대, 해진 휘장은 버리지 않는다. 그것으로 말을 묻기 때문이다. 해진 수레덮개는 버리지 않는다. 그것으로 개를 묻기 때문이다. 나는 가난해서 수레덮개가 없다. 개를 묻을 때 또한 거적을 깔아주어 그 머리가 흙 속에 파묻히지 않게 하라."

仲尼之畜狗死, 使子貢埋之, 曰: "吾聞之也, 敝帷不棄, 爲埋馬也. 敝蓋不棄, 爲埋狗也. 丘也貧, 無蓋, 於其封也, 亦予之席, 毋使其111)首陷焉."

集說 개와 말은 모두 사람에게 힘이 된다. 그러므로 특별히 은혜를 보인 것이다. 狗·馬, 皆有力於人, 故特示恩也.

3-78[단궁하 121]

임금이 타는 말(路馬)이 죽으면 휘장으로 묻어준다.

路馬死, 埋之以帷.

集說　임금이 타는 말이 죽으면 특별히 휘장으로 묻어주고, 해진 휘장을 쓰지 않는다는 말이다. ○ 방씨方氏(방각方慤)는 말한다. "노나라 소공昭公이 타던 말이 구덩이에 빠져 죽자 휘장으로 싸주었다."[112] 謂君之乘馬死, 則特以 帷埋之, 不用敝帷也. ○ 方氏曰: "魯昭公乘馬塹而死, 以帷裹之."

3-79 [단궁하 122]

계손季孫의 어머니가 죽자 노나라 애공哀公이 조문하였다. 증자가 자공과 함께 조문하는데, 문지기(閽人)가 임금이 있다는 이유로 들여보내지 않았다. 증자는 자공과 함께 그 마구간에 들어가 옷매무새를 가다듬었다. 자공이 먼저 들어가자, 문지기는 "아까 이미 주인께 고하였습니다"라고 하였다. 증자가 뒤따라 들어가자 문지기는 자리를 피해주었다.

季孫之母死, 哀公弔焉. 曾子與子貢弔焉, 閽人爲君在, 弗內也. 曾子與子貢入於其廄而修容焉. 子貢先入, 閽人曰: "鄉者已告 矣." 曾子後入, 閽人辟之.

集說　'향자이고鄉者已告'는 앞서 이미 주인에게 고하였다는 뜻이다. '鄉者 已告', 言先已告於主人矣.

³⁻⁸⁰[단궁하 123]

문 지붕 뒤의 처마를 지나자 경과 대부들이 모두 자리를 피해주었고, 애공이 한 계단을 내려와 그들에게 읍을 하였다. 군자들은 "옷 장식을 다하는 도가 이에 사람들을 크게 감동시킨다"고 말하였다.

涉內霤, 卿·大夫皆辟位, 公降一等而揖之. 君子言之, 曰: "盡飾之道, 斯其行者遠矣."

集說 '내류內霤'는 문 지붕 뒤의 처마이다. '행자원行者遠'은 감동이 크다고 말하는 것과 같다. ○ 유씨劉氏는 말한다. "이 장은 의심스럽다. 증자와 자공이 경의 어머니 상에 조문할 때는 반드시 스스로 예를 다하여 문에 나아 갔을 것이고 문지기가 거부한 뒤에야 옷매무새를 다듬어 장식을 다하지는 않았을 것이다. 또 문에 이르렀을 때 문지기가 사절했다면 마땅히 문지기에게 다시 청했을 것이고, 만약 끝내 통과할 수 없었다면 물러나는 것이 옳다. 어찌 반드시 위의를 갖추어 그들을 두렵게 하고 감동시켜서 들어가고자 했겠는가? 들어간 뒤에 임금과 경·대부가 그들에게 공경을 표시한 것은 평소 그들의 어짊을 알고 있었기 때문이고, 평소 서로 알지 못하다 처음 그 용모의 아름다움을 보고 더욱 공경했던 것은 아니다. 그런데 군자들이 '옷장식을 다하는 도가 이에 사람들을 크게 감동시킨다'고 말했다고 한다. 이는 두 사람의 덕행이 사람을 크게 감동시키기에 부족하고, 단지 자질구레한 외적인 장식이 크게 사람들을 감동시켰던 것이 될 것이다." '內霤', 門屋後簷也. '行者遠', 猶言感動之大也. ○ 劉氏曰: "此章可疑. 二子弔卿母之喪, 必自盡禮以造門, 不當待闔者拒而後脩容盡飾也. 且旣至而闔人辭, 或當再請於闔, 若終不得通, 退可也. 何必以威儀悚動之, 以求入耶? 其入而君·卿·大夫敬之者, 以平日知其賢也, 非素不相知創見其容飾之美而加敬也. 而君子乃曰'盡飾之道, 斯其行者遠'. 則是二

子之德行, 不足以行遠, 惟區區之外飾, 乃足以行遠耶."

3-81 [단궁하 124]

송나라 수도에 있는 양문陽門의 수위병사(介夫)가 죽자 사성司城 자한子罕이 들어가 슬프게 곡을 하였다. 송나라를 염탐하고 있던 진晉나라 사람이 돌아가 진나라 제후에게 보고하였다. "양문의 수위병사가 죽자 자한이 그에게 슬프게 곡을 하는데, 백성들이 (감동하여) 기뻐하고 있습니다. 아마도 공격할 수 없을 듯합니다."

陽門之介夫死, 司城子罕入而哭之哀. 晉人之覘宋者, 反報於晉侯, 曰: "陽門之介夫死, 而子罕哭之哀, 而民說, 殆不可伐也."

集說 '양문陽門'은 송나라 수도의 문 이름이다. '개부介夫'는 갑사甲士로서 수위하는 자이다. 송나라는 무공武公의 이름이 사공司空이기 때문에 그 관직명을 바꾸어 사성司城이라고 하였다. '자한子罕'은 악희樂喜로서 대공의 후예이다. '점覘'은 염탐한다는 뜻이다. 陽門, 宋之國門名. 介夫, 甲士之守衛者. 宋武公諱司空, 改其官名爲司城. 子罕, 樂喜也, 戴公之後. 覘, 闚視也.

3-82 [단궁하 125]

공자가 듣고 말하였다. "훌륭하다, 적국을 염탐함이여! 『시詩』에 '무릇 백성에게 상喪이 있으면, 온 힘을 다하여 도와준다'고 하였다. 비록 진나라에 대한 근심을 없앴을 뿐이었지만, 천하에 그 누가 송나라를 당해낼 수 있겠는가?"

孔子聞之, 曰: "善哉, 覘國乎!『詩』云, '凡民有喪, 扶服救之.' 雖微晉而已, 天下其孰能當之?"

集說 공자가 염탐하는 자를 선하게 여긴 것은 그가 다스림의 본체를 알았기 때문이다. 『시詩』 「패풍邶風‧곡풍谷風」의 편이다. '포복扶服'은 힘을 다한다는 뜻이다. '미微'는 없애다(無)의 뜻이다. 공자가 『시詩』을 인용하여 "송나라가 비록 자한子罕이 인심을 얻어서 진나라에 대한 근심을 없앨 수 있었을 뿐이었지만, 그러나 천하에 또한 누가 (송나라를) 당해낼 수 있겠는가?" 하였다. 인심이 믿을 만한 것임을 강조하여 말한 것이다. 일설에는 "'미微'는 약하다는 뜻으로 비록 진나라의 강함을 약화시켜서 감히 정벌하지 못하게 했을 뿐이지만, 이러한 뜻을 미루어나가면 백성들이 기꺼이 복종하여 반드시 윗사람을 친애하고 어른들을 위해 목숨을 바치게 되어 온 천하가 그 나라를 당해낼 수 없게 될 것이다"라는 뜻이라고 하였는데 앞의 설이 옳다. 孔子善之, 以其識治體也. 『詩』 「邶風‧谷風」之篇. '扶服', 致力之義. '微', 無也. 夫子引『詩』, 而言'宋國雖以子罕得人心, 可無晉憂而已, 然天下亦孰能當之?' 甚言人心之足恃也. 一說, "'微', 弱也, 雖但弱晉之强, 使不敢伐而已, 然推此意, 則民旣悅服, 必能親其上死其長, 而擧天下莫能當之矣", 前說爲是.

3-83[단궁하 126]

노나라 장공莊公의 상에 민공閔公은 장례를 마치자 갈질葛絰을 두르고 고문庫門으로 들어가지 않았다. 사와 대부는 졸곡을 마친 뒤에 마질麻絰을 두르고 들어가지 않았다.

魯莊公之喪, 旣葬, 而絰不入庫門. 士·大夫旣卒哭, 麻不入.

集說 장공이 자반子般에게 시해되고 경보慶父가 난을 일으켰다.[113) 민공
閔公은 당시 나이 8세였다. '질絰'은 갈질葛絰이다. 제후는 칡으로 만든 변질
弁絰을 두르고 장례를 치른다. 장례가 끝나자 민공은 곧바로 고문庫門[114)
밖에서 흉복을 벗고 길복으로 공위公位를 이었으므로 "질을 하고 고문으로
들어가지 않았다"고 한 것이다. 사와 대부는 줄곧 마질麻絰을 하고 졸곡을
기다렸는데, 이때 마질을 하고 고문으로 들어가지 않았다. 민공은 이미 길
복을 하여 우제와 졸곡제에 참여하지 않았으므로 여러 신하들이 졸곡에 이
르러 상복을 벗었다. 화란의 두려움이 예가 폐기된 이유임을 기록한 것이
다. 莊公爲子般所弑, 而慶父作亂. 閔公時年八歲. '絰', 葛絰也. 諸侯, 弁絰葛而葬. 葬
畢, 閔公卽除凶服於庫門之外, 而以吉服嗣位, 故云"絰不入庫門也." 士·大夫則仍麻絰,
直俟卒哭, 乃不以麻絰入庫門. 蓋閔公旣吉服, 不與虞與卒哭之祭, 故群臣至卒哭而除. 記
禍亂恐迫, 禮所由廢.

3-84[단궁하 127]

공자의 친구로 원양原壤이 있었는데, 그 어머니가 죽자 공자는 그
를 도와서 관곽을 손질해주었다. 원양은 관목 위에 올라가 "오래되
었구나, 내가 음악에 흥취를 맡기지 못한 적이여!"라고 하고는 "너
구리 머리처럼 알록달록하고, 여자의 손을 잡은 듯하구나!"라고 노
래하였다. 공자는 듣지 못한 척하고 그의 앞을 지나갔다. 공자를

따르던 시종은 "선생님께서는 아직 그와 절교하지 않았습니까?"라고 말하였다. 공자는 "내 듣건대, 친척에 대해서는 그 친척으로서의 정을 잃지 않고, 친구에 대해서는 친구로서의 우호를 잃어서는 안 된다"라고 하였다.

孔子之故人曰原壤, 其母死, 夫子助之沐槨. 原壤登木, 曰: "久矣, 予之不託於音也." 歌曰: "貍首之班然, 執女手之卷然." 夫子爲弗聞也者而過之. 從者曰: "子未可以已乎?" 夫子曰: "丘聞之, 親者毋失其爲親也, 故者毋失其爲故也."

集說 유씨劉氏는 말한다. "원양의 어머니가 죽자 공자는 그를 도와서 관을 만들어주었다. 원양은 이미 만들어진 관목에 올라가 '오래되었다, 내가 음악소리에 흥취를 맡기지 못한 것이여!'라고 하였다. '너구리 머리처럼 알록달록하다'(如貍首之斑)는 것은 관목의 무늬가 화려함을 말한다. '권卷'은 권拳(주먹)과 같다. '여자의 주먹을 잡은 듯하다'(如執女手之拳)는 것은 손질한 관곽이 매끄러움을 말한다. 원양이 예법을 무너뜨린 것이 심하다. 공자가 거짓으로 듣지 못한 척하고 지나가서 그를 피하였다. 시종은 그의 무례함을 보고, 공자는 반드시 마땅히 이미 그와의 교제를 끊었어야 한다고 생각했다. 그래서 '선생님은 마땅히 그와 이미 절교했어야 하지 않습니까?'라고 하였다. 공자는 '친척이 된 자가 비록 예가 아닌 행동을 했어도 갑작스레 그 친척의 정을 잃어서는 안 된다. 친구 된 자가 비록 예가 아닌 행동을 했어도 갑작스레 그 친구의 우호를 잃어서는 안 된다'고 하였다. 이것이 성인이 악을 감추어주고 교제를 온전히 하는 뜻이다." ○ 어떤 사람이 주자朱子에게 물었다. "원양原壤이 관목에 올라가 노래를 하는데, 공자는 못 들은 척하고 지나가버린 것은 은자隱者를 대하는 방법이다. 그런데 그가

걸터앉아 공자를 기다릴 때 지팡이로 정강이를 두드린 것[115]은 너무 지나친 것이 아닌가?" 주자는 말한다. "그 말은 오히려 잘못이다. 원양이 노래한 것이 바로 커다란 악이다. 만약 이해시키고자 하다가 할 수 없으면 단지 그치고 우선 잠시 쉬는 것이다. 그가 걸터앉아서 기다릴 때에 이르러서는 가르치지 않을 수 없었기 때문에 곧바로 책망한 것이다. 다시 그의 정강이를 두드린 것은 스스로 마땅히 이와 같이 해야 하는 것이다. 만약 지금 당신의 말과 같이 한다면 이는 그 사람에 무관심한 것이니 도리어 벗을 사귀는 도리가 아니다." ○ 호씨胡氏는 말한다. "그 어머니가 죽었는데 노래 부른 것을 꾸짖었다면 원양과의 교제는 마땅히 끊어야 한다. 걸터앉은 정강이를 두드렸다면 원양은 오히려 친구일 뿐이다. 훌륭한 덕이 예에 딱 들어맞고 행동에서 나타나는 것을 여기서도 볼 수 있다." ○ 풍씨馮氏는 말한다. "어머니가 죽었는데 노래한다면 악이 이것보다 큰 것이 있겠는가? 마땅히 절교해야 하는데 절교하지 않은 것은 평소의 소양을 가지고 있어도 사태는 한때에 의도하지 않은 데에서 나오기도 하는 것이 이와 같기 때문이다. 훌륭하다, 주자의 말이여! '만약 이해하고자 하는데 할 수 없다면 단지 그치고 우선 잠시 쉬는 것이다'고 하였다. 성인이 대처하기 어려운 것에 대처한 뜻을 깊이 터득한 것이다." 劉氏曰: "原壤母卒, 夫子助之治椁. 壤登已治之椁木, 而言'久矣, 我之不託興於詠歌之音也'. '如貍首之斑', 言木文之華也. '卷'與拳同. '如執女手之拳', 言沐椁之滑膩也. 壤之廢敗禮法, 甚矣, 夫子佯爲不聞而過去以避之. 從者見其無禮, 疑夫子必當已絶其交, 故問曰, '子未當已絶之乎?' 夫子言, '爲親戚者, 雖有非禮, 未可遽失其親戚之情也, 爲故舊者, 雖有非禮, 未可遽失其故舊之好也.' 此聖人隱惡全交之意." ○ 或問朱子: "原壤登木而歌, 夫子爲弗聞而過之, 待之自好, 及其夷俟, 則以杖叩脛, 莫太過否?" 曰: "這說却差, 如壤之歌, 乃是大惡, 若要理會不可但已, 只得且休, 至其夷俟之時, 不可不敎誨, 故直責之. 復叩其脛, 自當如此. 若如今說, 則是不要管他, 却非朋友之道矣." ○ 胡氏曰: "數其母死而歌則壤當絶, 叩其夷踞之脛則壤猶故人耳.

盛德中禮見乎周旋, 此亦可見." ○ 馮氏曰: "母死而歌, 惡有大於此者乎? 宜絶而不絶, 蓋
以平生之素, 而事有出於一時之不意者, 如此. 善乎, 朱子之言! 曰, '若要理會不可但已,
只得且休', 其有以深得聖人之處其所難處者矣."

3-85[단궁하 128]

조문자趙文子가 숙예叔譽와 함께 구원九原을 관람하였다. 문자가 말
하였다. "죽은 자가 만일 다시 살아날 수 있다면 나는 누구를 따라
야 하는가?"

趙文子與叔譽觀乎九原. 文子曰: "死者, 如可作也, 吾誰與歸?"

集說 '문자文子'는 진晉나라의 대부로서 이름은 무武이다. '숙예叔譽'는 숙
향叔向이다. 경 · 대부로서 죽어 이곳에 매장된 자가 많은데, 만일 재생하여
일어날 수 있다면 나는 여러 대부 가운데 누구를 따라야 하는가? 라고 물
은 것이다. 문자는 가설적으로 이런 말을 하여 숙향과 더불어 옛사람들의
현부賢否를 논하고자 한 것이다. '文子', 晉大夫, 名武. '叔譽', 叔向也. 言卿 · 大
夫之死而葬於此者, 多矣, 假令可以再生而起, 吾於衆大夫誰從乎? 文子蓋設此說, 欲與叔
向共論前人賢否也.

3-86[단궁하 129]

숙향은 말했다. "양처보陽處父가 아니겠는가?" 문자가 말하였다.
"행동이 진나라에서 전권을 휘두르다 제명에 죽지 못했으니 그 지

혜는 칭찬하기에 부족하다."

叔譽曰: "其陽處父乎?" 文子曰: "行幷植於晉國, 不沒其身, 其知
不足稱也."

> **集說** '양처보'(處父)는 진나라 양공의 스승이다. '병幷'은 여러 일을 자기가
> 겸하는 것으로 권력을 전횡하는 것이다. '치植'는 굳세고 강하여 혼자 선다
> 는 뜻이다. 행동이 이와 같았기 때문에 호역고狐射姑에게 살해당했다. 그
> 몸을 잘 끝마치지 못했으니, 이는 지혜롭지 못한 것이다. '處父', 晉襄公之傅.
> '幷'者, 兼衆事於己, 是專權也. '植'者, 剛強自立之意. 所行如此, 故爲狐射姑所殺. 不得
> 善終其身, 是不知[116]也.

3-87 [단궁하 130]

"구범舅犯이 아니겠는가?" 문자가 말하였다. "이익을 보고는 자기
임금을 돌보지 않았으니 그 인仁은 칭찬하기에 부족하다."

"其舅犯乎?" 文子曰: "見利不顧其君, 其仁不足稱也."

> **集說** 숙향이 또 자범子犯을 따를 수 있다고 칭하자 문자는 말하였다. "자
> 범은 나라 밖에서 19년 동안 문공文公(공자 重耳)을 따랐는데, 귀국하려는 위
> 태로운 때에 당연히 그를 보좌하여 들어가서 그 일을 안정시켜야 했다. 그
> 런데 황하에 이르러 구슬을 되돌려주면서 사양하였다. 이는 아마도 훗날
> 작위를 높이고 봉록을 많이 받으려는 계산으로 이 말을 하여 임금을 강요
> 해서 이익을 얻으려는 것이었지 어찌 자기 임금의 안위를 돌보았겠는가?
> 이는 인仁하지 못한 것이다."[117] 叔譽又稱子犯可歸, 文子言'子犯從文公十九年于

外, 及反國危疑之時, 當輔之入以定其事, 乃及河而授璧以辭, 此蓋爲他日高爵重祿之計, 故以此言要君求利也, 豈顧其君之安危哉? 是不仁也.'

"나는 수무자隨武子를 따르겠다. 자기 임금을 이롭게 하면서도 자신을 잊지 않았고, 자신의 일을 꾀하면서도 자기 친구를 버리지 않았다." 진나라 사람들은 문자는 사람을 알아본다고 하였다.

"我則隨武子乎! 利其君不忘其身, 謀其身不遺其友." 晉人謂文子知人.

集說 문자가 스스로 '내가 따르기를 바라는 자는 오직 수무자일 뿐이다'라고 하였다. '무자武子'는 사회士會로서, 수隨 땅에서 식읍을 받았다. 『좌전』에 "그 분은 집안일을 잘 다스렸고, 진나라에서 말할 때는 감정을 숨기지 않았다"118)라고 하였다. 자신을 잊지 않고 일을 도모한 것은 지혜로운 것(知)이다. 자기 임금을 이롭게 하고, 자기 친구를 버리지 않은 것은 모두 어진 것(仁)이다.119) 文子自言'我所願歸者, 惟隨武子乎!' '武子', 士會也, 食邑於隨. 『左傳』言"夫子之家事治, 言於晉國, 無隱情", 蓋不忘其身而謀之, 知也, 利其君不遺其友, 皆仁也.

문자는 그 몸가짐이 겸손하여 마치 옷의 무게도 이기지 못하는 듯하였고, 그 목소리가 낮고 느려서 마치 말을 할 줄 모르는 듯하였다.

文子其中退然如不勝衣, 其言吶吶然如不出諸其口120).

集說 '중中'은 몸의 뜻으로, 『의례』「향사례・기」에 보인다.121) '퇴연退然'은 겸손하게 낮추고 겁먹은 듯 유약한 모습이다. '눌눌吶吶'은 목소리가 낮고 말이 느리다는 뜻이다. '여불출저기구如不出諸其口'는 마치 말을 할 줄 모르는 듯하다는 뜻이다. '中', 身也, 見『儀禮』「鄕射・記」. '退然', 謙卑怯弱之貌. '吶吶', 聲低而語緩也. '如不出諸其口', 似不能言者.

3-90[단궁하 133]

진晉나라에 천거한 인물로 관고管庫의 선비 70여 가가 있었지만, 생전에는 그들과 이익을 주고받지 않았으며, 죽을 때에는 자식을 그들에게 부탁하지 않았다.

所擧於晉國, 管庫之士七十有餘家, 生不交利, 死不屬其子焉.

集說 '관管'은 열쇠의 뜻으로 곧 오늘날의 자물쇠로서, 창고에 저장된 물건은 자물쇠로 열고 잠그는 한계를 삼는다. '관고의 선비'(管庫之士)는 천한 직책이다. 그들이 현명하다는 것을 알고 천거한 것은 벗을 버리지 않았던 실증이다. 비록 그들을 천거하여 그 사람들에게 은혜를 베풀었지만, 살아 있을 때는 그들과 이익을 주고받지 않았고, 죽었을 때도 자기 아들을 그들에게 부탁하지 않았으니 청렴하고 깨끗함의 지극함이다. '管', 鍵也, 卽今之

鎖, 庫之藏物, 以管爲開閉之限. ‘管庫之士’, 賤職也. 知其賢而擧之, 卽不遺友之實. 雖有
擧用之恩於其人, 而生則不與之交利, 將死亦不以其子屬託之, 廉潔之至.

3-91 [단궁하 134]

숙중피는 아들 자류를 가르쳤다. 숙중피가 죽자, 자류의 처는 노둔
한 사람이었지만 자최복齊衰服에 규질繆絰을 둘렀다. 숙중연은 그것
이 잘못되었다고 자류에게 고하였다. 그러자 자류는 처에게 세최
복繐衰服에 환질環絰을 두르도록 하겠다고 하였다. 숙중연은 "옛날
에 내가 고모와 자매의 상을 당했을 때에도 그렇게 하였는데 나를
막는 사람이 없었다"고 하였다. 자류는 물러나 자기 처로 하여금
세최복에 환질을 두르게 하였다.

叔仲皮學子柳. 叔仲皮死, 其妻魯人也, 衣衰而繆絰. 叔仲衍以告,
請繐衰而環絰, 曰: "昔者吾喪姑姉妹亦如斯, 末吾禁也." 退, 使
其妻繐衰而環絰.

集說 ‘규繆’는 꼰다(絞)는 뜻으로 두 가닥을 서로 교차하여 꼰다는 뜻이다.
오복五服의 질絰은 모두 그렇게 한다. 다만 조복弔服의 환질環絰은 한 가닥
이다. ○ 소疏에서 말한다. "숙중피叔仲皮가 자기 아들 자류子柳를 가르쳤지
만 자류는 오히려 예를 알지 못하였다. 숙중피가 죽자, 자류의 처는 비록
미련하고 어리석은 부인이었지만 오히려 시아버지를 위하여 자최齊衰의 상
복을 입고 머리에 규질繆絰[122]을 두를 줄 알았다. ‘숙중연叔中衍’은 숙중피
의 동생이자 자류의 작은아버지였는데, 당시 부인들이 가볍고 가는 복을
좋아하고 숭상하는 것을 보고 자류에게 고하였다. ‘너의 처는 어째서 예가

아닌 복을 입고 있는가?' 자류는 당시에 모두 그렇게 하는 것을 보고 또한 옳다고 생각하였다. 그리하여 숙중연에게 자기 처로 하여금 몸에 세최繐 衰[123]를 착용하고 머리에 환질을 두르게 하겠다고 청하였다. 숙중연이 또 답하였다. '옛날에 내가 고모와 자매의 상을 당했을 때에도 이처럼 세최에 환질을 하였는데 금지하는 사람들이 없었다.' 자류는 숙중연의 이러한 말을 듣고 물러나 자기 처로 하여금 세최를 착용하고 환질을 두르게 하였다."

'繆, 絞也, 謂兩股相交, 五服之絰, 皆然. 惟弔服之環絰一股. ○ 疏曰: "言叔仲皮敎訓其子子柳, 而子柳猶不知禮. 叔仲皮死, 子柳妻雖是魯鈍婦人, 猶知爲舅著齊衰而首服繆絰. '衍'是皮之弟. 子柳之叔, 見當時婦人好尙輕細, 告子柳, 云'汝妻何以著非禮之服?' 子柳見時皆如此, 亦以爲然, 乃請於衍, 令其妻身著繐衰, 首服環絰. 衍又答云, '昔者吾喪姑‧姊妹, 亦如此繐衰環絰[124], 無人相禁止[125]也.' 子柳得衍此言, 退使其妻著繐衰而環絰[126]."

3-92[단궁하 135]

성 땅 사람 가운데 형이 죽었어도 상복을 입지 않은 자가 있었는데, 자고子皐가 성 땅의 읍재邑宰가 될 것이라는 말을 듣자 드디어 상복을 입었다. 성 땅 사람이 말하였다. "누에가 길쌈하는데 게가 등에 광주리를 지고, 벌이 관을 쓰는데 매미가 부리에 갓끈을 물고 있구나. 형이 죽었는데 자고가 그를 위해 상복을 입는구나."

成人有其兄死而不爲衰者, 聞子皐將爲成宰, 遂爲衰. 成人曰: "蠶則績而蟹有匡, 范則冠而蟬有緌, 兄則死而子皐爲之衰."

集說 '성成'은 노나라의 읍의 이름이다. '광匡'은 (게의) 등껍질이 광주리와 비슷함을 말한 것이다. '범范'은 벌이다. ○ 주씨朱氏(주신朱申)는 말한다.

"실을 길쌈하는 자는 반드시 광주리에 담긴 것으로부터 한다. 그러나 게에게 광주리가 있는 것은 누에가 길쌈하도록 하기 위한 것이 아니라 자기의 등을 위한 것일 뿐이다. 머리에 관을 쓰는 자는 반드시 갓끈으로 장식한다. 그러나 매미에게 갓끈이 있는 것은 벌의 관을 위한 것이 아니라 자신의 부리를 위한 것이다. 형이 죽은 자는 반드시 그를 위해서 상복을 입는다. 그러나 성 땅 사람이 상복을 입은 것은 형의 죽음을 위한 것이 아니라 자고를 위한 것일 뿐이다. 위의 두 구절로 아래 구절을 비유한 것이다." '成', 魯邑名. '匡', 背殼似匡也. '范', 蜂也. ○ 朱氏曰: "絲之績者, 必由乎匡[127]之所盛, 然蟹之有匡, 非爲蠶之績也, 爲背而已. 首之冠者, 必資乎緌之所飾. 然蟬之有緌, 非爲范之冠也, 爲喙而已. 兄[128]死者, 必爲之服衰. 然成人之服衰, 非爲兄之死也, 爲子皐而已. 蓋以上二句, 喩下句也."

3-93[단궁하 136]

악정자춘樂正子春의 어머니가 죽자 5일 동안 음식을 먹지 않고 말하였다. "나는 후회하고 있다. 나의 어머니에게 나의 정을 다하지 못한다면, 내가 어디에 나의 정을 쓰겠는가?"
樂正子春之母死, 五日而不食. 曰: "吾悔之. 自吾母而不得吾情, 吾惡乎用其情?"

集說 '자춘子春'은 증자의 제자이다. 거짓되게 하여 제정된 예를 지나치고 진실한 정을 어머니에게 쓰지 않는다면, 다른 곳에 그 진실한 정을 쓸 곳이 없게 된다. 이것이 후회한 까닭이다. '子春', 曾子弟子. 矯爲過制之禮, 而不用其實情於母, 則他無所用其實情矣. 此所以悔也.

가뭄이 들었다. 노魯나라 목공穆公은 현자縣子를 불러 물었다. "하늘에서 오랫동안 비를 내리지 않아 내가 곱사등이(尫)에게 햇빛을 쪼이게 하려고 하는데 어떻겠는가?"

歲旱. 穆公召縣子而問然. 曰: "天久不雨, 吾欲暴尫而奚若?"

集說 『좌전』의 주에 "왕尫은 척추에 병이 든 사람으로, 그 얼굴이 위를 향하고 있다"[129]고 하였다. 그에게 햇빛을 쪼이게 한다는 것은 하늘이 불쌍하게 여겨 비를 내리기를 바라는 것이다. 『左傳』註云: "尫者, 瘠病之人, 其面上向." 暴之者, 冀天哀之而雨也.

(현자가) 말하였다. "하늘이 오랫동안 비를 내리지 않는다고 남의 병든 아들에게 햇빛을 쪼이게 하는 것은 학대하는 것입니다. 불가하지 않겠습니까?"

曰: "天則不雨而暴人之疾子, 虐. 毋乃不可與?"

集說 이는 잔인하고 학대하는 일이니, 하늘을 감동시키는 방법이 아님을 말한 것이다. 言此[130]酷虐之事, 非所以感天

3-96[단궁하 139]

(목공이 말하였다.) "그렇다면 내가 무당에게 햇빛을 쪼이게 하면
어떻겠는가?

"然則吾欲暴巫而奚若?"

集說 무당은 신과 만날 수 있다. 신이 가련하게 여겨 비를 내려주기를 바
라는 것이다. 巫能接神, 冀神閔之而雨.

3-97[단궁하 140]

(현자가 말하였다.) "하늘이 비를 내리지 않는다고 어리석은 여자
한테 바라고 여기에서 비가 내리기를 구하는 것은 너무 실정에 어
두운 것이지 않겠습니까?"

曰: "天則不雨而望之愚婦人, 於以求之, 毋乃已疏乎?"

集說 '어이구지於以求之'는 '어차구지於此求之'(여기에서 비를 구하다)라고 말
하는 것과 같다. '이소已疏'는 매우 현실과 거리가 멀다는 뜻이다. '於以求之',
猶言'於此求之'也. '已疏', 言甚迂闊也.

3-98[단궁하 141]

(목공이 말하였다.) "시장을 옮기면 어떻겠는가?" (현자가 말하였

다.) "천자가 돌아가시면 여항으로 7일 동안 시장을 옮기고, 제후가 돌아가시면 여항으로 3일 동안 시장을 옮깁니다. 가뭄 때문에 시장을 옮기는 것도 가능하지 않겠습니까?

"徙市則奚若?" 曰: "天子崩, 巷市七日, 諸侯薨, 巷市三日. 爲之徙市, 不亦可乎?"

集說 '사徙'는 옮긴다는 뜻이다. '시장을 옮긴다'(徙市)라고 하고 '여항의 시장'(巷市)이라고 한 것은 교역하는 물건을 여항으로 옮긴다는 뜻이다. 이는 서인들이 나라의 대상大喪에 슬퍼하여 시장을 파하지만 날마다 사용하는 필수품은 또 없앨 수 없기 때문에 여항으로 시장을 옮기는 것이다. 이제 가뭄이 들어서 시장을 옮기고자 하는 것은 군주의 상례를 행하여 자책하는 것이다. 현자縣子는 목공이 자신에게서 책임을 구하고 남에게서 책임을 구하지 않는 것이라고 생각하여 그 말을 옳게 여겼다. 그러나 어찌 노나라 회공僖公이 커다란 가뭄에 무당을 불태워 햇빛을 쏘이려다 장문중臧文仲의 말을 듣고 중지한 일131)을 듣지 못하였는가? 현자는 그 설을 들어서 목공에 대답하지 못하고 시장을 옮기는 것이 옳다고 말하였으니, 이 또한 너무 실정에 어두운 것이다. '徙', 移也. 言'徙市', 又言'巷市'者, 謂徙交易之物於巷也. 此庶人爲國之大喪, 憂戚罷市, 而日用所須, 又不可缺, 故徙市於巷也. 今旱而欲徙市者, 行喪君之禮, 以自責也. 縣子以其求之己而不求諸人, 故可其說. 然豈不聞僖公以大旱欲焚巫尪, 聞臧文仲之言而止? 縣子不能擧其說以對穆公, 而謂徙市爲可, 則亦已疏矣.

공자가 말하였다. "위衛나라 사람이 합장(祔)을 할 때는 (두 관을) 떨어지게 한다. 노魯나라 사람이 합장할 때는 합치니 선하도다!"

孔子曰: "衛人之祔也離之, 魯人之祔也合之, 善夫!"

集說 살았을 때 이미 방을 함께하였기 때문에 죽었을 때 무덤을 함께하므로 노나라를 선하게 여긴 것이다. ○ 소疏에서 말한다. "'부祔'는 합장을 말한다. '떨어뜨린다'(離之)는 것은 하나의 물건을 써서 그 외관外棺 속에 있는 두 관의 사이를 떨어뜨려놓는 것을 말한다. 노나라 사람은 두 관을 병합하여 외관 안에 넣고 별도의 물건으로 떨어뜨려놓는 일이 없다." ○ 주자朱子는 말한다. "옛날에 외관은 여러 목재를 합하여 만들었으므로 크기는 사람이 만드는 바대로 따랐다. 오늘날에는 전체의 나무를 사용하기 때문에 큰 나무로 외관을 만들 수 없으므로 합장할 때는 단지 무덤만 함께하고 각각 외관을 사용한다. 生旣同室, 死當同穴, 故善魯. ○ 疏曰: "祔, 合葬也. 離之, 謂以一物隔二棺之間於椁中也. 魯人則合並兩棺置椁中, 無別物隔之." ○ 朱子曰: "古者椁合衆材爲之, 故大小隨人所爲. 今用全木則無許大木可以爲椁, 故合葬者只同穴而各用椁也."

1 【분장】 : 본 편의 章 표시는 권근의 按說에 기초해 역자가 편의상 붙인 것이다.

2 장상 : 남녀가 冠禮와 笄禮를 하기 전에 죽은 것을 殤이라 한다. 19세에서 16세 사이에 죽은 자는 長殤, 15세에서 12세 사이에 죽은 자는 中殤, 11세에서 8세 사이에 죽은 자는 下殤, 8세 미만에 죽은 자는 無服之殤이 된다. 『의례』 「喪服」 鄭玄 注 참조.

3 견거 : 遣奠 때 진설한 희생의 몸체를 싣고 묘지로 가 壙中에 함께 부장하는 의장용 수레이다. 『주례』 「春官·巾車」에 "대상에 견거를 장식하고 이어 진열을 한 뒤 묘지로 간다"(大喪, 飾遣車, 遂廞之, 行之)에 대한 정현 주에 "사람을 시켜 들게 하여 묘로 간다. 견거는 鷺車라고도 한다"(使人擧之以如墓也. 遣車, 一曰鷺車)라고 하였고, 賈公彦의 疏에 "장식한다는 것은 다시 금, 상아, 가죽으로 장식하여 살아 있을 때의 수레처럼 하지만 거칠고 작게 할 뿐임을 말한다"(言飾者, 還以金象革飾之, 如生存之車, 但粗小耳)라고 하였다.

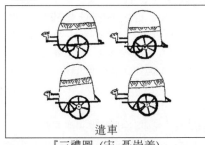

遣車
『三禮圖』(宋 聶崇義)

遣車
『欽定禮記義疏』(淸)

4 공 : 공은 제후의 다섯 등급인 公·侯·伯·子·男의 첫 번째 등급이다. 「王制」(1-1) 참조.

5 견전 : 葬日에 거행하므로 葬奠이라고도 한다. 장지로 출발하기 전에 진설하는 전으로 가장 나중에 올리므로 사용하는 음식 또한 매우 풍성하다. 전을 마친 뒤에는 희생의 몸체를 싸서 遣車에 싣고 장지로 가 壙中에 매장한다.

6 중상은 위를 따른다 : 『의례』 「喪服」의 傳에 "大功의 殤에서 中殤은 長殤을 따른다"라고 하였다.

7 신하 : 『예기정의』의 疏에서는 대부로 한정하였다.

8 擯 : 『예기집설대전』에는 '賓'으로 되어 있다.

9 풍씨가 말한다 : 『예기천견록』에는 없으나 『예기집설대전』에 근거해 보충한 것이다.

10 소에서 말한다 : 『예기천견록』에는 없으나 『예기집설대전』에 근거해 보충한 것이다.

11 貌 : 『예기천견록』에는 '兒'로 되어 있으나 『예기집설대전』에 따라 바꾼다.

12 정현의 ~ 때문에 : 『국어』 「晉語二」에 관련 내용이 기록되어 있다.

13 광 : 이상은 크고 진취적이지만 법도에 어긋나고 행동이 지나친 사람을 가리킨다. 『논어』 「子路」 참조.

14 晢 : 『예기천견록』에는 '晢'로 되어 있으나 『예기집설대전』에 따라 바꾼다.

15 복 : 막 사망하였을 때 지붕의 중앙으로 올라가 북쪽을 향해 死者가 입던 옷을 흔들면서 혼을 부르는 의절이다. 복의 절차에 관해 『의례』 「士喪禮」에서 "復을 하는 사람은 동쪽 추녀(榮) 앞에서 사다리를 타고 지붕으로 올라가 중앙까지 가서 북쪽을 향해 옷을 흔들면서 魂靈을 부르는데, 소리를 길게 내고 나서 '아무개는 돌아오라'라고 세 번을 외친 다음 옷을 堂 앞으로 던진다. 옷을 받는 사람이 뜰에서 옷을 받을 때는 상자(篋)를 사용하여 받고, 옷을 받은 뒤 阼階로 올라가 옷을 시신 위에 덮어놓는다"(升自前東榮, 中屋, 北面, 招以衣曰, '皐某復', 三, 降衣于前. 受用篋, 升自阼階, 以衣尸)라고 한 것에 대해 정현은 "'북쪽을 향해서 부른다'(北面招)는 것은 어두운 곳에서 구한다는 뜻이다. '皐'는 소리를 길게 내는 것이다. '某'는 죽은 사람의 이름이다. '復'은 돌아오라는 뜻이다. '降衣'는 옷을 아래로 던진다는 뜻이다. 「喪大記」(6)에 '무릇 復을 할 때는 남자는 이름을 부르고 부인은 字를 부른다'고 하였다. '받는다'(受)는 것은 뜰에서 받는다는 것이다. 復을 할 때는 한 사람이 招魂을 하므로 옷을 받는 사람 또한 한 사람이다. 國君의 경우는 司服이 復을 할 때 사용한 옷(復衣)을 받는다. '衣尸'는 시신 위에 덮는 것으로 마치 魂이 돌아온 것처럼 하는 것이다"(北面招, 求諸幽之義也. '皐', 長聲也. '某', 死者之名也. '復', 反也. '降衣', 下之也. 『喪大記』曰, '凡復, 男子稱名, 婦人稱字'. '受'者, 受之於庭也. 復者, 其一人招, 則受衣亦一人也. 人君則司服受之. '衣尸'者, 覆之, 若得魂反之)라고 하였다.

16 愛 : 『예기천견록』에는 '哀'로 되어 있으나 『예기집설대전』에 따라 바꾼다.

17 오사 : 「曲禮下」(9-1)의 "천자는 천지에 제사하고, 사방에 제사하고, 산천에 제사하고, 五祀에 제사하는데 해마다 두루 제사한다"(天子祭天地, 祭四方, 祭山川, 祭五祀, 歲徧)에 대해 정현은 "'五祀'는 戶(출입문의 신), 竈(부엌의 신), 中霤(방 중앙의 후토신), 門(대문의 신), 行(길의 신)이다"(五祀, 戶·竈·中霤·門·行也)라고 하였고, 陳澔의 『集說』에는 "五祀는 봄에 戶에 제사하고, 여름에 竈에 제사하고, 늦여름에 中霤에 제사하고, 가을에 門에 제사하고, 겨울에 行에 제사한다. 이것이 이른바 '해마다 두루 지낸다'(歲徧)는 것이다.……『예기』 「祭法」을 보면, 천자는 七祀를 세우는데 五祀에다 司命과 泰厲를 더하고, 제후는 五祀인데 司命과 公厲는 있지만 戶와 竈는 없다. 대부는 三祀인데 族厲는 있지만 中霤, 戶 그리고 竈가 없고, 사는 二祀인데 門과 行이다. 이 규정은 경전을 살펴보면 모두 합치하지 않는다"(五祀, 則春祭戶, 夏祭竈, 季夏祭中霤, 秋祭門, 冬祭行. 此所謂歲徧.……「祭法」天子立七祀, 加以司命·泰厲, 諸侯五祀, 有司命·公厲而無戶·竈. 大夫三祀有族厲, 而無中霤戶竈, 士二祀則門·行而已. 是法考於經, 皆不合)라고 하였다.

18 두 가지 ~ 듯하다 : 권근의 입장에 따르면 경문은 "웃옷을 벗어 어깨를 드러내고(袒)

머리를 묶는(括髮) 것은 모습을 변화시키는 것으로, 분해하고 애통해하는 감정의 변화에 기인한 것이다"로 해석된다.

19 踊 : 『예기천견록』에는 '痛'으로 되어 있으나 『예기집설대전』에 따라 바꾼다.

20 無則主人之妻也 : 疏에는 이 구절이 없다.

21 必 : 『예기천견록』에는 '以'로 되어 있으나 『예기집설대전』에 따라 바꾼다.

22 명정 : 死者의 성명을 생전에 사용하던 깃발이나 따로 마련한 布에 써서 표시한 것으로, 殯을 할 경우에는 肂坎(매장 때까지 관을 안치해놓는 구덩이)의 동쪽에 세워 두고 그렇지 않을 경우에는 靈座의 오른쪽에 기대어놓는다.

『三禮圖』(宋 聶崇義)

『禮書通考』(淸 黃以周)

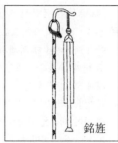

『欽定禮記義疏』(淸)

23 모씨모자구 : 「喪服小記」(2-19)에 "復을 하고 銘을 쓸 때는 천자로부터 士에 이르기까지 그 용어가 한결같았다. 남자는 이름을 부르고, 婦人은 姓과 伯仲을 썼으며, 姓을 모를 때는 氏를 썼다"(復與書銘, 自天子達於士, 其辭一也. 男子稱名, 婦人書姓與伯仲, 如不知姓, 則書氏)라고 하였다. 이에 대해 鄭玄은 "이것은 은나라의 예를 말한 것이다. 은나라는 質을 숭상하여 이름을 중시하지 않았고, 그 때문에 復을 하면서 신하가 군주의 이름을 부를 수 있었다. 주나라의 예는 천자가 崩했을 때 復을 하면서 '皐天子復'이라 하였고, 제후가 薨했을 때 復을 하면서 '皐某甫復'이라고 하였다. 그 나머지와 銘을 쓰는 것은 동일했다"(此謂殷禮也. 殷質, 不重名, 復則臣得名君. 周之禮, 天子崩, 復曰'皐天子復', 諸侯薨, 復曰'皐某甫復'. 其餘及書銘則同)라고 하였다.

24 사감 : 임시로 관을 안치하는 구덩이다. 『의례』 「사상례」 "서쪽 계단 위에 관을 안치할 구덩이(肂)를 파는데, 구덩이의 깊이는 衽이 보일 정도로 판다"(掘肂見衽)고 하였고, 정현은 주에서 "肂는 관을 안치할 구덩이(坎)로 서쪽 계단 위에 판다"('肂', 埋棺之坎者也, 掘之於西階上)고 하였다.

25 정말 : 經은 붉은색을 뜻하며, 末은 깃발의 하단 부분을 뜻한다. 『儀禮正義』, 1665쪽 참조.

26 중 : 虞祭를 지낼 신주가 만들어지기 전까지 신주 대신 사용되는 기물로, 나무를 깎아 만들어 반함을 하고 남은 쌀로 끓인 죽과 명정을 걸어놓는다. 重은 종통의 계승을 상징한다.

27 사의 ~ 3자이다 : 『의례』「士喪禮」 "重은 나무를 깎아 구멍을 뚫어서 만든다. 甸人이 重을 동서 방향으로는 뜰 중앙에 설치하는데, 남북 방향으로는 뜰을 삼등분하여 남쪽으로 삼분의 일이 되는 곳에 설치한다"(重, 木刊鑿之. 甸人置重于中庭, 參分庭一在南)고 한 조항의 정현 주에 나오는 말이다.

28 齊敬之 : 『예기집설대전』에는 '齊敬之'가 없다.

29 已 : 『예기집설대전』에는 '已' 다음에 '耳'가 더 있다.

30 외출할 ~ 뵌다 : 「曲禮」(9-14)에 나오는 말이다.

31 검은색과 옅은 ~ 열 단 : '玄纁束帛'을 줄인 말이다. 『의례』「聘禮」의 鄭玄 注에 의하면 '玄纁束帛'은 검은색 3, 옅은 진홍색 2의 비율로 이루어진 비단 10단을 가리킨다.

32 우제 : 喪祭의 명칭으로, 士의 경우 3개월 만에 장례를 치르고, 장례를 치른 후 4일 안에 殯宮에서 세 차례 虞祭를 지내는데, 이를 '三虞'라고 칭한다. 첫 번째 우제를 '祫事', 두 번째 우제를 '虞事', 세 번째 우제를 '成事'라고 한다. 『의례』「旣夕禮」의 '三虞'에 대해 鄭玄은 "'虞'는 상제의 명칭이다. '虞'는 안정시킨다는 뜻이다. 骨肉은 흙으로 돌아갔지만, 精氣는 돌아다니지 않는 곳이 없다. 효자는 그 精氣가 방황하고 있기 때문에 세 차례 제사를 지내서 안정시켜 주는 것이다. 아침에 매장을 하였는데, 한낮에 우제를 지내는 것은 차마 하루라도 떨어지지 못하기 때문이다"('虞', 安也. 骨肉歸於土, 精氣無所不之. 孝子爲其彷徨, 三祭以安之. 朝葬, 日中而虞, 不忍一日離)라고 하였다.

33 담제 : 大祥祭를 지내고 한 달을 건너 27개월째에 지내는 제사로, 제사를 지내면 정치에 종사하는 등 일상을 회복하게 된다. 『의례』「士虞禮」의 "中月而禫"에 대해 鄭玄은 "'中'은 사이를 둔다는 뜻과 같다. '禫'은 제사의 명칭이다. 대상제와는 한 달을 띄운다. 초상으로부터 여기에 이르기까지 모두 27개월이다. '禫'은 담담한 듯 평안하다는 뜻이다"('中'猶間也. '禫', 祭名也. 與大祥間一月. 自喪至此, 凡二十七月. '禫'之言, 澹澹然平安意也)라고 하였다. 『儀禮正義』에서 胡培翬는 "禫은 淡과 통용되는데 애통하고 참담한 마음이 이때에 이르러 조금씩 평안해지고 지난날 아침저녁으로 불안했던 것이 이때에 이르면 조금 안정된다는 것이다"(禫與淡通, 謂哀痛慘切之念, 至此漸平, 向之夙夜不安者, 至此稍安也)라고 하였다.

34 반곡 : '反哭'은 죽은 이를 매장한 후에 돌아와서 哭을 하는 절차를 말한다. 主人 이하 近親者는 죽은 이를 매장하고 집으로 돌아와 먼저 祖廟에서 哭을 하고, 다음으로 殯宮에서 哭을 한다.

35 大 : 『예기집설대전』에는 '太'로 되어 있다.

36 이날 : 虞祭 이후 祔祭 이전의 剛日을 말한다.

37 연제 : '練祭'는 삼년상에서 13개월 만에 거행하는 제사로, 이때에 누인 베로 짠 練冠을 쓰기 때문에 그것으로 제사의 명칭을 삼은 것이다. 「雜記下」(2-28)에 "기년상은 11개월이 되면 練祭를 지내고 13개월이 되면 大祥祭를 지내고, 15개월이 되면 禫祭를 지낸다"(期之喪十一月而練, 十三月而祥, 十五月而禫)고 하였다.

38 부제 : '祔祭'는 제사의 명칭으로, 虞祭를 지내고 卒哭祭를 마친 이튿날에 신주를 祖廟에 올려서 제사를 지내는데, 「喪服小記」(2-5)에 "祔祭는 반드시 昭穆에 따라 한다"(以其昭穆)고 하였듯이 이미 죽은 조상들의 신주와 나란히 배열하여 合祀를 한다. 祔祭를 마친 후에 신주를 寢으로 되돌려놓았다 大祥 이후에 비로소 廟에 옮겨놓는다.

39 弗忍一日離 : 『예기집설대전』에는 '鄭氏曰'이 있다.

40 不 : 『예기집설대전』에는 '弗'로 되어 있다.

41 아침저녁으로 빈궁에서 ~ 걷는다 : 「雜記上」(3-10)의 기록이다.

42 이 경문은 ~ 것이다 : 이 구절은 생전에 쓰던 물건이 아닌, 명기를 매장 시 부장품으로 넣는 것을 말한다.

43 도거 : 진흙으로 만든 부장용 수레로서 明器의 일종이다. 遣車라고도 한다. 『三禮辭典』, '塗車' 항목 참조.

44 소인이 ~ 없는 것 : 「中庸」에 나오는 말이다.

45 皆 : 『예기집설대전』에는 '卽'으로 되어 있다.

46 向 : 『예기집설대전』에는 '鄕'으로 되어 있다.

47 向 : 『예기집설대전』에는 '鄕'으로 되어 있다.

48 종경 : 一門의 家老 또는 重臣. 후대에는 太常寺의 官이나 禮部尙書를 가리키는 말이다.

49 회견의 예 : 제후의 부인이 다른 제후를 회견하는 예가 있다.(「曲禮下 63」 참조) 경강은 대부의 부인이지만 계씨가 노나라의 중신이므로 회견의 예가 있다고 한 것이다.

50 예에 합당하면 옳다 : 「曲禮上」(8-8) 진호의 『集說』에 인용된 공영달의 소에 나오는 말이다.

51 상례에서는 간이하게 ~ 낫다 : 이 말은 『논어』「八佾」에 나온다.

52 慢 : 『예기집설대전』에는 '漫'으로 되어 있다.

53 효포와 ~ 꾸미고 : 「檀弓上」(1-83) 각주 참조.

54 류와 ~ 장식하면 : 「檀弓上」(1-6)의 각주 참조.

55 禮 : 『예기집설대전』에는 '體'로 되어 있다.

56 也 : 『예기집설대전』에는 '矣'로 되어 있다.

57 포 : 『주례』「天官·腊人」의 "고기 말리는 일을 관장한다"(掌乾肉)에 대해 정현 주에 "큰 동물은 해체하고 잘라서 말리니, 그것을 '乾肉'이라고 한다.…… 얇게 잘라서 말린 것을 '脯'라고 하고, 두드리고 생강이나 계피를 뿌려 넣은 것을 '鍛脩'라고 한다. '腊'은 작은 동물을 통째로 말린 것이다"(大物解肆乾之, 謂之'乾肉'.……薄折曰'脯', 棰之而施薑桂曰'鍛脩'. '腊', 小物全乾)라고 하였다.

58 太 : 『예기집설대전』에는 '大'로 되어 있다.

59 서서 : 여유가 없이 불안한 모습이다. 『詩經』「小雅·六月」의 "유월에 경황없이 융거의 차비를 갖추었네"(六月棲棲, 戎車旣飭)의 朱子 註에 '棲棲'를 '황망하고 불안한 모습(皇

皇不安之貌)이라 하였다.

60 栖栖 : 『예기집설대전』에는 '棲棲'로 되어 있다.

61 失 : 『예기집설대전』에는 '泆'로 되어 있다.

62 冢 : 『예기천견록』에는 '家'로 되어 있으나 『예기집설대전』에 따라 바꾼다.

63 悅 : 『예기천견록』에는 '塋'으로 되어 있으나 『예기집설대전』에 따라 바꾼다.

64 忘 : 『禮記正義』에는 '亡'으로 되어 있다.

65 言 : 『예기집설대전』에는 '言' 다음에 '謂'가 더 있다.

66 任 : 『예기집설대전』에는 '在'로 되어 있다.

67 치 : 나무 또는 청동으로 만든 3승 용량의 술잔이다. 『의례』「士冠禮」의 "예주(醴)를 넣은 한 통의 질그릇 술동이(甒)만을 단독으로 진설하는데, 옷의 북쪽에 놓는다. 또 그 북쪽에 대광주리(篚)를 진설하는데, 그 안에 술 국자(勺), 술잔(觶), 뿔 순가락(角柶) 등을 넣어두며, 말린 고기(脯)를 담아놓은 대나무 그릇(籩)과 고기젓갈(醢)을 담아놓은 나무 그릇(豆)을 진설하는데, 남쪽을 윗자리로 하여 놓는다"(側尊一甒醴, 在服北. 有篚實勺·觶·角柶, 脯醢, 南上)에 대한 정현 주에 "3升 용량의 술잔을 '觶'라고 한다"(爵三升曰觶)라고 하였다. 『三禮辭典』에는 "용량은 3승이다. 나무로 만드는데 청동으로 만든 것도 있다"(容三升. 以木製, 亦有靑桐製者)라고 하였고, 聶崇義의 『三禮圖』에는 "입구의 직경은 5촌, 가운데의 깊이는 4촌, 바닥의 직경은 3촌이다"(口徑五寸, 中深四寸强, 底徑三寸)라고 하였다.

觶
『三禮圖』(宋 聶崇義)

觶
『欽定禮記義疏』(淸)

68 子 : 『예기천견록』에는 '字'로 되어 있으나 『예기집설대전』에 따라 바꾼다.

69 아마도 ~ 것이다 : 이는 陳澔의 해석에 대한 비판에 해당한다. 권근의 입장은 정현의 주장과 동일하다. 권근에 따르면 경문은 "남편이 병사하고 지하에서 봉양할 사람이 없어 순장할 것을 청합니다"로 번역된다.

70 상편 : 「檀弓上」(1-103)을 말한다.

71 헌공은 ~ 돌아왔다 : 위나라 헌공이 孫文子와 甯惠子에게 함께 식사하자고 명하자 두 사람이 예복을 차려입고 들어갔지만, 헌공은 날이 저물도록 그들을 부르지 않고 새와 짐승을 기르는 동산에서 기러기 사냥을 하고 있었다. 두 사람이 그곳까지 찾아갔지만 헌공은 皮冠을 벗지도 않은 채 그들과 말을 하는 무례한 짓을 하였다. 두 사람이 노하여서 헌공을 공격하자 헌공은 제나라로 망명하였다. 12년 후 영혜자의 아들 甯喜가 아버지의 말로 손씨를 공격하고 헌공을 맞아들였다. 『左傳』 襄公 12년 조 및 26년 조 참조.

72 머리가 바닥에 ~ 하고 : '稽首'의 절차는 먼저 무릎을 꿇어 바닥에 붙이고, 이어서 왼손과 오른손을 포개어 맞잡고, 다시 머리를 천천히 바닥에 붙이는데, 손이 무릎 앞에 있고 머리는 손의 앞에 있게 된다. 이러한 과정으로 一拜의 禮를 완성한다. '再拜稽首'는 두 차례의 稽首를 행하는 것이다. 『주례』「春官‧大祝」에서는 절을 ① 稽首(배례를 할 때 머리가 바닥에 이르는 것), ② 頓首(배례를 할 때 머리가 바닥을 두드리는 것), ③ 空手(배례를 할 때 머리가 손이 있는 곳에 이르는 것), ④ 振動, ⑤ 吉拜, ⑥ 凶拜, ⑦ 奇拜, ⑧ 褻拜, ⑨ 肅拜의 '九拜'로 분류하는데, 稽首는 이 가운데 가장 공경을 나타내는 절이다. 胡培翬 『儀禮正義』, 252쪽 참조.

73 촉민독법 : 『주례』「地官‧黨正」에 "정월에 백성을 모아놓고 법을 읽으며, 그 덕행과 도예를 기록한다"(正歲屬民讀法而書其德行道藝)고 하였다.

74 역제 : 천자와 제후가 제사를 지낸 다음 날 또 제사를 지내면서 시를 접대(儐尸)하는 예를 행하는데, 이것을 繹이라고 부른다. 제사에서 시가 방 안에 있는 것을 正祭라고 한다. 正祭가 끝나고 시가 堂에 있으면 賓禮로 시를 대접하는데 이것을 '儐尸'라고 한다. 관련 내용은 『의례』「有司徹」에 보인다. 『三禮辭典』, 1236쪽, '繹祭'; 1099쪽, '儐尸' 등 참조.

75 죽었을 때 ~ 하였고 : 소공 15년 2월 癸酉에 소공이 武公에게 禘 제사를 지낼 때 숙궁도 참여하였다. 피리 부는 舞樂의 樂人이 들어왔을 때 숙궁이 죽자, 음악을 중지하고 제사를 끝마쳤다. 군자가 그 일은 예에 맞는 것이라고 하였다. 『좌전』 소공 15년 2월 조 참조.

76 풍비 :

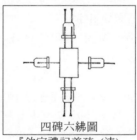

四碑六紼圖
『欽定禮記義疏』(淸)

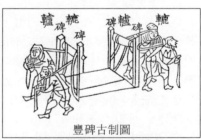

豐碑古制圖
『家禮輯覽』(朝鮮 金長生)

77 歎 : 『예기집설대전』에는 '嘆'으로 되어 있다.

78 상의 예 : 성인이 되지 못하고 죽은 이를 위한 喪禮이다. 19세에서 16세까지는 長殤, 15세에서 12세까지는 中殤, 11세부터 8세까지는 下殤이라고 한다. 그 상례는 매우 간략하다.

79 방씨 : 衛湜의 『예기집설』에 方慤의 말로 인용되어 있다.

80 世 : 『예기집설대전』에는 '年'으로 되어 있다.

81 기식과 ~ 들어갔다 : 이 말은 『좌전』, 襄公 23년 7월 조에 나온다.

82 杞 : 『예기천견록』에는 '祀'로 되어 있으나 『예기집설대전』에 따라 바꾼다.

83 제나라 ~ 조문하였다 : 이 말은 『좌전』, 襄公 23년 7월 조에 나온다.

84 도끼 문양을 ~ 덮는다 : 이 말은 「檀弓上」(2-2)에 나온다.

85 방씨 : 衛湜의 『예기집설』에 方慤의 말로 인용되어 있다.

86 木 : 『예기천견록』에는 '不'로 되어 있으나 『예기집설대전』에 따라 바꾼다.

87 酒 : 『예기집설대전』에는 '灑'로 되어 있다.

88 고시는 우직하다 : 『논어』 「先進」에 나오는 말이다.

89 『공자가어』에서 칭한 바 : 『孔子家語』 「弟子行」 제12에 "공자를 뵙고 난 뒤부터는 문을 출입할 때 문턱을 밟지 않았고, 오고 가면서 지나칠 때 발로 그림자를 밟지 않았고, 계칩에는 생물을 죽이지 않았고 한창 자라날 때는 식물을 꺾지 않았고 부모의 상을 치를 때는 치아를 보이지 않았으니 이것이 고시의 행동이었다"(自見孔子, 出入於戶, 未嘗越履, 往來過之, 足不履影, 啓蟄不殺, 方長不折, 執親之喪未嘗見齒, 是高柴之行也)라고 하였다.

90 삼 년 동안 ~ 흘렸다 : 「檀弓上」(1-48)에 나오는 말이다.

91 성 땅 ~ 입었다 : 「檀弓下」(1-6)에 나오는 말이다.

92 침문에서 ~ 들어온다 : 앞에서 목탁을 들고 궁중에 명하였고, 또 궁에서 나와 침문에서 고문에 이르는 것이다. 寢門·路門·庫門은 노나라의 외문이다. 백관 및 종묘가 있는 곳으로, 고문에 이르러 모두가 알게 하는 것이다. 공영달의 소 참조.

93 『주례』에 ~ 관장한다 : 『주례』 「천관·재부」에 "소상·대상에 소관의 戒令을 관장하여 집사를 이끌고 다스린다"(大喪小喪掌小官之戒令, 帥執事而治之)고 하였다. 이에 대해 정현은 "대상은 왕후와 세자의 상이고, 소상은 夫人 이하 소관 및 사의 상이다"(大喪, 王后·世子也, 小喪, 夫人以下小官·士也)라고 하였다.

94 식례 : 수레의 가로막대에 기대고 머리를 숙여 경의를 표하는 예이다.

95 자최복을 ~ 변화시킨다 : 『논어』 「鄕黨」에 보인다.

96 一 : 『예기집설대전』에는 '壹'로 되어 있다.

97 훈시 : 군대가 출정할 때 군사들 앞에서 전쟁의 목적과 규율 등을 경계하고 훈시하는 것이다. 『서경』 「大禹謨」에 "우임금이 여러 제후를 모아놓고, 군대 앞에서 훈시하였다"(禹乃會群后, 誓于師)고 하였고, 蔡沈의 주에 "誓는 경계한다는 뜻으로, 군대 앞에서 하는 것을 誓라고 한다"고 하였다.

98 유혼은 변화하는데 ~ 때문이다 : 『주역』 「繫辭上」에 "정기는 사물이 되고, 유혼은 변화한다"(精氣爲物, 遊魂爲變)고 하였다. 그 주에서 "精氣는 천지의 기로서 모여서 만물을 생성한다. 모임이 극에 달하면 흩어져서 유혼이 변화한다"(精氣烟熅, 聚而成物. 聚極則散, 而遊魂爲變也)고 하였다.

99 外 : 『예기집설대전』에는 '升'으로 되어 있다.

100 주루 : 周의 武王이 五帝 가운데 하나인 顓頊의 후예를 봉한 곳이다. 魯의 附庸國으로 성은 曹이다. 춘추시대에는 子爵이 된다. 邾라고도 하는데 후에 鄒로 바꾸었다고 한다. 노나라에 의해 멸망되었다.

101 함 : 생쌀과 조개 등을 死者의 입에 넣어 아름답게 장식하는 의절로 飯含이라고도 한다. 含玉은 반함에 사용할 옥이다.

102 주옥 : 구슬과 옥, 또는 구슬 모양의 옥을 뜻한다. 여기서는 반함에 사용하는 구슬 모양의 옥을 뜻하는 것으로 생각된다.

103 君 : 『예기집설대전』에는 '君' 다음에 '者'가 더 있다.

104 爲 : 『예기집설대전』에는 '爲' 다음에 '人'이 더 있다.

105 대축 : 제사에서 신에게 고하는 贊辭를 담당하는 직관의 명칭이다. 축관의 우두머리로 하대부이며 춘관 종백에 소속되어 있다. 泰祝, 祝史라고도 불리며 생략하여 祝이라고도 부른다. 『三禮辭典』, 101쪽 참조.

106 상축 : 축 가운데 商나라의 예에 밝은 사람이다. 하나라의 예를 익힌 사람을 夏祝이라고 하며 상축과 하축은 모두 喪祝의 속관이다. 『주례』「春官·商祝」참조.

107 성복 : 사망한 지 4일째 되는 날에 喪服 짓기를 끝내고 상복으로 갈아입는 절차이다. 성복한 뒤에는 죽을 먹기 시작하며 朝夕哭과 無時哭만을 하고 代哭은 하지 않는다. 『의례』「士喪禮」"죽은 지 사흘째 되는 날, 즉 大斂을 한 다음 날, 五服의 친속들은 모두 成服을 하고 지팡이를 짚는 服을 하는 사람은 지팡이를 짚는다"(三日成服, 杖)에 대해 鄭玄은 "殯을 마친 다음 날로, 죽은 다음 날부터 사흘째이다. 죽을 먹기 시작한다"(旣殯之明日, 全三日. 始歠粥矣)라고 하였다. 『의례』「士喪禮」"아침과 저녁마다 곡하는 의식(朝夕哭)은 子日과 卯日을 피하지 않는다"(朝夕哭, 不辟子·卯)에 대한 정현 주에 "시신을 殯宮에 안치한 뒤로부터 아침과 저녁 그리고 슬픔이 북받칠 때마다 哭을 하고, 번갈아 가면서 끊이지 않고 곡을 하는 것은 하지 않는다. '子日과 卯日'은 桀과 紂가 망한 날이다. 흉사의 경우는 피하지 않고 吉事의 경우는 그날을 피해서 거행한다"(旣殯之後, 朝夕及哀至乃哭, 不代哭也. 子·卯, 桀·紂亡日. 凶事不辟, 吉事闕焉)라고 하였다.

108 제후의 대부가 ~ 하는 것 : 『의례』「喪服」'세최칠월'장에 규정되어 있다.

109 椑 : 『예기집설대전』에는 '槨'으로 되어 있다.

110 與 : 『예기천견록』에는 '貞'으로 되어 있으나 『예기집설대전』에 따라 바꾼다.

111 其 : 『예기천견록』에는 '其'가 없으나 『예기집설대전』에 따라 넣는다.

112 노나라 ~ 싸주었다 : 이 말은 『左傳』, 昭公 29년 조에 나온다.

113 장공이 ~ 일으켰다 : 장공이 즉위 32년에 죽고 태자 般이 즉위했다. 그해 10월에 共仲 (慶父)이 말을 치는 일을 맡고 있는 낙을 시켜 태자 반을 黨氏의 집에서 해치게 하고 민공을 세웠다. 『左傳』, 莊公 32년 조 참조.

114 고문 : 노나라에는 庫門·雉門·路門이 있는데, 고문이 가장 밖에 있다. 따라서 밖에서 들어올 때는 고문을 먼저 들어간다.

115 그가 걸터앉아 ~ 두드린 것 : 『논어』「憲問」에 "원양이 걸터앉아 공자를 기다리고 있었다. 공자는 '어려서 공손하지 못하고, 장성해서 칭찬할 만한 일이 없고, 늙어서

죽지 않는 것이 賊이다' 하고 지팡이로 그의 정강이를 두드렸다"(原壤夷俟. 子曰, '幼而
不孫弟, 長而無述焉, 老而不死, 是爲賊.' 以杖叩其脛)라고 하였다.

116 知 : 『예기집설대전』에는 '智'로 되어 있다.

117 자범은 ~ 것이다 : 晉나라 文公(즉 公子 重耳)는 노나라 희공 5년에 驪姬의 난을 피해
망명하여 19년 동안 떠돌이 생활을 하다 희공 24년, 秦의 도움으로 귀국하게 되었다.
일행이 황하에 이르렀을 때 자범은 지니고 있던 구슬을 공자에게 주면서 '신은 군주의
말고삐 끈을 잡고서 군주를 따라 천하를 돌아다녔는데, 신이 저지른 죄가 매우 많습니
다. 그것은 신도 잘 알고 있는데, 하물며 군주께서 이겠습니까? 제가 여기서 도망치게
하여 주시기 바랍니다'라고 하였다. 그러자 공자는 '이제부터 내 아저씨와 마음을 같
이하겠습니다'라고 맹세하고 구슬을 황하 물에 던져버렸다. 舅犯은 진나라 대부 狐偃
으로 문공의 외삼촌이다. 자범은 그의 子이다. 『左傳』, 僖公 24년 조 참조.

118 그 분은 ~ 않았다 : 『左傳』, 襄公 27년 조 참조.

119 자기 친구를 ~ 것이다 : 晉나라의 士會(수무자)는 先蔑과 함께 晉의 공자 雍을 맞이하
여 秦나라로 망명했는데, 秦에 있던 3년 동안 사회는 선멸을 만나지 않았고, 사회가
晉으로 돌아올 때도 선멸을 만나지 않고 귀국하였다. 따라서 사실은 사회가 친구를
버린 것이다. 그런데 조문자가 '버리지 않았다'고 한 것은 선멸과 함께 공자 옹을 맞이
해서 공모자로 화가 자신에게 미칠까 봐 만나지 않은 것이다. 이유 없이 버린 것이
아니다. 공영달의 소와 『좌전』, 文公 7년 조 참조.

120 如不出諸其口 : 본래 사고전서본 『예기대전』에는 '諸'가 없다. 阮元 교감기에 "惠棟校
宋本에는 '諸' 자가 있다. 石經・宋監本・岳本・嘉靖本도 마찬가지고, 衛湜의 『集說』
도 마찬가지다. 사고전서본에는 '諸' 자가 빠져 있으며, 閩本・監本・毛本도 마찬가지
다. 『石經考文提要』에 '宋大學本・宋本九經・南宋巾籍本・余仁仲本・『禮記纂言』・至
善堂九經本에는 모두 '제' 자가 있다'고 하였다"고 되어 있다. 이에 따라 번역한다.

121 『의례』 「향사례・기」에 보인다 : 『의례』 「鄕射禮・記」에 "향사의 과녁은 가장 위쪽의
폭이 4丈이고, 가운데 폭이 10尺이다. 활 쏘는 곳과 과녁의 거리는 활 50개의 길이로
하고, 50개의 활마다 2寸씩을 계산하여 과녁 몸통(侯中)의 치수로 한다"(鄕侯上个五
尋, 中十尺. 侯道五十弓, 弓二寸以爲侯中)고 하였다. '中'이 '身'(몸)의 용례로 쓰인 예를
든 것이다.

122 규질 : '繆'는 '樛'와 통한다. 규질은 麻의 끈을 이마 앞에서부터 뒤로 향하게 하여 뒤통
수에서 두 가닥을 묶는다. 齊衰・규질은 士의 처가 시부모를 위해 하는 상복이다. 손
희단은 "규질은 끈 한 가닥을 이마에서 뒤로 향하여 돌려서 뒤통수에서 서로 묶는
것이다. 환질은 그것을 만드는 것이 고리와 같으며, 머리에 얹는다.…… 규질은 大功
이상의 絰이며, 環絰은 小功 이하의 絰이다"(『禮記集解』)라고 하였다. 규질은 무겁고,
환질은 가볍다.

123 세최 : 올이 가늘고 베가 거친 것을 '繐'라고 한다. 『의례』 「喪服・傳」에 "'세'란 무엇인

가? 소공의 올로 하는 것이다"고 하였고, 정현 주에 "그 올을 엮을 때 소공과 같이 하되, 베 4升 반을 이룬다. 올을 가늘게 하는 것은 은혜가 가볍기 때문이다. 승수가 적은 것은 지존에 복하는 것이기 때문이다. 무릇 베가 가늘고 거친 것을 '세'라고 한다"고 하였다. 總衰裳은 제후의 신하가 천자를 위해 하는 상복이다.

124 姪 : 『예기집설대전』에는 '絰'로 되어 있다.

125 止 : 『예기천견록』에는 '一'로 되어 있으나 『예기집설대전』에 따라 바꾼다.

126 姪 : 『예기집설대전』에는 '絰'로 되어 있다.

127 匡 : 『예기천견록』에는 '筐'로 되어 있으나 『예기집설대전』에 따라 바꾼다.

128 兄 : 『예기천견록』에는 '況'으로 되어 있으나 『예기집설대전』에 따라 바꾼다.

129 왕은 ~ 있다 : 『左傳』, 僖公 21년 조 주에는 "尫은 무당이 아니라 척추에 병이 든 사람으로 그 얼굴이 위를 향하고 있다. 세속에서는 '하늘이 그의 병을 불쌍하게 여겨 비가 그의 코 안으로 들어갈까 걱정하였기 때문에 가뭄이 들게 하였다'고 하였다"(尫, 非巫也, 瘠病之人, 其面上向. 俗謂天哀其病恐雨入其鼻, 故爲之旱)로 되어 있다.

130 言此 : 『예기집설대전』에는 '此言'으로 되어 있다.

131 노나라 희공이 ~ 중지한 일 : 『좌전』, 僖公 21년 조에 나온다.

• ㄱ •

가枷 113

가상家相 215

가소嘉蔬 206

가옥嘉玉 206

가조家造 76

각角 142

갈질葛絰 500

강强 62

강강降 185

강렵剛鬣 204

강복降服 332

강일剛日 213

개介 200

개부介夫 499

갱헌羹獻 204

거우車右 97

거창秬鬯 190

겁袷 195

격給 336

견거遣車 387, 429

견전遣奠 300

겹裌 140

경敬 67

경로卿老 215

계笄 267

계례笄禮 111

계상稽顙 244, 407

고고鼓 143

고구羔裘 337

고문庫門 361, 477, 478, 500

고사固辭 131

곡곡哭 358

곡穀 95

곡벽穀璧 190

곡위哭位 277

공公 169

공문公門 401

공수拱手 293

과소군寡小君 175

과인寡人 172

곽槨 326, 350, 453

곽梆 364

관棺 326

괴표구薊藨屨 369

교유交遊 69

구흉 134

구구枢 184

구구舅 318

구거枢車 300

군君 169

궁규躬圭 190

궤櫝 147

궤장几杖 88

귀갑龜甲 88

귀협龜筴 88

규圭 190

규벽圭璧 86

규질絿絰 508

극戟 144

극지郤地 174

근관 172

금衾 439

금로金路 99, 221

금슬琴瑟 197

기期 62

기耆 62

기羈 454

기거奇車 95

기일忌日 253

길복吉服 107

길사吉事 319

길제吉祭 417

• ㄴ •

낙諾 124

내류內羀 498

노부老婦 175

노老 62, 68

녹로鹿盧 459

뇌誄 348

뇌동雷同 123

뇌문誄文 347

• ㄷ •

단簞 148

단袒 316, 358

단의褖衣 340

달관達官 355

담제禫祭 268, 370

대공大功 54, 217, 275

대공복大功服 421

대관大棺 350

대렴大斂 302

대렴의大斂衣 303

대상大祥 259, 265, 269, 370

대상제大祥祭 291

대조大祖 361

대침大寢 361

덕거德車 221

도悼 62

도禱 56

도거塗車 424

돌비腯肥 204

동성同姓 354

동이同異 53

두거杜擧 448

• ㄹ •

려驪 256

로마路馬 97

료우僚友 69

루壘 201

류蔞 439

• ㅁ •

마렵봉馬鬣封 346

마씨馬氏 98, 278

마씨馬氏(馬睎孟) 57, 283

마질麻絰 501

마최麻衰 307

만蠻 170

만무萬舞 457

맹盟 174

명銘 408

명규命圭 190

명기明器 323, 329, 340, 364, 423, 424

명시明視 205

명자明粢 206

모矛 144

모耄 62

모마질牡麻絰 307

목牧 169

목鶩 190

목로木路 99, 221

무武 305

무거武車 221

문 말뚝(闑) 84

문免 237, 358

문수門䄟 73

문지방(閾) 84

미麋 198

• ㅂ •

박剝 363

반곡反哭 414, 415, 416

반함飯含 302, 362, 408, 465

발撥 470

발祓 125

방사方祀 188

방상方喪 240

방씨方氏 95, 252, 283, 296, 305, 321, 410, 475

방씨方氏(方慤) 166, 202, 266, 270, 336, 355, 451, 463, 471, 478, 497

백伯 169

백구伯舅 169

백부伯父 169

백호白虎 223

벽辟 406

변介 412

변례變禮 260, 309, 318, 329, 417

변좌邊坐 288

병兵 185

병거兵車 221

복인卜人 317

복復 166, 266, 340, 362, 404

봉封 485

봉瞗 342

봉분封墳 247

부赴 283

부鳧 190

부거赴車 478

부의賻儀 288

부인夫人 167, 178

부인婦人 178

부제祔祭 417

북상투 266

분糞 120

불紼 393

불곡不穀 170

불록不祿 184

붕崩 184

비椑 353

비녀장(輨) 91

비우肥牛 189

비자婢子 175

비휴貔貅 223

빈嬪 167

빈擯 390, 391, 394

빈궁殯宮 388, 392

빈례殯禮 245, 252, 265, 302, 364, 443

빙聘 174

• ㅅ •

사死 184, 276

사祀 56

사祠 56

사筒 148

사肆 469

사賜 146

사공司空 168

사교四郊 361

사구司寇 168

사기司器 168

사도司徒 168

사마司馬 168

사목司木 168

사사司士 168

사수司水 168

사왕모嗣王某 165

사인射人 317

사자모嗣子某 183

사초司草 168

사토司土 168

사화司貨 168

삭전朔奠 365

삼명三命 69, 70

삼생三牲 453

삽翣 246, 254, 439

상傷 150

상거祥車 98

상구喪具 320, 339

상례喪禮 74

상로象路 99, 221

상사喪事 319

상장喪杖 490

상제商祭 205

상제喪祭 417

색우索牛 189

서誓 174

서성庶姓 354

서자庶子 390, 450

석개席蓋 88

석량왕씨石梁王氏 443

선膳 198

설식設飾 362

설치楔齒 335, 362

성사成事 417

성찰省察 50

세繐 336

세부世婦 167

세신世臣 215

세인稅人 348

세최복繐衰服 508

소공小功 54, 217, 277, 280

소관素冠 107

소기素器 409

소동小童 175

소렴小斂 54, 302, 304, 316, 334, 335

소렴의小斂衣 303

소변素弁 412

소상素裳 107

소쇄埽灑 179

소요小要 351

소요招摇 224

소요성招摇星 223

소의素衣 107

소조小祖 361

소지疏趾 205

소침小寢 361

속束 281

속관屬棺 350

속백束帛 281

손씨孫氏 438

손잡이 줄(索) 147

송誦 275

수漱 136

수綏 261

수脩 191

수최手絰 455

수의襚衣 455

숙구叔舅 169

숙배肅拜 131

숙부叔父 169

순장殉葬 424, 451, 456

숭아崇牙 297

습拾 191

습襲 340

승구繩屨 368

승마구繩麻屨 369

시尸 48, 66, 184, 455, 476

시마복緦麻服 392

시비是非 53

식式 94, 96~98, 195, 225

식례式禮 463, 480

신규信圭 190

신명神明 323

실노室老 407

심상心喪 239, 242

심의深衣 89, 308

◆ ○ ◆

악장樂章 74

안거安車 177

애艾 62

약弱 62

약무籥舞 457

양폐量幣 207

양量 143

어인圉人 261

언사言辭 200

여소자予小子 166

여소자余小子 183

여씨呂氏(呂大臨) 47, 63, 67, 72, 75, 77,
      80, 83, 103, 105, 124, 127, 136,
      139, 146, 151, 166, 169, 173, 179,
      185, 188, 192, 208, 209, 218, 224

여일인予一人 165

역帟 365

역제繹祭 457

연鳶 223

연관練冠 308

연의練衣 369

연제練祭 265, 417

연련練 369

열최 423

염금斂衾 335

엽관厭冠 89, 359

영纓 112, 191

예용禮容 407

오관五官 168

오복五服 54

오사五祀 188

옥로玉路 99, 221

외관瓦棺 254

왕노王老 170

요씨饒氏(饒魯) 239

요질要絰 368

용용俑 424

용용踊 277, 355, 358, 406, 434

용춘龍輴 351

우遇 174

우심楡沈 470

우인虞人 491

우제虞祭 289, 367, 413, 416, 440, 476

운삽雲翣 297

울창鬱鬯 190

웅씨熊氏 96

원顯 256

유唯 124

유幼 62

유遺 146

유柳 246

유類 173

유당帷堂 362

유모柔毛 204

유씨劉氏(劉彝) 42, 117, 121, 193, 239, 241, 301, 314, 323, 400, 498, 502

유의柳衣 254, 297

유인孺人 178

유일柔日 213

유천왕모보有天王某甫 166

유현類見 173

육부六府 168

육전六典 168

육직六職 168

육태六大 168

윤醞 137

윤제尹祭 205

융戎 170

음사淫祀 209

응씨應氏 47, 286, 322, 359, 427, 434, 461

응씨應氏(應鏞) 44, 314, 344

의依 171

의疑 54

이夷 65, 170

이桃 113

이관杝棺 350

이명二命 70

이모二毛 443

이성異姓 354

인引 393

일명一命 70

일원대무一元大武 204

임衽 350

• ㅈ •

자子 170

자漬 185

자炙 134

자蔵 134, 135

자최齊衰 331

자최복齊衰服 287, 400, 472

작변爵弁 353

장壯 62

장醬醬 134

장상長殤 255, 387

장자張子(張載) 285

장첩長妾 215

재관梓棺 350

재부宰夫 447, 477

저宁 172

저褚 298

적狄 170

적約 454

적실適室 358

전奠 277, 335, 364, 409, 417

전練 369

전록田祿 76

전석專席 73

정旌 221

정씨鄭氏(鄭玄) 47, 127, 167, 172, 178,
　　225, 354, 433, 495

정제脡祭 205

제帝 166

제기祭器 329, 341

제례祭禮 74

제모諸母 111

제복祭服 340

제육祭肉 363

조朝 172

조酺 129

조阼 166

조묘祖廟 388

조복朝服 97, 103, 338

조전祖奠 300, 302

존양存養 49

졸卒 184, 186

졸곡卒哭 216, 367, 417

졸곡제卒哭祭 476

종終 276

종모從母 318

종자宗子 75, 109

좌거佐車 261

주공周公 77

주부主婦 407

주씨朱氏(朱申) 132, 239, 509

주인主人 407

주자朱子 42, 45, 46, 59, 62, 200, 310,
　　318, 502, 514

주장酒漿 179

주조朱鳥 223

준純 71, 72

준소尊所 129

중重 409

중류中霤 311

중류重霤 366
중상中傷 255
중소重素 88
중의中衣 107, 368
즐주堲周 254, 255
지池 365
지자支子 75
진瑱 369
진畛 165
진씨陳氏(陳祥道) 270, 457
질絰 310, 427
질대絰帶 298
집우執友 69, 71

◆ ㅊ ◆

참마驂馬 288
창韔 465
창鬯 190
책혜策彗 94
처妻 167, 178
천관天官 168
천왕등하天王登假 166
천왕붕天王崩 166
천자복天子復 166
천조踐阼 166
철족綴足 335, 362
첩妾 167
청룡青龍 223
청척淸滌 205
초설勦說 123
총예葱洟 134
총재冢宰 444
최복衰服 287
추芻 98
추醜 65
추령芻靈 424
추복追服 280
춘거輴車 470
춘전春田 198
측석側席 73
측실側室 357
치絺 192
치觶 448
치도馳道 198
치의緇衣 353
치재致齋 286
친소親疏 53
침문寢門 131, 477

◆ ㅌ ◆

태복大卜 168
태사大史 168
태사大士 168
태재大宰 168
태종大宗 168
태축大祝 168

퇴稅 280

* ㅍ *

패옥(佩) 86

폐幣 86

포脯 191, 440

포벽蒲璧 190

포수脯脩 134

풍본豐本 206

풍비豐碑 459

풍씨馮氏 503

* ㅎ *

하상下殤 255

한翰 256

한음翰音 204

함含 486

함차醶醁 206

합장合葬 241, 273

항언恒言 68

해醢 440

행단行壇 311

향享 168

향기甊萁 206

향합甊合 206

허구虛口 136

헌獻 146, 475

혁로革路 99, 221

현관玄冠 337

현무玄武 223

혐嫌 54

혐의嫌疑 53

협筴 214

혜醢 134

호관縞冠 370

호씨胡氏 503

혼거魂車 99

홍鴻 223

환규桓圭 190

환영桓楹 459

환질環絰 412, 508

회會 174

회膾 134

효교絞 439

효殽 134, 135

효왕모孝王某 165

후侯 169

후后 167, 178

후장厚葬 453

후토后土 359

홍薨 173, 184

휘煇 113

휴巂 95

희부犧賦 76

희우犧牛 189